UTB **2437**

Eine Arbeitsgemeinschaft der Verlage

Beltz Verlag Weinheim · Basel
Böhlau Verlag Köln · Weimar · Wien
Wilhelm Fink Verlag München
A. Francke Verlag Tübingen und Basel
Haupt Verlag Bern · Stuttgart · Wien
Lucius & Lucius Verlagsgesellschaft Stuttgart
Mohr Siebeck Tübingen
C. F. Müller Verlag Heidelberg
Ernst Reinhardt Verlag München und Basel
Ferdinand Schöningh Verlag Paderborn · München · Wien · Zürich
Eugen Ulmer Verlag Stuttgart
UVK Verlagsgesellschaft Konstanz
Vandenhoeck & Ruprecht Göttingen
Verlag Recht und Wirtschaft Heidelberg
VS Verlag für Sozialwissenschaften Wiesbaden
WUV Facultas Wien

K. PETER FRITZSCHE

Menschenrechte

Eine Einführung mit Dokumenten

FERDINAND SCHÖNINGH
PADERBORN · MÜNCHEN · WIEN · ZÜRICH

K. Peter Fritzsche, Jg. 1950, Inhaber des UNESCO-Lehrstuhls für Menschenrechtserziehung an der Universität Magdeburg, Mitglied des Bundesvorstands der Deutschen Vereinigung für Politische Bildung
Veröffentlichungen: Die Stressgesellschaft 1998; Mitherausgeber und Autor: Menschenrechte zwischen Anspruch und Wirklichkeit 2000; Tolerance in Transition 2001; Tolerance Matters 2003.

Titelbild:
Französische Erklärung der Menschen- und Bürgerrechte von 1789 (Ausschnitt), Verlagsarchiv F. Schöningh, siehe auch Seite 30 Abbildung 3.

Bibliografische Information Der Deutschen Bibliothek

Die Deutsche Bibliothek verzeichnet diese Publikation in der Deutschen Nationalbibliografie; detaillierte bibliografische Daten sind im Internet über http://dnb.ddb.de abrufbar.

Gedruckt auf umweltfreundlichem, chlorfrei gebleichtem Papier (mit 50 % Altpapieranteil)

© 2004 Verlag Ferdinand Schöningh, Paderborn
(Verlag Ferdinand Schöningh GmbH, Jühenplatz 1, D-33098 Paderborn)
ISBN 3-506-99013-6

Internet: www.schoeningh.de

Printed in Germany.
Herstellung: Ferdinand Schöningh, Paderborn
Einbandgestaltung: Atelier Reichert, Stuttgart

UTB-Bestellnummer: ISBN 3-8252-2437-6

FÜR JULIA UND MARKUS —

und Arwen

Inhaltsverzeichnis

Wegweiser zu den Menschenrechten

Wir alle haben Menschenrechte. Doch wenn wir sie auch „von Geburt an" haben, so brauchen wir doch ein gerüttelt Maß an Wissen und Verständnis, um zu begreifen, was sie für unser Leben bedeuten. So wie die Menschenrechte einmal in einem langen historischen Prozeß entstanden sind, so bedarf es für jeden und jede von uns eines Lernprozesses, um uns der Menschenrechte bedienen zu können. Nicht jeder muß eine Menschenrechtsexperte werde, aber jeder sollte soviel Grundwissen erlernen, dass er nicht für alle Fragen einen Experten braucht und dass er weiß, mit welchen Fragen er sich an welche Experten wenden kann.

Dieses Buch ist ein Einführungsbuch. Es vermittelt Grundkenntnisse nach der Devise: Was Sie immer schon einmal über die Menschenrechte wissen wollten! Es bietet auch Grundorientierungen für die Menschenrechte nach dem Motto: Was Sie unbedingt über die Menschenrechte wissen sollten, damit Sie auch wissen, was Ihnen zusteht, was aber auch allen anderen Menschen zusteht. Um Mißverständnisse zu vermeiden: dieses Buch ist kein Report über Menschenrechtsverletzungen, sondern ein Buch über Normen, Institutionen, Instrumente und Akteure des Menschenrechtsschutzes. Auch wenn die Menschenrechtsverletzungen weltweit und tagtäglich all diejenigen herausfordern, die sich für die Entwicklung und den Schutz der Menschenrechte engagieren, so ist der Autor der Auffassung, dass die im folgenden vorgestellten Normen, Instrumente und Resultate des Menschenrechtsschutzes einen enormen zivilisatorischen Fortschritt darstellen, ohne den die Welt erheblich brutaler, unfreier und ungleicher wäre.

Dieses Einführungsbuch möchte 6 Dinge leisten:

1. ein roter Faden sein durch die zuweilen labyrinthafte Landschaft des internationalen Menschenrechtsschutzes,
2. ein Wegweiser sein zum Kern der Menschenrechtsidee: individuelle Selbstbestimmung und Gleichberechtigung („Nichtdiskriminierung"),
3. den Blick richten auf die unterschiedlichen Dimensionen der Menschenrechte: vor allem die politische, moralische, rechtliche und die Bildungsseite,
4. einen Gedanken stark machen: Menschenrechte, die nicht im Bewußtsein der Bürger und Bürgerinnen verankert sind, bleiben

machtlos; wir brauchen also eine Menschenrechtsbildung, die dies leistet,

5. einen Ausblick geben auf das noch unvollendete Projekt der Menschenrechte, das es immer wieder zu verteidigen und immer weiter zu gestalten gilt,

6. eine praktische Anregung sein zur Nutzung des Internets als zusätzlicher Informationsquelle über die Menschenrechte.

Bücher werden immer in bestimmten zeitlichen und politischen Kontexten geschrieben, die den Gegenstand langfristig wie auch unmittelbar prägen. Dies ist ein Buch von einem deutschen Autor und die deutsche historische Erfahrung ist mehr als nur eine partikulare Perspektive. Nationalsozialismus und 2. Weltkrieg sind *der* Anstoß für die Internationalisierung des Menschenrechtsschutzes gewesen. Dies ist aber auch ein Buch nach dem 11. September und das bedeutet für unsere Thematik: es ist ein Buch, das sich gegen den Sog stellen will, dass für die Herstellung der Sicherheit (die selber ja eine Illusion ist), die Menschenrechte begrenzt werden dürfen.

Das Buch ist in 6 Teile gegliedert:

Im 1. Teil **Begriffe – Erklärungen – Entwicklungen** geht es um einen systematischen und einen historischen Zugang, um ein Grundverständnis davon zu bekommen, was wir unter den Menschenrechten verstehen.

Im 2. Teil **Vom nationalen zum internationalen Menschenrechtsschutz** wird ein Überblick gegeben über die Instrumente, Institutionen und Mechanismen, die nach 1945 national und international entwickelt wurden.

Im 3. Teil **Unteilbare, umstrittene und unvollendete Menschenrechte** werden einige Aspekte von solchen Menschenrechten skizziert, die z.Z. mit unterschiedlichem Erfolg im Mittelpunkt vieler Kontroversen des internationalen Menschenrechtsdiskurses stehen.

Im 4. Teil **Menschenrechte von besonders verletzlichen Gruppen** wenden wir uns fünf Gruppen von Menschen zu, die entweder bisher noch nicht gleichberechtigt im Kreis der „Menschenrechtssubjekte" vertreten waren und/oder die als Opfergruppe als so außergewöhnlich gefährdet angesehen werden, dass nur ein besonderer Schutz ihrer Lage gerecht werden kann.

Im 5. Teil **Akteure und Adressaten der Menschenrechtspolitik** wechseln wir dann die Perspektive von den Opfergruppen zu den Akteuren und Adressaten, die maßgeblich die Menschenrechtspolitik prägen, sei es „von oben" wie die Regierung oder sei es „von unten" wie die NGOs. Aber es wird auch die prinzipielle Frage aufgeworfen, ob der Nationalstaat in Zeiten der Globalisierung noch der angemessene und exklusive Adressat der Menschenrechte sein kann oder ob nicht auch mächtige Wirtschaftsunternehmen als Adressat der Menschenrechte anzusehen sind.

Im 6. Teil **Menschenrechtsbildung als Menschenrecht** wird schließlich die Menschenrechtsbildung als unverzichtbares Element der Menschenrechtsentwicklung thematisiert. Nur Menschenrechte, die man kennt und versteht, können ihre Wirkung entfalten. Abschließend folgt eine Zusammenschau auf die Chancen des Internets als Ressource für die Menschenrechtsarbeit.

Begriffe – Entwicklungen – Erklärungen

1. Was verstehen wir unter Menschenrechten?

1.1 Was ist Recht?

Der Beantwortung dieser Frage kann man sich auf systematische und auf historische Weise nähern. Ich will beide Wege nacheinander beschreiten. Menschenrechte sind Rechte und als Rechte haben sie einen besonderen Rang. Fragen wir also zunächst einmal: Was sind überhaupt Rechte? Was ist Recht? Auch auf diese Frage gibt es oft nur zögerliche oder eingeschränkte Antworten, denn: „Auf die Frage, was ist Recht, kann man nicht mit einer allgemeinen Definition antworten, sondern nur nach dem alten Motto, das Generationen von Juristen bis heute im Examen gerettet hat. Der kluge Student sagt immer, es kommt darauf an. Es kommt darauf an, um welche Zeit es sich handelt".[1] Unter der Berücksichtigung dessen, dass das Recht großen historischen und politischen Wandlungsprozessen unterliegt, kann man vorsichtig formulieren, was wir heute unter Recht verstehen.

Recht ist ein Regelungsmechanismus von sozialen, wirtschaftlichen und politischen Verhältnissen. Es steuert, stabilisiert und befriedet das gesellschaftliche Zusammenleben. Ohne das Recht würde dieses Zusammenleben durch Willkür, gewaltförmige Konflikte und das Recht des Stärkeren gekennzeichnet sein. Recht hat eine Friedens- und eine Schutzfunktion. Es versucht Gewalt zu bannen und Macht zu kontrollieren. Recht braucht allerdings auch Macht, um durchgesetzt zu werden.

Recht versucht Gewalt zu bannen

Recht ist allerdings nur ein sozialer Regelungsmechanismus unter anderen, der sich beispielsweise von moralischen Normen durch seine Sanktionsmächtigkeit und institutionalisierte Einklagbarkeit von Rechtsansprüchen unterscheidet. Dass sich Recht von Moral unterscheidet, ist uns heute selbstverständlich, dies ist aber das Ergeb-

---

[1] Uwe Wesel: Juristische Weltkunde. Eine Einführung in das Recht, Frankfurt/M. 2000 , S. 47, vgl. auch Reinhold Zipelius: Einführung in das Recht, Heidelberg (UTB) 2000.

nis eines historischen Prozesses der Differenzierung: Recht und Moral waren früher einmal eine Einheit.

Der Begriff des Rechtes beinhaltet einmal das „objektive Recht", das ist die Gesamtheit der Rechtsnormen einer Gesellschaft, und das „subjektive Recht", das ist der individuelle Rechtsanspruch, die Berechtigung, die auch einklagbar ist. Das verletzte eingeklagte Recht führt zu Sanktionen. Der Rechtsanspruch richtet sich immer an einen Adressaten, demgegenüber das Rechtssubjekt ein Recht hat. Auf der Seite des Adressaten führt dieser Anspruch zu einer Verpflichtung, etwas zu tun oder etwas zu lassen. Ein Recht ist immer bezogen auf einen Inhalt, auf den man Recht hat, z. B. einen Vertrag zu schließen. Ein Recht muß also Auskunft geben können auf folgende Fragen: wer hat wem gegenüber Recht auf was und was passiert, wenn das Recht verletzt wird. Das Recht „setzt sich zusammen" aus Rechtssubjekt, Rechtsobjekt und „Adressat".

1.2 Merkmale der Menschenrechte

Auch Menschenrechte regeln Verhältnisse zwischen Rechtssubjekten und Adressaten und beziehen sich auf bestimmte Inhalte. Aus der Vielzahl der Definitionsangebote der Menschenrechte seien zwei vorgestellt, die sich in ihrer unterschiedlichen Akzentsetzung ergänzen:

Auch wenn der Begriff der modernen Menschenrechte umstritten ist, so lassen sich anerkannte definitorische Mindestkriterien angeben. Menschenrechte sind universal und individuell, d.h. sie gelten für alle Menschen unabhängig etwa von ihrer Nationalität und Rasse und kommen dem einzelnen Menschen unabhängig von seiner ständischen oder sonstigen gesellschaftlichen Einbindung zu. Ihre Quelle ist vorstaatlicher Natur, d.h. sie sind nicht dem Staat zu verdanken, sondern dem Menschen als solchem angeboren, können also vom Staat nicht geschaffen, sondern allenfalls deklariert werden. Schließlich richtet sich die Forderung nach Anerkennung der Menschenrechte in erster Linie an den Staat, insbesondere indem dessen grundsätzlicher Verzicht auf Eingriffe in die persönliche Freiheitssphäre erwartet wird.[2]

Human rights is an old subject in many ways. Most fundamental, it is one way to deal with a person's relation to public authority – and indeed to the rest of society. If one has a human right, one is entitled to make a fundamental claim that an authority, or some other part of society, do – or refrain from doing-something that affects si-

---

[2] Wolfgang Jäger in: Menschenrechte – Historische Entwicklung. Arbeitshilfen für die politische Bildung, Heft 4, 1988, S.4.

gnificantly one's human dignity. Human rights most fully understood involves not static property, something possessed, but rather a social und behavioral process. Human rights constitutes a fundamental means to the end of basic human dignity.[3]

Menschenrechte sind ein Mittel, um die Menschenwürde zu schützen

Folgende 10 Merkmale kennzeichnen m.E. das, was wir heute unter „Menschenrechten" verstehen. Menschenrechte sind

1. angeboren und unverlierbar
2. vorstaatlich
3. individuell
4. egalitär
5. moralisch
6. rechtlich
7. universell
8. fundamental
9. interdependent
10. kritisch

Angeboren und unverlierbar

Die Qualifizierung der Menschenrechte als angeborene Rechte bedeutet, dass sie weder erworben, noch verdient oder verliehen werden können, sondern dass sie eine Berechtigung allein auf Grund des Menschseins sind. Gleichwohl ist die Bestimmung der Menschenrechte als angeboren im „metaphorischen Sinne" (Ernst Tugenhat) gemeint, um ihren besonderen Rang zu unterstreichen. Einmal als angeboren anerkannt, können sie auch nicht wieder genommen oder verwirkt werden. Sie bleiben eine Berechtigung, die an keine Leistungen, Verdienste oder Pflichterfüllung gebunden ist. Zwar ist mit den Rechten auch die Pflicht verbunden, die Rechte der anderen zu achten, aber die Nichtachtung kann nur zu unterschiedlichen Arten der Kritik oder Sanktion führen, aber nicht zum Verlust der Menschenrechte. Selbst ein Terrorist kann seine Menschenrechte nicht verwirken. Es ist genau dies, was den zivilisatorischen Fortschritt am radikalsten ausdrückt. Menschen sind und bleiben Menschen, auch in extremen Fällen: sie stehen nicht irgendeiner Strategie der De-Humanisierung zur Disposition. Gleichwohl gibt es Ausnahme- und Notstandssituationen, in denen Menschenrechte für eine bestimmte Zeit begrenzt werden können, aber auch unter den extremsten Bedingungen bleibt ein Kern von Menschenrechten wie das Recht auf Leben oder das Folterverbot „notstandsfest" und ist in keiner Weise einzuschränken.

---

[3] David P. Forseythe: The Internationalization of Human Rights, Lexington 1991, S. 1.

Vorstaatlich

Die Kennzeichnung der Menschenrechte als vorstaatlich verweist auf die historische Revolutionierung der Machtverhältnisse zwischen Staat und Bürger. Der Bürger ist nicht (mehr) Diener des Staates, der seinen Bürgerinnen und Bürgern u.U. die Menschenrechte verleiht oder gewährt, sondern der Staat ist gehalten, die Menschenrechte, die staatlichem Recht vorausgehen und die Legitimität staatlicher demokratischer Herrschaft allererst begründen, umzusetzen und zu schützen. Im Entwicklungsprozess der Menschenrechte wird allerdings der Staat nicht der einzige Adressat bleiben.

Individuell

Das Individuum als Träger der Menschenrechte drückt den unhintergehbaren zivilisatorischen Fortschritt aus, dass die letztlich zu schützende Einheit, die des autonomen Individuums ist. Dies ist eine unverzichtbare Bedingung der Menschenrechte, dass das Individuum mit seinen Schutz- und Entwicklungsinteressen im Mittelpunkt steht und keiner Gemeinschaft oder keinem politischen Gemeinwesen untergeordnet und geopfert wird. Gleichwohl zeigt die Debatte der Menschenrechtsentwicklung, dass es sich nicht um eine ausschließliche oder immer auch hinreichende Bedingung handelt, den Einzelnen zu schützen. Die Debatte um kollektive Menschenrechte zeigt eine ergänzende Dimension auf, allerdings keine alternative, da auch der kollektiv ansetzende Schutz letztlich dem Einzelnen zugute kommen muß.

Egalitär

Menschenrechte können als MENSCHENrechte nur egalitär sein oder sie sind stattdessen nur Sonderrechte. Es sind eben Rechte, die allen Menschen gleichermaßen ohne Ansehen von *Rasse, Farbe, Geschlecht, Sprache, Religion, politische oder sonstiger Überzeugung, nationaler oder sozialer Herkunft, nach Vermögen, Geburt oder sonstigem Status* (Artikel 2 der Allgemeinen Erklärung der Menschenrechte) zustehen. Wir haben es hier mit dem anti-diskriminatorischen Kern der Menschenrechte zu tun. Zunächst handelt es sich hierbei um eine egalitäre Behandlung der Bürger durch den Staat. Allerdings impliziert diese Egalität auch eine gleiche Anerkennung der Menschenrechte der Bürger untereinander. Meine Rechte finden in den gleichen Rechten der anderen ihre Grenze.

Menschenrechte sind egalitär oder gar nicht

Moralisch

Die egalitäre Dimension der Menschenrechte verweist direkt auf ihren moralischen Kern. *Die Idee der Menschenrechte hat in der mo-*

ralischen Verpflichtung, alle anderen als Subjekte von gleichen Rechten anzuerkennen, ihren moralischen Ausgangspunkt. Es ist die moralische Achtung vor der individuellen Selbstbestimmung jeder Person, die „Rechte" im Sinne moralischer Ansprüche begründet. Menschenrechte sind eine Teilklasse von moralischen Rechten.[4] Manche Menschenrechte gelangen über den Status schwacher, nur moralischer Rechte gar nicht hinaus, d.h. sind noch nicht zu starken juridischen Rechten entwickelt worden. Während dies für das Verhältnis Bürger – Staat ein Defizit ist, ist es im Verhältnis Bürger – Bürger das Ziel: die Gestaltung der gesellschaftlichen Verhältnisse gemäß den moralischen Standards der Menschenrechte!

Rechtlich

Von diesen schwachen Rechten sind die starken Menschenrechte zu unterscheiden, die Ausstattung der moralischen menschenrechtlichen Ansprüche mit Sanktionsmacht, mit legitimierter Macht der Durchsetzung, ihre Konkretisierung als Grundrechte oder als Elemente des Völkerrechts und ihr Vorrang vor gewöhnlichem Recht.

Universell

Die Charakterisierung der Menschenrechte als universelle Rechte markiert zunächst einen Geltungsanspruch und noch keine Beschreibung einer real existierenden universellen Geltung. Immer noch brechen und bremsen Traditionen, kulturelle Partikularitäten und auch politische Ideologien die Universalisierung der Menschenrechte. Anspruch ist hier, dass jenseits von Tradition und kultureller Differenz in den Menschenrechten ein traditions- und kulturunabhängiger Kern von schutzwürdigen Interessen, Werten und Entwicklungschancen „der Menschen" zum Ausdruck gebracht wird, der allerorten anerkennungsfähig ist.

Fundamental

Die Qualifizierung der Menschenrechte als fundamental besagt zum einen, dass es nicht beliebige Inhalte geben kann, die als schutz- und entwicklungswürdig angesehen werden, sondern dass Menschenrechte nur solche „Lebensbereiche" schützen dürfen, die als fundamental wichtig angesehen werden, die für die Wahrung der Menschenwürde als unverzichtbar erachtet werden. Die Anerkennung eines Rechtes als fundamental in diesem Sinne, und da-

---

[4]   Georg Lohmann: Menschenrechte zwischen Moral und Recht, in: Stephan Gosepath und Georg Lohmann: Philosophie der Menschenrechte, Frankfurt/M 1998, S. 89.

mit seine Aufnahme in die Kategorie der Menschenrechte, ist immer ein konfliktreicher politischer Prozeß, für den sich mittlerweile anerkannte Verfahren in ausdifferenzierten Institutionen herausgebildet haben (vgl. Menschenrechtskommission). Zum anderen bedeutet es auch, dass Menschenrechte eben nichts Statisches sind, sondern offen sind, auf neue oder neu wahrgenommene Bedrohungen zu reagieren.

Menschenrechte zielen auf Veränderung

Interdependent
Menschenrechte gibt es nur im Plural. Die Vielzahl dieser Menschenrechte bildet einen Zusammenhang von sich wechselseitig bedingenden Rechten. Der Zusammenhang ist ein doppelter: ein komplementärer und ein spannungsgeladener. Wenn ich das Recht auf Bildung verletze, verletze ich in der Folge auch das Recht, meine Meinung zu sagen. Aber dann gibt es auch noch den spannungsgeladenen Zusammenhang. Mein Recht, meine Meinung zu sagen, ist begrenzt durch das Recht eines anderen, beispielsweise nicht beleidigt oder diskriminiert zu werden.

Kritisch
Zur Idee der Menschenrechte gehört die Trias, dass die Menschen schutzbedürftig, schutzwürdig und schutzfähig sind. Diese Idee kritisiert die Verhältnisse, in denen die Würde des Menschen noch ungeschützt ist und seine Rechte verletzt werden, und sie zielt auf die Veränderung „der Verhältnisse", damit Menschen ohne Diskriminierung ihr Leben selbstbestimmt gestalten können. In diesem Sinne sind die Menschenrechte ein kritischer Stimulus der andauernden Veränderung.

1.3 Begründung von Menschenrechten

Die Begründungen der Menschenrechte sind durchaus vielfältig. Die Antworten reichen von Gott als Quelle der Menschenrechte bis hin zur pragmatischen Begründung in der Einschränkung von möglichem Machtmissbrauch oder der Befriedigung grundlegender Bedürfnisse und der Verwirklichung menschlicher Möglichkeiten. Einflußreich ist immer noch eine Begründung der Menschenrechte als Natur- und Vernunftrechte.

Die politische Aufklärung entwickelte sich aus der ‚ideellen' Naturrechtslehre. Ihr Dreh- und Angelpunkt war die Menschenwürde. Diese ist nämlich der Grund dafür, dass es überhaupt eine Verpflichtung gegenüber dem Menschen gibt. ...dass er deshalb nicht so wie alle übrige Natur Objekt des Handelns sein darf. Er sei vielmehr stets zugleich als Subjekt zu achten. Politisch ergab sich daraus die Forderung nach Freiheit als Bedingung der Möglichkeit, dass jeder Mensch gleichermaßen seine jeweils besten Fähigkeiten entwickeln kann. Der oberste Grundsatz der politischen Aufklärung lautete deshalb: Jeder Mensch hat gleichen Anspruch auf Freiheit und Menschenwürde.[5]

Moderne Menschenrechte sind Ergebnisse der Aufklärung

Die Menschenrechte stammen aus dieser Tradition der Aufklärung, der Säkularisierung und der Demokratisierung. Ihre Position wird noch deutlicher, wenn wir sie mit der Gegenposition, dem Rechtspositivismus konfrontieren: diese Position geht davon aus, dass allein das positive (gesetzte) Recht gilt, unabhängig davon, was es besagt.

Die Frage nach der Begründung der Menschenrechte erschöpft sich aber nicht in dieser Kontroverse. Im Pluralismus der Begründungen gibt es u.a. Bemühungen, die Menschenrechte mit Hilfe von Theorien der Nützlichkeit, der Gerechtigkeit, der Bedürfnisse, der Reaktion auf Ungerechtigkeit und der gleichen Anerkennung zu begründen.[6] Sinnvoll scheint es, zwei Begründungsaufgaben zu unterscheiden: Erstens die Begründung der Menschen als Träger von egalitären und universellen Menschenrechten (das Menschenrecht auf Menschenrechte) und zweitens die Begründung von konkreten Inhalten von Menschenrechten und der Entwicklung neu anzuerkennender Menschenrechte.

Eine radikale Position nimmt Richard Rorty ein, der die Notwendigkeit philosophischer Begründung überhaupt in Frage stellt: *Wem es um Menschenrechte gehe, der müsse nicht nach der Natur des Menschen forschen, sondern auf dem Wege des Geschichtenerzählens Sympathien für diese Rechte fördern. Tatsächlich verdanken sich Fortschritte im Bereich der Menschenrechte nicht der theoretischen Reflexion, sondern der politischen Durchsetzung und paradoxerweise in erheblichem Umfang auch vorausgegangenen humanitären Katastrophen.*[7]

---

[5] Martin Kriele: Befreiung und politische Aufklärung. Plädoyer für die Würde des Menschen, Freiburg 1980, 49.

[6] Jerome J. Shestack: The Philosophical Foundations of Human Rights, in: Human Rights: Concepts and Standards, edited by Janusz Symonides, Ashgate 2000.

[7] zitiert nach Edinger, Menschenrechte, Erfurt 1998, S.22, auch in: http://www.humanrights.ch/bildungarbeit/seminare/pdf/990827_kesselring.pdf.

Naturrechtslehre	Rechtspositivismus
Es gibt ein übergeordnetes, immer geltendes Naturrecht, das den positivierten Normen vorgelagert ist.	Das Recht ergibt sich aus den positivierten Normen, unabhängig von deren Inhalt.
Die klassische Naturrechtslehre setzt den Rechtsinhalt absolut.	Der klassische Rechtspositivismus setzt die Rechtsform absolut.
„Es gibt also Rechtsgrundsätze, die stärker sind als jede rechtliche Setzung, so dass ein Gesetz, das ihnen widerspricht, der Geltung bar ist. Man nennt diese Grundsätze das Naturrecht oder das Vernunftrecht. Gewiss sind sie im einzelnen von manchen Zweifeln umgeben, aber die Arbeit der Jahrhunderte hat doch einen festen Bestandteil herausgearbeitet und in den sogenannten Erklärungen der Menschen- und Bürgerrechte mit weitreichender Übereinstimmung gesammelt" [Gustav Radbruch, Rechtsphilosophie, 1950]	Über die Inhalte des Rechts befindet die Politik. „Wir müssen auch das niederträchtigste Gesetzesrecht, sofern es nur formell korrekt erzeugt ist, als verbindlich anerkennen." [Karl Bergbohm, Jurisprudenz und Rechtsphilosophie, 1892] „Es gilt unumstößlich die Wahrheit, dass die Rechtsmacht jeden beliebigen Rechtsinhalt setzen kann." [Felix Somló, Juristische Grundlehre, 1927]
Der Richter hat die Befugnis, seinem vernünftigen Ermessen den Vorrang vor dem geschriebenen Gesetz zu geben.	Der Richter ist streng an die vom Staat erlassenen Gesetze gebunden.
Gefahr: Rechtsunsicherheit, Willkür	Gefahr: „Ungerechte" Gesetze eines Diktators werden buchstabengetreu angewendet.

http://www.dadalos.org/deutsch/Menschenrechte/Grundkurs_MR2/
Naturrecht/naturrecht.htm

1.4 Welche Menschenrechte gibt es?

Es gibt unterschiedliche Kategorisierungen der Vielzahl der Menschenrechte:
1. Abwehrrechte des Individuums (vor allem, aber nicht ausschließlich) gegenüber dem Staat, um vor einer bedrohlichen und unkontrollierten Willkür der Macht geschützt zu werden.
2. Teilnahmerechte, um den Staat, den es in die Schranken der Menschenrechte zu weisen gilt, mitzugestalten.
3. Teilhaberechte, um solche Lebensbedingungen gewährleistet zu bekommen, die es erst ermöglichen, die anderen Rechte angemessen wahrzunehmen.

In einer leicht abgewandelten Begrifflichkeit spricht man auch von Abwehr-, Partizipations- und Leistungsrechten. Ein übergreifendes Prinzip, das all diese Rechte auszeichnet ist, dass niemand bei der Wahrnehmung dieser Rechte diskriminiert werden darf, sei es auf der Grundlage von Geschlecht, Abstammung, Herkunft, Religion oder politischer Überzeugung.

Die verbreiteteste Unterscheidung, die auch von den Vereinten Nationen vertreten wird, ist die in bürgerliche und politische Rechte, soziale, wirtschaftliche und kulturelle Rechte und in Solidarrechtre.

1. Bürgerliche und politische Rechte sind Rechte, die den Staat davon abhalten und die Bürger berechtigen, etwas zu tun. Unter bürgerlichen Rechten versteht man vor allem die liberalen Abwehrrechte (persönliche Freiheit und Integrität, Privatheit, Gewissens-, Religions- und Meinungsfreiheit etc), während die politischen Rechte (Wahl- und Stimmrecht, Petitionsrecht, gleiche Ämterzugänglichkeit, Vereins-, Versammlungs- und Parteienfreiheit etc.) den demokratischen Partizipationsgedanken widerspiegeln.

2. Soziale, wirtschaftliche und kulturelle Rechte, sind v.a. Rechte, die den Staat verpflichten, etwas zu unternehmen, um allen Bürgern menschenwürdige Lebensbedingungen zu gewährleisten, die ohne die staatlichen Aktivitäten nicht zu erreichen wären. Zu den wirtschaftlichen und sozialen Rechten gehören das Recht auf einen angemessenen Lebensstandard, auf Nahrung, Wohnung und Gesundheit, das Recht auf soziale Sicherheit, das Recht auf Arbeit. Beispielhaft für (klassische) kulturelle Rechte ist das Recht auf Bildung.

3. Solidarrechte sind das Recht auf Entwicklung, auf Umwelt und auf Frieden, deren Verwirklichung die Zusammenarbeit der Völkergemeinschaft erfordert.

Menschenrechte gibt es in unterschiedlichen Dimensionen, aber sie gehören unteilbar zusammen

Schließlich müssen wir noch den Unterschied von Menschenrechten, Grundrechten und Bürgerrechten klären. „Grundrechte sind Menschenrechte, die in der Verfassung des jeweiligen Staates stehen. Der Bürger kann sie vor Gericht einklagen. Am Beispiel des Grundgesetzes der Bundesrepublik Deutschland läßt sich zeigen, daß nicht alle in modernen Verfassungen festgelegten Grundrechte auch schon Menschenrechte sind. Bestimmte Grundrechte wie die Versammlungs- und Vereinigungsfreiheit oder die Freiheit der Berufswahl gelten nur für deutsche Staatsbürgerinnen und Staatsbürger, sie sind Bürgerrechte.[8]

---

8 http://www.dadalos.org/deutsch/Menschenrechte/Grundkurs_MR3/grundk_3.htm.

Abb. 1: Der Staat als Leviathan macht Abwehrrechte der Bürger notwendig: Titelblatt von Thomas Hobbes' *Leviathan* (1651).

LITERATURTIPP zu I.1

Uwe Wesel: Juristische Weltkunde. Eine Einführung in das Recht, Frankfurt/M 2000

Stephan Gosepath und Georg Lohmann: Philosophie der Menschenrechte, Frankfurt/M 1998

2. Entwicklung der Menschenrechte: Erfahrungen, Ideen, Politik

Wechseln wir nun die Perspektive der Darstellung und wenden uns nach der systematischen Annäherung an das Thema dem historisch-prozesshaften Verständnis zu. Am Anfang der Entwicklung der Menschenrechte stehen Mord und Folter, Sklaverei und Knechtschaft, also die noch nicht begrenzten Möglichkeiten, Menschen zu erniedrigen und zu unterdrücken. Der Entdeckung der Menschenwürde geht der Schmerz über die Erniedrigung voraus, gefolgt von der Hoffnung, dass das nicht so bleiben muß und von der Einsicht, dass sich das in politischer Praxis ändern läßt. Die Menschenrechte sind eine Rebellion gegen leidvolle Erfahrungen, die als Unrecht gedeutet werden. Mit ihnen haben Menschen gelernt, sich auf besondere Weise zu schützen: zunächst vor dem Staat, aber dann auch voreinander. Da dieser Prozeß aber noch lange nicht zum Abschluß gekommen ist, spricht Volker Deile von amnesty international zu Recht von einer „unvollendeten Revolution".

Die Geschichte der Menschenrechte zu erzählen, bedeutet nicht einfach an einem Zeitpunkt X und an einem Ort Y zu beginnen und eine klar definierte Entwicklung zu rekonstruieren. Geschichte ist immer Konstruktion von Vergangenem durch eine Perspektive der Gegenwart und davon gibt es mehrere! Die Geschichte hängt also von unserem heutigen Verständnis ab. Wo also beginnen? Was zählt zur (Vor)Geschichte? Was sind die markanten und zu markierenden Einschnitte? Im Folgenden sollen 2 Periodisierungsangebote der Menschenrechtsentwicklung vorgestellt werden. Das eine ist das weitverbreitete Generationenmodell, das andere ist das Stufenmodell von Dadolos.

2.1 Das Generationenmodell

Die Generationentypologie geht von einer inhaltlichen Erweiterung und Entwicklung der Menschenrechte aus.[9] Die „1. Generation"

---

[9] Urspünglich von Karel Vasak: A30-year struggle, in: UNESCO-COURIER, November 1977.

meint die bürgerlichen und politischen Abwehr- und Gestaltungs-
rechte. Die Entwicklung einer „2. Generation" wirtschaftlicher, sozialer und kultureller Rechte findet ihre Begründung darin, dass die
Abwehr- und Teilhaberechte keinen ausreichenden Schutz darstellen und dass es unter Bedingungen fehlender sozialer Sicherheit,
fehlendem Gesundheitsschutz und mangelhafter Bildung nicht einmal möglich ist, die Rechte der 1. Generation auszuüben. In den
sog. WSK-Rechten kommen Teilhaberechte an Grundversorgung
und Lebensstandard zum Ausdruck, die zu Leistungsverpflichtun-
gen des Staates führen. Historisch sind die Rechte der 2. Generation aus der sozialistischen Bewegung teils in Konfrontation zu den
bürgerlichen Menschenrechten – zumindest dem Recht auf Eigentum –, teils in Ergänzung zu ihnen entstanden. In den Systemen des
realexistierenden Sozialismus sind die Menschenrechte der 2. Generation meistens als Ersatz oder Alternative zu den Rechten der 1.
Generation umgesetzt worden und in den Zeiten des Kalten Krieges wurden beide Generationen zur ideologischen Kriegsführung
instrumentalisiert. Nach dem Ende des Ost-West-Konflikts gewinnt
die Überzeugung international an Boden, dass es sich um „unteilbare und interdependente" Menschenrechte handelt.

Als Menschenrechte der „3. Generation" werden die kollektiven
Rechte bezeichnet. Sie sind zuerst als Recht auf Selbstbestimmung der
Völker in Artikel 1 der beiden Internationalen Pakte aufgenommen
worden. In den Siebzigerjahren des 20. Jh. forderten vor allem Men-
schenrechtler/innen aus dem Süden eine Ausweitung der kollektiven
Menschenrechte. Als Recht der Völker auf freie Verfügung über ihre
natürlichen Reichtümer, Recht auf Entwicklung, Recht auf Frieden und
Sicherheit und Recht auf eine zufriedenstellende Umwelt sind sie vor
allem in die afrikanische Menschenrechtskonvention eingeflossen,
aber auch in die UN-Erklärung zum Recht auf Entwicklung.[10]

Die Entwicklung
der Menschen-
rechte bedeutet
eine Zunahme von
Rechtsansprüchen

Die Rechte der dritten Generation tragen zum einen der Tatsache
Rechnung, dass die Menschenrechte keine starre Einrichtung sind,
sondern sich entwickeln und verändern, und sie spiegeln zum anderen wider, dass neue Zusammenhänge erkannt werden, die die
Menschen gefährden und auf die mit neuen Menschenrechten reagiert werden muß.

Menschenrechtsschutz wurde lange Zeit als Schutz von Individualrechten (klassisch in der Ausprägung der politischen Rechte) vor staatlichen Übergriffen verstanden. Mit der Etablierung von kollektiven
Menschenrechten, besonders den Rechten von Völkern gegenüber der

10 http://www.humanrights.ch/einsteigerinnen/geschichte.html.

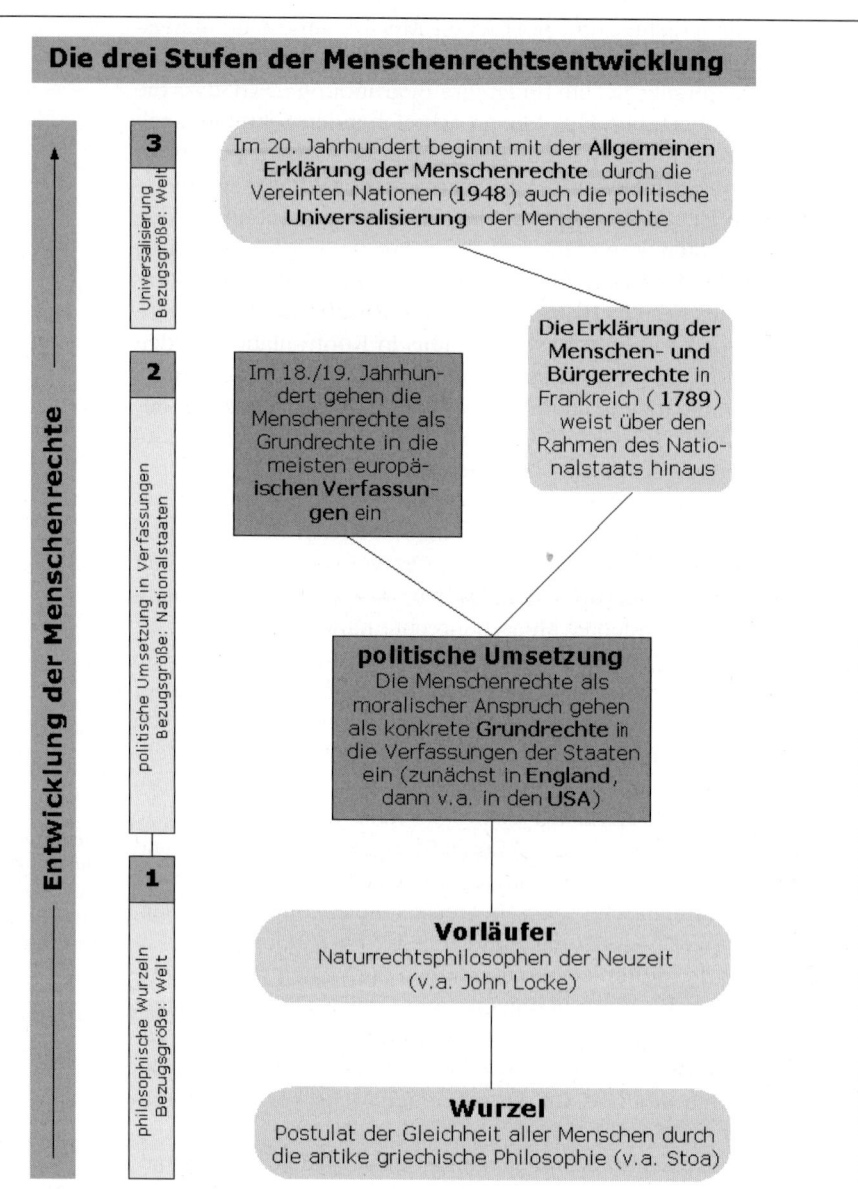

Abb. 2: Die drei Stufen der Menschenrechtsentwicklung.

Gemeinschaft von Staaten, hat sich der Blickwinkel auf die Menschenrechte doppelt erweitert: als Träger von Menschenrechten gelten auch Kollektive und als Adressaten von Menschenrechten, die zu etwas verpflichtet sind, gelten nun nicht mehr nur die einzelnen Staaten, sondern die solidarische Staatengemeinschaft. Hinter dieser Erweiterung steckt auch eine veränderte Ursachenzuschreibung für die zu verändernden menschenrechtlichen Mißstände: weg vom Einzelstaat und hin zu internationalen Verhältnissen und Strukturen. Der rechtliche Status dieser Menschenrechte ist allerdings bis heute ungeklärt, denn noch fehlen klare Antworten auf die Fragen, wer durch diese Rechte verpflichtet wird (Staat, Internationale Gemeinschaft, Individuum) und wer anspruchsberechtigt sein soll (das Individuum, Gruppen von Menschen, z.B. Minderheiten oder autochthone Bevölkerungsgruppen, Staaten). Schließlich ist noch nicht geklärt, wie diese Rechte durchzusetzen sind.

2.2 Das Stufenmodell

Eine andere Entwicklungsdifferenzierung wird von Dadalos, dem internationalen UNESCO-Bildungsserver, angeboten.[11] Hier wird unterschieden zwischen Schritten oder Stufen der philosophischen Begründung, der nationalstaatlichen Umsetzung und des internationalen Schutzes.

Die philosophische Begründung
Bereits in der antiken griechischen Philosophie lassen sich Vorläufer einer Idee der Gleichheit aller Menschen, die Idee eines natürlichen Rechts, das allen Menschen zukommt, ausmachen. Im frühen Christentum und in den anderen Religionen erfuhr diese Idee eine Weiterentwicklung: Alle Menschen sind gleichermaßen von Gott geschaffen und ihm ebenbildlich. Diese beiden Stränge bilden Wegbereiter der Idee der Menschenrechte. Allerdings hatten sie noch nicht viel mit der politischen Realität zu tun. Heute wird zunehmend unterstrichen, dass wir auch in nicht-westlichen Kulturen Elemente oder Bausteine finden, die man als Wurzeln des Menschenrechtsgedankens verstehen und anerkennen kann.

Bausteine der Menschenrechtsidee finden sich in fast allen Kulturen

Auch wenn man Keime der Menschenrechtsidee in einer lange zurückliegenden Zeit entdecken kann, so bleibt aber die „kopernikanische Wende" (Noberto Bobbio)[12] der Menschenrechte an die

---

[11] http://www.dadalos.org/deutsch/Menschenrechte/start_mr.htm.
[12] Norbertio Bobbio: Das Zeitalter der Menschenrechte, Berlin 1999.

Aufklärung gebunden und an die durch sie beförderte Säkularisierung und Demokratisierung.

John Locke gilt als der politische Philosoph der Aufklärung, der den Menschenrechten theoretisch den Weg bereitete. Leben, Freiheit und Eigentum gelten für Locke als unwandelbar angeborene Rechte des Menschen. Der Zweck eines jeden Staates ist es, diese natürlichen Menschenrechte zu schützen. Er verpflichtet also in seiner politischen Philosophie den Staat auf die Menschenrechte und vollzieht damit den entscheidenden Schritt von der philosophischen Idee der Menschenrechte zu ihrer politischen Umsetzung. Diese Gedanken wurden von den Verfassungsgebern in England und den Vereinigten Staaten von Amerika aufgenommen und fanden Eingang in deren Verfassungen.[13]

Dieter Senghaas unterstreicht, dass die Zäsur und nicht die Kontinuität das Entscheidende am Entwicklungsprozeß der Menschenrechte sei: *Die Menschenrechte waren Europa nicht in die Wiege gelegt, so daß nur zu warten war, bis irgendwann einmal Europa das Stadium des Erwachsenseins erreicht haben würde. Sie waren vielmehr in Zeiten eines tiefgreifenden Umbruchs das Ergebnis öffentlicher Erregungen auf Massenbasis: das Werk von Umstürzlern in Geist und Tat und von sozialrevolutionären Bewegungen, einst des Bürgertums, dann der Arbeiterbewegung an ihrer Spitze. Frauen und Randgruppen folgten.*[14]

Die Menschenrechte stellen eine Zäsur in der europäischen Geschichte dar

Die politische Umsetzung im Rahmen der Nationalstaaten
In zwei Revolutionen werden Bürger zum Träger von Veränderungen, an deren vorläufigem Ende die Verankerung der Menschenrechte in den Verfassungen der USA und Frankreichs stehen. Es waren Bürger, die sich

– unterdrückt und willkürlich durch die jeweilige Staatsmacht behandelt fühlten und die dabei zunächst altes Recht zum Maßstab staatlichen Handelns machten,
– die ein wirtschaftliches und politisches Interesse an neuen Macht- und Rechtsverhältnissen hatten,
– die selbstbewußt und mutig genug waren, in den Konflikt mit Mutterland und Krone bzw. mit Adel und Kirche zu gehen,
– und die die Ideen der Menschenrechte, die von der Philosophie bereit gehalten wurde, zur Begründung ihrer Ansprüche nutzen konnten.

---

[13] s. Anm. 11.
[14] Dieter Senghaas: Der aufhaltbare Sieg der Menschenrechte, aus:
http://sef-bonn.org/sef/veranst/1998/symposium/senghaas.html.

England spielte eine Vorreiterrolle bei dieser Entwicklung. Bereits 1215 wurden dem König in der „Magna Charta Libertatum" gewisse Rechte abgetrotzt. Wichtig ist jedoch, daß diese Rechte des Mittelalters niemals individuelle Rechte des einzelnen waren, sondern Ausdruck objektiven Rechts, das vor allem kooperativ gewährt wurde.

Anders als auf dem Kontinent, konnte sich in England der Absolutismus nicht durchsetzen. Während sich auf dem Kontinent Fürst und Stände auseinandersetzten, rangen in England Krone und Parlament miteinander. Das Parlament konnte sich bei der Erhaltung alter und der Anerkennung neuer Freiheiten und Rechte durchsetzen.

Die „Petition of Rights" von 1628 stellte die Unantastbarkeit des Bürgers sicher und die „Habeas-Corpus-Akte" von 1679 schützte den Bürger vor grundloser Verhaftung.

USA

Diese Rechte galten auch in den englischen Kolonien, also beispielsweise auch in den Vereinigten Staaten von Amerika. Und dort wurde im Zuge des Unabhängigkeitskampfes unter direkter Berufung auf die Gedanken John Lockes zum ersten Mal in der Geschichte ein Menschenrechtskatalog formuliert, die „Virginia Bill of Rights" von 1776, die genauso wie die Amerikanische Unabhängigkeitserklärung aus demselben Jahr zu den wichtigsten Dokumenten der Geschichte der Menschenrechte zählt.[15]

Die „Virginia Bill of Rights" erhob die folgenden Rechte zu unveräußerlichen Menschenrechten, die seither den Kern der Menschenrechte bilden: Recht auf Leben, Freiheit und Eigentum, Versammlungs- und Pressefreiheit, Freizügigkeits- und Petitionsrecht, Anspruch auf Rechtsschutz, Wahlrecht.

Die amerikanischen Erklärungen der Menschenrechte und die mit ihr verbundene Beschränkung der Staatsgewalt bringen den entscheidenden Durchbruch zum modernen Verfassungsstaat. Neu ist, dass die Grundrechte den Staat konstituieren und beschränken und nicht umgekehrt. Die Rechte und Freiheiten werden nicht mehr vom Staat gewährt, sondern werden sowohl zum Fundament des Staates als auch zu seinem Zweck.

Die Menschenrechtserklärungen sind als Ergebnis der nordamerikanischen Revolution entstanden. Das Streben der Kolonisten nach mehr wirtschaftlicher und politischer Freiheit führte zu einer verfassungsrechtlichen Auseinandersetzung mit dem Mutterland....Im

---

[15] http://www.dadalos.org/deutsch/Menschenrechte/grundkurs_mr2/grundk_2.htm.

Abb. 3: Französische Erklärung der Menschen- und Bürgerrechte von 1789.

Zuge der Auseinandersetzung kam es zu Wellen von Verhaftungen und Haussuchungen durch die Vertreter der englischen Regierung, gegen die sich die Siedler auflehnten, weil sie sich in ihren altenglischen Rechten, insbesondere der Habeas Corpus Akte von 1679, verletzt fühlten. Aus der ursprünglichen verfassungsrechtlichen Auseinandersetzung, mit der Parole „no taxation without representation", entwickelte sich bald die Unabhängigkeitsbewegung.[16]

In der nordamerikanischen Freiheitsbewegung hatten die Menschenrechte vor allem zwei Funktionen. Zum einen rechtfertigten sie den Aufstand gegen und die Loslösung vom Mutterland. Hierzu genügte nicht der Rückgriff auf die verletzten alten englischen Rechte und Freiheiten. Sie dienten als Berechtigung zur Revolution. Zum anderen dienten sie zur Legitimierung des neuen Staates und der Begründung der Rechte seiner Staatsbürger. Noch heute ist das amerikanische Menschenrechtsverständnis übrigens weitgehend auf das von „Bürgerrechten" von Amerikanern begrenzt, während man die Menschenrechte als etwas ansieht, dass eher jenseits der USA Thema ist.

Frankreich
Als im Juli 1789 der *Marquis de la Fayette* der Französischen Nationalversammlung den revolutionären Entwurf einer Menschenrechtsverkündung vorlegte und die Aufnahme in die Verfassung beantragte, da hatten die USA nicht nur ideell Pate gestanden. *Thomas Jefferson*, der Verfasser der amerikanischen Unabhängigkeitserklärung, war damals Gesandter in Paris und hatte an der Formulierung mitgearbeitet. Die Menschenrechte der Amerikanischen Revolution halfen den Menschenrechten der Französischen Revolution aus der Taufe.[17] Die Französische Revolution von 1789 mit ihrer Parole „liberté, égalité, fraternité" entfaltete eine enorme Wirkung. Am 26. August 1789 wurde die „Erklärung der Menschen- und Bürgerrechte" angenommen. In ihr findet sich der Anspruch, die universelle Geltung der Menschenrechte zu fordern.

Es gibt allerdings einen markanten Unterschied zur amerikanischen Entwicklung. Dort wurde ein neuer Staat von unten her aufgebaut, während in Frankreich ein alter umgestürzt wurde. So begründet sich denn auch die in Frankreich stärker ausgeprägte Gleichheitsforderung. Es ging darum, den absolutistischen Ständestaat mit seinen Privilegien zu stürzen und die freie Entfaltung des

---

[16] Sven Wehser: Die Entwicklung der Grundrechte in Deutschland bis zum Spatkonstitutionalismus, aus: http://www.fu-berlin.de/jura/netlaw/publikationen/beitraege/ws99-wehser.html.
[17] Wehser, a.a.O.

einzelnen zu ermöglichen. Dieser Einzelne war auch in Frankreich zunächst der nach politischer Mitwirkung strebende Bourgeois.

Von Frankreich aus nahm die Umsetzung der Idee der Menschenrechte in die Verfassungen der Nationalstaaten in Kontinentaleuropa ihren erfolgreichen Ausgangspunkt. Die politische und rechtliche Umsetzung der philosophischen Idee der Menschenrechte war bis Mitte des 20. Jahrhunderts weitgehend vollbracht. Staaten, die in ihre Verfassungen die Menschenrechte aufnehmen, verändern dadurch nicht nur die Menschenrechte in Grundrechte, sondern verwandeln auch ihren eigenen Charakter und beginnen sich zu demokratisieren.

Die Entwicklung und Weiterentwicklung der Menschenrechte aber wiederum setzt Demokratie voraus, nämlich die Freiheit des Volkes zur Selbstgestaltung seiner Gesetze und zur öffentlichen Kontrolle aller drei Gewalten. So schließt sich der Kreis: Gewaltenteilung und Demokratie nehmen von der Idee der Menschenrechte ihren Ausgang und münden in sie hinein. Die Dreiheit von Menschenrechten, Gewaltenteilung und Demokratie bildet eine rechtlich-institutionelle Einheit.[18]

Die infolge der französischen Revolution entstandene Menschenrechtserklärung von 1789 hatte Frauen wesentliche Rechte vorenthalten, z.B. hatten nur vermögende Männer das Wahlrecht. Marie-

Die Erklärung der Rechte der Frau und Bürgerin, Paris 1791

Art. 1: Die Frau ist frei geboren und bleibt dem Manne gleich in allen Rechten.

Art. 2: Der Zweck der staatlichen Vereinigung ist der Schutz der natürlichen und unveräußerlichen Rechte sowohl der Frau als auch des Mannes. Diese Rechte sind Freiheit, Sicherheit, Eigentum und besonders das Recht auf Widerstand gegen Unterdrückung.

Art. 4: Freiheit und Gerechtigkeit bestehen darin, den anderen zurückzugeben, was ihnen gehört. So wird die Frau an der Ausübung ihrer natürlichen Rechte nur durch die fortdauernde Tyrannei, die der Mann ihr entgegensetzt, gehindert. Nach den Gesetzen der Natur und der Vernunft müssen diese Hindernisse abgeschafft werden

Art. 10: Niemand darf wegen seiner Meinung verfolgt werden. Die Frau hat das Recht, das Schafott zu besteigen. Sie muß gleichermaßen das Recht haben, die Rednerbühne zu besteigen.

Art. 16 Eine Gesellschaft, in der die Garantie der Rechte nicht gesichert ist, hat keine Verfassung. Es besteht keine Verfassung, wenn die Mehrheit des Volkes an ihrem Zustandekommen nicht mitgewirkt hat.

Art. 17: Das Eigentum gehört beiden Geschlechtern vereint oder einzeln. Jede Person hat darauf ein unverletzliches Anrecht.

---

[18] Martin Kriele: Befreiung und politische Aufklärung. Plädoyer für die Würde des Menschen, Freiburg 1980, S. 42.

Abb. 4: Ein deutsches Reich mit einem Grundrechtskatalog in der Verfassung
         sollte entstehen. Zug des deutschen Parlamentes in die Paulskirche in
         Frankfurt/M. am 18. Mai 1848.

Olympe de Gouges stellte zwei Jahre später (1791) dieser Erklärung die „Erklärung der Rechte der Frau und Bürgerin" gegenüber und widmete sie der Königin Marie Antoinette, von der sie hoffte, sie würde sich der Frauenrechtsbewegung anschließen. Marie-Olympe de Gouges mußte ihren mutigen Einsatz für die Frauen mit dem Leben bezahlen. Am 4. November 1793 wurde sie guillotiniert. In der Urteilsbegründung hieß es: „Olympe de Gouges, die mit ihrer exaltierten Vorstellungskraft geboren war, hielt ihr Delirium für eine Inspiration der Natur. Ein Staatsmann wollte sie sein, und das Gesetz hat die Verschwörerin dafür bestraft, daß sie die Tugenden vergaß, die ihrem Geschlecht geziemen."[19]

Deutschland

Im Vergleich mit England, den USA und Frankreich hat Deutschland eine verspätete Entwicklung zum demokratischen Verfassungsstaat genommen. Überlagert und belastet war diese Entwicklung durch die späte Nationenbildung. Die Abgeordneten der Frankfurter Paulskirchenversammlung hatten darum 1848 eine doppelte Aufgabe zu lösen, die sie überforderte: sie mußten sowohl einen liberale Rechtstaat als auch den dazugehörigen Nationalstaat schaffen. Entsprechend den Interessen des liberalen Bürgertums, das in der Paulskirche die Mehrheit stellte, waren die Grundrechte völlig auf die Abwehr staatlicher Willkür ausgerichtet. Die soziale Frage wurde diskutiert, fand aber keinen Niederschlag in den Grundrechten. Wirksam wurde die soziale Frage hingegen als Furcht vor der sozialen Revolution, die das Bürgertum bald schon wieder mit den alten Mächten paktieren ließ. Als die Monarchen der Gründung eines Nationalstaates ihre Zustimmung verweigerten, scheiterte auch das Projekt, die Grundrechte in der Verfassung zu verankern.

In der Weimarer Verfassung nahmen die Grundrechte einen breiten Raum ein. Im Unterschied zur Paulskirchenverfassung wurden nun auch soziale Grundrechte aufgenommen. Allerdings blieben die Grundrechte insgesamt seltsam ungeschützt: sie blieben zur Disposition der parlamentarischen Mehrheit und des Reichspräsidenten.[20] Besonders fatal wirkte sich der Notartikel 48 aus. Dieser Artikel, der ursprünglich als Notartikel für sozialdemokratische Reichspräsidenten im Kampf gegen die Republikfeinde von rechts konzipiert worden war, mutierte unter veränderten Mehrheitsverhältnissen zu einem

---

[19] http://www.frauenrechte.de/themen/menschenrechte/internat-fr.html
http://www.dadalos.org/deutsch/Menschenrechte/Grundkurs_MR3/frauenrechte/woher/dokumente/dokumente.htm
[20] Rudol Weber-Fas: Grundrechte Lexikon, Tübingen 2001, S. 15 f.

Abb. 5: Das Paulskirchenparlament verabschiedete im Dezember 1848 einen umfangreichen Grundrechtskatalog.

Instrument der Gegner der Republik. Der Artikel 48 ermächtigte den Reichspräsidenten im Falle eines Notstandes, wichtige Grundrechte wie die der persönlichen Freiheit oder der freien Meinungsäußerung vorübergehend außer Kraft zu setzen. Von den verfassungsrechtlichen Möglichkeiten eines diktatorischen Präsidialsytem wurde in der Weimarer Republik ausgiebig Gebrauch gemacht. Die Konstruktion eines Notstandes im Februar 1933 nach dem Reichstagsbrand und die folgende „Notverordnung zum Schutz von Staat und Volk" öffnete den Weg in das nationalsozialistische System der Entrechtung.

Die Internationalisierung des Menschenrechtsschutzes und die Entwicklung des Völkerrechts

Vor allem die systematische Entrechtung von Menschen im Nationalsozialismus hat zu Überlegungen und Bemühungen geführt, den Menschenrechten international Geltung zu verschaffen. Was vorgefallen war, sollte sich nie mehr wiederholen. Der Rechtspositivismus des 19. Jahrhunderts hatte den Extremfall, dass auch „perverses" Recht gesetzt werden kann, als rein hypothetisch erachtet. Genau das trat aber in den Diktaturen des 20. Jahrhunderts ein. Deshalb kam es nach dem Zweiten Weltkrieg zu einer Renaissance des Naturrechts. [21] Nun wurde im Rahmen der Vereinten Nationen versucht, das Naturrecht in Form der Menschenrechte zu positivieren.

Völkerrecht ist das Recht vor allem der zwischenstaatlichen Beziehungen und der internationalen Organisationen. Das klassische Völkerrecht ließ den Schutz von Menschenrechten im internationalen Maßstab nicht zu.[22] Das Völkerrecht begründet Rechte und Pflichten für die Staaten als Mitglieder der Völkerrechtsgemeinschaft. Es soll durch Regelung staatlichen Außenverhaltens die internationale Sicherheit der Staaten und den Weltfrieden wahren. Menschenrechte hingegen sollen mittels innerstaatlicher Garantieleistungen den Schutz des Individuums gewährleisten. „Vor dem Hintergrund des 2.Weltkrieges und des Holocaust jedoch sind beide Rechtskategorien komplementäre Bestandteile der Charta der UN geworden."[23] Das

[21] http://www.dadalos.org/deutsch/Menschenrechte/Grundkurs_MR2/Naturrecht/naturrecht.htm.
[22] Otto Kimmich: Einführung in das Völkerrecht, Tübingen, 6.überarb. Auflage 1997, S.335 ff.
[23] Christoff Roloff: Jahrbuch Menschenrechte 2001, S.43, Juliane Kokott: Der Schutz der Menschenrechte im Völkerrecht, in: Recht auf Menschenrechte, (Hrsg.): Hauke Brunhorst, Wolfgang R. Köhler, Matthias Lutz-Bachmann, Frankfurt/M 1999.

Humanitäres Völkerrecht

Das Humanitäre Völkerrecht und der Internationale Menschenrechts-schutz ergänzen sich gegenseitig. Beide streben den Schutz des Einzelnen an, jedoch unter unterschiedlichen Umständen und in unterschiedlicher Weise. Das Humanitäre Völkerrecht bildet einen wesentlichen Teil des Völkerrechts. Es bezieht sich auf Zeiten bewaffneter Konflikte und enthält Bestimmungen sowohl zum Schutz von Personen, die nicht oder nicht mehr an den Feindseligkeiten teilnehmen, als auch Beschränkungen der Kriegsmethoden und -mittel. Allerdings verliert ein „harter Kern" von Menschenrechten auch in Zeiten bewaffneter Konflikte nicht seine Geltungskraft (sog. „menschenrechtlicher Mindeststandard").

Rechtsnormen zur Mäßigung der Kriegführung und Linderung des Leides sind so alt wie der Krieg selbst. Angestoßen insbesondere durch die Gründung des Roten Kreuzes im Jahr 1863 und die Annahme der I. Genfer Konvention von 1864 ergab sich eine bis heute fortschreitende Kodifikationsbewegung, deren wichtigste Bausteine die 1949 verabschiedeten vier Genfer Abkommen sowie die beiden 1977 verabschiedeten Zusatzprotokolle zu den Genfer Abkommen darstellen.

Tragende Grundsätze des HumVR sind:

- Weder die Konfliktparteien noch die Angehörigen ihrer Streitkräfte haben uneingeschränkte Freiheit bei der Wahl der zur Kriegführung eingesetzten Methoden und Mittel. So ist der Einsatz jeglicher Waffen und Kampfmethoden verboten, die überflüssige Verletzungen und unnötige Leiden bewirken.
- Zum Zwecke der Schonung der Zivilbevölkerung und ziviler Objekte ist jederzeit zwischen Zivilbevölkerung und Kombattanten zu unterscheiden. Weder die Zivilbevölkerung als ganzes noch einzelne Zivilisten dürfen angegriffen werden.
- In der Gewalt einer gegnerischen Partei befindliche Kämpfer und Zivilisten haben Anspruch auf Achtung ihres Lebens und ihrer Würde. Sie sind vor jeglichen Gewalthandlungen oder Repressalien zu schützen.
- Es ist verboten, einen Gegner, der sich ergibt oder zur Fortsetzung des Kampfes nicht in der Lage ist, zu töten oder zu verletzen.

Förderer und Hüter des HumVR ist das Internationale Komitee vom Roten Kreuz (IKRK). Es ist in über 50 Ländern aktiv und hat ca. 9.000 Mitarbeiter (1997). Die Arbeit des IKRK im Rahmen internationaler bewaffneter Konflikte beruht auf den vier Genfer Konventionen von 1949 und dem Zusatzprotokoll I von 1977. ...Auch in Bürgerkriegen ist das IKRK auf Grund Art. 3 der Genfer Konventionen berechtigt, Kriegsparteien seine Dienste anzubieten. Grundvoraussetzung für die Arbeit des IKRK ist seine Überparteilichkeit und Neutralität.

Das IKRK und die nationalen Rotkreuz- und Rothalbmondgesellschaften bilden, zusammen mit der internationalen Föderation der Rotkreuz- und Rothalbmondgesellschaften, die internationale Rotkreuz- und Rothalbmondbewegung. (http://www.ierc.org)
http://www.auswaertiges-amt.de/www/de/aussenpolitik/vn/hum_vr.html

Völkerrecht entwickelte sich von einem zwischen souveränen Staaten geltenden Recht zu einem auch den Einzelnen als Träger völkerrechtlicher Rechte und Pflichten anerkennenden Recht.

Das Völkergewohnheitsrecht ist Teil des Völkerrechts. Es entsteht dann, wenn eine allgemeine Übung als Recht anerkannt wird. Sein Vorteil ist, dass es, soweit es entstanden ist, grundsätzlich alle Völkerrechtssubjekte bindet. Mit Blick auf den Menschenrechtsschutz von Nachteil ist, dass nur wenige fundamentale Rechte als Völkergewohnheitsrecht anerkannt sind: Verbot von Genozid, Folter, Sklaverei, Rassendiskriminierung und Rechtsverweigerung.[24]

Internationale Strafgerichtsbarkeit
Einen großen Fortschritt der internationalen Strafgerichtsbarkeit im Kampf gegen die Straflosigkeit bei schweren Menschenrechtsverletzungen und auch im präventiven Bemühen um den Schutz der Menschenrechte bildet der Internationale Strafgerichtshof in Den Haag. Durch den ICC ist die Möglichkeit geschaffen worden, Verbrechen, die nach seiner Errichtung begangen wurden wie Völkermord, Verbrechen gegen die Menschlichkeit oder Kriegsverbrechen, wirksam strafrechtlich zu ahnden. In Artikel 8 des Römischen Statuts sind Verstöße gegen das Humanitäre Völkerrecht in 50 Einzeltatbeständen als mit schweren Strafen bedrohte Kriegsverbrechen erfasst. Nach der Einsetzung von ad hoc Straftribunalen zur Verfolgung von Kriegsverbrechen und Verbrechen gegen die Menschlichkeit im ehemaligen Jugoslawien und in Ruanda[25] wurde mit dem ICC auf der Basis des im Juli 2002 in Kraft getretenen Rom-Statuts erstmalig ein permanenter internationaler Strafgerichtshof geschaffen. Dieses Gericht mit 18 Richtern, darunter auch der Deutsche Hans-Peter Kaul, hat seine Arbeit im März 2003 aufgenommen..

Am ICC agiert ein unabhängiger Anklagevertreter, der selbständig ein Verfahren eröffnen und sich auf Informationen aller Art beziehen kann. Der ICC kann jedoch nur Untersuchungen durchführen und Anklage erheben, wenn

– das Verbrechen auf dem Gebiet eines Staates begangen wurde, der das Römische Statut ratifiziert hat,

---

[24] Ekkehard Strauß/ Norman Weiß: Internationaler Menschenrechtsschutz – Ergänzung zum nationalen Grundrechtsschutz, in: MenschenRechtsMagazin Heft 1 – Oktober 1996, S. 5-7, auch:
http://www.uni-potsdam.de/u/mrz/mrm/mrm1-1.htm.

[25] Manfred Nowak: Die Entwicklung der Menschenrechte seit der Wiener Weltkonferenz, in: K. Peter Fritzsche und Georg Lohmann: Menschenrechte zwischen Anspruch und Wirklichkeit, Würzburg 2000, S. 116 ff.

– der betreffende Staat die Zuständigkeit des ICC für den Fall akzeptiert,
– der Angeklagte Bürger eines Staates ist, der das Statut ratifiziert hat. Deshalb ist es erforderlich, dass möglichst alle Staaten das Statut ratifizieren und nationales Recht an internationale Vorgaben anpassen.[26]

Es ist deshalb besonders zu beklagen, dass gewichtige Staaten wie die USA, Russland und China das Statut nicht ratifiziert haben und damit die Kompetenz des Gerichts nicht anerkennen. Die USA betreiben sogar auf nationaler und internationaler Ebene eine aktive Obstruktionspolitik gegen den ICC. Dies obwohl der ICC nur dann tätig wird, wenn die nationalen Strafverfolgungsbehörden nicht willens oder nicht in der Lage sind, entsprechende Verbrechen ernsthaft zu verfolgen.[27]

Zur Website des Rom Statuts:
http://www.un.org/law/icc/

LITERATURTIPP zu I.2:
Norbertio Bobbio: Das Zeitalter der Menschenrechte, Berlin 1999
Otto Kimmich: Einführung in das Völkerrecht, Tübingen, 6.überarb. Auflage 1997

3. Macht und Ohnmacht der Menschenrechte

3.1 Das unvollendete Projekt der Menschenrechte

Die drei Schritte der Entwicklung: die philosophischen Begründung, die nationalstaatliche Umsetzung und die Internationalisierung, stellen natürlich eine idealtypische, vereinfachende Abfolge dar, die der Vielfalt und den Ungleichzeitigkeiten der Entwicklungen nicht gerecht wird. Kcinesfalls ist die Frage der Begründung der Menschenrechte mit der Aufklärung schon abgeschlossen. In vielen Institutionen des internationalen Menschenrechtsschutzes wird darüber debattiert, warum welche neuen Rechte als Menschenrechte anerkannt werden sollen. Auch gibt es immer noch Staaten, die keinen angemessenen Grundrechtsschutz eingerichtet haben. Und vor allem: nach erhebli-

---

[26] http://www.amnesty.at/cont/presse/2002/054_02_icc.html.
[27] http://www.humanrights.ch/instrumente/strafgerichte/

chen Fortschritten auf dem Gebiet der Entwicklung neuer Menschenrechtsnormen steckt die Umsetzung teilweise noch in den Anfängen. Es trifft auch auf dieser Ebene noch zu, was Norbert Brieskorn betont: „‚Recht haben‘ und ‚Recht erhalten‘ sind zweierlei"[28].

Dies bedeutet auch, dass die Menschenrechte sich höchst ungleichzeitig und ungleichmäßig entwickeln: Neben vollständig entwickelten Menschenrechten, die als Grundrechte verfassungsmäßig verbürgt sind oder in Völkerrechtsverträgen verbindlich anerkannt wurden, existieren gleichzeitig Menschenrechte, die erst als Norm artikuliert sind und höchstens als moralischer Standard bislang anerkannt wurden. Ihre vollständige Entwicklungsstufe der Einklagbarkeit muß erst noch politisch erstritten werden. Das, was wir Menschenrechte nennen, koexistiert also in einem Ensemble unterschiedlicher Entwicklungsstufen und es gibt keinerlei Garantien, dass alle Menschenrechte je die letzte Entwicklungsstufe erreichen werden.

Der Blick auf die Geschichte verdeutlicht aber vor allem, dass die Entwicklung der Menschenrechte ein noch offener und gestaltungsbedürftiger Prozess ist: Die Vermenschenrechtlichung all jener Schutzräume und Verhältnisse, die für die Entwicklung der Menschen als unverzichtbar erachtet werden, ist längst noch nicht abgeschlossen.

Zusätzlich zu den bereits skizzierten Prozessen der Menschenrechtsentwicklung möchte ich 5 Prozesse hervorheben:

Die Entwicklung der Menschenrechte verläuft höchst ungleichzeitig

1. Zunehmender Schutz für Gruppen, die bislang ausgegrenzt wurden oder deren besondere Verletzlichkeit erst jetzt Anerkennung erhalten hat: Frauen, Kinder, Flüchtlinge, Migranten und Minderheiten – Behinderte und Alte werden nachfolgen.

2. Berücksichtigung des wissenschaftlichen und technischen Fortschritts und den sich daraus ergebenden neuen Gefährdungen wie beispielsweise: Gen-Manipulationen, Datenüberwachungen, digitaler Analphabetismus, denen mit neuen Instrumenten des Menschenrechtsschutzes begegnet werden muß.

3. Ausweitung des menschenrechtlichen Ur-Modells: „Individuum – Nationalstaat" auf das Verhältnis „Individuum – Wirtschaftsunternehmen".

4. Zunehmende Bedeutung der Menschenrechte auch für die Zivilgesellschaft und das Verhältnis der Bürger untereinander (ohne den Unterschied von Recht und Moral zu vergessen).

5. Zunehmende Bewußtmachung und Bewußtwerdung der Menschenrechte durch Menschenrechtsbildung.

---

[28] Norbert Brieskorn: Menschenrechte. Eine philosophisch-historische Grundlegung, Stuttgart 1997, S. 23.

Zu fast allen Entwicklungsprozessen der Menschenrechte gibt es auch Gegenbewegungen und Barrieren. Da Menschenrechte der systematische Versuch sind, Macht durch gleiche Rechte für alle zu begrenzen, muß immer wieder mit dem Widerstand derer gerechnet werden, die ihre Machtinteressen, Vorrechte und/oder vermeintlichen Überlegenheit bedroht sehen. Konflikte gehören also konstitutiv zu der Entwicklung der Menschenrechte dazu. Radikaler und unversöhnlicher Widerstand erwächst aus den Reihen von Rassismus, Nationalismus und Rechtsextremismus, da deren Ideologien der Ungleichheit bereits die Grundannahme der Menschenrechte ablehnen: die gleiche Würde und Gleichwertigkeit aller Menschen. Aber auch die verschiedenen Varianten der Fundamentalismen, die Menschen in einer selbstverschuldeten Unmündigkeit halten wollen, stellen radikale Widersacher dar. Schließlich werden die Menschenrechte von all denen begrenzt, unterlaufen oder nachgeordnet, die in ihnen hinderliche und lästige Bedingungen für ihren lokalen bis globalen Wohlstandschauvinismus sehen. Generell gilt, dass Menschenrechte nur soviel Macht entfalten, wie diejenigen, die sie brauchen und verteidigen, ihnen in gemeinsamen Bemühungen verschaffen können. Allerdings werden Menschenrechte nicht nur durch „böse Absichten" identifizierbarer Akteure verletzt. Auch Strukturen der Ungleichheit, der Armut und der Unwissenheit tragen dazu bei, dass Menschen ihre Rechte nicht verwirklichen können.

Außer diesen relativ dauerhaften Schranken gibt es noch die temporären Grenzen von gewaltsamen Konflikten, kriegerischen Auseinandersetzung und den als Notstand deklarierten Situationen, die die Menschenrechte behindern. Während wir auf der normativen Ebene heute soweit sind, dass ein Kernbestand von Menschenrechten, der als „notstandsfest" definiert ist, auch in solchen Situationen unantastbar bleibt: Recht auf Leben, Verbot der Folter, keine Haft ohne Kontakt zur Außenwelt und fundamentale Verfahrensgarantien, müssen wir auf der politischen Ebene feststellen, dass in Zeiten großer Unsicherheit auch dies zur Disposition gestellt wird!

Es sind vor allem der Terroranschlag des 11. September und die nationalen und internationalen Terrorbekämpfungsmaßnahmen gewesen, die die Verteidiger der Menschenrechte weltweit gefordert haben, aber sie auch in vielen Teilen der Welt in die Defensive gebracht haben. Während einerseits jeglicher Angriff auf Zivilisten nach dem Völkerrecht eine Menschenrechtsverletzung darstellt, führen andererseits die Anti-Terror-Maßnahmen in vielen Ländern zu einer Vorrangigkeit von Sicherheitsstrategien auf Kosten von Menschenrechten.

3.2 Menschenrechte in der Kritik

Die vielen Schwierigkeiten und Hemmnisse bei der Entwicklung und Umsetzung der Menschenrechte führen immer wieder zu kritischen Anfragen an die Menschenrechte. Vier Haupttypen der Kritik möchte ich skizzieren:

1. Den ersten Typ nenne ich den generalisierten Ohnmachtsverdacht. Wenn die Berichte von amnesty international oder anderen Menschenrechtsorganisationen jährlich über die weltweiten Menschenrechtsverletzungen informieren, kann man immer wieder die Stimmen derer vernehmen, die den Menschenrechten weitgehende Macht- und Wirkungslosigkeit attestieren. Wie kann der ganze Menschenrechtsschutz etwas taugen, wenn er die vielen Menschenrechtsverletzungen nicht verhindern kann?! Diese oft lähmende Ohnmachtsvermutung wird allerdings nicht nur durch die schockierenden Ausmaße der Menschenrechtsverletzungen ausgelöst, sondern sie wird auch durch unangemessene Erwartungen und durch Fehlurteile verursacht.

Was wäre ohne die Menschenrechte?

Zunächst einmal muß man sich darüber klar werden, dass die Etablierung von Menschenrechten, dort wo es vorher keine Menschenrechte gab, allererst den Tatbestand ihrer Verletzung ermöglicht: Erst mit der Verankerung einer Norm wird ihre Verletzung benennbar und kritisierbar. Erst durch die Anerkennung der wirtschaftlichen und sozialen Menschenrechte wird eine bestimmte Form der Armut als Menschenrechtsverletzung skandalisierbar. Erst durch die Weiterentwicklung der Frauenrechte als Menschenrechte wird Gewalt gegen Frauen, auch im häuslichen Bereich, zur Menschenrechtsverletztzung. Wir nehmen also Mißstände als Menschenrechtsverletzung wahr, die vorher als Schicksal, Tradition oder Kultur eingeordnet wurden. Aus diesem Grund geht die Etablierung der Menschenrechte mit einem Zuwachs an benennbaren und wahrgenommenen Verletzungen einher.

Damit Menschenrechte aber Macht entfalten können, reicht es nicht, dass man sie normiert und ihre Verletzung skandalisiert. Es bedarf eines zeitaufwendigen Prozesses ihrer schrittweisen Umsetzung, der sowohl darauf zielt, die Verletzungen zu sanktionieren als auch vorbeugend die Ursachen einzudämmen. Es bedarf der vielen langwierigen nationalen wie internationalen Menschenrechtspolitiken, um Fortschritte zu erzielen. Oft ist es dieser Zeitfaktor, der bei der Kritik der Menschenrechte völlig außer Acht gelassen wird. Das führt dann dazu, dass zuviel zu schnell erwartet wird.

Eine weitere überzogene Erwartung nährt sich aus einem einseitig positiven Menschenbild, das es schwer erklärlich erscheinen lässt, dass soviel Unrecht und Gewalt in der Welt sind und das von dem Irrtum begleitet wird, dass einmal etablierte Rechte und Gesetze, auch deren konsequente Befolgung garantieren und ihre Verletzung aus der (Welt)Gesellschaft verbannen könnten.

Stattdessen ist es angeraten, die Perspektive einmal zu verändern. Was wäre denn ohne den bisherigen Menschenrechtsschutz?! Wieviel Willkür wurde verhindert, welche Diskriminierungen gemindert und welche Lebensqualität ermöglicht! Aus dieser Sicht kommt in den Blick, was schon erreicht wurde und nicht nur, was noch aussteht. Gleichwohl gilt es die Kritik an der Kluft zwischen Norm und Wirklichkeit beständig aufrecht zu halten. Nur sollte sie mit Augenmaß das Notwendige und das historisch je Mögliche miteinander verbinden.

2. Eine weitere Kritik richtet sich gegen den ideologischen Charakter der Menschenrechte bzw. wendet die Kritik an der verbreiteten Benutzung der Menschenrechte zu ideologischen Zwecken gegen die Menschenrechte selbst. Hier gilt es aber am Unterschied zwischen Idee und Ideologie festzuhalten. Zweifellos stand die soziale Wirklichkeit derer, die zunächst in den Genuß der Menschenrechte kamen, in Widerspruch zu deren egalitärem Anspruch: es waren weiße, besitzende Männer. Aber obwohl es in der Realität eine partikulare Gruppe war, die sich mit dem ideologischen Anspruch allgemeiner Rechte rechtfertigte, obwohl vor allem Frauen und Farbige zunächst aus der Gesellschaft herausdefiniert wurden, entwickelte die Erklärung der Menschenrechte doch eine bis heute nicht mehr stillzustellende Dynamik der Gleichberechtigung. Es war gerade der utopische Überschuß der Menschenrechte, aus dem viele Menschenrechtsbewegungen ihre Kraft und Legitimation geschöpft haben.

3. In eine ähnliche Richtung weist die Kritik am universellen Geltungsanspruch der Menschenrechte, die sie lediglich als Ausdruck westlicher Werte ansieht. Folgende Argumente dagegen sind mindestens vorzubringen: 1. Menschenrechte mit ihrem Anspruch auf Universalisierbarkeit werden immer öfter gelesen als Produkte mit einem zwar deutlich zu identifizierenden (europäischen) Ursprungsraum, aber mit vielen unterschiedlichen Anknüpfungskulturen in der Welt, in denen ebenfalls Vorstellungen menschlicher Würde und gleicher Verhaltensregeln für alle entwickelt wurden. 2. Selbst in Europa waren die Menschenrechte früher hoch umstritten und sind nicht die Vollendung eines europäischen Charakters. 3. Der Verweis auf den Unterschied der Kulturen ist nicht hinreichend, zumal wenn er gerade von denen kommt, die diesen Hinweis dazu mißbrauchen, um menschenrechtliche Forderungen im Namen von Tradition, Religi-

Menschenrechte haben einen wirksamen utopischen Überschuß

on und kollektiven Werten abzulehnen, nur um eigene Machtansprüche zu befestigen.

4. Obwohl der Zusammenhang von Rechten und Pflichten ein integraler Bestandteil der Menschenrechte und der Allgemeinen Erklärung der Menschenrechte ist, ist er doch oft nicht angemessen ins Bewußtsein geraten oder vernachlässigt worden. Diese Auffassung vertrat zumindest ein internationaler Zusammenschluß ehemaliger Regierungschefs unter Vorsitz von Helmut Schmidt, die sich unter der Bezeichnung „InterAction Council" zusammengefunden haben, um eine die Allgemeine Erklärung der Menschenrechte ergänzende *Allgemeine Erklärung der Menschenpflichten* auf den Weg zu bringen.[29] Die Wahrnehmung einer zunehmenden Spannung von eingeforderten Rechten und ignorierten Pflichten in dieser Erklärung trifft zwar den Nerv der Zeit. Eine andere Frage ist es jedoch, ob es dieser „Erklärung" gelingt, die Verantwortlichkeiten und Verpflichtungen zu stärken oder ob sie nicht Positionen Vorschub leistet, die die Menschenrechte schwächen, da sie Interpretationen begünstigt, die die Rechte den Pflichten unterordnet bzw. ihre Gewährung (!) von der Erfüllung von Pflichten abhängig macht.

5. Schließlich gibt es noch eine Kritik ganz anderer Art: Das bislang vorherrschende Konzept der Menschenrechte wird als eindimensional und nicht ausreichend kritisiert. Dieses Argument wird u.a. prononciert aus feministischer Perspektive formuliert. Es hat aber in seiner Stoßrichtung prinzipielle Konsequenzen für eine Ausweitung des Menschenrechtskonzepts und ist deshalb für andere Debatten des Menschenrechtsdiskurses, die ähnliches beabsichtigen, anschlußfähig. Es ist die Kritik an der noch vorherrschenden Ausrichtung der Menschenrechte auf den Staat. Menschenrechte seien deshalb in diesem Verständnis kein geeignetes Mittel, um Menschen vor nichtstaatlicher Gewalt zu schützen.[30]

LITERATURTIPP ZU I.3:
Michael Edinger, Menschenrechte, Erfurt 1998
Civil, Political, Economic, Social and Cultural Rights, in: Human Rights: New Dimensions and Challenges, Janusz Symonides (ed.), Ashgate 1998

---

[29] http://www.info-servo.de/menschenpfl.htm.
[30] Kritisch hierzu: Franz-Josef Hutter: No rights. Menschenrechte als Fundament einer funktionierenden Weltordnung, Berlin 2003, S. 75 f.

Vom nationalen zum internationalen Menschenrechtsschutz

4. Die Grundrechte im Grundgesetz

100 Jahre nach der Paulskirchenversammlung machte sich 1948 der Parlamentarische Rat an die Arbeit, eine Verfassung für den zukünftigen westdeutschen Teilstaat zu schaffen. Die Autoren des Grundgesetzes hatten aus den Schwächen des Grundrechtschutzes der Weimarer Republik ebenso gelernt wie aus den Diktaturerfahrungen und der „Epoche der Menschenrechenrechtsverletzungen" (Peter Steinbach) des Nationalsozialismus. Sie haben gelernt aus den „Konsequenzen einer nationalsozialistischen Politik, die die systematische Entmachtung des Individuums und die systematische Diskriminierung von Minderheiten bis hin zur Eliminierung zum obersten Ziel erklärte.[1]

In 10 Punkten möchte ich die Verankerung der Grundrechte im Grundgesetz zusammenfassen:

1. *Die Würde des Menschen ist unantastbar. Sie zu achten und zu schützen ist Verpflichtung aller staatlichen Gewalt*, lautet Artikel 1 Absatz 1 des Grundgesetzes und legt damit die Grundlage für die Menschenrechtspolitik einer jeden Bundesregierung.
2. Die Grundrechte sind bindend für Gesetzgebung, Rechtsprechung und Verwaltung. Das Prinzip der Teilung dieser „Gewalten" gehört zu den unverzichtbaren Voraussetzungen des Rechtsstaates und des Schutzes der Grundrechte.
3. Die im Grundgesetz verankerten Grundrechte werden besonders geschützt: sie sind in ihrem Wesensgehalt unantastbar. Die Artikel 1 und 20 sind durch 79.3 (die sog. Ewigkeitsklausel) jeglicher Veränderung entzogen.
4. Das Grundgesetz enthält keine sozialen Grundrechten, es begnügt sich mit einer allgemeinen Sozialstaatsklausel (Artikel 20 Absatz 1). Auch nach der Wiedervereinigung gab es keine tragfähige Mehrheit für eine Aufnahme von sozialen Rechten ins Grundgesetz.

---

[1] Axel Herrmann aus: http://www.bpb.de/info-franzis/info_210/body_i_210_4.html.

5. Grundrechte können allerdings auch durch Gesetz eingeschränkt werden – wie z.B. das Grundrecht auf Versammlung, das durch die Gesetze des Demonstrationsrechts konkretisiert und eingeschränkt wird. Die Einschränkungen dürfen allerdings nicht den Wesensgehalt eines Grundrechtes aufheben.

6. Das Grundgesetz kann mit zwei Drittel Mehrheit geändert werden, ausgenommen sind Artikel 1 und 20. Berühmt gewordene Beispiele der Grundgesetzänderung sind die Notstandsgesetze, die die politischen Entscheidungsbefugnisse und Grundrechtseinschränkungen in Zeiten des Notstandes regeln (s. Kasten), die Änderung des Asylrechtsartikels (s. Kapitel 16) und die „akustische Wohnraumüberwachung" oder volksmundlich der „Große Lauschangriff". Auch wenn die verfassungsmäßige Hürde für Veränderungen sehr hoch ist, bleibt auch hier die konkrete Umsetzung der Grundrechte abgängig vom politischen Willen der qualifizierten Mehrheit.

Grundrechte und Politik bedingen sich wechselseitig

7. Mit dem Konzept der wehrhaften Demokratie schützt das Grundgesetz vor dem Mißbrauch von Grundrechten zum Zwecke ihrer Abschaffung. Ein Mißbrauch der Meinungs- und Versammlungsfreiheit zum Kampf gegen die freiheitlich-demokratische Grundordnung führt zum Verbot dieses Grundrechtsmißbrauchs (Artikel 18). Keine Freiheit für die Feinde der Freiheit. Jedoch bleibt die Wehrhaftigkeit nicht allein auf den Staat beschränkt, sondern es sind alle Deutschen aufgerufen, diese Ordnung zu verteidigen, wenn andere Abhilfe nicht möglich ist (Artikel 20 Absatz 4). Dieses Widerstandsrecht wurde übrigens erst im Zuge der Notstandsgestzgebung eingeführt, um der Gefahr einer mißbräuchlichen Anwendung dieser Gesetze gegen die demokratische Ordnung des Staates vorzubeugen.

8. Die Grundrechte werden nach dem Kreis der Berechtigten aufgeteilt in Menschenrechte (Jedermannsrechte (Art. 1 Abs. 1; Art. 2 Abs. 1 und Abs. 2; Art. 3; Art. 4; Art. 5; Art. 10, Art. 13; Art. 14, Art. 16a; Art. 17; Art. 19 Abs. 4) und Bürgerrechten, die nur deutschen Staatsbürgern zustehen (Art. 8; Art. 9; Art. 11; Art. 12; Art. 16).

9. Die Grundrechte sind einklagbare subjektive Menschen- und Bürgerrechte. Jeder Bürger hat das Recht, Verfassungsbeschwerde beim Bundesverfassungsgericht einzureichen. Die vielen tausend Verfassungsbeschwerdeverfahren jährlich dokumentieren, dass die Bürger dieses Recht zu nutzen wissen. Allerdings bleiben auch die Urteile dieses Gerichts nicht davor gefeit, kontrovers von der Gesellschaft aufgenommen zu werden. Meistens spiegeln die nicht einstimmigen Entscheide lediglich die Kontroversen der Gesellschaft wider. Generell gilt, dass auch Grundrechte interpretiert werden müssen und dass es auch in diesem Fall einen interpretativen Pluralismus gibt.

10. Die Grundrechte regeln als subjektiv einklagbare Rechte zunächst das Verhältnis der Bürger zum Staat. Weiterhin stellen die Grundrechte aber auch eine objektive Wertordnung dar, die den Staat verpflichtet, *das staatliche Recht (z.B. das BGB) so anzuwenden, daß die Wertordnung der Grundrechte auch zwischen Privaten ihre rechtliche Wirkung entfalten. Diese „mittelbare Drittwirkung" ist nach Rechtsprechung des Bundesverfassungsgerichts (vgl. insb. BVerfGE 7, 198 – Lüth, und BVerfGE 25, 256 – Blinkfüer) anerkannt.* Die Grundrechte haben somit eine „Ausstrahlwirkung" (Jutta Limbach) auf die rechtliche Regelung des Verhältnisses der Bürger untereinander.[2]

Das Grundrechtsbewußtsein der Bürger ist schwankend und wandelbar

Die Grundrechtswirklichkeit hängt maßgeblich vom Menschenrechts- und Grundrechtsbewußtsein der Politiker und der Bürger ab. Das Bürgerengagement zur Verteidigung der Grundrechte kennt viele Facetten und Formen: Es gibt den Einzelprotest wie beim Boykottaufruf des Erik Lüth gegen den antisemitischen Filmproduzenten Veith Harlan und es gibt den Massenprotest wie bei den Aktivitäten gegen die Volkszählung.[3] Beide Formen des Engagements können etwas erreichen und haben sogar zur Erweiterung des Grundrechtsverständnisses beigetragen: In der Urteilsbegründung zum Fall Lüth wurde vom Bundesverfassungsgericht klargestellt, dass Grundrechte auch eine Drittwirkung haben. In der Urteilsbegründung zur Volkszählung wurde das Grundrecht auf informationelle Selbstbestimmung entwickelt, „ein aus dem allgemeinen Persönlichkeitsrecht mit Rücksicht auf den Datenschutz abgeleitetes Grundrecht".[4] Im historischen Vergleich mit der Anfangszeit der Bundesrepublik mag manchem Chronisten das Grundrechtsbewußtsein der Bürger im Vereinten Deutschland die Qualität eines „Grundrechtspatriotismus"[5] angenommen haben, allerdings hat spätestens der 11. September gezeigt, dass diese optimistische Einschätzung nicht zutrifft. Allemal zeigt sich das Bewußtsein der Bürger schwankend und abhängig von vielen äußeren, politischen und sozialen Faktoren. Nach dem 11. September gewinnt die Bereitschaft Raum, die Sicherheit auf Kosten der Freiheitsrechte zu stärken. Hier bietet sich offensichtlich auch ein Konsens zwischen der Mehrheit der Bürger und der

2 http://publicrelations.unibe.ch/unipress/heft98/beitrag3.html.
3 Stephan Detjen (Hrsg.): In bester Verfassung?! 50 Jahre Grundgesetz, Köln 1999.
4 Rudolf Wobor-Fas: Grundrechte Lexikon, Tübingen 2001, S.97.
5 Jürgen Seifert: Wir sind Hüter eines zerbrechlichen Guts! Grundrechte zwischen Anerkennung und Gefährdung, in: Grundrechte-Report. Zur Lage der Bürger- und Menschenrechte in Deutschland, (Hrsg.): Till Müller Heidelberg/ Ulrich Finckh/Wolf-Dieter Narr/ Stefan Soost, Reinbek 1999, S.15.

politischen Klasse an, die geradezu dabei ist, ein „Grundrecht auf Sicherheit"[6] zu konstruieren, das dann aber ein Grundrecht des Staates wäre gegen die Grundrechte der Bürger.

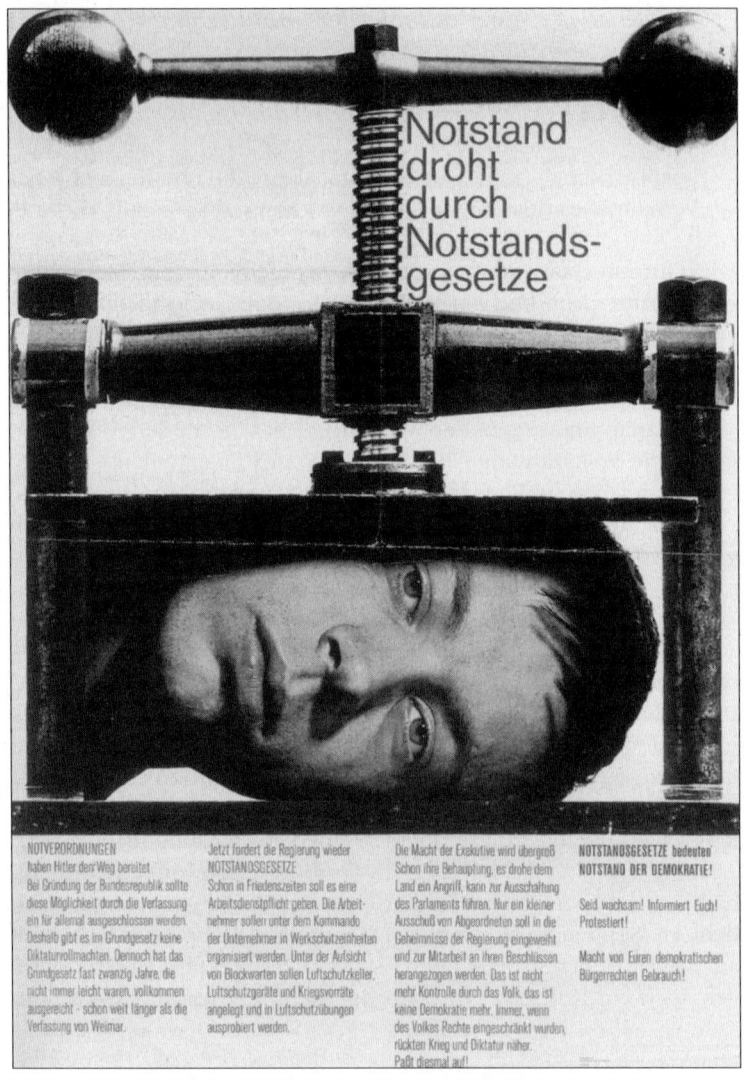

Abb. 6: Gefährdung der Demokratie durch Notstandsgesetze? Ernst Marholds Plakat von 1967.

---

[6] ebd., S.19.

Notstandsgesetze[7]

Die Notstandsgesetze, die am 28. Juni 1968 in Kraft traten, ergänzten das Grundgesetz für den Fall des inneren und äußeren Notstandes sowie für den Fall von Naturkatastrophen und außergewöhnlichen Unfällen...Die Feststellung des Verteidigungsfalls wird auf Antrag der Bundesregierung vom Bundestag mit Zustimmung des Bundesrates getroffen.

Zu den Einschränkungen von Grundrechten im Verteidigungsfall gehört Artikel 12a, nach dem Gesetze möglich sind, die zum Beispiel Wehrpflichtige zu „zivilen Dienstleistungen für Zwecke der Verteidigung einschließlich des Schutzes der Zivilbevölkerung in Arbeitsverhältnisse" verpflichten (Absatz 3) oder Frauen zwischen 18 und 55 Jahren zu Dienstleistungen „im zivilen Sanitäts- und Heilwesen sowie in ortsfesten Militärlazaretten" heranziehen können, wenn im Verteidigungsfall nicht genügend Freiwillige zu finden sind (Absatz 4). In diesem Fall kann auch „die Freiheit der Deutschen, die Ausübung eines Berufs oder den Arbeitsplatz aufzugeben, durch Gesetz oder auf Grund eines Gesetzes eingeschränkt werden." Damit diese Bestimmung nicht gegen Arbeitskämpfe angewendet werden kann, wie es die Gewerkschaften befürchteten, wurde Artikel 9, der das Grundrecht der Vereinigungsfreiheit sichert, um eine entsprechende Klausel ergänzt.

Durch die Notstandsgesetzgebung konnte die Bundesregierung im Krisenfall unter bestimmten Bedingungen den Weg für den Einsatz der Bundeswehr im Innern öffnen... Der Einsatz von Streitkräften ist einzustellen, wenn der Bundestag oder Bundesrat es verlangen" (Artikel 87a Absatz 4).

Am umstrittensten unter den durch die Notstandsgesetzgebung ermöglichten Einschränkungen der Grundrechte war die Beschränkung des in Artikel 10 des Grundgesetzes garantierten Brief-, Post- und Fernmeldegeheimnisses: Das Gesetz zu Artikel 10 des Grundgesetzes vom 13. August 1968 löste das entsprechende Kontrollrecht der Alliierten ab und berechtigt die Verfassungsschutzbehörden des Bundes und der Länder, das Amt für Sicherheit der Bundeswehr und den Bundesnachrichtendienst, das Brief-, Post- und Fernmeldegeheimnis zu verletzen, wenn dies „zur Abwehr von drohenden Gefahren für die freiheitliche demokratische Grundordnung oder den Bestand oder die Sicherheit des Bundes oder eines Landes einschließlich der Sicherheit der in der Bundesrepublik Deutschland stationierten Truppen" der Nato-Verbündeten erforderlich sein sollte.

Peter Borowsky: Große Koalition und Außerparlamentarische Opposition, in: Informationen zur politischen Bildung Heft 258

LITERATURTIPP zu Kapitel 4:
Rudolf Weber-Fas: Grundrechte Lexikon, Tübingen 2001 (UTB)
Stephan Detjen (Hrsg.): In bester Verfassung?! 50 Jahre Grundgesetz, Köln 1999

---

[7] Volltext der Notstandsgesetze: http://www.glasnost.de/verfass/notges.html.

5. Der internationale Durchbruch der Allgemeinen Erklärung der Menschenrechte

So wie Menschenrechte prinzipiell auf Unrechtserfahrungen reagieren, so ist die Allgemeine Erklärung der Menschenrechte (AEMR) als eine besondere Reaktion auf ein historisch herausragendes Unrecht zu verstehen. So wie das Grundgesetz und sein Grundrechtsschutz auf nationaler Ebene auf die Erfahrung der systematischen Entrechtung, der rassischen Diskriminierung und Vernichtungspolitik des Nationalsozialismus reagierte, so ist die AEMR auf internationaler Ebene eine Reaktion darauf, dass die „Verkennung und Mißachtung der Menschenrechte zu Akten der Barbarei führten". Das Grundgesetz und die AEMR reagieren also auf unterschiedlichen Ebenen auf die gleiche historische Erfahrung systematischer Entrechtung. Nie wieder! Das ist eine der entscheidenden Botschaften der AEMR. 50 Jahre später belegt Nelson Mandela mit beeindruckenden Worten, wie dieses „Nie Wieder" den Kampf gegen das Apartheidsregime gestärkt hat: *Für alle Gegner dieses bösartigen Systems waren die schlichten und edlen Worte der Allgemeinen Erklärung der Menschenrechte ein plötzlicher Hoffnungsstrahl in einem unserer finstersten Augenblicke. Während der vielen folgenden Jahre diente dieses Dokument...als ein Leuchtfeuer und eine Inspiration für viele Millionen Südafrikaner. Es war ein Beweis, daß wir nicht allein waren, sondern Teil einer globalen Bewegung gegen Rassismus und Kolonialismus, für Menschenrechte, Frieden und Gerechtigkeit.*[8]

Die Kraft der AEMR kommt auch aus ihrem utopischen Überschuss

Das Neue und geradezu Revolutionäre der AEMR liegt darin, dass auf internationaler Ebene begonnen wurde, die Menschenrechte zu schützen. Menschenrechte werden nicht mehr als exklusive Angelegenheit nationaler Staaten erachtet, sondern als Aufgabe der Völkergemeinschaft in Form der Vereinten Nationen. Aber nicht nur in der Internationalisierung zeigt sich die AEMR innovativ, sondern auch in der Adressierung an „alle einzelnen und alle Organe der Gesellschaft", die aufgefordert werden, die Menschenrechte zu achten und anzuerkennen. Wir werden später sehen, dass mit diesem Bezug im internationalen Menschenrechtsdiskurs sowohl das Verhältnis der Bürger untereinander als auch die menschenrechtliche

---

[8] Jahrbuch Menschenrechte 1999 Frankfurt /M, 1999, S.34.

Verantwortung von Wirtschaftsunternehmen thematisiert werden wird. Schließlich steht die AEMR für die Unteilbarkeit der Menschenrechte: In einem günstigen Moment der Geschichte gelingt es der AEMR, die bürgerlichen, politischen und die WSK-Rechte in einem gemeinsamen Dokument zusammenzuführen.

Als im Dezember 1948 die Allgemeine Erklärung der Menschenrechte durch die Generalversammlung der UNO verabschiedet wurde, war dies der entscheidende Durchbruch des internationalen Menschenrechtsschutzes. 48 Staaten stimmten für die Erklärung, 8 enthielten sich der Stimme: die Ostblockstaaten, Saudi-Arabien und Südafrika. Es gab keine Gegenstimme. Vorangegangen war ein zweijähriger Diskussionsprozess in der neu gegründeten UN-Menschenrechtskommission unter dem Vorsitz der US-Amerikanerin Eleanor Roosevelt. Der Kommission gehörten Regierungsvertreter aus 18 Staaten an: Ägypten, Australien, Belgien, Chile, China, Frankreich, Großbritannien, Indien, Iran, Jugoslawien, Libanon, Panama, Philippinen, Sowjetunion, Ukraine, Weißrußland, Uruguay und die USA. In den Entstehungsprozess flossen zum einen die westliche Tradition von Menschenrechtserklärungen und Grundrechtskatalogen ein, zum andern aber auch neue Akzentsetzungen vor allem im Bereich der Sozialrechte. Die Zusammensetzung der Kommission und die der Unterzeichnerstaaten zeigte aus damaliger Sicht eine bemerkenswerte Breite, verglichen mit der heutigen Mitgliederzahl der UN (191) und der Menschenrechtskommisssion (53) war es jedoch noch ein begrenzter Kreis. Aus damaliger Sicht waren es Sternstunden der Weichenstellung, die nach Ausbruch und Eskalation des Ost-West-Konflikts nicht mehr möglich gewesen wäre. Aber bereits in der relativ kleinen Gruppe der Autoren gab es genug Anlaß zu Auseinandersetzungen und der Abschlußtext der AEMR ist auch allgemein genug gehalten, dass er unterschiedlich akzentuierte Interpretationen der Menschenrechte zuläßt. Generell läßt sich sagen: Internationale Menschenrechtsdokumente sind immer das Resultat von Aushandlungsprozessen und Kompromissen und sie sind darum ausreichend abstrakt und weich definiert, dass sie unterschiedliche Deutungen zulassen.

Die Allgemeine Erklärung der Menschenrechte beinhaltet bürgerliche, politische und soziale Rechte, die den Menschen um ihrer Würde willen zukommen sollen. In 30 Artikeln werden Garantien

Die Menschenrechte der AEMR sind auslegungsbedürftig

---

9 Peter J. Opitz: Menschenrechte und internationaler Menschenrechtsschutz im 20. Jahrhundert: Geschichte und Dokumente, München 2002, S. 63 ff.

zum Schutz der menschlichen Person (Recht auf Leben, Verbot der Sklaverei, Verbot der Folter, Verbot willkürlicher Festnahme und Haft, etc.), Verfahrensrechte (Anspruch auf wirksame Rechtsbehelfe, etc.), klassische Freiheitsrechte wie z.B. die Meinungsfreiheit, die Religionsfreiheit, die Eigentumsgarantie oder die Ehefreiheit sowie wirtschaftliche, soziale und kulturelle Rechte (Recht auf soziale Sicherheit, Recht auf Arbeit, Recht auf Nahrung und Gesundheit, Recht auf Bildung, etc.) garantiert. Diese Rechte sollen für alle Menschen ungeachtet ihrer Rasse, ihres Geschlechts oder ihrer Nationalität gelten (Art. 2), denn alle Menschen sind frei und an Würde und Rechten gleich geboren (Art. 1).[10]

Obwohl gerade unter der Perspektive der Unteilbarkeit der Menschenrechte alle 30 Artikel unverzichtbar sind, möchte ich aus „heutiger Sicht" doch folgende Artikel besonders hervorheben.

Der Artikel 2 bringt den anti-diskriminierenden Kern der Menschenrechtsidee zum Ausdruck und verarbeitet die Erfahrung des nationalsozialistischen Rassismus. Menschenrechte gibt es nur als gleiche Rechte oder gar nicht. Hier liegt bis heute eine der Hauptaufgaben des Menschenrechtsschutzes.

In Artikel 5 ist das Folterverbot festgeschrieben, eines der wichtigsten Menschenrechte überhaupt. Es lässt keinerlei Einschränkungen und Eingriffe zu, unabhängig davon, wie sich das Opfer vorher verhalten hat. Das Folterverbot gehört zu den sog. notstandsfesten Menschenrechten, die unter keinen Bedingungen eingeschränkt werden dürfen. Es stellt eine herausragende zivilisatorische Errungenschaft in der Begrenzung staatlicher Willkür dar und ist unbedingt zu verteidigen. Die Debatten nach dem 11. September haben diesem Verbot wieder unerwartete Bedeutung verliehen und es gehört zu einer der wesentlichen Aufgaben des Menschenrechtsdiskurses, den historischen Fortschritt dieses Verbots deutlich und die Gefahren bewußt zu machen, die mit einer Lockerung dieses Verbots einhergehen würden.

Das Folterverbot ist „notstandsfest"

Der Artikel 14 zielt auf eines unserer drängensten Probleme: die Regelung des Asyls. Die Allgemeine Erklärung räumt keinen Rechtsanspruch auf Asyl ein, gewährt also kein Recht, Asyl zu erhalten, sondern nur das Recht, Asyl zu suchen und zu genießen, wenn es von einem Staat gewährt wird. Die Staaten waren bei der Ausarbeitung der Erklärung nicht bereit, in diesem Bereich auf ihre Souveränität zu verzichten. Nur die Bundesrepublik Deutschland hatte 45

---

[10] http://www.humanrights.ch/instrumente/aemr/geschichte.html.

Jahre ein Grundrecht auf Asyl verbrieft, das mittlerweile aber auch stark beschnitten wurde (s. das 16.Kapitel).

Besondere Qualität hat schließlich Artikel 28: Der Anspruch jedes Menschen auf eine soziale Ordnung, welche die Rechte und Freiheiten der Erklärung verwirklicht, richtet sich an jeden Staat, denn dieser hat dafür Sorge zu tragen, dass die Bewohner des Landes ein Leben in Würde führen können und ein angemessener Lebensstandard garantiert wird. Mit der internationalen Ordnung, die zu diesen Zielen beitragen soll, sind alle Staaten und die internationale Gemeinschaft, etwa im Rahmen der UNO, angesprochen. In diesem Sinne wird der Artikel heute auch als eine Vorstufe des Rechts auf Entwicklung angesehen. Der Artikel richtet sich aber auch an alle Bürger, sich für eine entsprechende Ordnung einzusetzen.

Obwohl die 48er-Erklärung nur „ein Ideal" entwarf, also keinen rechtsverbindlichen Charakter hatte, hat sie doch einen außergewöhnlichen Einfluß auf die internationale Vermenschenrechtlichung genommen.[11]

1. Die AEMR ist Bezugspunkt für alle regionalen Konventionen geworden.
2. Die AEMR wird durch weitgehende Übernahme in die Menschenrechtspakte zu bindendem Recht.
3. 75% der Völkergemeinschaft haben diese Pakte unterzeichnet.
4. Viele Staaten haben Elemente der AEMR in ihre Verfasssungen aufgenommen.
5. „Friedliche Einmischung" (Volkmar Deile) ist mittlerweile normaler Standard bei schweren Menschenrechtsverletzungen.[12]

Die AEMR weist aber nicht nur auf die Notwendigkeit ihrer Umsetzung in verbindliches Recht hin, sondern auch darauf, „durch Unterricht und Erziehung die Achtung dieser Rechte und Freiheiten zu fördern" (Präambel). Und beim 50en Jubiläum der AEMR folgert Mary Robinson: *Denn es bedarf auch – und vielleicht vor allem – der Erziehung, damit die Ziele dieses großartigen Dokuments erreicht werden können. Deshalb ist es so wichtig, daß die einzelnen Länder in ihren Plänen zur Feier dieses 50. Jahrestages auch die weiterreichende Verpflichtung übernehmen, Menschenrechtserzie-*

---

[11] Eibe Riedel: Der internationale Menschenrechtschutz. Eine Einführung, in: Menschenrechte. Dokumente und Deklarationen, Bonn 1999.
[12] Volkmar Deile: Bilanz und Perspektiven der Menschenrechtsarbeit 50 Jahre nach der Erklärung der Menschenrechte, in: Fritzsche/ Lohmann, a. a. O. S.53 ff.

*hung, nicht nur in den Lehrplänen von Schulen, sondern auch in
der außerschulischen Jugend- und Erwachsenenbildung besser zu
verankern.*[13]

LITERATURTIPP zu Kapitel 5:
Gunna Köhne (Hrsg.): Die Zukunft der Menschenrechte. 50 Jahre UN-Erklärung: Bilanz eines Aufbruchs, Reinbek 1998

Abb. 7: Blick in den Plenarsaal der UNO-Vollversammlung.

6. Der Fortschritt der Konventionen

Der Beginn des Ost-West-Konfliktes und die damit einhergehenden
Ost-West-Streitigkeiten über die Menschenrechte machten es un-
möglich, die AEMR in eine einheitliche rechtlich verbindliche Konvention zu übersetzen, die die Unteilbarkeit der Menschenrechte
ausdrückt und anerkennt. Man entschloß sich also zwei getrennte
Konventionen zu entwickeln. Nach fast 20jähriger Beratung wurden
beide Konventionen, der Zivil- und der Sozialpakt 1966, von der
Generalversammlung angenommen. Nochmals 10 Jahre später wa-

---

[13] Mary Robinson: Die Allgemeine Erklärung der Menschenrechte – ein leben-
diges Dokument, in: Jahrbuch Menschenrechte 1999, S. 30.

ren die nötigen Ratifizierungen zusammen, um 1976 beide Pakte in Kraft treten zu lassen.

Die folgende Skizzierung der Konventionen lehnt sich an die Darstellung des Vereins MENSCHENRECHTE SCHWEIZ MERS an, der ein hoch informatives Angebot ins Netz gestellt hat. Neben einem ausgedehnten Angebot in deutscher Sprache finden wir hier auch alle erforderlichen Links zu den Orginaltexten und den Websiten der Überwachungsausschüsse und deren Entscheide und Kommentare: htpp.://www.humanrights.ch

Der Sozialpakt (oder auch Pakt I, da er 3 Monate früher in Kraft trat als der Zivilpakt) verankert grundlegende wirtschaftliche, soziale und kulturelle Rechte. Sie können in folgende Kategorien eingeteilt werden: Recht auf Arbeit und Rechte im Arbeitsleben, Rechte auf Existenzsicherung, kulturelle und wissenschaftliche Rechte, Diskriminierungsverbot.

145 Staaten haben diesen Vertrag unterzeichnet und verpflichten sich damit zur Verwirklichung der verbrieften wirtschaftlichen, sozialen und kulturellen Rechte unter Ausschöpfung all ihrer Möglichkeiten und mit allen geeigneten Mitteln. Die einzelnen Garantien des Sozialpaktes sind von den Vertragsstaaten nicht sofort in vollem Umfang zu erfüllen. Vielmehr unterliegen die Vertragsstaaten einer progressiven Implementierungspflicht, d.h. sie müssen einzeln und durch internationale Hilfe und Zusammenarbeit geeignete Massnahmen zur schrittweisen Verwirklichung der durch den Pakt geschützten Rechte ergreifen.

Die Einhaltung der den Staaten durch den Pakt I auferlegten Verpflichtungen wird im Rahmen eines Berichtssystems kontrolliert. In regelmässigen Abständen müssen die Vertragsstaaten dem entsprechenden Ausschuss Berichte über die getroffenen Massnahmen, die erzielten Fortschritte sowie über Schwierigkeiten bei der innerstaatlichen Umsetzung der Garantien vorlegen. Im Unterschied zu den meisten anderen Menschenrechtsverträgen existiert für den Sozialpakt weder ein Staaten- noch ein Individualbeschwerdeverfahren.

Der Pakt über bürgerliche und politische Rechte (Zivilpakt oder auch Pakt II) garantiert die klassischen Menschenrechte und Grundfreiheiten. Diese können in folgende Kategorien eingeteilt werden: Rechte zum Schutz der persönlichen Integrität, Freiheitsrechte, Verfahrensrechte, Politische Rechte, Diskriminierungsverbot und Minderheitenrechte.

Besondere Hervorhebung verdient der Artikel 27 mit dem Recht von Angehörigen ethnischer, religiöser und sprachlicher Minderheiten auf Pflege ihres kulturellen Lebens, auf Ausübung ihrer Religion und auf Benutzung ihrer Sprache. Dieser Artikel stellt nämlich im UN-Schutzsystem die einzige rechtsverbindliche Regelung des Minderheitenschutzes dar (Vgl. Kapitel 18).

Die 148 Vertragsstaaten des Paktes II sind sowohl zur Achtung und Gewährleistung dieser Rechte ohne jede Diskriminierung verpflichtet, als auch dazu, wirksame innerstaatliche Rechtsschutzmöglichkeiten zu schaffen. Ein Zusatzprotokoll hat die Möglichkeit von Individualbeschwerden im Rahmen des Zivilpaktes eröffnet.

Zudem haben sich durch Ratifikation des Zweiten Zusatzprotokolls zum Internationalen Pakt über bürgerliche und politische Rechte 47 Vertragsstaaten zur Abschaffung der Todesstrafe verpflichtet. Zusammen mit der AEMR und dem Zusatzprotokoll gegen die Todesstrafe bilden die Pakte die Universal Bill of Rights.

Mit dem Zivil- und dem Sozialpakt wurden viele Bestimmungen der Allgemeinen Erklärung der Menschenrechte rechtsverbindlich und ihre Umsetzung ist mit Hilfe der Ausschüsse auch überprüfbar. Anzumerken ist, dass die Pakte einige der Rechte der AEMR nicht mehr aufgenommen haben, so auch das Recht auf Asyl.

Neu hinzugekommen ist das Recht auf Selbstbestimmung der Völker, das beide Pakte einleitet. Dieses Recht, das in diesen Pakten zunächst überraschen mag, da es sich um ein kollektives Recht in einer Konvention handelt, die individuelle Rechte schützt, ist eine Folge der Entkolonialisierung. Während der Selbstbestimmungsgrundsatz bereits vorher durch viele Resolutionen der Generalversammlung als „soft law" Anerkennung gefunden hatte, wurde er durch die Aufnahme in den Zivil- und Sozialpakt zum Menschenrecht aufgewertet. Solange das Streben nach Selbstbestimmung in einem Prozeß verwirklicht wurde, in dem aus ehemaligen Kolonien unabhängige und souveräne Staaten wurden, traten keine größeren Probleme auf. Sobald sich aber innerhalb der Grenzen des neuen Staates und der alten Kolonie erneut Völker zu Wort meldeten, die sich zwar im antikolonialen Befreiungskampf noch hatten solidarisieren können, die aber nach dessen Erfolg auseinanderfallende Interessen äußerten, zeigte das Selbstbestimmungsrecht eine durchaus problematische Seite: es offenbarte eine auf Unabhängigkeit drängende Potenz, die in Konflikt mit den Souveränitätsrechten der Staaten geraten konnte. Wollte man nicht deren territoriale Integrität gefährden, galt es, für diese Bestrebungen andere Lösungen zu finden wie einen demokratischen Minderheitenschutz oder föderative Strukturen.[14]

---

[14] Ausführlich hierzu: Peter J. Opitz: Menschenrechte und Internationaler Menschenrechtsschutz im 20. Jahrhundert, München 2002. S.113 ff.

Zu den weiteren Konventionen auf dem Gebiet der Menschenrechte zählt die *Internationale Konvention über die Beseitigung jeglicher Form von Rassendiskriminierung,* die ja bereits 1969 vor den beiden Pakten in Kraft trat. Dieses vorzeitige Inkrafttreten war nötig geworden, da sich einerseits das Timing der Pakte verzögerte und andererseits antisemitische Vorfälle in Europa, v.a. in Deutschland, den Handlungsbedarf vergrößerten. In der Präambel trägt die Konvention aber auch deutlich die Spuren der Entkolonialisierung und in Artikel 3 wird ausdrücklich die Apartheidspolitik als Menschenrechtsverletzung kritisiert. Die Konvention verpflichtet die Vertragsstaaten:

– dem Rassismus staatlicher Stellen entgegenzuwirken,
– Rechte, die durch andere Konventionen verbürgt sind, ohne Rassistische Diskriminierung zu gewährleisten,
– den Zugang zu öffentlichen Orten und Diensten zu garantieren,
– rassistische Propaganda zu verbieten und unter bestimmten Umständen Fördermaßnahmen für ethnische Gruppen zu ergreifen,
– präventive Bildungsmaßnahmen bereitzustellen.
– Anti-Diskriminierungsgesetze werden nicht verpflichtend vorgeschrieben, werden aber als in Übereinstimmung mit dem Geiste der Konvention angesehen.[15]

Das Abkommen geht von einem weiten Begriff der Rassendiskriminierung aus, umschreibt es diese doch als „jede auf der Rasse, der Hautfarbe, der Abstammung, dem nationalen Ursprung oder dem Volkstum beruhende Unterscheidung, Ausschliessung, Beschränkung oder Bevorzugung, die zum Ziel oder zur Folge hat, dass dadurch ein gleichberechtigtes Anerkennen, Geniessen oder Ausüben von Menschenrechten und Grundfreiheiten im politischen, wirtschaftlichen, sozialen, kulturellen oder jedem sonstigen Bereich des öffentlichen Lebens vereitelt oder beeinträchtigt wird".

Die 1979 von der UNO-Generalversammlung verabschiedete *Konvention über die Beseitigung jeglicher Form von Diskriminierung der Frau* (1981 in Kraft getreten), verpflichtet die 170 Vertragsstaaten zur unverzüglichen Ergreifung aller geeigneten Mittel zur Beseitigung der Diskriminierung von Frauen.

Die Konvention definiert Diskriminierung von Frauen als „jede mit dem Geschlecht begründete Unterscheidung, Ausschliessung

---

[15] Rüdiger Wolfrum: Internationales Übereinkommen zur Beseitigung jeder Form von Rassendiskriminierung: Inhalt und Verfahren seiner Durchsetzung, in: Gerhard Baum, Eibe Riedel, Michael Schaefer (Hrsg): Menschenrechtsschutz in der Praxis der Vereinten Nationen, Baden-Baden 1998.

oder Beschränkung, die zur Folge oder zum Ziel hat, dass die auf die Gleichberechtigung von Mann und Frau gegründete Anerkennung, Inanspruchnahme oder Ausübung der Menschenrechte und Grundfreiheiten durch die Frau – ungeachtet ihres Zivilstands – im politischen, wirtschaftlichen, sozialen, kulturellen, staatsbürgerlichen oder jedem sonstigen Bereich beeinträchtigt oder vereitelt wird".

Die Vertragsstaaten sind verpflichtet, rechtliche Vorschriften – aber auch Gepflogenheiten –, welche Frauen diskriminieren, zu ändern oder aufzuheben. Ferner ist jede Diskriminierung auf Grund des Geschlechts gesetzlich zu verbieten und Opfern von Diskriminierungen der Zugang zu einem Gericht zu ermöglichen. Weiter verpflichtet die Frauenrechtskonvention die Vertragsstaaten zur Ergreifung staatlicher Massnahmen gegen diskriminierende Rollenverteilungen zwischen Mann und Frau sowie gegen Frauenhandel und Ausbeutung der Prostitution. Neben diesen Verpflichtungen enthält das Abkommen auch eine Liste von allgemeinen Menschenrechten, deren uneingeschränkte Ausübung durch Frauen als besonders gefährdet angesehen wird.

Die *Konvention gegen Folter und andere grausame, unmenschliche oder erniedrigende Behandlung oder Strafe* (1987 in Kraft getreten), verpflichtet 129 Vertragsstaaten, alle geeigneten Massnahmen zur Verhinderung bzw. Ahndung von Folter zu ergreifen, sowie Personen, denen die Freiheit entzogen ist, vor Angriffen auf ihre körperliche und seelische Integrität zu schützen.

Die Konvention bezeichnet Folter als „jede Handlung, durch die einer Person vorsätzlich grosse körperliche oder seelische Schmerzen oder Leiden zugefügt werden, zum Beispiel um von ihr oder einem Dritten eine Aussage oder ein Geständnis zu erlangen, um sie für eine tatsächlich oder mutmasslich von ihr oder einem Dritten begangene Tat zu bestrafen, um sie oder einen Dritten einzuschüchtern oder zu nötigen oder aus einem anderen, auf irgendeiner Art von Diskriminierungen beruhenden Grund, wenn diese Schmerzen oder Leiden von einem Angehörigen des öffentlichen Dienstes oder einer anderen in amtlicher Eigenschaft handelnden Person, auf deren Veranlassung oder mit deren ausdrücklichem oder stillschweigendem Einverständnis verursacht werden".

Das Folterverbot gehört zu den sogenannten „notstandsfesten Menschenrechten", das unter keinen Umständen eingeschränkt werden darf: Artikel 2, Absatz 2 stellt fest: „Außergewöhnliche Umstände gleich welcher Art, sei es Krieg oder Kriegsgefahr, innenpolitische Instabilität oder ein sonstiger öffentlicher Notstand, dürfen nicht als Rechtfertigung für Folter geltend gemacht werden." Polizeikräfte und Gefängnispersonal sind während ihrer Ausbildung entsprechend zu schulen und in ihrer Arbeit regelmässig zu überwachen. Bei hinreichendem Verdacht auf Folterungen sind die Vertragsstaaten zur Durchführung unabhängiger Untersuchungen verpflichtet und mutmassliche Folterer sind entweder zu bestrafen oder an einen Staat auszuliefern, der ein Strafverfahren gegen diese Person eröffnet. Opfer von Folterungen sind angemessen finanziell zu entschädigen. Von besonderer Bedeutung ist schliesslich das Verbot, Personen in einen Staat auszuweisen, in dem eine grosse Wahrscheinlichkeit besteht, dass sie Opfer einer Folterhandlung werden (vgl. auch Kapitel 16).

Die *Konvention über die Rechte des Kindes,* die 1989 von der UNO-Generalversammlung verabschiedet wurde und 1992 in Kraft trat bezweckt, Kindern – d.h. Menschen bis zum 18. Lebensjahr – Schutz, Unterstützung und Gehör zu gewährleisten. Die Kinderrechtskonvention verpflichtet die 191 Vertragsstaaten, die im Übereinkommen verankerten Rechte jedes Kindes zu achten und zu gewährleisten, sowie alle geeigneten Gesetzgebungs-, Verwaltungs- und sonstige Massnahmen zu ergreifen, welche die Verwirklichung der gewährleisteten Rechte fördern. Die Verpflichtungen der Vertragsstaaten erstrecken sich auch auf die wirtschaftlichen, sozialen und kulturellen Rechte, die unter Ausschöpfung der verfügbaren Mittel und nötigenfalls im Rahmen der internationalen Zusammenarbeit zu verwirklichen sind. Die Kinderkonvention ist die einzige Konvention, die beide Generationen von Menschenrechten in einem Dokument zusammenfasst.

Das Zusatzprotokoll zur Kinderrechtskonvention betreffend die Beteiligung von Kindern an bewaffneten Konflikten (am 12. Februar 2002 in Kraft getreten,) und das Zusatzprotokoll zur Kinderrechtskonvention betreffend den Kinderhandel, die Kinderprostitution und Kinderpornographie (am 18. Januar 2002 in Kraft getreten) ergänzen die Konvention.

Schließlich ist noch auf die 1990 verabschiedete, aber noch nicht in Kraft getretene Internationale *Konvention über den Schutz der Rechte aller Wanderarbeiter und ihrer Familienmitglieder* hinzuweisen.

In den Konventionen sind auch Überprüfungs- und Beschwerdeverfahren festgelegt und die zu bildenden Ausschüsse (Treaty Bodies). Die Konventionen enthalten und entfalten somit eine Dynamik von der Normensetzung (standard setting) zur Überwachung und Implementierung der Menschenrechte. Die Herausforderung ist: wie kann es gelingen, unter den Bedingungen souveräner Nationalstaaten ein internationales System zu etablieren, durch das die Staaten sich freiwillig vertraglich selbst binden. Es geht hierbei noch nicht um ein gerichtsförmiges System, sondern um politisches Kontrollsystem. Um die Hürde der Selbstverpflichtung nicht zu hoch anzusetzen, ist es den Vertragsstaaten auch gestattet, die Konventionen mit konkreten Vorbehalten zu einzelnen Arikeln zu unterzeichnen. Eine Option, die in der Praxis nur zu oft in Anspruch genommen wird und die die Geltung der Konventionen sicher schwächt.

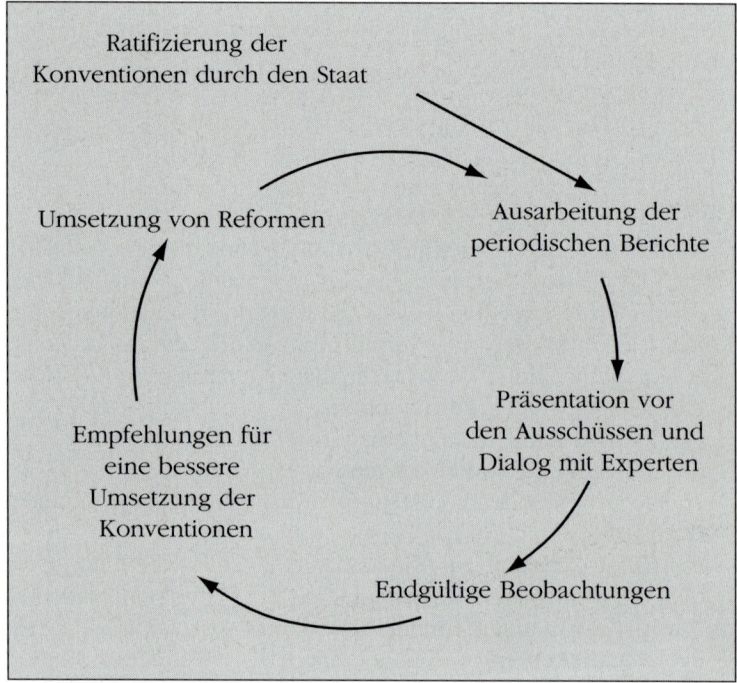

Abb. 8 Von der Ratifizierung zur Reform

Wir werden uns im folgenden Kapitel zunächst dem politischen Gremium der Menschenrechtskommission zuwenden, um anschließend einen Überblick über die einzelnen Ausschüsse zu geben.

LITERATURTIPP zu Kapitel 6:
Gerhard Baum, Eibe Riedel, Michael Schaefer (Hrsg.): Menschenrechtsschutz in der Praxis der Vereinten Nationen, Baden-Baden 1998
A Guide to Human Rights: Institutions, Standards, Procedures, (eds) Janusz Symonides, Vladimir Volodin, Paris 2001

7. Von der Normensetzung zur Überwachung und Umsetzung

7.1 Die Menschenrechtskommission – Ort der Politiker

Die Menschenrechtskommission (Commission on Human Rights) wurde 1946 vom Wirtschafts- und Sozialrat der Vereinten Nationen (ECOSOC) zur Unterstützung seiner Arbeit gegründet. Die Kommission (MRK) ist seit dieser Zeit eine der maßgeblichen Kräfte, die die Aktivitäten der Vereinten Nationen auf dem Gebiet der Menschenrechte bestimmen. Sie bereitete die Allgemeine Erklärung der Menschenrechte vor, entwarf mehrere Deklarationen und internationale Konventionen, darunter vor allem die beiden internationalen Pakte über bürgerliche und politische Rechte sowie über wirtschaftliche, soziale und kulturelle Rechte.[16]

Die Menschenrechtskommission setzt sich aus Vertretern aus 53 Mitgliedsstaaten zusammen, die im Dreijahresturnus wechseln. Zwölf Vertreter stammen aus dem asiatisch-pazifischen Raum, fünfzehn kommen aus Afrika, elf aus Lateinamerika. Westeuropa, die USA, Kanada, Australien und Neuseeland entsenden zusammen zehn und Osteuropa fünf Vertreter in die Menschenrechtskommission. Sie tagt jährlich für vier Wochen in Genf. Ihre Sitzungen werden von Treffen verschiedener Arbeitsgruppen vorbereitet. Ihre Webseite ist:

Die Menschenrechtskommission ist einflußreich und zerstritten

http://www.unhchr.ch/html/menu2/2/chr.htm

Die Jahres-Sitzungen haben eine mehrfache Funktion:[17]

1. Transparenz für die Weltöffentlichkeit,
2. Ventil für Druck nationaler Öffentlichkeiten: Kritik an Menschenrechtsverletzungen,
3. Kommunikation über Normen, Maßnahmen, Mißstände, Interpretationen,
4. Katalysator einer Entwicklung im internationalen Menschenrechtsschutz.

---

[16] Michael Schaefer: Brückenbau – Herausforderung an die Menschenrechtskommission, in: Baum u.a. , a.a.O., S. 57 ff.
[17] Peter J.Opitz: Menschenrechte und Internationaler Menschenrechtsschutz im 20. Jahrhundert, S. 60.

Lange Zeit war die MRK der privilegierte Ort der Entwicklung von Menschenrechtsnormen. In der heutigen Zeit, in der man gern vom weitgehend abgeschlossenen Prozeß des standard-setting spricht und betont, wie wichtig die Umsetzung der Normen sei, vernachlässigt man leicht, dass der Prozess des standard-setting nicht nur an seinen Produkten zu messen ist, sondern dass in großem Maße der internationale und interkulturelle Prozess der Kommunikation, der Konsensanstrengungen und der Kompromißfindung ein unverzichtbares Element des Menschenrechtsdiskurses ist.

Die 53 Mitglieder der Menschenrechtskommission sind als Regierungsvertreter tätig. Man muß die Kommission deshalb als ein politisches Gremium begreifen (im Unterschied zu den Expertengremien der überwachenden Ausschüsse/Committees). Dies bleibt natürlich nicht ohne Einfluß auf die Kommunikations- und Entscheidungsprozesse der Kommission, wenn man berücksichtigt, dass sich hier Demokratien und Diktaturen, Vertreter des Nordens, des Südens und des Westens ebenso gegenüber sitzen, wie Vertreter unterschiedlicher Transformationsgesellschaften.

Die MRK schafft Öffentlichkeit

Die Arbeit der MRK wird unterstützt durch die Unterkommission zur Verhinderung von Diskriminierung und für Minderheitenschutz. Sie führt Studien durch und richtet Empfehlungen an die Menschenrechtskommission zur Verhinderung von Diskriminierungen rassischer, religiöser oder sprachlicher Minderheiten. Der Unterkommission gehören 26 Experten an, d.h. ihre Mitglieder sind im Unterschied zur MRK offiziell weisungsungebunden. Gleichwohl gibt es immer wieder Klagen, die die Unabhängigkeit der Experten in Frage stellen. Die Unterkommission wird in ihrer Tätigkeit von verschiedenen Arbeitsgruppen und Sonderberichterstattern unterstützt. Die Unterkommission trägt seit 1999 den neuen Namen „Unterkommission zur Förderung und zum Schutz der Menschenrechte". Eine besondere Bedeutung kommt der Unterkommission auch bei der Überprüfung der „Minderheiten-Deklaration" zu (vgl. 18. Kapitel).

In den ersten 20 Jahren ihrer Arbeit waren die Kompetenzen der MRK weitestgehend auf das standard-setting begrenzt. Ende der 60er hat sie aber auch Aufgaben der Überwachung der Menschenrechte übertragen bekommen. Im Rahmen außervertraglicher Vertragsverfahren (s. unten) kann sie überprüfen, ob es in Staaten zu Verletzungen der UN-Menschenrechtsstandards kommt. Noch bevor die vertraglich festgelegten Überwachungsmechanismen möglich wurden – also die Berichts- und Beschwerdeverfahren, die in den Konventionen vorgesehen sind – wurde eine Reihe von Verfahren zur Kontrolle der Einhaltung von Menschenrechtsnormen entwickelt, sog. "charter-based-systems". Diese Verfahren hatten zwar vor allem zu der Zeit Bedeutung, als die vertraglichen Überprüfungsmechanismen noch nicht ausgearbeitet waren. Sie haben aber auch danach noch in den Fällen erhebliches Gewicht behalten, in denen es um Verletzungen durch solche Staaten geht, die die Konventionen gar nicht unterzeichnet haben! Denn auch ohne Unterzeichnung gibt es einen Kern von Menschenrechten, der über das Völkergewohnheitsrecht für alle Staaten gilt.

Das eine wesentliche außervertragliche Verfahren ist das Öffentliche Prüfungsverfahren 1235. Dieses Verfahren gestattete es, mit Hilfe von Arbeitsgruppen oder Sonderberichterstattern – im Rahmen von Länder- oder Themenverfahren – Menschenrechtsverletzungen zu überprüfen. Zu Beginn wurde es nur gegen die international teilweise isolierten Staaten Südafrika, Israel und Chile angewendet. Später haben sich dann aus diesem Verfahren allgemeine Länderverfahren entwickelt. Es wurden Sonderberichterstatter für bestimmte Länder ernannt, die dann der Kommission auf der Grundlage von Gesprächen mit Regierungsvertretern der betroffenen Staaten und mit NGOs einen Bericht vorlegen. Die Einsetzung solcher Berichterstatter wird als das schärfste Instrument der Kommission angesehen, das von den Regierungen auch ernst genommen wird, denn es kann zu einer öffentlichen Verurteilung eines Staates führen. Allerdings ist die Arbeit der Berichterstatter immer auf die Kooperationsbereitschaft der Regierungen angewiesen: es ist auch durchaus möglich – und in der Praxis auch immer wieder geschehen –, dass den Berichterstattern die Einreise verweigert wird, was allerdings dann für die Weltöffentlichkeit auch die entsprechende Wirkung hat. Allerdings wirkt sich der Umstand, dass die Menschenrechtskommission ein politisches Gremium ist, für die Auswahl der verurteilten Staaten negativ aus, da eine Verurteilung auffällig oft kleinere, im Machtpoker unbedeutende Staaten trifft. Manfred Nowak spricht sogar von einer „tiefen Krise" der MRK, da in der Nord-Süd-Polarisierung die Verurteilung von schwersten Verletzungen oft wirtschaftlichen Interessen geopfert wird.[18]

Ein weiteres Instrument sind die themenbespezifischen Berichterstatter, die wegen ihrer länderübergreifenden Arbeit eher auf Tolerierung rechnen können. Gleichwohl besteht auch hier die Möglichkeit, diplomatischen wie öffentlichen Druck auszuüben. Zur Zeit laufen Untersuchungen zu mehr als 20 Themen:

---

[18] Manfred Nowak: Die Entwicklung der Menschenrechte seit der Wiener Weltkonferenz, in: K.Peter Fritzsche und Georg Lohmann: Menschenrechte zwischen Anspruch und Wirklichkeit, Würzburg 2000, S.104.

Länderspezifische Untersuchungen durch Sonderberichterstatter

- Afghanistan
- Burundi
- Kambodscha
- Demokratische Republik Kongo
- Guinea
- Ex-Jugoslawien
- Haiti
- Irak
- Isalmische Republik Iran
- Myanmar (Burma)
- Palästina (besetzte Gebiete)
- Somalia
- Sudan

- Verhinderung von Selbstbestimmung durch den Einsatz von Söldnern
- Förderung und Schutz des Rechtes auf die Freiheit der Meinung und der Meinungsäußerung
- Binnenvertriebene
- Menschenrechte und Grundfreiheiten von indigenen Völkern
- Unabhängigkeit von Richtern und Anwälten
- Religions- und Glaubensfreiheit
- Menschenrechte und extreme Armut
- Außergerichtliche, gruppenweise oder willkürliche Hinrichtungen
- Terrorismus und Menschenrechte

Thematische Untersuchungen durch Sonderberichterstatter

- Recht auf Ernährungsentwicklung
- Verkauf von Kindern, Kinderprostitution und Kinderpornographie
- Gewalt gegen Frauen
- Entwurf für ein Zusatzprotokoll zum Sozialpakt
- Deponierung von Giftmüll
- Folter
- Heutige Formen des Rassismus, rassistischer Diskriminierung und der damit verbundenen Intoleranz
- Menschenrechte von Migranten
- Recht auf Bildung
- Recht auf Nahrung
- Menschenrechtsverteidiger
- Strukturelle Anpassung und Auslandsschulden
- Angemessenes Wohnen
- Konzept und praktische Umsetzung von Fördermaßnahmen zu Gunsten von Minderheiten
- Globalisierung und ihr Einfluß auf die volle Umsetzung aller Menschenrechte
- Menschenrechte und Menschenpflichten
- Indigene Völker und ihr Verhältnis zu ihrem Land
- Rechte Staatenloser
- Traditionelle Praktiken und deren Einfluß auf die Gesundheit von Frauen und jungen Mädchen

Arbeitsgruppen:

- willkürliche Festnahmen
- unfreiwilliges oder erzwungenes Verschwindenlassen
- Protokoll zur Konvention gegen Folter und andere grausame, unmenschliche oder entwürdigende Behandlung oder Bestrafung
- Deklaration über die Rechte indigener Völker
- Strukturelle Anpassung von wirtschaftlichen, sozialen und kulturellen Rechten
- Recht auf Entwicklung
- Vefahren 1503
- Heutige Formen der Sklaverei
- Transnationale Kooperation

Abb. 9: Überwachungsmechanismen der Menschenrechtskommission

Das andere wichtige nicht-vertragsgebundene Verfahren ist das 1503-Verfahren: ein vertrauliches Beschwerdeverfahren (im Unterschied zum öffentlichen Übrprüfungsverfahren 1235). Sogenannte „Mitteilungen" (Beschwerden) können Personen, Gruppen oder Organisationen machen, die „direkte oder zuverlässige Informationen" über Menschenrechtsverletzungen haben. Ziel dieses Verfahrens ist jedoch nicht der individuelle Schutz, sondern das Zusammenfügen von vielen Einzelfällen zu einem Gesamtbild und die Kritik an „Gesamtzusammenhängen". Es wird hier nicht die Prüfung individueller Menschenrechtsverletzungen vorgenommen, sondern die Identifizierung menschenrechtsfeindlicher politischer Systeme durch die Feststellung systematischer und besonders schwerer Menschenrechtsverletzungen. Das Individuum spielt also in diesem Prüfungsverfahren nur eine instrumentelle Rolle.

Bevor eine Beschwerde aber überhaupt „das Licht der Menschenrechtskommission" erblickt, muß sie das prüfende Verfahren einer Arbeitsgruppe der Unterkommission zur Verhinderung von Diskriminierung und für Minderheitenschutz durchlaufen, in dem dann darüber entschieden wird, ob die Mitteilung an die Arbeitsgruppe der Menschenrechtskommission weitergeleitet werden soll. Diese Mitteilungen bleiben solange vertraulich, bis die Kommission beschließt, den Fall mit einer Empfehlung dem Wirtschafts- und Sozialrat vorzulegen. Das Verfahren kann also bei Bedarf in ein öffentliches umgewandelt werden. Ein besonderer Öffentlichkeitsdruck entsteht dadurch, dass jedes Jahr eine Liste der Staaten veröffentlicht wird, die in ein 1503-Verfahren involviert sind. Schließlich bleibt der MRK noch das Instrument der Resolution und der Erklärung ihres Chairman zu einer bestimmten Menschenrechtssituation.

7.2 Die Ausschüsse – Orte der Experten

Vom politischen Gremium der MRK unterscheiden sich die Ausschüsse, die als Expertengremien über die Einhaltung der Konventionen wachen. Für die Überwachung der Einhaltung jeden Menschenrechtsvertrags ist ein Ausschuss verantwortlich. Diese Ausschüsse setzen sich aus unabhängigen Expertinnen und Experten zusammen, die von den Vertragsstaaten des jeweiligen Übereinkommens gewählt werden. Die Ausschüsse haben folgende Aufgaben:[19]

---

[19] http://www.humanrights.ch.

- Sie prüfen die Staatenberichte, in denen die Vertragsstaaten regelmäßig und Artikel für Artikel über die Fortschritte oder Schwierigkeiten bei den zu respektierenden, zu fördernden und zu schützenden Menschenrechten berichten.
- Sie formulieren im Sinne eines konstruktiven Dialoges Vorschläge und Empfehlungen an die Staaten zur Verbesserung ihrer Menschenrechtspolitik.
- Sie prüfen Mitteilungen, mit denen ein Vertragsstaat geltend macht, ein anderer habe seine Verpflichtungen verletzt (Staatenbeschwerdeverfahren).
- Sie verhandeln Individualbeschwerden.
- Sie verfassen General Comments zu drängenden Menschenrechtsfragen im Rahmen ihres Mandats, eine Art Zusammenfassung vorherrschender Expertenauffassung zu einem konkreten Thema, die meinungsbildend für den internationalen Menschenrechtsdiskurs werden kann.

Menschenrechtsausschuss
Die Überwachung des Internationalen Pakts über bürgerliche und politische Rechte wird vom Menschenrechtsausschuss (Human Rights Committee) geleistet:
Zusammensetzung: 18 unabhängige Expert/Innen
Treffen: dreimal pro Jahr für je drei Wochen in Genf
Staatenberichte: alle 4 Jahre
Allgemeine Bemerkungen (General Comments): 30
Individualbeschwerde zugelassen
Bislang über 1000 Beschwerden registriert
Rechtsprechung und Informationen zum Untersuchungsverfahren finden sich unter der website via „Individual complaints" und „Jurisprudence"
Website: http://www.unhchr.ch/html/menu2/6/hrc.htm

Ausschuss für wirtschaftliche, soziale und kulturelle Rechte
Die Überwachung des Pakts über wirtschaftliche, soziale und kulturelle Rechte ist dem Sozialausschuss (Committee on Economic, Social and Cultural Rights) übertragen:
Zusammensetzung: 18 unabhängige Expert/innen
Treffen: zwei Mal im Jahr für jeweils drei Wochen in Genf
Staatenberichte: alle fünf Jahre
Allgemeine Bemerkungen (General Comments): 14
Noch kein Individualbeschwerdeverfahren zugelassen, aber Entwurf liegt vor
Website: http://www.unhchr.ch/html/menu2/6/cescr.htm

Ausschuss gegen Rassendiskriminierung
Die Überwachung des Übereinkommens zur Beseitigung jeder Form von Rassendiskriminierung wird vom Ausschuss gegen Rassendiskriminierung (Committee on the Elimination of Racial Discrimination) wahrgenommen.
Zusammensetzung: 18 unabhängige Expert/innen
Treffen: zwei mal im Jahr in Genf
Staatenberichte: alle zwei Jahre
Allgemeine Bemerkungen (General Comments) : 28
Individualbeschwerdeverfahren zugelassen, nur 34 der 160 Vertragsstaaten anerkennen die Beschwerdemöglichkeit
23 Mitteilungen erhalten
Die Entscheide und Informationen zum Untersuchungsverfahren finden sich unter der website via „Individual complaints" und „Jurisprudence"
Website: http://www.unhchr.ch/html/menu2/6/cerd.htm

Ausschuss gegen Frauendiskriminierung
Die Überwachung des Übereinkommens zur Beseitigung jeder Form von Diskriminierung der Frau wird vom Ausschuss gegen Frauendiskriminierung (Committee on the Elimination of Discrimination against Women) wahrgenommen.
Zusammensetzung: 23 unabhängige Experten/innen
Treffen: einmal jährlich in New York
Staatenberichte: alle 4 Jahre
Individualbeschwerde zugelassen
Website: http://www.unhchr.ch/html/menu2/6/cedw.htm

Ausschuss gegen Folter
Die Überwachung der Konvention gegen Folter und andere grausame, unmenschliche und erniedrigende Behandlung ist dem Ausschuss gegen Folter (Committee against Torture) übertragen.
Zusammensetzung: 10 unabhängige Expert/innen
Treffen: zweimal jährlich für drei Wochen in Genf.
Staatenberichte alle 4 Jahre
General Comment: 1
Individualbeschwerde zugelassen
Rechtsprechung und Informationen zum Untersuchungsverfahren finden sich unter der website via „Individual complaints" und „Jurisprudence
Website: http://www.unhchr.ch/html/menu2/6/cat.htm

Ausschuss für die Rechte des Kindes
Die Überwachung der Konvention über die Rechte des Kindes ist

dem Ausschuß für die Rechte des Kindes (Committee on the Rights of the Child) übertragen.

Zusammensetzung: 18 unabhängige Expert/innen
Treffen: zweimal jährlich für drei Wochen in Genf
Staatenberichte alle fünf Jahre
General Comment verfasst: 1
Individualbeschwerde nicht zugelassen:
Website: http://www.unhchr.ch/html/menu2/6/crc/

Der Menschenrechtsschutz der UNO ist reformbedürftig

Die Kritik an reformbedürftigen Aspekten des UNO-Menschenrechtsschutzsystems läßt sich weitgehend in folgenden Punkten zusammenfassen:

1. Ratifizierungslücken
2. Ausufernde Vorbehaltspraxis
3. Ausbleibende, unzureichende oder unangemessen verspätete Berichte
4. Überschneidung der Berichterstattungspflichten im Rahmen der Konventionen
5. Mangelnde Bekanntmachung der Empfehlungen und Kommentare der Ausschüsse in der Öffentlichkeit
6. Mangelhaftes follow up
7. Mangelnde Unabhängigkeit einiger Experten
8. Mangelhafte Arbeitsteilung zwischen politischen Vertretern und Experten
9. Boykottierung der Arbeit der Sonderberichterstatter durch betroffene Staaten
10. Fehlender „politischer Wille" der Umsetzung
11. Fehlende Ressourcen

Eine wesentliche Neuerung im System des UN-Menschenrechtsschutzes ist die Einrichtung des Hochkommissars für Menschenrechte gewesen, heute wohl die wichtigste Schaltstelle des Menschenrechtsschutzes innerhalb der Vereinten Nationen. Dieses Amt ist die Umsetzung einer Forderung der Wiener Weltkonferenz für Menschenrechte 1993. Der Hochkommissar ist Vorgesetzter des UNO-Menschenrechtsbüros in Genf (in welches 1997 auch das ehemalige Genfer UNO-Menschenrechtszentrum integriert wurde) und koordiniert die Aufgaben der verschiedenen Menschenrechtsorgane der UNO. Daneben kann er auch selbständig tätig werden, um Hindernisse für die Verwirklichung der Menschenrechte zu beseitigen. Zudem kann er beratende Funktionen für andere Körperschaften ausüben. Er untersteht direkt dem UNO-Generalsekretär.

Das Büro des UNHCHR hat in den letzten Jahren Niederlassungen in vielen Ländern auf allen Kontinenten aufgebaut („field presences"). Dabei geht es um konkrete Hilfestellungen beim Aufbau des Menschenrechtsschutzes auf nationaler Ebene im Rahmen regionaler Strategien. Zum Arbeitsbereich des Hochkommissariats gehören: Krisenmanagement, Prävention und Frühwarndienste, Hilfe für Staaten im wirtschaftlichen und politischen Übergang, Koordination und Rationalisierung des Menschenrechtsprogramms.

Website: http.://www.unhchr.ch/hchr_un.htm

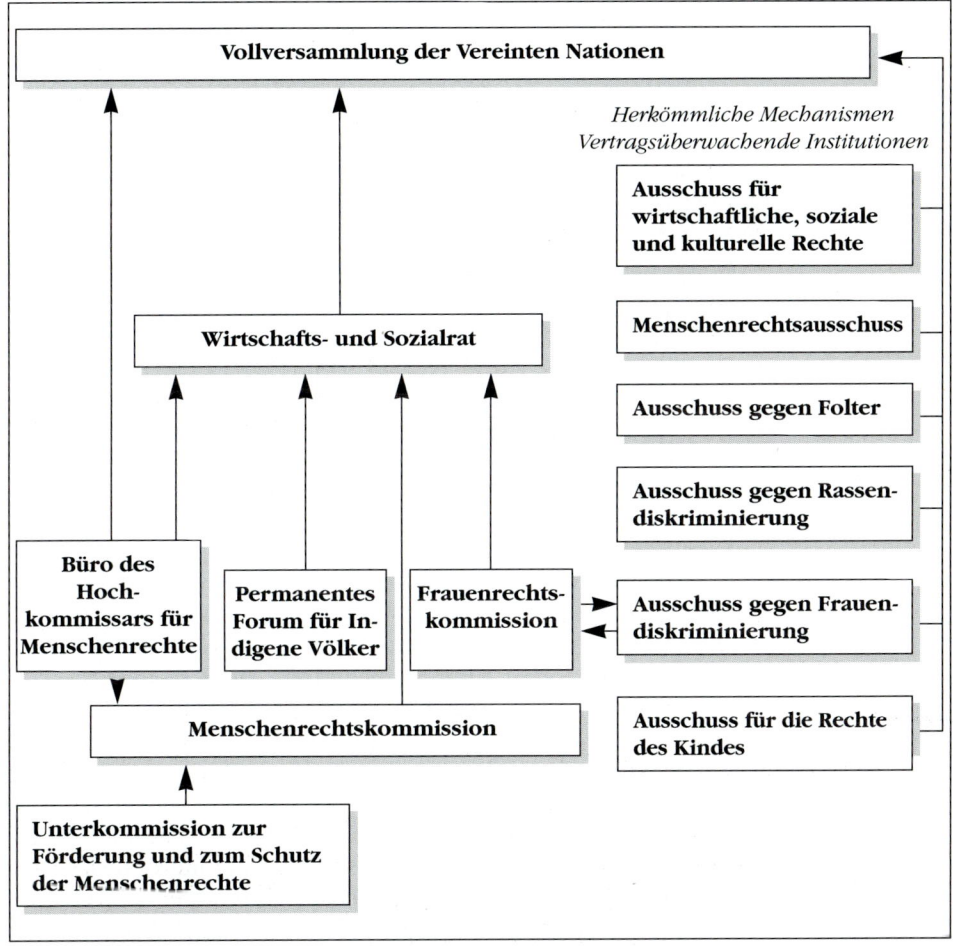

Abb. 10: Überwachende Institutionen und Arbeitsmechanismen der UN beim Menschenrechtsschutz.

7.3 Die besondere Bedeutung der Individualbeschwerde

Es gibt vier große Paradigmen im Umgang mit Menschenrechtsverletzungen.

1. Eine öffentliche Kritik, die politischen Druck entfalten soll.
2. Eine vertrauliche Behandlung, die diplomatischen Einfluß gelten machen will.
3. Eine vorbeugende Behandlung, die durch politische bis pädagogische Maßnahmen Barrieren gegen die Verletzung aufbaut.
4. Die Beschwerde und Klage, die zu unterschiedlichen Formen von Sanktionen und Kompensationen führen.

Ein unverzichtbarer Bestandteil des Menschenrechtsschutzes – wenn auch keinesfalls der einzige – ist, dass die Menschenrechte auch eingeklagt werden können, wenn sie verletzt werden. Die Möglichkeit der Individualbeschwerde im internationalen Menschenrechtsschutz ist eine wesentliche Bedingung für die erfolgreiche Umsetzung der Menschenrechte. Es ist gerade die Qualität der Einklagbarkeit, die Rechte von moralischen Forderungen unterscheidet. Die Individualbeschwerde ist ein Meilenstein zur Anerkennung von Individuen als Subjekte internationalen Rechts. Strukturell kann nur sie eine Sicherung der Menschenrechte gegen das Verhalten des eigenen Staates gewährleisten, erst durch sie „reifen" die Menschenrechte zu vollständigen Menschenrechten. Es bleibt allerdings zu berücksichtigen, dass dieses Verfahren im Rahmen des UN-System zwar rechtsähnliche, aber noch keine gerichtsförmige Ausgestaltung angenommen hat. Nur im Beschwerdeverfahren im Rahmen der Europäischen Menschenrechtskonvention (s. Kapitel 8) ist die Stufe der Gerichtsförmigkeit erreicht. Die Individualbeschwerdeverfahren im Rahmen des UN-Systems enden nicht mit einer Verurteilung, sondern nur mit einer Feststellung über die Paktverletzung und einer Aufforderung an den Verletzerstaat zur Einstellung bzw. Wiedergutmachung. Es zeigt sich somit eine Mischung aus rechtlichen und politischen Komponenten.

Individualbeschwerden stärken die Rolle der Opfer

Schließlich ist nochmals zu unterstreichen, dass nur die konventionsbasierten Individualbeschwerden zu einer Behandlung des je individuellen Falles führen. Individualbeschwerden im Rahmen der 1503-Verfahren führen nur zu einer Sammlung individueller Fälle mit dem Zweck, Verletzungsmuster erkennen zu können und zu einer allgemeinen Reaktion gegenüber dem Verletzerstaat.

Im Rahmen des UN-Systems sehen 5 Konventionen und deren Fakultativprotokolle die Möglichkeit der Individualbeschwerde vor und haben die entsprechenden Ausschüsse mit den notwendigen Kompetenzen ausgestattet.

1. Pakt über bürgerliche und politische Rechte,
2. Übereinkommen gegen Folter und andere grausame, unmenschliche oder erniedrigende Behandlung oder Strafe,
3. Internationales Übereinkommen zur Beseitigung jeder Form von Rassendiskriminierung,
4. Internationale Konvention zum Schutz der Rechte aller Wanderarbeitnehmer und ihrer Familienangehörigen (noch nicht in Kraft).
5. Übereinkommen zur Beseitigung jeder Form von Diskriminierung der Frau.

Die Verfahren zur Individualbeschwerde sind kompliziert, aber nicht aussichtslos

Das Procedere ist allerdings sehr kompliziert. Human Rights Education Associates (http://www.hrea.org, vgl. auch Kapitel 25) empfiehlt Personen, die ihre Menschenrechte einklagen wollen, sich zunächst zur angemessenen Information an lokale Menschenrechtsorganisationen zu wenden. Hilfestellung bietet ein vielfach übersetztes Buch von Klaus Hüfner und Wolfgang Reuther von der UNESCO[20] und das „Human Rights Fact Sheet 7" vom UN-Hochkommissariat, das ins Netz gestellt wurde und das vor Kurzem vom Deutschen Institut für Menschenrechte in Berlin als übersetzte Broschüre veröffentlicht wurde[21]. Hier finden sich auch die Anschriften der Ausschüsse, falls man eine Beschwerde einreichen will.

Die folgenden 10 Punkte fassen wesentliche Schritte des Verfahrens zusammen:
1. Zunächst ist es erforderlich, dass man die nationalen Rechtswege ausgeschöpft hat.
2. Dann gilt es, zu identifizieren,
   2.1. um welches Recht es sich handelt, dessen Verletzung man beklagen möchte,
   2.2. an welchen Ausschuß man sich zu wenden hat und
   2.3. ob das Land, in dem man lebt bzw. der Staat, gegen den man die Beschwerde führen will, überhaupt das entsprechende Recht auf Individualbeschwerde durch Ratifizierung anerkannt hat, denn leider verläuft der internationale Anerkennungsprozess außerordentlich schleppend.

---

[20] Klaus Hüfner und Wolfgang Reuther: Menschenrechtsverletzungen: Was kann ich dagegen tun? Menschenrechtsverfahren in der Praxis, GVN-Texte 48, Bonn 1998.
[21] Menschenrechtsschutz Vereinte Nationen. Individualbeschwerdeverfahren, hrsg. vom Deutschen Institut für Menschenrechte, Berlin 2003.

3. Es erfolgt die Zulässigkeitsprüfung durch Arbeitsgruppe und Ausschuß.
4. Nach der Zulassung erfolgt die Informierung des beklagten Staates/Verletzerstaates und des Beschwerdeführers,
5. im Zeitraum von 6 Monaten gibt der Staat eine Stellungnahme ab,
6. danach der Beschwerdeführer.
7. Abschließend folgen die Stellungnahmen, die sog. „Views" des Ausschusses. Falls der Ausschuss entscheidet, dass der Beschwerdeführer Opfer einer Menschenrechtsverletzung geworden ist, dann empfiehlt er dem Verletzerstaat Maßnahmen zur Beseitigung der Verletzung und/oder Kompensationsleistungen. Weiterhin verpflichtet er den Staat innerhalb von 90 Tagen über seine Maßnahmen zu berichten. Die Views sind nicht rechtsverbindlich.
8. Falls „Bedrohung für Leib und Leben" für den Beschwerdeführer angenommen wird, erfolgt vorher eine Empfehlung von „vorläufigen Maßnahmen". Äußert sich der Staat nicht, wird das als Schuldeingeständnis gewertet.
9. Auch wenn das Verfahren vertraulich ist, so werden die Views doch in den Jahresberichten des Ausschusses veröffentlicht. Bis heute gibt es etwa 1000 Beschwerden vor dem Menschenrechtsausschuß, angesichts der massiven Menschenrechtsverletzungen weltweit eine geringe Zahl.
10. Ein Sonderberichterstatter verfolgt die Einhaltung der Entscheidungen des Menschenrechtsausschusses: Nur 30% der Antworten werden als befriedigend eingestuft.

Im Menschenrechtsausschuss betrafen die Beschwerden folgende Rechte: diskriminierende Verletzung der politischen Rechte (Lettland), betr. Recht auf Leben und auf Sicherheit (Sambia), Verbot von Körperstrafen (Trinidad und Tobago), Menschenrechtskonformität von Haftbedingungen (Jamiaka), willkürliche Festnahme (Russland), Menschenrechtskonformität von Aufenthaltsregelungen für fremde Staatsangehörige (Australien), Gedanken-, Gewissens- und Religionsfreiheit (Niederlande), Meinungsäusserungsfreiheit (Weissrussland), Menschenrechtskonformität der französischen Zivildienstregelung (Frankreich), betreffend rechtsgleiche Behandlung (Canada).[22]
In rund einem Viertel der Fälle der Beschwerden, die an den Ausschuß gegen Rassendiskriminierung gerichtet waren, hat der Ausschuß eine Verletzung der Konvention festgestellt. Die Klagen betrafen vor allem das Fehlen wirksamer Rechtsbehelfe gegen Rassismus (Art. 6), rassistische Diskriminierung im Erwerbsleben sowie bei

---

[22] http://www.humanrights.ch/instrumente/uno_organe/ausschuss_zivil_p.html

Hetze gegen Roma

Anna Koptova v.Slowakei vom 1.November 2000
(Communication No 13/1998)

In diesem Vorentscheid des Ausschusses gegen Rassendiskriminierung stand die Lage der slowakischen Roma zur Debatte. Grund der Beschwerde waren folgende Vorfälle: Etliche Roma-Familien liessen sich nach jahrelanger Suche nach einer festen Bleibe im Frühling 1997 mit ihren provisorischen Behausungen auf Ackerland in der Gemeinde Cabiny nieder. Der Bürgermeister von Cabiny und Behördenvertreter der umliegenden Gemeinden verabschiedeten Anfang Juni 1997 einen Beschluss, der den Roma verbietet, sich im Gebiet niederzulassen. Eine Nachbargemeinde ging gar so weit, der Roma-Gemeinschaft generell das Betreten der Gemeinde und die Wohnsitznahme zu untersagen. Ende Juni wurden die von den Roma-Familien gebauten Behausungen in der Gemeinde Cabiny angezündet. Der Vorfall wurde nicht untersucht. Die Kosic Legal Defence Foundation verlangte daraufhin eine Untersuchung der beiden Gemeindebeschlüsse, da diese diskriminierend seien und die Bewegungs-und Niederlassungsfreiheit verletzten. Im November gelangte die gleiche Organisation an das slowakische Verfassungsgericht mit der Begründung, die Gemeindebeschlüsse tangierten alle Roma und auch ihre Organisation, da sie ihrer Arbeit in den betreffenden Gebieten nicht mehr nachgehen könnten. Das Verfassungsgericht wies die Beschwerde ab mit der Begründung, dass die in Frage stehenden Verfassungsrechte lediglich natürliche Personen und nicht Organisationen schütze und die Organisation sich damit nicht darauf berufen könne.
Anna Koptova,slowakische Staatsbürgerin, Angehörige der Roma und Direktorin einer Roma-Organisation in Kosice, gelangte zusammen mit anderen Personen im Mai 1998 erneut an das Verfassungsgericht. Auch diese Beschwerden wurden vom Verfassungsgericht aus formellen Gründen abgelehnt.
Im Dezember 1998 beschwerte sich die Beschwerdeführerin Koptova beim Ausschuss gegen Rassendiskriminierung und machte die Verletzung von verschiedenen Bestimmungen der Rassismuskonvention, unter anderem von Art.5 (d)(i), Recht auf Bewegungsfreiheit und freie Wahl des Aufenthaltsortes innerhalb der Staatsgrenzen, und Art.6, Recht auf wirksamen Schutz und wirksame Rechtsbehelfe durch die zuständigen nationalen Gerichte gegen alle rassistisch motivierten diskriminierenden Handlungen geltend.
Die Slowakei stellte sich in ihrer Vernehmlassung zur Beschwerde auf den Standpunkt, die Beschwerde sei als nicht zulässig zu erklären, weil die Beschwerdeführerin die innerstaatlichen Rechtsmittel nicht ausgeschöpft habe und ihr die Opfereigenschaft fehle, da sie nicht direkt von den Beschlüssen der fraglichen Gemeinden betroffen sei.
Der Ausschuss wies die Stellungnahme des Staates zurück und erklärte die Beschwerde als zulässig. Seiner Meinung nach sind alle Roma, auch wenn sie nicht direkt von der Beschneidung der Bewegungsfreiheit tangiert sind, das heisst,auch wenn sie nicht in den betroffenen Gebieten

leben oder leben wollen, betroffen. Die rassendiskriminierenden Gemeindebeschlüsse seien im Übrigen von „allgemeinem Interesse", womit gemäss seiner Praxis ausnahmsweise die Opfereigenschaft auch gar nicht erfüllt sein müsse. Von der Beschwerdeführerin habe im Weiteren nicht verlangt werden können, dass sie den innerstaatlichen Instanzenzug vollständig ausschöpfe, da in der Slowakei im Falle von Diskriminierung keine wirksamen Rechtsmittel zur Verfügung stünden. Der Ausschuss stützte sich dabei auch auf entsprechende Einschätzungen des Menschenrechtsausschusses und der Europäischen Kommission gegen Rassismus und Intoleranz (ECRI).

Infobulletin humanrights.ch April 2001

Wohnungsvermietungen. Bemerkenswert ist, dass die beklagten rassistischen Vorfälle in der Mehrheit von Privaten begangen wurden.

An den Beschwerdeverfahren werden v.a. folgende Defizite und Probleme hervorgehoben:

- Mangelhafte Anerkennung durch fehlende Unterzeichnung der entsprechenden Fakultativprotokolle
- Mangelhafte Nutzung durch Betroffene
- Fehlende Bekanntheit in der Bevölkerung
- Fehlendes fact-finding als möglicher Quelle von Zusatzinformationen
- Fehlende Einbeziehung von NGOs
- Geringe Tagungsdauer der Ausschüsse
- Rechtsunverbindlichkeit der Views.

Insgesamt kann man die bisherigen Verfahren der Individualbeschwerden als „Zwischenstufe wirksamer Menschenrechtsdurchsetzung" beurteilen. Auch wenn „notorische Verletzerstaaten" sich oft nicht um die Views kümmern, so sind sie doch nicht wertlos, sondern wenigstens die „mobilisation of shame" hat Wirkung.[23]

LITERATURTIPP zu Kapitel 7:

Peter J. Opitz: Menschenrechte und Internationaler Menschenrechtsschutz im 20. Jahrhundert, München 2002

Klaus Hüfner: How to File Complaints on Human Rights Violations. A Manual for Individuals and NGOs, DGVN-TEXTE 49 (neue, aktualisierte Auflage) Bonn 2002, der Text aus dem Jahr 2000 ist verfügbar unter: http://www.unesco.de/c_huefner/index.htm

---

[23] Eibe Riedel: Universeller Menschenrechtsschutz – Vom Anspruch zur Durchsetzung, in: Baum u.a., a.a.O. S.36ff.

8. Menschenrechtsschutz in Europa

Während es im Rahmen des UN-Systems immer nur möglich ist, den kleinsten gemeinsamen Nenner heterogener Rechtsauffassungen und widerstrebender Interessen zur Grundlage gemeinsamer Standards zu nehmen, ist es im Rahmen von regionalen Abkommen von Vertragspartnern mit homogeneren Traditionen und politischen Systemen als im UN-Maßstab leichter möglich, zu einem fortgeschrittenen Konsens über den Schutz der Menschenrechte zu gelangen.

Die nachfolgenden Informationen über den Menschenrechtsschutz in Europa orientieren sich vor allem an den Informationen des

– Europarates: http://www.coe.int
– Europäischen Gerichtshofes für Menschenrechte: http://www.echr.coe.int
– 6. Staatenberichts der Bundesrepublik Deutschland: http://www.auswaertiges-amt.de/www/de/aussenpolitik/ menschenrechte/mr_inhalte_ziele/mrb6/index_html

8.1 Die Europäische Menschenrechskonvention

So wie die AEMR ihren Anstoß nimmt aus den Erfahrungen mit Rassismus und Nationalsozialismus, so reagiert auch die Europäische Menschenrechtskonvention auf *Völkermord und Krieg, die schreckliches Elend über die Menschen nicht nur in Europa gebracht hatten...Unter dem Einfluss der am 10. Dezember 1948 von der Generalversammlung der Vereinten Nationen beschlossenen Allgemeinen Erklärung der Menschenrechte gingen verantwortliche und engagierte Europäer ans Werk, um eine besondere Europäische Charta der Menschenrechte zu formulieren.*[24] Die EMRK ist das (vorweggenommene) europäische Pendant zum Zivilpakt!

Am 4. November 1950 verabschiedete der Europarat in Rom die Europäische Menschenrechtskonvention (EMRK), die am 3. September 1953 in Kraft trat, also nur fünf Jahre nach der Verabschiedung der AEMR, aber doch fast 25 Jahre vor dem Zivilpakt der UN. In Anlehnung an die AEMR enthält die EMRK in den Artikeln 2 bis 14 einen Katalog der wichtigsten Freiheitsrechte: Recht auf Leben; Verbot der Folter; Recht auf Freiheit und Sicherheit; Recht auf ein faires Verfahren; keine Strafe ohne Gesetz; Recht auf Achtung des Privat-

---

[24] http://www.spdfraktion.de/pa/ag/menschenrechte/ menschenrechtskonvention.pdf.

Der Europarat

Der Europarat ist eine zwischenstaatliche Organisation mit folgenden Zielen:

Schutz der Menschenrechte, der pluralistischen Demokratie und der Rechtsstaatlichkeit;Förderung und Entwicklung einer europäischen Identität und der kulturellen Vielfalt;

Suche nach Lösungen für die gesellschaftlichen Probleme unserer Zeit (Minderheiten, Fremdenfeindlichkeit, Intoleranz, Umweltschutz, Klonen von Menschen, Aids, Drogen, organisierte Verbrechen usw.) Festigung der demokratischen Stabilität Europas durch Unterstützung von Reformen in Politik, Gesetzgebung und Verfassungsrecht.

Ein umfassender Ansatz

Der Europarat beschäftigt sich mit allen wichtigen Fragen der europäischen Gesellschaft, mit Ausnahme der Verteidigung. Sein Arbeitsprogramm umfaßt: Menschenrechte, Medien, Zusammenarbeit in Rechtsfragen, wirtschaftliche und soziale Fragen, Gesundheit, Bildung, Kultur, Denkmalpflege, Sport, Jugend, Gemeinden und Regionen sowie Umweltschutz.

Ein Rahmen für Zusammenarbeit

Die Regierungen, die nationalen Parlamente und die Gemeinden und Regionen werden jeweils getrennt vertreten.

Das Ministerkomitee, dem die Außenminister der 44 Mitgliedsstaaten bzw. deren Ständige Vertreter angehören, ist die Entscheidungsinstanz des Europarats.

Die Parlamentarische Versammlung besteht aus Abgeordneten, die von den nationalen Parlamenten entsandt werden, und stellt das beratende Gremium dar.

Der Kongreß der Gemeinden und Regionen Europas ist ein beratendes Organ, in dem die Gemeinden und Regionen vertreten sind.

http://www.coe.int

---

und Familienlebens; Gedanken-, Gewissens- und Religionsfreiheit; Meinungsäußerungsfreiheit; Versammlungs- und Vereinigungsfreiheit; Recht auf Eheschliessung; Recht auf eine wirksame Beschwerde; Diskriminierungsverbot. Die EMRK enthält kein Asylrecht und die WSK-Rechte werden erst Jahre später mit nur schwachem Schutz in die Europäische Sozialcharta aufgenommen. Die EMRK verpflichtet die 44 Vertragsstaaten, diese Rechte allen ihrer Hoheitsgewalt unterstehenden Personen zu garantieren. Ergänzt wird die EMRK von dreizehn Zusatzprotokollen, die teils materiell-rechtliche Bestimmungen, teils verfahrensrechtliche Regelungen enthalten.

Von den Zusatzprotokollen zur EMRK, die verfahrensrechtliche Bestimmungen enthalten, ist das elfte Zusatzprotokoll von besonderer Bedeutung, das am 1. November 1998 in Kraft trat: An die Stelle der bisherigen Durchsetzungsorgane – der Europäischen Kommission für Menschenrechte, dem Europäischen Gerichtshof für Menschenrechte und dem Ministerkomitee – trat der neue, ständige Europäische Gerichtshof für Menschenrechte.[25]

Weltweit erstmalig für Menschenrechte schuf die EMRK die Möglichkeit, dass Personen, die sich durch eine Behörde/ durch den Staat in ihren Konventionsrechten verletzt fühlen, bei einem internationalen Gremium – dem Europäischen Gerichtshof für Menschenrechte – Beschwerde erheben können und die Entscheide des Gerichtshofes für die betreffenden Staaten rechtsverbindlich sind. Neben Individualbeschwerden besteht jedoch auch die Möglichkeit von Staatenbeschwerden, d.h. von Beschwerden eines Vertragsstaates gegen einen anderen. Staatenbeschwerden sind bisher nur sehr selten ergriffen worden, doch kann solchen Beschwerden im Einzelfall eine grosse (politische) Bedeutung zukommen.[26]

Der EGMR ist aus vollamtlichen Richtern und Richterinnen zusammengesetzt und in vier Sektionen aufgeteilt; je nach Bedeutung des Falles entscheidet die Grosse Kammer in 17er-, eine Kleine Kammer in 7er-Besetzung oder ein Ausschuss von drei Richtern. Die Zahl der Richter des Gerichtshofs richtet sich nach der Zahl der Vertragsparteien. Die gewählten Richter selbst sind jedoch unabhängig; sie vertreten nicht einen Staat.

Der Europäische Gerichtshof für Menschenrechte ist eine Weltpremiere

Die Überwachung der Umsetzung der Urteile ist die Aufgabe des Ministerkomitees des Europarates.

Die erste Beschwerdeschrift nach Strassburg kann noch in einer der vielen Nationalsprachen des Europarats eingereicht werden, erst für spätere Verfahrenstadien ist als Amtssprache Französisch oder Englisch vorgeschrieben. Konkret heisst das: Von den etwa 20.000 Beschwerden pro Jahr ist die überwiegende Mehrzahl in einer Sprache verfasst, die in Westeuropa nicht geläufig ist.

Bevor man sich an den EGMR kann, muß zunächst der innerstaatliche Rechtsweg beschritten und eine Beschwerde muss innerhalb von 6 Monaten nach der endgültigen nationalen Entscheidung erhoben werden.

Die Kontaktaufnahme hat ausschließlich über den Postweg zu erfolgen. Die Anschrift lautet:

---

[25] http://www.humanrights.ch/instrumente/europ_abkommen/emrk.html
[26] http://www.humanrights.ch/instrumente/europ_abkommen/emrk.html

An den Kanzler
Des Europäischen Gerichtshofs für Menschenrechte
Europarat
F-67075 STRASBOURG CEDEX

Zuerst hat der Gerichtshof zu prüfen, ob eine Beschwerde zulässig ist. Es werden nur Beschwerden angenommen, die sich ausdrücklich auf Verletzung eines in der Konvention oder einem Protokoll aufgeführten Recht bezieht. Wenn eine Beschwerde für zulässig erklärt wurde, strebt der Gerichtshof eine gütliche Einigung zwischen dem Beschwerdeführer und dem betroffenen Staat an. Diese kann zum Beispiel in der Zahlung einer Entschädigung durch den Staat oder einer Gesetzesänderung bei gleichzeitiger Rücknahme der Beschwerde bestehen. Kommt es zu keiner gütlichen Einigung, fällt der Gerichtshof ein Urteil.

Gegen Urteile der Kammer ist eine Art „Berufung" zur Großen Kammer möglich. Wird diese nicht innerhalb von 3 Monaten eingelegt, wird das Urteil der Kammer rechtskräftig. Dann ist keine Berufung mehr möglich. Die rechtskräftigen Urteile des Gerichtshofes sind völkerrechtlich verbindlich. Wenn der Gerichtshof eine Verletzung der Konvention feststellt, beinhaltet das Urteil für den betroffenen Staat die Verpflichtung, in Zukunft ähnliche Verletzungen zu vermeiden. Außerdem kann der Gerichtshof dem in seinen Rechten verletzten Beschwerdeführer eine „gerechte Entschädigung" gewähren. Diese kann auch eine finanzielle Entschädigung umfassen, die der betroffene Staat zu zahlen hat.

Informationen auch in Deutsch zum Beschwerdeverfahren finden Sie unter:
http://www.echr.coe.int/BilingualDocuments/ApplicantInformation.htm#German

Das Merkblatt für Personen, die sich an den Europäischen Gerichtshof für Menschenrechte wenden wollen, finden Sie im Internet unter:
http://www.echr.coe.int/Notesfor%20guidanceApplicants/Notice-GER.pdf
Schließlich das Formular für die Beschwerde:
http://www.echr.coe.int/Application%20forms/FormulaireGER.pdf

Viele grundlegende Urteile, mit welchen Staaten verurteilt wurden, haben zu Änderungen der Gesetzgebung und des Umganges der Mitgliedstaaten mit den Menschenrechten geführt.

Beispielhaft sei auf zwei Fälle hingewiesen, die Deutschland betreffen:

Beispiele staatlicher Reaktionen auf Urteile des Gerichtshofes

– Österreich änderte seine Gesetze über die Behandlung von Strafgefangenen in Krankenhäusern und gewährt nun auch in Österreich wohnenden Ausländern Sozialhilfe;
– Belgien änderte die Gesetze bezüglich Obdachloser und beseitigte die Benachteiligung unehelicher Kinder;
– Bulgarien schaffte die Anordnung der Untersuchungshaft durch den Staatsanwalt ab;
– Dänemark änderte seine Gesetze über die Untersuchungshaft;
– Finnland änderte seine Gesetze über das elterliche Sorge- und Besuchsrecht bezüglich der Kinder;
– Frankreich, Spanien und das Vereinigte Königreich haben das Abhören von Telefongesprächen gesetzlich geregelt;
– Griechenland hat die Gesetze über die Untersuchungshaft geändert.
– Italien machte die Anwesenheit eines Verteidigers in Verfahren vor dem Obersten Gerichtshof zur Pflicht;
– Die Niederlande reformierten die Gesetze über die Unterbringung Geisteskranker in psychiatrischen Anstalten;
– Portugal reformierte die Verwaltungsgerichtsbarkeit und erhöhte die Anzahl der Richter;
– Rumänien erweiterte das Recht, gegen Entscheidungen der Staatsanwaltschaft in Eigentumsangelegenheiten Berufung einzulegen;
– Schweden hat das Gesetz über den Religionsunterricht als Pflichtfach geändert; die Schweiz reformierte Organisation und Verfahren ihrer Strafgerichte;
– die Türkei verkürzte die Höchstdauer des Polizeigewahrsams;
– das Vereinigte Königreich verbot die Prügelstrafe in Schulen.[27]

Die Gymnasiallehrerin Dorothea Vogt hatte gegen ihre Entlassung aus dem Schuldienst wegen Mitgliedschaft in der DKP geklagt. 1995 stellte der EGMR fest: Das gegen sie verhängte *Berufsverbot verstieß gegen Artikel 10 der Europäischen Menschenrechtskonvention (Meinungsfreiheit) und gegen Artikel 11 (Vereinigungsfreiheit), es war mithin menschenrechtswidrig. Das Bundesverfassungsgericht hatte zuvor die Verfassungsbeschwerde der Lehrerin gar nicht erst zur Entscheidung angenommen. Begründung: Frau Vogts Entfernung aus dem Dienst erscheine auch im Hinblick auf den Grundsatz der Verhältnismäßigkeit verfassungsrechtlich noch gerechtfertigt. Diese Abweisung konnte im Lichte der Europäischen Menschenrechtskonvention keinen Bestand haben, zumal sich die disziplinarischen*

---

[27] http://www.coe.int/T/D/Kommunikation_und_politische_Forschung/Kontakte_mit_der_%D6ffentlichkeit/Infobl%E4tter_Menschenrechte/Die_Konvention_in_der_Praxis/default.asp.

Vorwürfe gegen Frau Vogt ausschließlich auf den außerdienstlichen Bereich bezogen: auf ihre Mitgliedschaft und ihre Tätigkeit für die nicht verbotene DKP.

(Vergleiche zur Debatte über die Bedeutung dieses Urteils eine Darstellung des Anwalts von Frau Vogt: http://www.rae-dammann.de/aktuell/index.shtml)

In den Verfahren Streletz, Keßler und Krenz gegen Deutschland wehrten sich die Beschwerdeführer, die hohe Amtsträger der ehemaligen DDR waren, gegen ihre strafrechtliche Verurteilung wegen der Tötung unbewaffneter Flüchtlinge an der innerdeutschen Grenze. Der Gerichtshof verneinte einstimmig einen Verstoß gegen das Verbot der rückwirkenden Bestrafung nach der Europäischen Menschenrechtskonvention (Siehe auch die Aufarbeitung dieses Falles durch Friederike Brinkmeier[28]).

Im Jahr 2002 wuchs die Zahl der Beschwerden nach 14000 im Jahr 2002 auf etwa 28000. Von diesen Beschwerden wurden aber 18000 nicht zugelassen. Im Jahr 2002 ergingen 844 Urteile, viele Fälle konnten auch gütlich geregelt werden. Besonders auffällig sind die vielen Menschenrechtsverletzungen durch den italienischen Staat wegen überlanger Gerichtsverfahren und gegen die Türkei wegen Folter (Frankfurter Rundschau 24. Januar 2003).

Außer Individualbeschwerden besteht noch die Möglichkeit von Staatenbeschwerden, d.h. von Beschwerden eines Vertragsstaates gegen einen anderen Vertragsstaat. Staatenbeschwerden sind bisher nur sehr selten (gegen Griechenland und die Türkei) ergriffen worden, doch kann solchen Beschwerden im Einzelfall eine grosse (politische) Bedeutung zukommen.

8.2 Die Europäische Sozialcharta

Die Europäische Sozialcharta vom 18. Oktober 1961, in Kraft getreten am 26.2.1965, ist die Komplettierung zur Europäischen Menschenrechtskonvention im Bereich der wirtschaftlichen und sozialen Grundrechte, sie ist eine Art europäischer Sozialpakt. Sie zielt auf den Schutz von neunzehn grundlegenden sozialen und wirtschaftlichen Rechten. Diese sind aber nicht als einklagbare individuelle Rechte gefasst, sondern als Verpflichtungen der Staaten. Wie beim UN-Sozialpakt ist auch bei der Europäischen Sozialcharta ein Berichtsprüfungsverfahren das einzige Durchsetzungsinstrument. Weiterführend und an die Tradition der „Internationalen Arbeitsor-

---

[28] http://www.uni-potsdam.de/u/mrz/mrm/mrm16.htm.

ganisation" (ILO) anknüpfend (vgl. Kapitel 10) ist es, dass die nationalen Arbeitnehmer- und Arbeitgeberorganisationen die Möglichkeit haben, zu den staatlichen Berichten Stellung zu nehmen. In der Praxis machen diese Organisationen aber nur wenig Gebrauch davon. Staaten, die die Sozialcharta ratifizieren, müssen lediglich zehn der neunzehn Artikel der Charta anerkennen, darin müssen mindestens fünf der sieben als besonders wichtig angesehenen Rechte (Recht auf Arbeit, Koalitionsfreiheit, Recht auf Kollektivverhandlungen, Recht auf soziale Sicherheit, Recht der Familien auf sozialen, gesetzlichen und wirtschaftlichen Schutz, Recht der Wanderarbeitnehmer und ihrer Familien auf Schutz und Beistand) enthalten sein. Ein Sachverständigenausschuss (sog. Europäischer Ausschuss für Soziale Rechte) sowie nachfolgend der aus Vertretern der Vertragsstaaten gebildete Regierungsausschuss legen dem Ministerkomitee Berichte mit Empfehlungen vor. Das Ministerkomitee als Entscheidungsorgan des Europarates kann notwendige Empfehlungen an die betroffenen Regierungen richten.

In der Sozialcharta erscheinen die wirtschaftlichen und sozialen Rechte als wenig geschützt

1996 verabschiedete der Europarat die Revidierte Sozialcharta. Sie fasst in einem einzigen Text alle bisherigen Änderungen der Sozialcharta zusammen und gewährt zusätzliche Garantien, wie etwa ein Recht auf Schutz vor sexueller Belästigung am Arbeitsplatz, ein Recht auf unentgeltlichen Primar- und Sekundarschulunterricht, ein Recht auf Wohnung sowie ein Recht auf Schutz vor Armut und sozialen Ausschluss. Die revidierte Sozialcharta ist erst von 15 Staaten ratifiziert worden. Die Bundesregierung hat bislang der neuen Sozialcharta ebenso wenig zugestimmt wie den sonstigen Zusatzprotokollen. Trotz der nur schwachen Schutzmechanismen blieb die Sozialcharta nicht wirkungslos. So führte sie u.a. in Irland und Großbritannien zu gleichen Rechten für Kinder von verheirateten und unverheirateten Eltern, in den Niederlanden zu einem Mutterschaftsurlaub von mindestens zwölf Wochen und in Zypern zu einer Reform der Sozialversicherung.

8.3 Weitere Schutzmechanismen

Das Europäische Übereinkommen zur Verhütung von Folter und unmenschlicher oder erniedrigender Behandlung oder Strafe
Das Europäische Übereinkommen zur Verhütung von Folter und unmenschlicher oder erniedrigender Behandlung oder Strafe von 1987, in Kraft seit 1998, (BGBl. 1989 II S. 946) hat einen Ausschuss unabhängiger Sachverständiger geschaffen (sog. Anti-Folter-Ausschuss), der auf eigene Initiative in den Mitgliedstaaten die Menschenrechtslage von Personen überprüft, denen die Freiheit entzogen ist. Das

Mandat des Ausschusses ist weit und erstreckt sich auf Personen in Haftanstalten, psychiatrischen Anstalten und Gewahrsamseinrichtungen, die abgeschoben werden sollen. *Der Ausschuss ist ermächtigt, jederzeit Orte und Einrichtungen zu besuchen, an denen Personen von öffentlichen Behörden festgehalten werden, und mit diesen Personen Vieraugengespräche zu führen. Auf Basis der Ergebnisse dieser Gespräche wird daraufhin mit den staatlichen Behörden Verbindung aufgenommen, um gegebenenfalls den Schutz der Häftlinge vor Misshandlungen zu verbessern.*

Der Ausschuss verfasst Berichte über seine Besuche mit Empfehlungen und Verbesserungsvorschlägen. Der besuchte Staat erhält Gelegenheit zur Stellungnahme. Eine Veröffentlichung des vom Anti-Folter-Ausschuss erstellten Berichts erfolgt nur mit Zustimmung des betroffenen Staates. In Fällen mangelnder Kooperation kann der Ausschuss eine sog. Öffentliche Erklärung hierüber abgeben.[29]

Weiterführende Informationen über den Ausschuss sind über seine Homepage zugänglich: http://www.cpt.coe.int.

Die über Deutschland in diesem Zusammenhang bislang erstellten Berichte und die deutschen Stellungnahmen hierzu sind im Internet über die Website des Europarates zugänglich:
http://www.coe.int

Das Rahmenübereinkommen zum Schutz nationaler Minderheiten
Das Rahmenabkommen zum Schutz nationaler Minderheiten von 1995 (BGBl. 1997 II S. 1406), in Kraft seit 1998, ist das erste rechtsverbindliche multilaterale europäische Übereinkommen, das dem Schutz von Angehörigen nationaler Minderheiten im allgemeinen gewidmet ist. Es ist das Ziel des Rahmenübereinkommens, den Angehörigen von Minderheiten Gleichberechtigung zu sichern sowie Bedingungen zu schaffen, die ihnen die Bewahrung und Entwicklung ihrer Identität unbeschadet des Vorrangs des Rechts sowie territorialer Integrität und Souveränität des Staates ermöglichen. Die Vertragsparteien sind verpflichtet, schriftliche Staatenberichte über die zur Erfüllung der Verpflichtungen nach dem Rahmenübereinkommen ergriffenen Maßnahmen zu übermitteln, also auch mitzuteilen, inwieweit sie ihr nationales Recht in einer Weise ausgestalten, dass es mit den Vorgaben der Rahmenkonvention übereinstimmt.

Das Ministerkomitee des Europarats, das von einem Ausschuss unabhängiger Sachverständiger beraten wird, überwacht die Durch-

---

[29] http://www.auswaertiges-amt.de/www/de/aussenpolitik/menschenrechte/europarat/konventionen/folter_html.

führung des Übereinkommens und erteilt ihnen ggf. Empfehlungen.[30]

Den ersten deutschen Staatenbericht über die in Deutschland zur Erfüllung der Verpflichtungen nach dem Rahmenübereinkommen zum Schutz nationaler Minderheiten ergriffenen Maßnahmen hat die Bundesregierung 2000 an den Europarat übermittelt. Der erste Bericht des Beratenden Ausschusses über Deutschland ist von diesem 2002 beschlossen worden. Dieser Bericht kann auf der Website des Europarates abgerufen werden (s. auch Kapitel 18):

http://www.humanrights.coe.int/Minorities/Eng/SiteMap.htm

Die Europäische Charta der Regional- oder Minderheitensprachen des Europarats

Die Europäische Charta der Regional- und Minderheitensprachen des Europarats von 1992, in Kraft getreten 1998, sieht den Schutz und die Förderung der geschichtlich gewachsenen Regional- und Minderheitensprachen Europas vor. Die Bewahrung der Sprachen- und Kulturvielfalt bedeutet nicht nur Identitätssicherung und Erhalt eines kulturellen Erbes, sondern dient auch der innerstaatlichen Verständigung und der Integration aller Bürger in den Staat; Toleranz und Offenheit für andere Sprachen und Kulturen werden von der Charta vorausgesetzt und eingefordert.

Die Anwendung der Charta wird von einem Sachverständigenausschuss kontrolliert, der die Aufgabe hat, die von den Vertragsstaaten regelmäßig vorzulegenden Berichte zu prüfen.[31]

Der erste deutsche Staatenbericht zur Umsetzung der Charta ist von der Bundesregierung im Jahr 2000 vorgelegt worden.

ECRI

Die Europäische Kommission gegen Rassismus und Intoleranz (ECRI) ist in der Folge des ersten Europaratsgipfels der Staats- und Regierungschefs 1993 in Wien geschaffen worden. ECRI setzt sich aus Experten aller Mitgliedstaaten des Europarates zusammen. Diese Sachverständigen werden von ihren Regierungen in ihrer persönlichen Eigenschaft ernannt und arbeiten unabhängig von Weisungen der sie entsendenden Europarats-Mitgliedstaaten auf der Grundlage persönlicher Verantwortung, strikter Vertraulichkeit, grundsätzlich nach dem Konsensprinzip. Der deutsche ECRI-Vertreter ist der Beauftragte der Bundesregierung für Menschenrechtsfragen im Bundesministerium der Justiz.

---

[30] http://www.auswaertiges-amt.de/www/de/aussenpolitik/menschenrechte/
europarat/konventionen/minderheiten_html.
[31] http://www.auswaertiges-amt.de/www/de/aussenpolitik/menschenrechte/
europarat/konventionen/sprachen_html.

Das Herzstück ihrer Arbeit sieht ECRI in einem länderspezifischen Ansatz: Sog. „country by country" (CBC)-Gruppen[32], bestehend aus jeweils vier bis fünf ECRI-Mitgliedern untersuchen andere Europarats-Mitgliedstaaten. Im Rahmen von fact finding und Gesprächen mit örtlichen Regierungsstellen und NGOs wird recherchiert, ob es Erscheinungen von Rassismus und Fremdenfeindlichkeit gibt und wie die Mitgliedstaaten solchen Phänomenen begegnen. Bislang sind zwei Berichtsrunden unternommen worden. Ein erster Bericht über Deutschland mit entsprechenden Empfehlungen wurde im Frühjahr 1998 vom Europarat veröffentlicht. Darin hatte ECRI insbesondere asylrechtliche, ausländerrechtliche und staatsbürgerschaftsrechtliche Fragen angesprochen und ihre Besorgnis über rassistische Entwicklungen in Deutschland ausgedrückt. Ein zweiter Bericht über Deutschland ist im Juli 2001 veröffentlicht worden. Er ist – zusammen mit einer abweichenden Stellungnahme des Nationalen Verbindungsbeamten – im Internet abrufbar unter:

http://www.coe.int/ecri

Der zweite Schwerpunkt kümmert sich um allgemeine Themen, die von besonderer Wichtigkeit für die Bekämpfung von Rassismus, Fremdenfeindlichkeit und Antisemitismus sind:

1. Formulierung von Politikempfehlungen gegenüber den Europarats-Mitgliedstaaten,
2. Sammlung und Verbreitung von Beispielen „Guter Praxis",
3. Bekämpfung des Rassismus im Internet.

Der dritte Schwerpunkt richtet sich auf die Entwicklung der Beziehungen zu den Zivilgesellschaften.

8.4 Die Grundrechtecharta der Europäischen Union

Die Präsidenten des Europäischen Parlaments, des Rats und der Kommission haben am 7. Dezember 2000 die Charta der Grundrechte der Europäischen Union proklamiert. Damit sind die auf Unionsebene geltenden Grundrechte erstmals umfassend schriftlich und in einer verständlichen Form niedergelegt. Mit ihren sechs Kapiteln

– Würde des Menschen,
– Freiheit,
– Gleichheit,

---

[32] http://www.auswaertiges-amt.de/www/de/aussenpolitik/menschenrechte/europarat/konventionen/ecri_html.

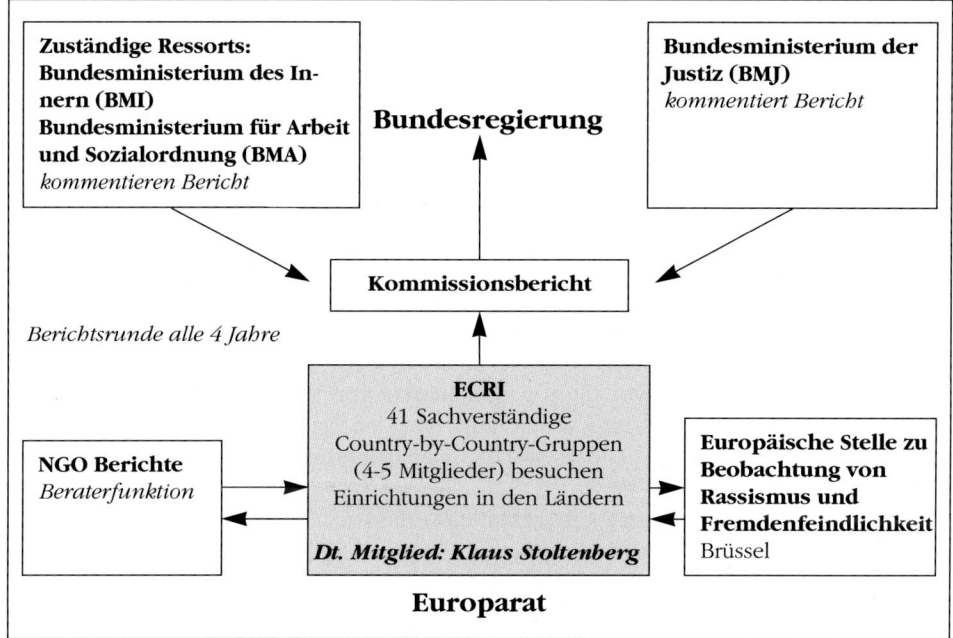

Abb. 11: Europäische Kommission gegen Rassismus und Intoleranz: Koordinationsabläufe im Berichtssystem.

– Solidarität,
– Bürgerrechte und
– justizielle Rechte

fasst die Charta die bürgerlichen und politischen und die wirtschaftlichen und sozialen Rechte in einem Dokument zusammen und stellt damit eine Wiederaufwertung der wirtschaftlich und sozialen Rechte dar. [33]Auch wenn keinesfalls alle Vorstellungen der Verteidiger der sozialen und wirtschaftlichen Rechte Eingang in den Text gefunden haben, stellt die Charta doch unter dem Leitbegriff „Solidarität" eine Stärkung dieser Rechte dar. Ein weiteres Kapitel regelt die sog. „horizontalen Fragen", d.h. die Regeln, die querschnittsartig für alle Grundrechte gelten (Adressaten der Grundrechte, Grundrechtsschranken, Verhältnis zu anderen Grundrechtsgewährleistungen, insbesondere zur Europäischen Menschenrechtskonvention, Miss-

---

[33] Markus Engels: Soziale Grundrechte in der Europäischen Grundrechtecharta, in: Soziale Menschenrechte – die vergessenen Menschenrechte? A.a.O., S. 77-90.

brauchsverbot). Die Charta enthält auch neue Formulierungen, z.B. das Verbot des reproduktiven Klonens von Menschen (Art. 3), Datenschutz (Art. 8), Rechte der Kinder (Art. 24) sowie das Recht auf eine gute Verwaltung (Art. 41). Für den Bürger wird diese Charta aber erst dann attraktiv werden, wenn sie auch rechtsverbindlich ist und einklagbare Rechte garantiert.

8.5 Die OSZE

Auf der Konferenz für Sicherheit und Zusammenarbeit in Europa (KSZE) in Helsinki 1975 hatten die Regierungschefs der 35 Teilnehmerstaaten (Europa, USA, Kanada) ein sehr wichtiges Dokument unterzeichnet, die sog. „Schlußakte von Helsinki", die u.a. Menschen- und Grundrechte festhält. Aus den Nachfolgetreffen dieser Konferenz entstand 1994 die Organisation für Sicherheit und Zusammenarbeit in Europa (OSZE). Sie hat das Konzept „Menschliche Dimension" entwickelt, durch das die Menschenrechte nicht mehr nur zu den inneren Angelegenheiten der Mitgliedsstaaten gehören. Nach 1989 hat sich die „menschliche Dimension" der OSZE zu einem unverzichtbaren Element des Menschenrechts- und Minderheitenschutzes in Europa entwickelt, besonders durch die *Charta von Paris* und das *Dokument von Kopenhagen* von 1990.[34]

Menschenrechtliche Institutionen und Mechanismen der OSZE sind:

* Das Büro für demokratische Einrichtungen und Menschenrechte (ODIHR) mit Sitz in Warschau, das Wahlbeobachtungsmissionen in den Mitgliedstaaten organisiert, Menschenrechtsprojekte durchführt und allgemein die Einhaltung der OSZE-Verpflichtungen zum Menschenrechtsschutz überwacht (http://www.osce.org/odihr).
* Der *Hohe Kommissar für nationale Minderheiten* mit Sitz in Den Haag, der auf die Wahrung der Minderheitenrechte in den Mitgliedstaaten achtet. Seinem Einsatz ist es mit zu verdanken, dass die Sprachen- und Minderheitengesetzgebung in einigen Ländern Mittel- und Osteuropas die berechtigten Interessen der dort ansässigen Minderheiten berücksichtigt. (http://www.osce.hcnm)
* Der *Beauftragte für die Medien* mit Sitz in Wien, ein Amt, das auf deutsche Initiative Anfang 1998 geschaffen wurde und derzeit vom ehemaligen Bundestagsabgeordneten Freimut Duve ausgeübt wird. Der Medienbeauftragte überwacht die Arbeitsbedingungen für Zeitungen sowie Rundfunk- und Fernsehanstalten, insbeson-

---

[34] Für den OSZE-Abschnitt siehe: http:www.auswaertiges-amt.de/www/de/ aussenpolitik/menschenrechte/mr_inhalte_ziele/mrb6/teil_b/2/2_4_htm.

dere im Hinblick auf ihre Möglichkeiten zu regierungsunabhängiger Berichterstattung und berät Regierungen bei der Erstellung einer modernen Mediengesetzgebung. (http://www.osce/fom)
- Die *Feldmissionen der OSZE* (http://www.osce.org/field_activities)

> ### OSZE-Feldmissionen
> Die Feldmissionen der OSZE sind eines der wesentlichen Instrumente der OSZE bei der Frühwarnung, Konfliktverhütung und Krisenbewältigung. Sie leisten einen wichtigen Beitrag zum gesellschaftlichen Wiederaufbau in der Nachkonfliktphase in dem durch die 55 Mitgliedstaaten definierten geographischen Raum von Vancouver bis Wladiwostok. Die Mandate der Missionen werden vom Ständigen Rat der OSZE, d. h. im Einvernehmen mit den Gastländern, verabschiedet. Die Tätigkeit der OSZE-Missionen stellt ein in dieser Form einzigartiges Instrument internationaler Unterstützungs-, Beobachtungs- und Beratungsarbeit dar, das auf dem Konsens aller OSZE-Teilnehmerstaaten beruht.
>
> Aufgabe der *Feldmissionen* ist es, unmittelbar vor Ort auch Menschenrechtsverletzungen nachzugehen und die Einhaltung internationaler Menschenrechtsstandards zu fördern. 19 dieser Feldmissionen bestehen derzeit in den verschiedenen Teilnehmerstaaten der OSZE. ...Die jeweiligen Mandate der Missionen sind unterschiedlich, jedoch gehören der Aufbau zivilgesellschaftlicher, rechtsstaatlicher und demokratischer Strukturen zu den wichtigsten Aufgaben. Daneben gibt es eine Vielzahl weiterer Missionsaufgaben, etwa multi-ethnische Polizeiausbildung, Grenzbeobachtung, Überwachung von Waffenstillständen, Minderheitenschutz, Förderung und Schutz der Medienfreiheit, Förderung des Dialogs insbesondere zwischen ethnischen Gruppen, die Unterstützung bei der Vereinbarung von Autonomieregelungen, Hilfestellung bei der Durchführung von Wahlen oder Wirtschafts- und Umweltfragen.
>
> Gegenwärtig gibt es 19 OSZE-Missionen bzw. OSZE-Büros mit knapp 1.000 internationalen Mitarbeitern, von denen Deutschland rd. 10 % stellt. Geographisch sind Missionen der OSZE vor allem auf dem Balkan bzw. im ehemaligen Jugoslawien (sechs), im Kaukasus sowie in Zentralasien (neun) im Einsatz.

Das Auswärtigen Amt bietet Vorbereitungskurse für ziviles Personal zum Einsatz in internationalen Friedensmissionen der UNO, OSZE und EU. Seither wurden mehr als 25 Kurse für über 500 Teilnehmer veranstaltet. Durch die Kurse wurde gleichzeitig eine Personalreserve für internationale Einsätze aufgebaut. In einer speziellen „Datenbank ziviles Friedenspersonal" stehen dem Auswärtigen Amt inzwischen rd. 700 Experten für solche Einsätze u.a. bei der OSZE zur Verfügung.

Die Website der OSZE:
http://www.osce.org

LITERATURTIPP zu Kapitel 8:
Eckart Klein, 50 Jahre Europarat, Archiv des Völkerrechts, Bd. 39 (2001), S. 121ff
Michael Gehler: EUROPA, Frankfurt/M 2002

9. Islamische Menschenrechts-erklärungen: Gottesrecht und Menschenrecht

Die Regionalisierung fand und findet nicht nur in Europa statt. Es gibt mittlerweile auch einen ausdifferenzierten inter-amerikanischen Menschenrechsschutz auf der Grundlage der Amerikanische Menschenrechtskonvention[35] und *die Afrikanische Charta der Rechte der Menschen und Völker aus dem Jahr 1981 kann als die bedeutenste völkerrechtliche Grundlage der Solidaritätsrechte bezeichnet werden, als eine kollektivistische Gegenposition zur individualistischen Menschenrechtskonzeption des Nordens.*[36] In islamischen Gesellschaften ist die Haltung zu den Menschenrechten durchaus vielfältig. Sie reicht von einer fundamenalistischen Denunzierung bis hin zum Versuch, die islamische Welt und die Aufklärungsbotschaft der Menschenrechte mit einander zu versöhnen. Explizit wird in zwei zentralen Dokumenten der Versuch unternommen, terminologisch an den internationalen Diskurs der Menschenrechte anzuknüpfen, ohne allerdings traditionelle Rechtsvorstellungen im Islam aufzugeben: in der „Allgemeinen Islamischen Erklärung der Menschenrechte" von 1981 sowie in der „Kairoer Erklärung über Menschenrechte im Islam" aus dem Jahre 1990.

Obwohl in beiden Erklärungen große Ähnlichkeiten mit der Allgemeinen Erklärung der Menschenrechte von 1948 festzustellen sind, gibt es doch einen alles beherrschenden Unterschied: die Begründung. Während die AEMR von einer natur- und vernunftrechtlichen Begründung ausgeht, werden die Rechte in den islamischen Erklärungen religiös begründet: es sind Menschenrechte *im* Islam. Nachdrücklich kommt dies in der Präambel der Allgemeinen Islamischen Erklärung der Menschenrechte zum Ausdruck: *Vor vierzehn Jahrhunderten legte der Islam die ‚Menschenrechte' umfassend und*

---

[35] http://www.uni-potsdam.de/u/mrz/stichw/stichw3.htm.
[36] http://www.humanrights.at/images/news/NowakSolidarit%C3%A4tsrechte.doc.

tiefgründig fest. Die Menschenrechte werden also als den Menschen offenbarte Rechte interpretiert, als Gottesrechte für die Menschen. Ihre Deutung bleibt deshalb auch den religiösen Rechtsgelehrten vorbehalten und sie werden unter den Vorbehalt der Scharia gestellt. Menschenrechte werden also nicht gewährleistet, sondern nur unter Vorbehalt der Scharia gewährt. Diese religiöse Rahmung und Begründung nimmt den Menschenrechten nun genau den emazipativen Stachel, den die Menschenrechte durch die Aufklärung erhalten hatten. Wenn weder Religion und Recht noch Staat und Religion getrennt werden, dann kann das Individuum sich nicht zum autonomen, vernünftigen Rechtssubjekt entwickeln, sondern es bleibt eingebunden in die übergeordneten Zusammenhänge, es bleibt Pflichtenobjekt in einer Ordnung, die nicht zu seiner Disposition steht. Wenn die Menschenrechte nur unter Scharia-Vorbehalt gelten, dann hängt alles von den Gelehrten ab, die für ihre Auslegung zuständig sind. Je nach dem Standpunkt des Gelehrten und je nach dem politisch und kulturellen Kontext, kann es dann zu erheblichen Konflikten mit der AEMR kommen, vor allem in Fragen der Körperstrafen, der Religionsfreiheit und der Rechte der Frauen. Aber es gilt auch hier: Islam ist nicht Islam. Ali Al-Nasani von der Algerien-Koordinationsgruppe der Deutschen Sektion von amnesty international bringt dies auf den Punkt:

Der Scharia-Vorbehalt ist die entscheidende Hürde für die Menschenrechtsentwicklung im Islam

Einen einheitlichen Islam gibt es nicht. Muslimische Gemeinschaften können sich je nach regionaler Tradition stark voneinander unterscheiden. So passt sich die Ausprägung des Islam in Indonesien, Senegal oder Ägypten den sozialen und kulturellen Gegebenheiten der jeweiligen Gesellschaften an und steht mit ihnen in Wechselwirkung. Davon hängt bsp. ab, welcher der vier vorherrschenden Rechtsschulen sich eine Gemeinschaft verbunden fühlt, wie stark regionale kulturelle Traditionen ins Gemeindeleben integriert werden oder welchen Status die Frau innerhalb der Gemeinschaft und der Familie einnimmt. Die Vorstellungen darüber, wie ein islamischer Staat auszusehen habe, sind selbst innerhalb der islamischen und der islamistischen Bewegungen nicht einheitlich definiert. ...Natürlich darf nicht übersehen werden, dass die liberalen Denker in ihren jeweiligen Ländern immer noch eine Minderheit bilden und zwischen die Fronten der fundamentalistisch-islamistischen Strömung mit pragmatischem Islamverständnis, innerhalb der das Ringen um Pluralismus und Menschenrechte noch nicht abgeschlossen ist, geraten. Niemand macht das Christentum für den nordirischen Konflikt verantwortlich. Entsprechend müssen auch andere Religionen differenziert betrachtet und von den Taten jener

Extremisten getrennt werden, die vorgeben, im Namen ihrer Religion zu handeln. Dabei kann es nicht darum gehen, bestehende Unterschiede harmonisierend zu überspielen. Vielmehr müssen vorhandene Widersprüche analysiert und dann politisch gelöst werden. Ziel muss es sein, die Diktatoren und nicht ihre Religion für die von ihnen begangenen Menschenrechtsverletzungen verantwortlich zu machen. [37]

Das vorherrschende Menschenrechtsverständnis im Islam zeigt deutliche Grenzen für den Universalisierungsanspruch der Menschenrechte auf. Dies wiegt dort besonders schwer, wo Muslime den Islam selber als eine zu universalisierende Botschaft verstehen und es zur Konkurrenz zweier Universalismen kommt. Die Grenzen verlaufen aber nicht nur zwischen „dem Westen" und „dem Islam", sondern mittlerweile auch vielfach innerhalb der multikulturellen und multi-religiösen Gesellschaften außerhalb des Islams. In Deutschland leben über 5 Millionen Muslime und es ist von großem Interesse für das Zusammenleben, welches Islamverständnis unter ihnen dominiert. Aus diesem Grunde wurde auch die Islamische Charta des Zentralrats der Muslime in Deutschland mit viel Interesse aufgenommen, allerdings bleibt die Interpretation ihres Gehaltes kontrovers.

Auszug aus der Islamischen Charta

Es besteht kein Widerspruch zwischen der islamischen Lehre und dem Kernbestand der Menschenrechte. Zwischen den im Koran verankerten, von Gott gewährten Individualrechten und dem Kernbestand der westlichen Menschenrechtserklärung besteht kein Widerspruch. Der beabsichtigte Schutz des Individuums vor dem Missbrauch staatlicher Gewalt wird auch von uns unterstützt. Das Islamische Recht gebietet, Gleiches gleich zu behandeln, und erlaubt, Ungleiches ungleich zu behandeln. Das Gebot des islamischen Rechts, die jeweilige lokale Rechtsordnung anzuerkennen, schließt die Anerkennung des deutschen Ehe-, Erb- und Prozessrechts ein.

http://www.islam.de/?site=sonstiges/events/charta

---

[37] ai-journal 1/2002, und aus: http://www.forum-bioethik.de/Menschenrechte_Islam.html.

LITERATURTIPP zu Kapitel 9:
Heiner Bielfeldt: Philosophie der Menschenrechte, Darmstadt 1998
Islam. Politische Bildung und interreligiöses Lernen, (Hrg): Bundeszentrale
   für politische Bildung, Bonn 2002

Unteilbare, umstrittene und unvollendete Menschenrechte

10. Wirtschaftliche und soziale Rechte – eine Machtfrage

Entgegen dem Diktum von der Unteilbarkeit der Menschenrechte sind die wirtschaftlichen Rechte umstrittener und weniger geschützt als die politischen und bürgerlichen Rechte. Klaus Hüfner und Wolfgang Reuther sprechen davon, dass sie in eine „zweitrangige Position" gebracht wurden.[1] Hinweise für diese Zweitrangigkeit gibt es genug:

1. Während die politischen Rechte zu einklagbaren Rechten wurden, handelt es sich bei den Rechten des Sozialpaktes um Rechte, aus denen sich Leistungsanforderungen an den Staat ergeben, die lediglich von den Staaten fordern, Bemühungen zur Erreichung der festgelegten Ziele zu unternehmen, nicht aber die Ziele selbst zu erreichen.[2] Dementsprechend hat sich bis jetzt auch nicht durchsetzen können, den Sozialpakt mit einem Recht zur Individualbeschwerde zu verknüpfen. In dem Sinne, wie Volkmar Deile die Menschenrechte als „unvollendete Revolution" bezeichnet hat, können die wirtschaftlichen und sozialen Rechte als unvollendete Menschenrechte eingestuft werden.

2. Unterstrichen wird die bisherige Zweitrangigkeit der wirtschaftlichen und sozialen Rechte in der Europäischen Sozialcharta, in der die Staaten sogar die Möglichkeit haben, aus dem Gesamt der Rechte sich eine „Portion" auszuwählen, um deren Umsetzung sie sich bemühen wollen.

3. Schließlich fehlen in den meisten westlichen Verfassungen WSK-Rechte.

Die WSK-Rechte sind noch unvollendete Menschenrechte

Der Höhepunkt des Streites um die WSK-Rechte lag in der Zeit des Kalten Krieges. *Wenn die Vereinigten Staaten der Sowjetunion die Verletzung der Meinungs-, Religions-, Versammlungs- oder Ausreisefreiheit vorwarfen, so konterte diese mit der hohen Arbeitslosenra-*

---

[1] Hüfner und Reuther, a. a. O. S.138.
[2] Peter J. Opitz, a.a.O. S. 70

te und dem schlechten öffentlichen Sozial-, Bildungs- und Gesund-
heitssystem in den USA als Verletzungen wirtschaftlicher, sozialer
und kultureller Rechte. Der Westen ging aber noch einen Schritt wei-
ter. Ungeachtet der Tatsache, dass westliche Staaten die Rechte der
„2. Generation" in der Allgemeinen Erklärung der Menschenrechte
1948, in den beiden Weltpakten und in anderen Konventionen aus-
drücklich anerkannt hatten, versuchten sie diese zu bloßen „Pro-
grammrechten", d.h. zu nicht einklagbaren Normen mit rein pro-
grammatischem Charakter zu degradieren. [3]

Der Streit um die wirtschaftlichen und sozialen Rechte geht auf
ihre Anfänge zurück und ist keinesfalls nur eine Spätfolge des Ost-
West-Konflikts. Der Konflikt um die wirtschaftlichen und sozialen
Rechte ist ursprünglich der Konflikt der Arbeiter um die Verbesserung ihrer sozialen Lage.

Es zählt zur Ambivalenz der Menschenrechtsentwicklung, dass sie
mit der Entwicklung des Kapitalismus eine Zeit Hand in Hand ging:
Es war zunächst der Kampf von Privateigentümern, die sich um eine
allgemeine Anerkennung bemühten.

Innerhalb des Kapitalismus haben diese Konflikte zu einer entwickelten Sozialpolitik geführt, die zwar keine einklagbaren wirtschaftlichen und sozialen Grundrechte anerkennt, aber das Recht,
für eine Verbesserung der sozialen Lage zu streiten. Die realsozia-
listischen Gesellschafts- und Staatsmodelle hatten stattdessen eine
Ersetzung der bürgerlich und politischen durch einige wirtschaftliche und soziale Rechte vorgenommen! Aus der Erfahrung der Unterdrückung politischer und bürgerlicher Menschenrechte im Staats-
sozialismus ziehen die Gegner der sozialen Rechte noch heute
argumentatives Kapital.

Ein verbreitetes Argument gegen die Gleichrangigkeit unterstreicht
die Differenz zwischen kostenlosen Freiheitsrechten und kosten-
trächtigen Leistungsrechten. Diese Einteilung, nach der politische
Rechte nur Unterlassungspflichten des Staates beinhalten, dagegen
soziale Rechte reine Leistungspflichten seien, ist aber nicht unwi-
dersprochen. Konsequent betrachtet, enthalten alle Menschenrechte Unterlassungs- und Leistungspflichten. Die staatlichen Leistungen,
die sich aus dem Demokratie- und Rechtsstaatlichskeitgebot ergeben, wiegen nicht minder schwer als die Einführung eines obliga-
torischen Grundschulunterrichts. *Denn bei allen Menschenrechten*

WSK-Rechte sollen
politische und
bürgerliche Rechte
ergänzen, nicht
ersetzen

---

[3] Manfred Nowak: Was sind Solidaritätsrechte der 3. Generation, aus:
http://www.humanrights.at/images/news/NowakSolidarit%C3%A4tsrechte.
doc.

sind die Staaten zur Achtung (d.h. zur Unterlassung von Eingriffen), zur Gewährleistung (durch positive Leistungen) und zum aktiven Schutz (gegen Eingriffe durch Dritte) verpflichtet.[4]

Allerdings muß die Forderung nach Unteilbarkeit der Menschenrechte berücksichtigen, dass es in unterschiedlichen Gesellschaften eine unterschiedliche Dringlichkeit bei der Beachtung, Umsetzung und beim Schutz der Menschenrechte gibt. Während es in den sog. Entwickelten Gesellschaften oft eine Selbstverständlichkeit für die meisten ihrer Bürger ist, dass ihre Rechte auf einen angemessenen Lebensstandard, auf Nahrung, Wohnung und Gesundheit gesichert sind, sind gerade diese Rechte in den armen Gesellschaften von aller höchster Bedeutung. Diese unterschiedliche Relevanz legitimiert nicht, die einen Rechte gegen die anderen auszuspielen oder auszutauschen. So können soziale Rechte die politischen Rechte ergänzen und stärken, aber nicht ersetzen. Auch in armen Gesellschaften sind das Recht auf Meinungs- und Versammlungsfreiheit oder das Wahlrecht unverzichtbare Rechte, auch im Hinblick auf die Chance, sich für eine Politik sozialer Rechte öffentlich einsetzen zu können. Gleichwohl gilt auch das Umgekehrte, dass soziale und wirtschaftliche Rechte als eine Voraussetzung für die Ausübungsfähigkeit politischer Rechte anzusehen sind. Soziale Exklusion kann auch zu einer politischen Exklusion führen. Wie kann ich mich politisch beteiligen, wenn mir Zeit, Kraft und Geld fehlen, mich zu informieren? Viele historische Erfahrungen belegen, dass soziale und wirtschaftliche Problemlagen die politischen Verhältnisse destabilisieren können. Die Einsicht, dass Arbeitslosigkeit und Armut dem Faschismus den Weg an die Macht wesentlich erleichtert hat, hat auch in den kapitalistischen Demokratien zu einer Sensibilität für die Frage sozialer Rechte geführt[5] und die Politiken sozialer Marktwirtschaft lange Zeit gestärkt. Wenn der Neoliberalismus die erreichte Balance langfristig auflösen sollte, wird dies nicht ohne Einfluß auf die politische Stabilität der Demokratien bleiben.

Mißachtung der wirtschaftlichen und sozialen Rechte gefährdet die politische Stabilität

---

[4]　ebd, S. 3

[5]　David Beetham: Democracy and Human Rights: Civil, Political, Economic, Social and Cultural, in: Human Rights: New Dimensions and Challenges, Janusz Symonides (ed.), Ashgate 1998.

Stellungnahme des Sozialausschusses 2001 zum Bericht der Bundesrepublik Deutschland

17. Der Ausschuss ist besorgt darüber, dass trotz der großen Bemühungen des Vertragsstaats um eine Verringerung der Unterschiede zwischen den neuen und alten Bundesländern weiterhin große Differenzen bestehen, insbesondere in Form von allgemein geringeren Lebensstandards, höherer Arbeitslosigkeit und geringerer Vergütung für Staatsbedienstete in den neuen Bundesländern.

18. Der Ausschuss bringt seine Besorgnis über die weiterhin hohe Arbeitslosigkeit in dem Vertragsstaat, insbesondere unter Jugendlichen, zum Ausdruck. Das Problem der Jugendarbeitslosigkeit ist in den neuen Bundesländern besonders gravierend und führt dazu, dass junge Menschen in die alten Bundesländer ziehen. Außerdem ist der Ausschuss darüber besorgt, dass die Berufsbildungsprogramme für Jugendliche nicht angemessen auf deren Bedürfnisse abgestimmt sind.

19. Ebenso wie die IAO ist der Ausschuss besorgt über die weiterhin bestehenden Hindernisse für Frauen in der deutschen Gesellschaft hinsichtlich beruflicher Aufstiegsmöglichkeiten und gleichen Lohns für gleichwertige Arbeit, sowohl im privaten wie im öffentlichen Sektor und insbesondere in den Bundesgremien und akademischen Einrichtungen, trotz der Bemühungen des Vertragsstaats um neue Impulse für die gleichberechtigte Teilhabe von Frauen am Arbeitsmarkt.

34. Der Ausschuss empfiehlt dem Vertragsstaat Anträge von Asylbewerbern schneller zu bearbeiten, um eine Einschränkung deren Genusses wirtschaftlicher, sozialer und kultureller Rechte zu vermeiden.

35. Der Ausschuss fordert den Vertragsstaat zur weiteren Verfolgung von Maßnahmen zur Verringerung der Unterschiede zwischen den neuen und alten Bundesländern hinsichtlich des Lebensstandards, der Beschäftigung und der Vergütung von Staatsbediensteten auf.

36. Der Ausschuss empfiehlt dem Vertragsstaat notwendige Sofortmaßnahmen einzuleiten, um der hohen Arbeitslosigkeit zu begegnen, vor allem der Jugendarbeitslosigkeit und besonders in den Bundesländern, die mit höherer Arbeitslosigkeit konfrontiert sind. Des Weiteren empfiehlt der Ausschuss dem Vertragsstaat Anreize für junge Menschen zu schaffen, dass diese in ihrer Region bleiben und dort arbeiten.

37. Der Ausschuss empfiehlt dem Vertragsstaat die Einleitung notwendiger Maßnahmen fortzusetzen, auch im legislativen und administrativen Bereich, um zu gewährleisten, dass Frauen eine vollständige und gleichberechtigte Teilhabe am Arbeitsmarkt genießen, insbesondere hinsichtlich beruflicher Aufstiegsmöglichkeiten und gleichen Lohns für gleichwertige Arbeit.[6]

---

[6] http://www.auswaertiges-amt.de/www/de/infoservice/download/pdf/mr/comm_wirtsch.pdf.

Gleichwohl gibt es vielfältige Anzeichen dafür, dass die wirtschaftlichen und sozialen Rechte nicht länger als „vergessene Rechte" einzustufen sind, sondern dass sie einen erheblichen Bedeutungszuwachs erfahren:[7]

1. Es gibt viele Initiativen, die wirtschaftlichen und sozialen Rechte auf die Agenda der unterschiedlichsten Institutionen, Kommissionen und Ausschüsse zu setzen. Besonderes Gewicht kommt der Diskussion in der Menschenrechtskommission zu.
2. Auch im NGO-Bereich gibt es viele Vorstöße, dieses Thema zu besetzen.
3. Der Entwurf für ein Zusatzprotokoll zur Einrichtung des Individualbeschwerderechts im Rahmen des Sozialpaktes liegt der MRK seit 1996 vor. Im Jahr 2001 wurde von der MRK ein Unabhängiger Experte zu Fragen des Zusatzprotokolls eingesetzt, der den derzeitigen Stand der Meinungsbildung aufarbeiten und bündeln soll, um den notwendigen Entscheidungsprozeß zu befördern.
4. Die Europäische Grundrechtecharta nimmt bürgerliche, politische, wirtschaftliche und soziale Rechte in ein gemeinsames Dokument auf.
5. Die friedensstiftende Funktion von verwirklichten wirtschaftlichen und sozialen Rechten tritt zunehmend ins Bewußtsein.
6. Armut als ein strukturelles Hindernis für die Verwirklichung vieler anderer Rechte hat als Thema (wieder) Eingang in die Agenda internationaler Organisationen gefunden, nicht zuletzt bei den Vereinten Nationen und der UNESCO.
7. Die Debatte um die wirtschaftlichen und sozialen Rechte wird geöffnet zur Thematik: Wirtschaft und Rechte. Wenn es richtig ist, dass der Staat gar nicht die Machtfülle besitzt, um alle Entscheidungen zu fällen, die die wirtschaftlichen und sozialen Rechte betreffen, so folgt daraus, dass „die Wirtschaft" als Adressat in den Blick kommt. Es gibt Anzeichen dafür, dass die Themen Armut, globale Ungleichheit und soziale und wirtschaftliche Rechte zunehmend mit den Verpflichtungen mächtiger „nonstate-actors" verknüpft werden.

Wirtschaftliche und soziale Rechte sind nicht länger vergessene Rechte

Eine wichtige Organisation, die sich weltweit stark für die wirtschaftlichen und sozialen Rechte macht, die aber in der öffentlichen Diskussion um die Menschenrechte oft vernachlässigt wird, ist die Internationale Arbeitsorganisation (IAO/ILO).

---

[7]   Thomas Frank, Anne Jenichen, Nils Rosemann (Hrsg.): Soziale Menschenrechte – die vergessenen Rechte? Zur Unteilbarkeit der Menschenrechte – ein interdisziplinärer Überblick, Berlin 2001.

Internationale Arbeitsorganisation (IAO/ILO)

Sie wurde 1919 in Genf gegründet, 1946 als Sonderorganisation der UN anerkannt und 1969 mit dem Friedensnobelpreis ausgezeichnet. Es war auch dem Einfluß der ILO zu verdanken, die mit ihrer Verfassung bereits in den 30er Jahren erstmals die politischen, sozialen und wirtschaftlichen Rechte zum integralen Bestandteil des sich entwickelnden internationalen Menschenrechtsschutzes machte, dass die AEMR dann Jahre später beide Menschenrechtsgenerationen in ein Dokument zusammenführte.
  Ihre Organe sind:
– die Allgemeine Konferenz von Vertretern der Mitglieder (Internationale Arbeitskonferenz; International Labour Conference),
– der Verwaltungsrat (Governing Body) und
– das Internationale Arbeitsamt (International Labour Office).
174 Staaten sind Mitglieder der ILO

http://www.ilo.org
http://www.ilo.org/public/german/region/eurpro/bonn/

Eine Besonderheit der ILO ist ihr dreigliederiger Aufbau. Arbeitnehmer-, Arbeitgeberverbände und Regierungsverteter sitzen mit gleichem Status in den normsetzenden und den beschlussfassenden Gremien. Die Sozialpartner teilen sich zu gleichen Anteilen die Hälfte der Stimmen.[8]

Die Arbeit von ILO konzentriert sich auf vier grundlegende Prinzipien.

– Vereinigungsfreiheit und Recht auf Kollektivverhandlungen,
– Beseitigung der Zwangsarbeit,
– tatsächliche Abschaffung der Kinderarbeit und
– Verbot der Diskriminierung in Beschäftigung und Beruf.

Diese werden v.a. in den 8 Kernübereinkommen, auch Menschenrechtsübereinkommen genannt, geschützt:

• Vereinigungsfreiheit und Schutz des Vereinigungsrechtes,
• Vereinigungsrecht und Recht zu Kollektivverhandlungen,
• Abschaffung der Zwangsarbeit,
• Gleichheit des Entgelts,
• Diskriminierungsverbot (Beschäftigung und Beruf),
• Mindestalter,

---

[8] Hüfner/Reuther, a.a.O., S.117 ff.

• Verbot und unverzügliche Maßnahmen zur Beseitigung der schlimmsten Formen der Kinderarbeit.

Je schärfer die sozialen und wirtschaftlichen Standards formuliert werden, desto geringer ist ihre internationale Akzeptanz

Bislang haben 80 ILO-Mitgliedsstaaten Kern- oder Menschenrechtsübereinkommen ratifiziert. Zu ihnen gehört auch Deutschland. 37 Staaten haben sieben der Kern- oder Menschenrechtsübereinkommen, 21 Länder sechs und 17 Staaten insgesamt fünf der o.a. Übereinkommen ratifiziert. Nach Ratifizierung erhalten die Übereinkommen den Status von völkervertraglichen Verpflichtungen mit nationaler Bindewirkung, die aber für die Bürger erst wirksam werden, wenn sie in nationales Recht überführt sind.

Auch die Arbeit der ILO steht in einer bezeichnenden Spannung von hoher Akzeptanz und geringer Sanktionsmacht: Einerseits zielt sie auf einen weitgehenden internationalen Konsens ihrer Übereinkommen und Standards ab und fasst sie dementsprechend weit ab, damit sie durchsetzungsfähig sind, andererseits tendieren die Standards deshalb zum kleinsten gemeinsamen Nenner. Für westliche Staaten mit hohem Niveau sozialer Sicherung werden sie meist überschritten. „Der Minimalkonsens über international hinnehmbare Mindesnormen ist Bedingung und Schranke zugleich des Durchsetzungspotentials der ILO-Standards".[9] Die Veröffentlichung einer Beschwerde gehört schon zu den schärfsten zu vergebenden Sanktionen. Der Extremfall möglicher Sanktion wäre der Ausschluß aus der ILO, falls Normen systematisch verletzt und Empfehlungen unberücksichtigt bleiben. Allerdings ist das ein Schritt, zu dem sich die ILO bislang nicht hat durchringen können.

LITERATURTIPP zu Kapitel 10

Thomas Frank, Anne Jenichen, Nils Rosemann (Hrsg.): Soziale Menschenrechte – die vergessenen Rechte? Zur Unteilbarkeit der Menschenrechte – ein interdisziplinärer Überblick, Berlin 2001

David Beetham: Democracy and Human Rights: Civil, Political, Economic, Social and Cultural, in: Human Rights: New Dimensions and Challenges, Janusz Symonides (ed), Ashgate 1998

---

[9] Kirsten Köppen: Die Rolle der Internationale Arbeitsorganisation (ILO) bei der Verwirklichung Internationaler Sozialstandards, in: Soziale Menschenrechte – die vergessenen Rechte?, S. 161.

11. Kulturelle Rechte – eine Frage der Identität und Bildung

In jüngster Zeit hat der „kulturelle Faktor" an erheblicher Bedeutung gewonnen. Der Zusammenbruch von politischen Systemen, die die Vielfalt kultureller Identitäten eher unterdrückt hatten, das Durchstarten der Globalisierung, das als Gegenbewegung das Bedürfnis nach kultureller Differenz erstarken läßt, und schließlich die Herausforderungen multikultureller Einwanderungsgesellschaften führen dazu, dass die Fragen der kulturellen Rechte ganz oben auf der Agenda stehen. Es gibt ein wachsendes Bewußtsein, dass die Vernachlässigung oder Verletzung kultureller Rechte an die Substanz der Demokratien geht. Was sind politische Teilhaberechte ohne Bildung? Was ist das Recht auf Bildung, wenn man sich nicht in seiner eigenen Sprache ausdrücken kann oder sich einer herrschenden Kultur unterwerfen muß? Die Unterdrückung kultureller Identitäten vermag zu gewalttätigen Konflikten führen und es ist dringlich, die Vermenschrechtlichung kulturell definierter Schutzbedürfnisse voranzutreiben. Kulturelle Rechte sind jedoch diejenigen Rechte, deren Schutz bislang am wenigsten entwickelt ist. Ihr Status ist noch vielfach umstritten und die durch sie definierten Schutzbereiche sind so heterogen, dass es kaum möglich ist, einheitliche Aussagen über sie zu machen.

Was sind also überhaupt kulturelle Rechte? Es gibt immer noch definitorische Probleme. Die allgemeine Aussage, dass kulturelle Rechte all die Rechte umfassen, die die Teilnahme an und den Zugang von Individuen und von Gruppen zum kulturellen Leben regeln, genießt zwar weitgehend Anerkennung, aber sie ist zu ungenau, da die Frage bleibt, was denn unter „kulturellem Leben" zu verstehen ist. Symonides nennt folgende kulturellen Rechte, die er meist recht verstreut in unterschiedlichen internationalen Menschenrechtsdokumenten gefunden hat:[10]

Mißachtung kultureller Identitäten führt zu gefährlichen Konflikten

– Recht auf kulturelle Identität
– Recht, am kulturellen Leben teilzunehmen
– Recht auf Bildung
– Informationsfreiheit
– Recht auf Wissenschafts- und Lehrfreiheit

---

[10] Janusz Symonides: Cultural Rights, in: Human Rights: Concepts and Standards, Ashgate 2000, S.175 ff.

– Recht auf Nutzen des wissenschaftlichen Fortschrittts und seiner Anwendung
– Recht auf Kreativität
– Recht auf internationale kulturelle Kooperation

Es gibt zwar viele unterschiedliche Dokumente, in die einzelnen kulturelle Rechte integriert sind wie beispielsweise Artikel 13 und 15 des Sozialpaktes, aber bislang fehlt ein einheitlicher Ansatz und ein zusammenfassendes Dokument. Es gibt bislang weder eine Konvention, noch eine Deklaration. Allerdings mangelt es nicht an Bemühungen, eine solche Deklaration einzubringen und zu verabschieden. Besonders zu erwähnen ist der Entwurf der Fribourg Gruppe für eine Deklaration.[11] Im Jahr 2001 hat die UNESCO eine Deklaration zur kulturellen Vielfalt verabschiedet.

Kulturelle Rechte sind Rechte des Individuums, allerdings können einige der kulturellen Rechte nur in Gemeinschaft mit anderen genossen werden, v.a. wenn die Personen zu Minderheiten gehören. Dies ruft bei vielen die Befürchtung hervor, dass die kollektive Dimension missbraucht werden könnte, um die individuelle Dimension zu unterdrücken. Kulturelle Rechte sind schließlich auch deshalb noch unterentwickelte Rechte, da befürchtet wird, dass von ihnen das Risiko der politischen und gesellschaftlichen Desintegration ausgehen könnte.

Das Recht auf Bildung ist das kulturelle Menschenrecht, dessen Schutz am weitesten entwickelt ist

Während es bei den „neuen" kulturellen Rechten um umstrittene Rechte geht, kann man beim Recht auf Bildung von einem relativ anerkannten und zunehmend gut geschützten Recht sprechen! Das Recht auf Bildung findet sich in verschiedenen Menschenrechtsverträgen, insbesondere dem Pakt über wirtschaftliche, soziale und kulturelle Rechte (Art 13 und 14), der Europäischen Menschenrechtskonvention (Art 2 des 1. Zusatzprotokolls) und der Konvention über die Rechte des Kindes (Art 28 und 29).

Wir verdanken Manfred Nowak eine einprägsame Darstellung zum Verhältnis des Rechts auf Bildung zu anderen Menschenrechten.

Bildung und Menschenrechte sind in vielfacher Weise miteinander verwoben. Zum einen stellt Bildung eine Voraussetzung für die tatsächliche Ausübung vieler Menschenrechte wie insbesondere der Meinungs-, Informations-, Medien-, Vereins-, Versammlungs-, Berufs- oder Gewerkschaftsfreiheit, des gleichen Zugangs zum öffentlichen Dienst, des passiven Wahlrechts etc. dar. Zweitens sollte Bildung ihrem Inhalt

---

[11] Janusz Symonides: a.a.O., S. 188.

nach auf die Entfaltung der menschlichen Persönlichkeit und die Stärkung der Menschenrechte gerichtet sein. Drittens ist Aus- und Fortbildung ein wichtiges Mittel zur Förderung der Menschenrechte und zum Aufbau eines Menschenrechtsbewusstseins, wie die Vereinten Nationen durch die Ausrufung einer Menschenrechtserziehungs-Dekade (1995 – 2000) in Erinnerung gerufen haben. Viertens ist Bildung selbst ein Menschenrecht, worauf ich im folgendem näher eingehen möchte.

Es vereinigt Elemente aller drei sogenannten Generationen (oder Dimensionen) der Menschenrechte in sich und ist ein gutes Beispiel für die Unteilbarkeit und Interdependenz aller Menschenrechte. Zuallererst ist es ein soziales bzw. kulturelles Recht der zweiten Generation, das den Staat dazu verpflichtet, durch positive Maßnahmen sicherzustellen, dass eine ausreichende Zahl von (öffentlichen oder privaten) Schulen errichtet und erhalten werden. Insbesondere muss gewährleistet sein, dass der Grundschulunterricht für alle Kinder unentgeltlich zugänglich ist und die Schulpflicht für diese Altersgruppe eingeführt und durchgesetzt wird. Wenn also für ein 8 jähriges Kind (egal ob InländerIn oder AusländerIn) kein Schulplatz zur Verfügung steht oder nur gegen Kostenersatz zugänglich ist, verletzt der betreffende Staat das Recht auf Bildung.

Das Recht auf Bildung geht allerdings weit über den Grundschulbereich hinaus. Die Staaten haben eine völkerrechtliche Verpflichtung, eine ausreichende Zahl von höheren Schulen einschließlich von Fach- und Berufsschulen sowie Universitäten und Institutionen der Erwachsenenbildung einzurichten und diese allen Menschen, so weit als möglich unentgeltlich, gemäß ihren Qualifikationen zugänglich zu machen. Insbesondere ist jede Diskriminierung auf Grund des Geschlechts, der Hautfarbe, Religion, ethnischen oder sozialen Herkunft etc. beim Zugang zu staatlichen Bildungseinrichtungen verboten. Auch hier gibt es in der Praxis gravierende Probleme. Nach wie vor werden Mädchen in vielen Ländern beim Zugang zum Bildungssystem benachteiligt, wie bereits die offiziellen Statistiken der Einschulungs- und drop out-Raten belegen. Gleiches gilt für Angehörige von religiösen und/oder ethnischen Minderheiten, für behinderte Kinder oder sonst benachteiligte Gruppen. Auch in Europa sind zum Beispiel Roma-Kinder oder sogenannte „illegale AusländerInnen" (les „sans-papiers") in ihrem Recht auf Bildung gegenüber anderen benachteiligt.[12]

Erst Bildung ermöglicht die Wahrnehmung vieler Menschenrechte

Die Menschenrechtskommission hat 1998 eine eigene Sonderberichterstatterin für das Recht auf Bildung geschaffen: Katarina To-

---

[12] Manfred Nowak in: Teaching Human Rights. Informationen zur Menschenrechtsbildung, Nr. 4, Herbst 1999.

masevski, eine angesehene Menschenrechtsexpertin aus dem ehemaligen Jugoslawien. Ein besonderer Aspekt des Menschenrechts auf Bildung ist das Menschenrecht auf Menschenrechtsbildung. Darauf kommen wir noch im Kapitel 25 zu sprechen.

Weitere Informationen zum Recht auf Bildung bietet die Website http://www.right-to-education.org

Der Schutz kultureller Rechte fällt v.a. in den Aufgabenbereich der UNESCO.

UNESCO

UNESCO steht für United Nations Educational, Scientific and Cultural Organization, Organisation der Vereinten Nationen für Bildung, Wissenschaft, Kultur und Kommunikation. Die UNESCO hat 188 Mitgliedstaaten. Sie ist eine der 16 rechtlich eigenständigen Sonderorganisationen der Vereinten Nationen und hat ihren Sitz in Paris.

„Da Kriege im Geist der Menschen entstehen, muss auch der Frieden im Geist der Menschen verankert werden" – dies ist die Leitidee der UNESCO. Sie steht in der Präambel ihrer Verfassung. Ziel der UNESCO ist es, durch Förderung der Zusammenarbeit zwischen den Völkern in Bildung, Wissenschaft und Kultur zur Wahrung des Friedens und der Sicherheit beizutragen, um in der ganzen Welt die Achtung vor Recht und Gerechtigkeit, vor den Menschenrechten und Grundfreiheiten zu stärken, die den Völkern der Welt ohne Unterschied der Rasse, des Geschlechts, der Sprache oder Religion durch die Charta der Vereinten Nationen bestätigt worden sind.

Die Organisation hat drei Organe: Neben der *Generalkonferenz* einen *Exekutivrat* und ein *Sekretariat*, an dessen Spitze der Generaldirektor steht.

Die Nationalen Kommissionen werden von den Mitgliedstaaten gebildet und finanziert. Zu ihren Aufgaben gehört es, die Regierung zu beraten, die Öffentlichkeit zu informieren und den Kontakt zu den nationalen NGOs zu pflegen.

Die UNESCO hat ihren Hauptsitz in Paris.

http://www.unesco.org
http://www.unesco.de

Der Schwerpunkt der UNESCO-Arbeit liegt im Bereich der Förderung und der präventiven Stärkung der Menschenrechte durch Bildung, Wissenschaft und Kommunikation. Im von der UNESCO initiierten und von Jaques Delors präsidierten Bildungsbericht „Bildung für das 21. Jahrhundert" heißt es: *Die Kommission sieht in*

Bildung weder ein Wundermittel noch eine magische Formel, die die Pforten zu einer von Idealen erfüllten Welt öffnet, aber sie ist eines der wichtigsten verfügbaren Werkzeuge für eine umfassendere und harmonischere Art der menschlichen Entwicklung. Sie kann Armut, Ausgrenzung, Unwissenheit, Unterdrückung und Krieg überwinden helfen.[13]

Eine Art Pilotfunktion bei der Umsetzung der UNESCO-Ziele in der Schule haben die UNESCO-Projektschulen erhalten, auf Hochschulebene sind es die UNESCO-Lehrstühle, die die internationale und interdisziplinäre Arbeit entwickeln sollen.

http://www.ups-schulen.de/
http://www.unesco.org/education/asp/50_asp_calendar.shtml

Die Generalversammlung forderte 1998 die Vereinten Nationen, namentlich die UNESCO auf, „geeignete kulturelle, pädagogische und soziale Programme zu planen und durchzuführen, um das Konzept des Dialogs zwischen den Kulturen zu fördern". Dieses Konzept war die Antwort und der Gegenbegriff zum viel beschworenen Begriff „Clash of Civilizations" (Kampf der Kulturen) des amerikanischen Politikwissenschaftlers Samuel Huntington. Das Dialogkonzept zielt auf ein neues Paradigma der internationalen und interkulturellen Beziehungen. Während in dem bisherigen, dominanten Paradigma das Andere und Fremde oft als das Bedrohliche und Feindliche wahrgenommen und behandelt wurde, soll nun der Blick auf das Fremde geändert werden und in folge dann auch das Verhalten ihm gegenüber.

In diese Richtung zielt auch die UNESCO-Deklaration aus dem Jahr 2001: Allgemeine Erklärung zur kulturellen Vielfalt. Diese Deklaration versucht die Anerkennung gleicher Rechte zu verbinden mit der Toleranz der Differenz und der Bereitschaft zum interkulturellen Dialog wie auch zum kulturellen Pluralismus. Die Deklaration nimmt damit auch die innergesellschaftliche kulturelle Vielfalt in den Blick. Da man zum Dialog nicht geboren wird, sondern da es zu seiner Führung der Bereitschaft und der Fähigkeit bedarf, gehört es zu den unverzichtbaren Aufgaben durch Bildung auf den Dialog vorzubereiten (siehe auch Kapitel 26).

Der Dialog der Kulturen hat auch eine innergesellschaftliche Dimension

Ziel des Dialogs der Kulturen ist es, das Trennende zu überwinden und Gemeinsamkeiten zu betonen. Eine Gemeinsamkeit der Kulturen, die vor allem von den Verfassern des Manifests für den Dialog Kulturen herausgestellt wird, ist die „Goldene Regel", die in

---

[13] http://www.friedenspaedagogik.de/themen/globlern/gl_12.htm elorsbericht.

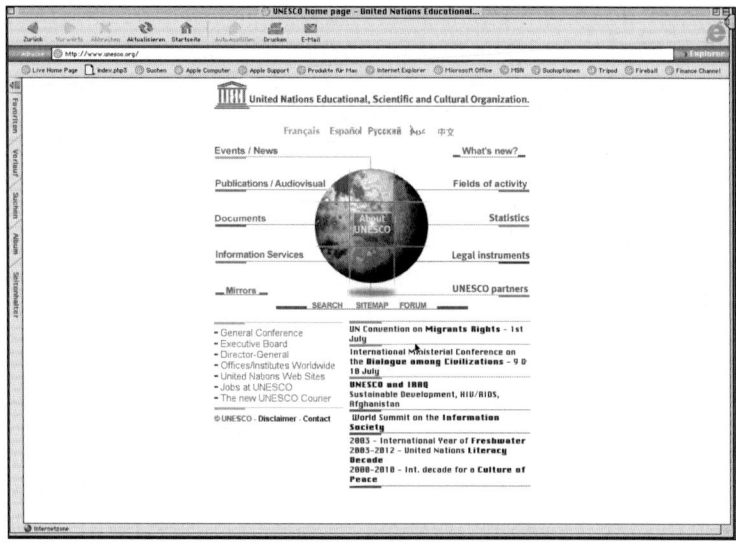

Abb. 12: Homepage der UNESCO.

allen Kulturen bekannt ist: „Behandele andere so, wie du selbst von ihnen behandelt werden möchtest" oder in der verbietenden Variante: „Was du nicht willst, dass man dir tu, das füg auch keinem anderen zu."[14]

Beim Dialog geht es jedoch nicht nur darum, bestehende Gemeinsamkeiten zu betonen, sondern auch neue Gemeinsamkeiten zu entwickeln. Der Dialog der Kulturen zielt auf die Menschenrechte, denn die mögliche Identifizierung eines Weltethos kann doch nur die Vorstufe sein, um von einer Anerkennung universeller moralischer Standards zur Anerkennung universeller Rechte zu gelangen, also in der Stufenleiter der Verbindlichkeit eine Stufe voranzukommen. Ein solcher interkultureller Dialog über die Menschenrechte kann nur gelingen, wenn man zum einen nicht in die Arroganzfalle gerät, die blind macht für kulturelle Einwände weniger individualistischer Gesellschaften, und zum anderen aber auch nicht in die Selbstblockierungsfalle tappt, die darin besteht, sich der relativistischen Argumentation zu unterwerfen, die die Menschenrechte als westliche Indoktrination mißdeutet.

Der Dialog der Kulturen ist ein Testfall für die Anerkennung der Menschenrechte

---

[14] Brücken in die Zukunft bauen. Ein Manifest für den Dialog der Kulturen. Eine Initiative von Kofi Annan, Frankfurt/M 2001, S. 80.

In diesem Verständnis ist der Dialog also ein Mittel, um den Menschenrechten in allen Kulturen zur Anerkennung zu verhelfen. Der Dialog ist aber gleichzeitig auch der dauernde Testfall, ob das überhaupt gelingen kann. Nur im Dialog läßt sich eine universelle Anerkennung der Menschenrechte erreichen oder gar nicht. Die kritische Kraft des Dialogs liegt nun darin, dass der Dialog selbst gar nicht möglich ist, ohne bereits die zentralen Menschenrechte der Selbstbestimmung und der Gleichberechtigung anzuerkennen. Den Dialog zu praktizieren, bedeutet schon: grundlegende Menschenrechte wahrzunehmen und zu achten.

Danach beginnen aber sofort die Konflikte, und zwar nicht nur zwischen, sondern auch in den Kulturen. Der Dialog über die Menschenrechte ist nämlich nicht nur einer über bürgerliche und politische Rechte, sondern auch über wirtschaftliche, soziale und kulturelle Rechte. Welcher Dialog der Kulturen ist jedoch möglich angesichts eines weltweiten Kampfes der Ökonomien? Eine weitere Belastung stellt die Erfahrung des 11.Septembers dar: wie ist es möglich, unter Bedingungen extremer Verunsicherung nicht der Versuchung zu unterliegen, im Anderen und Fremden den Verdächtigen zu sehen?! Aber auch: Wie ist es möglich, über die Mauern des Mißtrauens, die der „Anti-Terror-Krieg" aufrichtet, den Dialog zu führen!

Zum Abschluß des Kapitels ist noch auf das Beschwerdeverfahren im speziellen Kompetenzbereich der UNESCO zu verweisen. Im Rahmen kultureller Rechte sind es das Recht auf Bildung, das Recht, am wissenschaftlichen Fortschritt teilzunehmen, das Recht, am kulturellen Leben frei teilzunehmen, das Recht auf freie Meinung und freie Meinungsäußererung.[15]

Seit 1976 ist diese Aufgabe ihrem Ausschuß für Konventionen und Empfehlungen (CRE) zugewiesen. Eine Reform dieses Mechanismus führte im Jahre 1978 zu einem *konkreten Mandat* des CRE. Er solle im Geiste der internationalen Zusammenarbeit, des Ausgleiches und der gegenseitigen Verständigung handeln und sich bewußt sein, daß die Organisation nicht die Rolle eines gerichtlichen Gremiums zu spielen habe. Das Verfahren ist demzufolge vollständig auf Ausgleich zugeschnitten. Aus dieser Anlage ergibt sich zweierlei: Erstens ist das Verfahren nicht an besondere förmliche Voraussetzungen geknüpft. Beschwerdeberechtigt ist nicht nur das Opfer eines gerügten Verstoßes, sondern auch jede andere Person oder Gruppe mit zuverlässiger Kenntnis von diesem Verstoß. Das Mandat verzichtet auch auf die sonst bei internationalen Beschwerdeverfahren rigoros gehandhabte Voraussetzung der Erschöpfung des in-

[15] Hüfner/Reuther, a.a.O., S. 106ff.

nerstaatlichen Rechtsweges. Der Beschwerdeführer muß dies lediglich versucht haben.

Zweitens ist das Verfahren vor dem CRE durch seine absolute *Vertraulichkeit* gekennzeichnet.

Das Verfahren wird durch einen Brief an folgende Adresse eingeleitet:

Director of the Office of International Standards and Legal Affairs of UNESCO
7, Place de Fontenoy
F – 75 352 Paris

Dieser Brief sollte in englischer oder französischer Sprache abgefaßt sein und die wesentlichen Vorwürfe darstellen. Das Sekretariat wird dem Beschwerdeführer daraufhin ein Formular zur Ergänzung zusenden. Nachdem dieses dem Sekretariat wieder vorliegt, ist das Verfahren offiziell eröffnet.

Der CRE tagt zweimal jährlich (Frühjahr und Herbst) in vertraulicher Sitzung.

Im abstrakten Vergleich mit anderen Mechanismen, die Individuen offenstehen, schneidet das Verfahren zum CRE keineswegs schlechter ab.

Dem CRE wurden in den Jahren 1978 bis 1991 insgesamt 402 Beschwerden vorgelegt. Davon konnten 197 erfolgreich abgeschlossen werden. Zur Erfolgsbilanz gehört, daß 121 Häftlinge entlassen wurden, 54 Opfer ihr Heimatland verlassen oder dorthin zurückkehren konnten und es 24 weiteren möglich war, an ihren Arbeitsplatz zurückzukehren. Diese Erfolgsbilanz wird von einem langjährigen Mitglied des CRE als zwar bescheiden eingeordnet, sie mache aber gleichwohl deutlich, daß Publizität keineswegs die allein wirksame Anwort auf Menschenrechtsverletzungen darstelle. Vielmehr belege die Praxis des CRE, daß eine geschickte Handhabung von Schlichtung und Publizität gleichermaßen hilfreich sein könne. Allerdings sei dabei auf die richtige Reihenfolge zu achten: es müsse mit dem Schlichtungsversuch, nicht mit dem Appell an die öffentliche Meinung begonnen werden. [16]

LITERATURTIPP zu Kapitel 11:
Brücken in die Zukunft bauen. Ein Manifest für den Dialog der Kulturen. Eine Initiative von Kofi Annan, Frankfurt/M 2001
Janusz Symonides: Cultural Rights, in: Human Rights: Concepts and Standards, Ashgate 2000

---

[16] Norman Weiß: Einführung in Möglichkeiten des Individualrechtsschutzes im Rahmen der UNESCO, in: MenschenRechtsMagazin Heft 1/98 – März 1998, S. 6-18.

12. Das Recht auf Entwicklung – eine Frage individueller und kollektiver Rechte

Das Recht auf Entwicklung ist das bedeutendste, aber auch umstrittenste Recht der sogenannten dritten Generation der Menschenrechte. *Da es sich hier um Probleme handelt, die letztlich die gesamte Menschheit betreffen und nur durch gemeinsame Anstrengungen der internationalen Gemeinschaft gelöst werden können, hat sich für diese an die internationale Gemeinschaft gerichteten Rechte auch der Begriff „Solidaritätsrechte" eingebürgert.*[17]

Die Forderung nach einem Recht auf Entwicklung ist nur vor dem Hintergrund des Ringens der Entwicklungsländer um eine neue Weltwirtschaftsordnung in den siebziger Jahren zu verstehen. Am Entstehungsprozeß des Rechts auf Entwicklung läßt sich gut die politische Interessen- und Konfliktkomponente von Menschenrechtskonstruktionen aufzeigen:[18]

Recht auf Entwicklung – ein neues Recht entsteht

1. Ein erster Schritt war die Einspeisung der Forderung und des Begriffs „Recht auf Entwicklung" in den internationalen Menschenrechtsdiskurs durch den ehemaligen Präsidenten des Obersten Gerichtshofes von Senegal und Richter am Internationalen Gerichtshof 1972 in Straßburg. In dem Vortrag von Keba M'Baye waren bereits die Elemente der individuellen und kollektiven Dimension des Rechtes auf Entwicklung angesprochen wie die Pflicht der internationalen Gemeinschaft zur Solidarität.
2. Es folgte 1977 eine Studie, die von der Menschenrechtskommission in Auftrag gegeben wurde, die den engen Zusammenhang zwischen dem Recht auf Entwicklung und der Forderung nach einer neuen Weltwirtschaftsordnung herstellte.
3. Auf der Basis dieser bei Völkerrechtlern durchaus umstrittenen Studie definierte die MRK 1979 in einer Resolution das Recht auf Entwicklung als Menschenrecht.
4. Das von den Industriestaaten abgelehnte Konzept erlangte unter dem Einfluß der Entwicklungsländer immer mehr Zustimmung und Gestalt. Im Jahr 1981 fand das Recht auf Entwicklung Eingang in die Afrikanische Charta für Menschenrechte und Rechte der Völker.

---

[17] Brigitte Hamm: Das Recht auf Entwicklung, aus: http://www.uni-muenster.de/PeaCon/wuf/wf-96/9630210m.htm.
[18] Martina Metz: Recht auf Entwicklung – Menschenrecht oder Hebel zu mehr Entwicklungshilfe? In: Baum u.a., a.a.O., S. 179 ff.

5. Schließlich wurde 1986 die „Erklärung zum Recht auf Entwicklung" der UN verabschiedet.

6. Als auf der Wiener Weltmenschenrechtskonferenz 1993 die Industriestaaten ihren Widerstand aufgaben und das Recht anerkannten, war dies letztlich auf einen Tausch zurückzuführen. Für die Zustimmung der Industrieländer wurde eingetauscht, dass die Entwicklungsländer akzeptierten, dass dieses Recht vorrangig als individuelles Recht konzipiert wurde, dass Entwicklungsrückstände nicht zur Legitimierung der Einschränkung politisch und bürgerlicher Menschenrechte missbraucht werden dürften und vor allem, dass sie prinzipiell den Anspruch auf universelle Geltung der Menschenrechte anerkannten. Gleichwohl war es auch durch diesen Tausch nicht gelungen, die unterschiedlichen Interessen in einen „Einklang, sondern nur in ein Gleichgewicht" zu bringen (Martina Metz), das aber weiterhin zerbrechlich ist. Es wird wohl noch eine lange Zeit dauern, in der dieses Recht Zankapfel des Nord-Süd-Konfliktes ist.[19]

Artikel 1 der Deklaration kennzeichnet das Recht auf Entwicklung als unveräußerliches Menschenrecht, *kraft dessen alle Menschen und Völker Anspruch darauf haben an einer wirtschaftlichen, sozialen, kulturellen und politischen Entwicklung, in der alle Menschenrechte und Grundfreiheiten voll verwirklicht werden können, teilzuhaben."* Entwicklung wird als umfassender Prozeß beschrieben, *„der die ständige Steigerung des Wohls der gesamten Bevölkerung und aller Einzelpersonen auf der Grundlage ihrer aktiven, freien und sinnvollen Teilhabe am Entwicklungsprozeß und an der gerechten Verteilung der daraus erwachsenden Vorteile zum Ziele hat.* (Präambel)

Das Recht auf Entwicklung richtet sich auch an die internationale Gemeinschaft

Als ein Schwerpunkt dieses Menschenrechts wurde das Solidaritätsprinzip in den Vordergrund gerückt, was vor allem auf die Verpflichtung der Industriestaaten zur Solidarität gegenüber den Entwicklungsländern zielte. Das Recht auf Entwicklung wird auch als eine Art Synthese von kulturellen, ökonomischen, politischen und sozialen Menschenrechten verstanden.

Zu den aktuellen Herausforderungen gehört es, das Recht auf Entwicklung mit dem Prinzip der Nachhaltigkeit zu verknüpfen: *Das Recht auf Entwicklung sollte so verwirklicht werden, daß den Bedürfnissen gegenwärtiger und künftiger Generationen in den Bereichen Entwicklung und Umwelt gleichermaßen Rechnung getragen wird.* (Absatz 11 des Wiener Schlußdokuments).

---

[19] Martina Mertz, a.a.O.; Opitz, a.a.O., S. 124 ff.

Das Recht auf Entwicklung und andere Solidarrechte sind aber weiterhin hochumstritten.

Im Bereich der ersten Diskussion versuchen Vertreter der südlichen Hemisphäre, aber auch „progressive" Menschenrechtsverfechter des Nordens, sogenannte Solidarrechte in den universellen Menschenrechtsbegriff aufzunehmen. Dazu gehören in erster Linie das Recht auf Frieden, das Recht auf Entwicklung und das Recht auf eine saubere Umwelt. Wenngleich es sich dabei um ehrenwerte und gewichtige politische Ziele handelt, so ist doch umstritten geblieben, ob es sich bei diesen kollektiven Zielen um eine gleichartige Kategorie von Rechtsansprüchen handeln kann wie bei den individuellen politischen Rechten. Die postulierten Solidarrechte sind ausnahmslos Ausdruck kollektiver Zustände und setzen aktives politisches Handeln voraus, wobei ein Scheitern stets eingeschlossen ist. Für die Philosophie der Menschenrechtsidee aber war es stets zentral, dass Menschenrechte moralische und rechtlich einklagbare Rechte eines jeden einzelnen Menschen sein müssen, die zu jeder Zeit in jedem Staat einzulösen beziehungsweise einzuhalten sind.[20]

Auch wenn man streckenweise der Argumentation von Ludger Kühnhardt folgt, so bleibt doch die Frage, ob er nicht mit den kritisierten Unterschieden zwischen individuellen Menschenrechten und kollektiven Solidaritätsrechten eine reale Differenzierung des Menschenrechtskonzeptes beschreibt: Wenn die Verursacher oder Ursachen von Menschenrechtsverletzungen nicht mehr nur in einzelnen Staaten zu sehen sind, sondern in einer bestimmten internationalen Ordnung, ist es nur konsequent, internationale Solidarität einzufordern, um die Defizite der alten Ordnung zu korrigieren. Wenn nicht nur Individuen Opfer von Menschenrechtsverletzungen sind, sondern Kollektive und Länder, dann folgt auch daraus, dass Menschenrechte eine kollektive Dimension erhalten. Wenn schließlich das juridische Paradigma zum Schutz eines Rechtes noch nicht umsetzbar ist, dann kann es doch angebracht sein, das zur Verfügung stehende politische Paradigma zu nutzen.

LITERATURTIPP zu Kapitel 12:
Peter J. Opitz: Menschenrechte und Internationaler Menschenrechtsschutz im 20.Jahrhundert, München 2002

---

[20] Ludger Kühnhardt: Menschenrechte, Minderheitenschutz und der Nationalstaat im KSZE-Prozeß, in: Aus Politik und Zeitgeschichte 47/1994, 13 f.

13. Das Recht, nicht diskriminiert zu werden – die Kernfrage

Der Rassismus bestreitet prinzipiell die Kernidee der Menschenrechte

Eine herausragende Bedeutung kommt dem Menschenrechtsschutz vor rassistischer Diskriminierung zu, denn der Rassismus ist in Ideologie und Praxis eine der radikalsten Bedrohungen für die Menschenrechte. Die rassistische Ideologie der Ungleichheit bestreitet prinzipiell die

Abb. 13: Aufruf zum Boykott jüdischer Geschäfte durch die Nationalsozialisten 1933.

Kernidee der Menschenrechte: Gleiche Würde und gleicher Wert aller Menschen und daraus sich ableitend ihre gleichen Rechte. Stattdessen werden Unterschiede zwischen den Menschen zu Ungleichwertigkeiten umgedeutet und aus dem konstruierten ungleichen Wert der Menschen wird politisch die eigene Überlegenheit begründet. Vor allem unter politischen Bedingungen, in denen der Rassismus nicht mehr nur eine ideologische Strömung unter vielen ist, sondern zur Staatsideologie „aufsteigt", werden die diskriminierten Minderheiten systematisch entrechtet und sind in ihrer puren Existenz bedroht. Die historische Erfahrung zunächst mit dem Nationalsozialismus, dann aber auch mit dem Apartheidregime in Südafrika, hat gezeigt, wie extrem Menschenrechte aus rassistischen Motiven und in rassistischen Strukturen verletzt werden können. Es sind vor allem diese Erfahrungen gewesen, die die Entwicklung des internationalen Menschenrechtsschutzes voran gebracht haben. Rassismus führt selten nur zur Verletzung eines Menschenrechtes, sondern meistens zu einer systematischen Diskriminierung bei der Wahrnehmung aller Menschenrechte.

Der Schutz vor rassistischer Diskriminierung gehört deshalb zu den Herausforderungen, denen sich der internationale Menschenrechtsschutz am konsequentesten gestellt hat. Bereits die Charta der UN verpflichtet ihre Mitglieder auf eine internationale Zusammenarbeit, um die „Achtung vor den Menschenrechten und Grundfreiheiten für alle ohne Unterschied der Rasse [...] zu fördern und zu festigen" (Art. 1 Ziff. 3 SVN).

1963 verabschiedete die Generalversammlung der Vereinten Nationen zunächst die *Erklärung zur Beseitigung jeder Form von Rassendiskriminierung.* Diese Erklärung weist auf den historischen Zusammenhang von Ent-Kolonialisierung und der Beseitigung der Rassendiskriminierung hin. Die Vertragsstaaten werden angehalten, diskriminerende Praktiken zu unterlassen und vorbeugende Maßnahmen vor allem in den Bereichen Bildung und Erziehung zu ergreifen. Die Anti-Rassismus-Konvention trat 1969 in Kraft, also bereits Jahre vor dem Zivil- und dem Sozialpakt. Sie wurde auch deshalb beschleunigt behandelt, da antisemitische Schmierereien einen neuen Handlungsdruck entstehen ließen.[21] In allen folgenden Konventionen sind dann Artikel aufgenommen worden, die die rassistische Diskriminierung bei der Wahrnehmung der jeweils geschützten Rechte untersagen.

Der Anti-Rassismus-Ausschuß nimmt in deutlicher Weise zu Problemen in den Vertragsstaaten Stellung. Da Deutschland in einer besonderen historischen Verantwortung bei der Überwindung des Rassismus und der Fremdenfeindlichkeit steht, sind die offiziellen Kommentare der internationalen Menschenrechtsgremien von herausragendem Interesse. Nach den massiven fremdenfeindlichen Ausschreitungen 1993 formulierte der Anti-Rassismusausschuß gegenüber der Bundesrepublik Deutschland seine *tiefe Betroffenheit über die kürzlichen Manifestationen von Fremdenfeindlichkeit, Antisemitismus, rassischer Diskriminierung und rassischer Gewalt in Deutschland. Trotz der Anstrengungen der Regierung, diesen entgegenzuwirken und sie zu verhüten, hatte es den Anschein, daß diese Erscheinungsformen zunahmen und daß das deutsche Polizeisystem außerstande war, den Opfern und möglichen Opfern von Fremdenfeindlichkeit und rassischer Diskriminierung den von der Konvention geforderten wirksamen Schutz zu gewähren. Der Ausschuß meint, daß alle, die im öffentlichen und politischen Leben Funktionen ausüben, in keiner Weise rassistischen oder fremdenfeindlichen Gefühle Vorschub leisten sollten.*[22]

Auch im Rahmen des europäischen Systems des Menschenrechtsschutzes wurde die Bundesrepublik Deutschland regelmäßig an ihre Aufgaben in der Bekämpfung des Rassismus gemahnt. Es wurden allerdings auch stets die unternommen Bemühungen seitens der Regierung wie der Zivilgesellschaft anerkannt. Eine noch nicht ver-

---

[21] Rüdiger Wolfrum: Internationales Übereinkommen zur Beseitigung jeder Form von Rassendiskriminierung: Inhalt und Verfahren seiner Durchsetzung, in: Baum, u.a., a.a.O., S. 129ff.
[22] Stichwort Rassismus http://www.uni-potsdam.de/u/mrz/stichw/stichw5.htm.

wirklichte Aufgabe ist es, durch ein Anti-Diskriminierungsgestz den Opferschutz zu verbessern.

Deutschland fehlt noch ein Anti-Diskriminierungs-gesetz

Mit dem geplanten „Gesetz zur Verhinderung von Diskriminierungen im Zivilrecht" will die rot-grüne Bundesregierung eine EU-Richtlinie umsetzen. Diese verpflichtet die Mitgliedstaaten, bis spätestens Mitte 2003 wirksame Maßnahmen zum Schutz vor Diskriminierung aufgrund von „Rasse und ethnischer Herkunft" zu ergreifen. Mit einem Antidiskriminierungsgesetz könnte auch in Deutschland an die positiven Entwicklungen in anderen Ländern angeknüpft werden. Man könnte eine „gesetzliche Lücke schließen und Herabsetzungen, Beleidigungen, Beschimpfungen oder andere Diskriminierungen verringern"(Barbara John). Für ein „Antidiskriminierungsgesetz" besteht nach Ansicht der CDU jedoch keine Notwendigkeit. Der Gleichbehandlungsgrundsatz ist im Grundgesetz bereits festgeschrieben und bedürfe keiner weiteren Ergänzung. Gleichzeitig sieht sie das deutsche Beamtenrecht bedroht, da es für Ausländer geöffnet werden solle.

Die Position der Europäischen Anti-Rassismus-Kommission ist eindeutig:

Wie ECRI in ihrem ersten Bericht feststellte, ist das Prinzip der Nichtdiskriminierung in den verschiedenen Gesetzen und Verordnungen über die spezifischen Aspekte des Zivil- und Verwaltungsrechts enthalten. Es fehlt jedoch eine spezifische Antidiskriminierungsgesetzgebung auf Bundesebene gegen Rassendiskriminierung in den Schlüsselbereichen des öffentlichen Lebens wie Wohnungsbau, Bildung, Gesundheit, Beschäftigung und Waren- und Dienstleistungen. ECRI stellt fest, dass der Verfassungsgrundsatz der Gleichheit diese Bereiche abdeckt, ist jedoch der Auffassung, dass diese Garantie durch zusätzliche Gesetzgebung in spezifischen Bereichen gestärkt würde. ECRI ist der Auffassung, dass eine solche Gesetzgebung nicht nur die Möglichkeit zur Entschädigung der Opfer von Diskriminierung geben würde, sondern auch der Erziehung und Sensibilisierung dient und Diskriminierung aufdecken kann.[23]

Erzieherische Wirkung geht aber nicht nur von Gesetzen aus, sondern Erziehung und Bildung sind ein unverzichtbarer, eigenständiger Zugang im Kampf gegen den Rassismus. Ohne langfristig und präventiv angelegte Bildungsmaßnahmen gegen Rassismus und Fremdenfeindlichkeit, können alle rechtlichen Standards nur eine

---

[23] http://www.dir-info.de/dokumente/ecri_report2001.shtml.

sehr begrenzte Wirkung entfalten. Prävention und Sanktion müssen zusammenwirken. Anläßlich des Internationalen Tages für die Beseitigung der Rassendiskriminierung, am 21. März 2003, äußerte sich Kofi Annan hierzu wie folgt:

Die Vereinten Nationen werden auch künftig alles tun, um auf die Notlage von Migranten, Minderheiten, indigenen Völkern, Menschen afrikanischer Abstammung und weiterer Opfer hinzuweisen. Dabei spielt vor allem die Bildungsarbeit eine wichtige Rolle, um allen Mitgliedern der Gesellschaft die Werte von Gleichheit, Toleranz, Verschiedenheit und Achtung der Menschenrechte zu vermitteln. [24]

Dieser Zusammenhang wurde auch von der Weltkonferenz gegen Rassismus, Rassendiskriminierung, Fremdenfeindlichkeit und darauf bezogene Intoleranz 2001 in Durban/Südafrika unterstrichen. Leider wurde auch diese dritte Anti-Rassismus-Weltkonferenz ähnlich wie ihre Vorläufer von 1978 und 1983 vor allem vom Thema des Nahost-Konfliktes überlagert und ist mehr oder weniger an unüberwindlichen Gegensätzen gescheitert. Obwohl es in letzter Minute noch zu einem Kompromißabschlußdokument gekommen ist,[25] wurde die Wirkung, die von dieser Konferenz hätte ausgehen können, nicht nur von der Zerstrittenheit während der Konferenz gemindert, sondern v.a. durch den kurz nach dem Ende der Konferenz (8.9.2001) die Welt erschütternden Terroranschlag des 11. September. Er gab der Rassismusthematik eine ganz andere Wendung und ließ die Weltrassismuskonferenz zu einem fast vergessenen Ereignis werden.

> Rassismus braucht nicht nur rechtliche Sanktionen, sondern Prävention durch Bildung

Die weltweite Veränderung des politischen Klimas und der Einstellungen vieler Bürger in Folge des 11. Septembers hat gezeigt, wie wenig belastbar das durchschnittliche Menschenrechtsbewußtsein und die allgemeine Toleranz sind. Vor allem die Islamophobie, eine Mischung aus Islamfurcht und anti-arabischen Haltungen, hat einen erheblichen Auftrieb erhalten. Für 15 europäische Länder hat eine Studie des EUMC diesen Trend eindrücklich belegt.

In ihrem Jahresbericht 2001 Vielfalt und Gleichheit für Europa stellt EUMC dann grundsätzlicher fest, wie in Folge des 11. Septembers allgemeine Bedrohungsgefühle in der europäischen Bevölkerung

> Nach dem 11. September wuchs die „Islamophobie"

---

[24] http://www.uno.de/presse/2003/unic576.htm.
[25] http://www.uno.de/menschen/index.cfm?ctg=rassismus (deutsche Übersetzung des Abschlußdokuments).

noch zugenommen haben und wie dadurch die Integrationsaufgaben der Europäischen Gesellschaften noch erschwert werden. Neben einer deutlichen Kritik an einigen Medien, die durch ihre Thematisierung der Ausländer als Problemfälle zu den Bedrohungsgefühlen beigetragen haben, formuliert EUMC die Notwendigkeit, „persönliche Fähigkeiten im Umgang mit Ängsten und Konflikten zu entwickeln".[26] Wiederum ist also die Bildung gefordert!

LITERATURTIPP zu Kapitel 13

United to Combat Racism – Selected Articles and standard-setting instruments, Unesco Paris 2001

Using the international human rights system to combat racial discriminination – A Handbook, Amnesty International, London 2001

David Nii Addy: Diskriminierung und Rassismus. Internationale Verpflichtungen und nationale Herausforderungen für die Menschenrechtsarbeit in Deutschland, Deutsches Institut für Menschenrechte, Berlin 2003

---

[26] EUMC Jahresbericht 2001 Vielfalt und Gleichheit für Europa.

IV. Menschenrechte besonders verletzlicher Gruppen

Obwohl alle Menschen die gleiche Würde und die gleichen Menschenrechte haben, sind sie nicht gleich in der Anfälligkeit, Opfer von Menschenrechtsverletzungen werden zu können. Aus diesem Umstand hat sich in der Entwicklung des internationalen Menschenrechtsschutzes eine Art verstärkter Schutz für besonders verletzliche Gruppen herausgebildet. Obwohl Frauen, Kinder, Migranten und Flüchtlinge als Menschen eigentlich immer schon in den bestehenden Schutzmechanismen mit eingeschlossen gewesen sind, wurden wegen einer bisherigen realen Benachteiligung und/oder wegen einer besonderen Opfersituation für sie nochmals zusätzliche Schutzmechanismen entwickelt. Mit diesen Mechanismen werden nicht die Menschenrechte in Sonderrechte aufgelöst, sondern die Menschenrechte werden aus der Opferperspektive gemäß einer außerordentlichen Verletzlichkeit mit einem außerordentlichen Schutz ausgestattet, der allererst den Genuß gleicher Rechte für diese Gruppen ermöglichen kann.

Im Folgenden werden als verletzliche Gruppen die Frauen, die Kinder, die Flüchtlinge und Asylsuchenden, die Minderheiten und die Arbeitsmigranten und ihre Menschenrechte thematisiert. Es wird darum gehen, einen allgemeinen Einblick in die menschenrechtliche Herausforderung zu vermitteln, die von den Situationen der Gruppen ausgehen und die bisherigen Reaktionen nationalen und internationalen Menschenrechtsschutzes zu skizzieren. Es ist dabei immer mit zu denken, dass die verletzlichen Gruppen weltweit in außerordentlich unterschiedlichen politischen, wirtschaftlichen, sozialen und kulturellen Lebensumständen leben. Diese Differenzierungen können an dieser Stelle nicht entfaltet werden und der interessierte Leser muß sich bei amnesty international, Human Rights Watch oder bei denjenigen NGOs informieren, die sich speziell für eine verletzliche Gruppe engagieren wie beispielsweise Terre des Hommes für Kinder oder Terre des Femmes für Frauen (vgl. Kapitel 21 zu den NGOs). Aber die bekannten oder vermuteten Asymmetrien der Bedrohung dürfen auch nicht zu einer deutschen oder europäischen Perspektive menschenrechtlicher Selbstgefälligkeit führen, die die Probleme immer nur in den anderen Ländern sieht und die die Sensibilität für die Aufgaben vor der eigenen Haustür verliert.

Menschenrechte für besonders gefährdete Gruppen sind keine Sonderrechte

14. Frauenrechte

Abb. 12: Muslimische Frauen an der Wahlurne: Sanaa (Jemen), 1993.

Trotz unbestreitbarer großer historischer Fortschritte sind Frauen heute immer noch in vielen Lebensbereichen strukturell diskriminiert.[1]

– Ungefähr 70% aller Armen sind Frauen,
– in den Parlamenten der Welt sitzen im Durchschnitt nur 10% weibliche Abgeordnete,
– zwei Drittel aller Analphabeten sind weiblich,
– nach Schätzungen der UN werden jährlich mindestens 2 Millionen Mädchen und Frauen genital verstümmelt.

Das 1981 in Kraft getretene „Übereinkommen zur Beseitigung jeder Form von Diskriminierung der Frau" (kurz: Frauenkonvention) ist das bedeutendste Menschenrechtsdokument für Frauenrechte. Das Übereinkommen stellt substantielle Diskriminierungsverbote auf, die beinahe den gesamten Lebensbereich von Frauen abdecken. Es verbietet direkte und indirekte Diskriminierungen. Dieses Verbot richtet sich nicht nur gegen den Vertragsstaat und seine

---

[1] Patricia Flor: „Gender Mainstreaming" – Damit die Gleichberechtigung der Geschlechter wirklichkeit wird, in : Gerhard Baum/Eibe Riedel/Michael Schaefer (Hrsg.): Menschenrechtsschutz in der Praxis der Vereinten Nationen, Baden-Baden 1998.

Einrichtungen, vielmehr muß der Staat mittels aller geeigneten Maßnahmen auch dafür Sorge tragen, dass Diskriminierungen durch Personen, Organisationen oder Unternehmen verhindert werden.[2]

Die Möglichkeit der Individualbeschwerde ergänzt und erweitert die Rechte der Frauen maßgeblich, die vorher Beschwerden nur an die UN-Kommission für die Stellung der Frau richten konnten. Während diese Kommission jedoch ausschließlich systematische Verletzungen untersucht und feststellt, eröffnet die Individualbeschwerde, die sich an den Ausschuss gegen Frauendiskriminierung richtet, die individuelle Behandlung jeder Beschwerde.

Die Abschlußerklärung der Wiener Weltmenschenrechtskonferenz 1993 enthält erstmals in der Geschichte der Vereinten Nationen die ausdrückliche Verurteilung der Gewalt gegen Frauen als Menschenrechtsverletzung. Eine in den Folgen langfristig noch gar nicht abzusehende konzeptionelle Erneuerung wurde dadurch erreicht, dass auch Gewalt im privaten Bereich als Menschenrechtsverletzung definiert wurde! Damit wurde eine wesentliche Erweiterung des internationalen Menschenrechtsverständnisses initiiert.

Im Dezember 1993 präzisierte die UN-Generalversammlung die Formulierungen des Wiener Abschlußdokumentes durch eine eigene „Erklärung über die Beseitigung der Gewalt gegen Frauen" und nannte dazu folgende Formen der Gewalt gegen Frauen im öffentlichen und privaten Bereich, die Menschenrechtsverletzungen darstellen:

Der Kampf für die Frauenrechte verändert das Menschenrechtsverständnis

a) körperliche, sexuelle und psychologische Gewalt in der Familie, einschließlich körperlicher Mißhandlungen, des sexuellen Mißbrauchs von Mädchen im Haushalt, Gewalttätigkeit im Zusammenhang mit der Mitgift, Vergewaltigung in der Ehe, Genitalverstümmelung und andere für Frauen schädliche traditionelle Praktiken, Gewalt außerhalb der Ehe und Gewalttätigkeit im Zusammenhang mit Ausbeutung;
b) körperliche, sexuelle und psychologische Gewalt im Umfeld der Gemeinschaft, einschließlich Vergewaltigung, sexueller Mißbrauch, sexuelle Belästigung und Einschüchterung am Arbeitsplatz, in Bildungseinrichtungen und andernorts, Frauenhandel und Zwangsprostitution;
c) staatliche oder staatlich geduldete körperliche, sexuelle und psychologische Gewalt, gleichviel wo sie vorkommt.[3]

---

[2] http://www.uni-potsdam.de/u/mrz/stichw/stichw10.htm.
[3] http://www.dadalos-d.org/deutsch/Menschenrechte/Grundkurs_MR3/frauenrechte/was/un-politik.htm.

Eine erfolgreiche Strategie des Bewußtseinswandels und der Gleichberechtigung ist Gender Mainstreaming. Fünf Schritte schlägt Paricia Flor vor:[4]

1. Probleme nicht mehr geschlechtsneutral definieren, prinzipiell die Frage aufwerfen, wie Frauen betroffen sind.
2. Auch die Lösungen und Lösungsvorschläge für Probleme müssen auf ihre genderspezifische Auswirkung befragt werden.
3. Statistiken und Erhebungen geschlechtsspezifisch differenzieren.
4. Gender Mainstreaming darf nicht dem Wohlwollen oder der Einstellung von Führungspersonen überlassen bleiben, sondern es muß institutionalisiert werden.
5. Nur eine reale Mitsprache an Entscheidungsprozessen kann den Erfolg des Ansatzes garantieren.

Trotz bemerkenswerter Fortschritte im Bereich der Frauenrechte gibt es aber auch noch erhebliche Hindernisse zu beklagen. Die Konvention ist zwar inzwischen mehrheitlich ratifiziert worden, allerdings haben viele Staaten den Vertrag nur mit Vorbehalten unterzeichnet, was die Konvention schwächt und in einigen Fällen den Sinn der Konvention ad absurdum führt. Länder in denen das Gesetz der Scharia zur Anwendung kommt, haben prinzipielle Vorbehalte angemeldet, der Verpflichtung nachzukommen, Diskriminierung auf der Grundlage von Gender aufzuheben.[5]

Auch die „Kairoer Erklärung der Menschenrechte" steht unter dem Vorbehalt, mit der Scharia übereinstimmen zu müssen. In Bezug auf das Geschlechterverhältnis wird zwar die Gleichheit der Würde, nicht aber die Gleichheit der Rechte von Mann und Frau betont.[6]

Frauenrechte im Islam sind ein Konfliktthema – vor allem für die Frauen vor Ort

Erhebliche Schwierigkeiten bereitet der Gleichheitsgrundsatz: Nach islamischer Lehre gilt die Gleichheit aller Menschen (zumindest aber der Gläubigen unter ihnen) zwar vor Gott, nicht aber vor dem Gesetz, wo Frauen und Nichtmuslime insbesondere im Ehe- und Erbrecht männlichen Muslimen nicht gleichgestellt sind. Nach vorherrschender Auffassung nehmen Mann und Frau komplementäre gesellschaftliche Rollen ein, wobei die Frau zunächst einmal Hausfrau und Mutter ist und weitere Aufgaben nur nach Erfüllung die-

4 Patricia Flor: „Gender Mainstreaming",a. a. O.
5 Katarina Tomasevski: Women's Rights, in: Human Rights: Concepts and Standards, Janusz Symonides (ed) Ashgate 2000.
6 http://afa.at/globalview/122001/uno6.html.

ser Pflicht und mit Zustimmung ihres gesetzlichen Vormunds (übli-
cherweise des Ehemannes) übernehmen kann. [7]

Der islamischen Welt gehören allerdings fast eine Milliarde Menschen und 48 Staaten, Asien und Afrika an. Sie haben sehr unterschiedliche Gesellschaftsformen und Rechtsnormen, weshalb man
sich vor einer Generalisierung hüten muß. Es darf nicht übersehen
werden, dass es auch in orientalischen Ländern Ansätze einer Frauenbewegung gibt.[8]

Frauen aus orientalischen Ländern lesen ihre Tradition mit eman-
zipativem Erkenntnisinteresse neu, sie machen ihren islamistischen
und konservativen Gegnern den Anspruch streitig, wahrhaft im Na-
men des Islam zu argumentieren. Indem sie sich in ihrer kulturel-
len und religiösen Tradition positionieren, entwickeln sie zugleich
ein kritisches Verhältnis zu diesen Traditionen.[9]

Entscheidend für den Fortschritt der Frauenrechte in islamischen Gesellschaften ist sicherlich, dass sich Angebote von „außen" mit den
Bedürfnissen und Initiativen der Frauen „vor Ort" verbinden, dass
also der Menschenrechtsdiskurs nicht als importiert oder gar oktroy-
iert wahrgenommen wird.

LITETRATURTIPP zu Kapitel 14
Patricia Flor: „Gender Mainstreaming" – Damit die Gleichberechtigung der
    Geschlechter Wirklichkeit wird, in: Gerhard Baum/Eibe Riedel/Michael
    Schaefer (Hrsg.): Menschenrechtsschutz in der Praxis der Vereinten Natio-
    nen, Baden-Baden 1998
Katarina Tomasevski: Women's Rights, in: Human Rights: Concepts and Stan-
    dards, Janusz Symonides (ed.) Ashgate 2000
Vauti, Angelika; Sulzbacher, Margot (Hrsg.): Frauen in islamischen Welten.
    Eine Debatte zur Rolle der Frau in Gesellschaft, Politik und Religion. Wien,
    1999

15. Kinderrechte

Kinderrechte sind spezifische Rechte, die die Kinder – ähnlich wie
Frauen oder Flüchtlinge – als eine Gruppe von Menschen anerkennt,
die besonders anfällig für Menschenrechtsverletzungen sind und
deshalb verstärkter Schutzmechanismen bedürfen. 250 Millionen

---

[7] Gudrun Krämer, in: Das Parlament Nr. 03 – 04 / 18./25. Januar 2002.
[8] http://www.terre-des-femmes.de/islamlinks.htm.
[9] Susanna Kahlefeld: Frauenbewegung und Islam – Zur Erinnerung an den 11.
    September, aus: http://www.gruene-berlin.de/neukoelln/parteiaemter/kahle-
    feld/kahlefeld02.htm.

Abb. 15: Kindersoldat der birmanischen Rebellenarmee.

Kinder im Alter zwischen 5 und 14 Jahren müssen in vielen Ländern der Erde arbeiten, um zu überleben. Mehr als 60 Millionen von ihnen werden als Zwangsarbeiter, Schuldknechte, Kindersoldaten oder Prostituierte ausgebeutet. Millionen Kindern fehlt jede Möglichkeit, etwas zu lernen. Es gibt nach Schätzungen der Vereinten Nationen noch immer in rund 40 Staaten der Erde mehr als 300 000 Jungen und Mädchen in staatlichen oder privaten Armeen. Ungefähr 11 Millionen Kinder sterben bevor sie das 5. Lebensjahr erreichen, 150 Millionen hungern, 120 Millionen gehen nicht zur Schule, 3o Millionen werden verkauft und arbeiten als Prostituierte oder Sklaven, 600000 waren 2000 HIV infiziert.[10]

In der Kinderrechtskonvention erweisen sich die Menschenrechte als unteilbar

Nachdem bereits 1958 eine Deklaration der Kinderrechte verabschiedet wurde, die aber lediglich moralische Standards ohne rechtliche Verbindlichkeit zu setzen vermochte, gelang 1989 der Durchbruch der Konvention der Kinderrechte. Sie ist das Ergebnis eines 10jährigen Verhandlungs- und Beratungsprozesses von Regierungsvertretern, Rechtsexperten, Pädagogen, religiösen Gruppen und Vertretern von Kinderhilfsorganisationen aus der ganzen Welt. Keine Konvention wurde bislang von so vielen Staaten unterschrieben (nur Somalia und die USA fehlen noch). Die Kinderkonvention zeichnet sich auch dadurch aus, dass sie die einzige Menschenrechtskonvention der UN ist, in der die Unteilbarkeit der Rechte im Dokument selber dokumentiert ist. Gut läßt sich das am Recht auf Bildung verdeutlichen, das in der Konvention mit dem Recht auf Entwicklung verknüpft wird. Art 28 Abs. 3 der Konvention verpflichtet ausdrücklich zur Entwicklungszusammenarbeit im Bildungswesen, „insbesondere um zur Beseitigung von Unwissenheit und Analphabetentum in der Welt beizutragen und den Zugang zu

---

[10] http://www.vistaverde.de/news/Politik/0209/19_kindertag.htm.

wissenschaftlichen und technischen Kenntnissen und modernen Unterrichtsmethoden zu erleichtern.“[11]

Die UNICEF hat die Kinderrechte in vier Kategorien unterteilt:

1. Überlebensrechte (survival rights), wie Recht auf Nahrung, Wohnung, medizinische Versorgung,
2. Entwicklungsrechte (development rights), wie Recht auf Bildung, Religionsfreiheit, Freiheit des Denkens, Recht auf Spielen,
3. Schutzrechte (protection rights), Rechte, die schützen vor Ausbeutung, sexuellem Mißbrauch, willkürlicher Trennung von der Familie,
4. Teilnahmerechte (participation rights). *Meinungsäußere, Informationsrecht*

Die Kinderrechtskonvention wurde zwar 1992 von der Bundesregierung ratifiziert – allerdings mit Vorbehalten: Ein wesentlicher Vorbehalt besagt, dass keine Bestimmung der Kinderrechtskonvention dahin ausgelegt werden darf, dass sie das Recht der Bundesrepublik Deutschland beschränkt, Gesetze und Verordnungen über die Einreise von Ausländern und die Bedingungen ihres Aufenthaltes zu erlassen oder Unterschiede zwischen Inländern und Ausländern zu machen. Das deutsche Ausländer- und Asylrecht soll nicht der Kinderrechtskonvention angepasst werden. Dies führt dazu, dass unbegleiteten minderjährigen Flüchtlingen nicht der erforderliche Schutz gewährt wird. In der Regel werden sie schon mit 16 Jahren und nicht erst mit 18 wie Erwachsene behandelt. Unter Verletzung der Normen der Kinderrechtskonvention werden auch auf sie – im Rahmen des Asylverfahrens – die „Drittstaaten-Regelung“ und das „Flughafenasylverfahren“ angewendet.[12] Auch das UN-Flüchtlingskommissariat UNHCR hat sich für eine gleichberechtigte Behandlung von unbegleiteten Flüchtlingskindern in Deutschland eingesetzt. Nach Schätzungen leben 6000 bis 10000 von ihnen in Deutschland.

Aber auch über die Vorbehaltskontroverse hinaus sind Kinderrechte nicht nur ein Thema über andere Länder, sondern auch ein Thema über Kinder in Deutschland und über Kinderfreundlichkeitsprüfungen von politischen Entscheidungen in diesem Land. Im Mittelpunkt der Probleme stehen die mangelnde Berücksichtigung von Kinderinteressen im Städtebau oder bei der Verkehrsplanung, relative Armut, mangelnde Integration von Kindern mit Migrationserfahrungen, und das Aufkommen neuer Kinderkrankheiten.[13]

Kinderrechte nicht nur ein Thema über andere Länder

---

[11] Manfred Nowak, aus: Teaching Human Rights. Informationen zur Menschenrechtsbildung, Nr. 4, Herbst 1999
[12] Heiko Kauffmann: Alle Kinder haben Rechte. Vom Umgang der deutschen Politik mit einer UN-Konvention, Frankfurter Rundschau, 5. April 2001
[13] http://www.unicef.de/akt/akt_141.php?news_id=846

Die Aufnahme von Kinderrechten in den Kanon der Menschenrechte unterstreicht, dass das Menschsein nicht erst beim Erwachsenen anfängt. Mit den Kinderrechten wird der schwächsten Gruppe der Gesellschaft der Menschenrechtsschutz zuerkannt. Anders als bei den Frauenrechten konnten die Kinder aber nicht selber für ihre Rechte einstehen und deshalb war dies wohl auch ein besonders langwieriger Prozess. Ähnlich wie bei anderen besonders verletzlichen Gruppen läßt sich bei der Entwicklung der Kinderrechte aber sehr deutlich erkennen, wie aus einer zunehmenden Empörung über den Kindern zugefügtes Leid der Anstoß für die Anerkennung von Rechten entsprang.

Paulo David hebt v.a. folgende Neuerungen hervor, die von den Kinderrechten ausgehen:

1. Der Wandel von einer Wohlfahrts- oder Mitleidsperspektive zu einer Perspektive der Rechte. Es geht nicht mehr um ein vom guten Willen abhängiges Berücksichtigen von Bedürftigkeit, sondern um ein Einfordern und Respektieren von Rechten.
2. Unter den großen internationalen Menschenrechtsverträgen ist die Kinderkonvention die einzige, die gemäß dem Unteilbarkeitspostulat die bürgerlichen, politischen, wirtschaftlichen, sozialen und kulturellen Rechte integriert.
3. Die Anerkennung als Menschenrechtssubjekte und die Berücksichtigung der unteilbaren Menschenrechte beinhaltet auch, dass Kinder nicht nur geschützt und versorgt werden sollen, sondern dass sie auch Partizipationsrechte haben und dass es noch aussteht, den Kindern den ihnen zustehenden angemessenen Entscheidungsraum zu sichern.[14]

Kinderrechte bedeutet nicht: Kinder an die Macht

Es gibt allerdings auch viele Einwände und Ängste der Eltern und Erzieher, dass ihre Rechte beschnitten würden! Die Konvention nimmt den Eltern nicht die Erziehungsverantwortung, sondern unterstreicht diese ausdrücklich und verpflichtet die Regierungen, die Familien angemessen zu unterstützen, damit sie dieser Aufgabe nachkommen können. Das Recht der Kinder, in allen Dingen, die sie betreffen, ihren Standpunkt zu vertreten, bedeutet nicht, dass sie ihren Eltern vorschreiben könnten, was zu tun ist. Vielmehr geht es um eine systematische Berücksichtigung von Kinderinteressen bei

---

[14] Paulo David: Implementing the Rights of the Child. Six Reasons Why the Human Rights of Children Remain a Constant Challenge, in: Internationale Zeitschrift für Erziehungswissenschaft, July 2002 (edited by Volker Lenhart and Kaisa Savolainen)

allen Entscheidungen, die Erwachsene für sie fällen. Die Konvention präzisiert, dass die Berechtigung zur Beteiligung unter Berücksichtigung des Alters und der Reife der Kinder zu erfolgen habe. Die Konvention untersagt jede Form von Gewalt im Erziehungsprozeß und untersagt deshalb auch den Eltern und Lehrern jede Form der körperlichen Bestrafung. Die Regierungen sind verpflichtet, dementsprechende Gesetzte zu erlassen. Die Konvention schützt Kinder vor Kinderarbeit. Allerdings untersagt sie nicht, dass Kinder ihren Eltern in „Haus und Hof" helfen, solange sie dadurch nicht in ihren Rechten auf Bildung, Freizeit und Ruhe verletzt werden. Das besondere Verdienst der Konvention ist es, dass sie Abstand nimmt von einem Verständnis des Kindes, das Eigentum der Eltern ist. Stattdessen werden die Elternrechte an die Verantwortung gebunden, die Rechte der Kinder zu respektieren und zu schützen. Die Konvention trägt dem Umstand Rechnung, dass Kinder mit zunehmendem Alter ihr Leben selbst in die Hand nehmen können. Die Konvention versucht eine Balance zu finden, zwischen den Rechten und Verantwortlichkeiten der Familie und den wachsenden Fähigkeiten der Kinder, ihr Leben autonom zu gestalten. UNICEF diskutiert auf ihrer Homepage diese und viele andere „oft gestellten Fragen" (Frequently asked Questions/FAQ) zur Konvention.[15]

Gewalt im Erziehungsprozeß ist eine Menschenrechtsverletzung

Wer ist verantwortlich für die Umsetzung der Kinderrechte? Zunächst einmal sind die Regierungen und Verwaltungen gefordert, auf nationaler, regionaler und kommunaler Ebene alle angemessenen Maßnahmen zu unternehmen, um die Kinderrechte umzusetzen. Dann haben sich in vielen Gesellschaften sogenannte nationale Koalitionen herausgebildet. Die National Coalition (NC) in Deutschland ist ein Zusammenschluss von 90 bundesweit tätigen Organisationen und Initiativen, die sich zum Ziel gesetzt haben, die UN-Kinderrechtskonvention bekannt zu machen, ihre Umsetzung zu fördern und kritisch zu begleiten. Die NC ist angesiedelt bei der Arbeitsgemeinschaft für Jungendhilfe[16].

Schließlich ist noch unbedingt auf die Internationale Arbeitsorganisation (ILO) zu verweisen, die großen und auch erfolgreichen Einsatz im Kampf gegen die schlimmsten Formen der Kinderarbeit zeigt. Sie beeinträchtigt die weitere Entwicklung von Kindern und ist, jedenfalls in ihren harten und ausbeuterischen Erscheinungsformen, mit der Menschenwürde unvereinbar. Die Bekämpfung der Kinder-

---

[15] http://www.unicef.org/crc/faq.htm.
[16] http://www.agj.de/htm/start.htm

UNICEF

UNICEF – United Nations Children's Fund, zu deutsch „Kinderhilfswerk der Vereinten Nationen". UNICEF führt in 161 Ländern Hilfsprogramme für Kinder und Frauen durch. Hauptsitz der Organisation ist New York. Seit 1946 arbeitet UNICEF für das Wohl der Kinder dieser Welt. Mittlerweile ist UNICEF in 161 Ländern tätig. In 37 Staaten informieren Nationale Komitees über die Arbeit von UNICEF.

UNICEF arbeitet auf der Grundlage der UN-Kinderrechtskonvention, die die 191 Mitgliedstaaten verpflichtet, das Überleben der Kinder zu schützen, ihre Entwicklung zu fördern, sie vor Missbrauch und Gewalt zu schützen und sie an wichtigen Entscheidungen zu beteiligen.

http://www.unicef.de
http://www.unicef.org

---

arbeit ist daher ein vordringliches Ziel des internationalen Menschenrechtsschutzes.

Da aber auch verstärkte Aktivitäten im Bereich der Normensetzung, wie sie gerade von der ILO vorgenommen werden, nicht ausreichen, wird auch diskutiert, ob eine Durchsetzung des Verbots der Kinderarbeit an Handelssanktionen zu knüpfen. *Um die Befolgung der Standards zu erreichen, wird seit längerem über den Nutzen von Sozialklauseln diskutiert, mit denen Produkte, die in Kinderarbeit hergestellt wurden, vom Handel ausgeschlossen werden sollen…. Allerdings ist es nach den bisherigen Erfahrungen mit bereits existierenden Klauseln – etwa im Bereich der Europäischen Gemeinschaft – wenig wahrscheinlich, daß es zu einer automatischen Verknüpfung von Verstoß und Sanktion kommen wird…. Erneut besteht somit die Gefahr, daß kein echter Durchsetzungsmechanismus geschaffen wird, sondern (wirtschafts-) politische Überlegungen den Ausschlag geben werden, wenn es um die Reaktion auf Menschenrechtsverletzungen geht.*[17]

Eine besondere Aufmerksamkeit erhielt der Kindergipfel „A World Fit for Children" der Vereinten Nationen im Mai 2002 in New York, bei der auch Kinder und Jugendliche teilnehmen konnten. Die Konferenz war eine Nachfolgekonferenz des Weltkindergipfels von 1990. Damals hatten 71 Staats- und Regierungschefs eine Erklärung für das Überleben, den Schutz und die Entwicklung von Kindern sowie einen Aktionsplan zur Umsetzung dieser Erklärung unterzeich-

Mit Sozialklauseln gegen Kinderarbeit

---

[17] Norman Weiß: Weltwirtschaft, Kinderarbeit und Sozialklauseln, in: MenschenRechtsMagazin Heft 2 / 1999.

net. 12 Jahre später konnte nun überprüft werden, ob und wie der Aktionsplan umgesetzt worden ist.

Ein wichtiges Thema war auch die geforderte Einrichtung eines Individualbeschwerderechts.

Zehn Gründe für ein Individualbeschwerderecht als zusätzliches Kontrollinstrument zur UN-Kinderrechtskonvention

• Als internationales und unabhängiges Verfahren vor einem UN-Ausschuss hat die Individualbeschwerde eine wichtige Öffentlichkeitsfunktion.

• Das Individualbeschwerdeverfahren ermöglicht eine ergänzende Überprüfung von Sachverhalten durch ein Expertengremium, das Erfahrungen mit kinderspezifischen Diskriminierungen und Menschenrechtsverletzungen hat.

• Die Einführung von Individualbeschwerdeverfahren bedeutet eine Weiterentwicklung des Menschenrechtsschutzes. Menschenrechtsschutz ist wichtig für die internationale Zusammenarbeit.

• Opfer können Wiedergutmachung und Schadenersatz gegenüber dem Staat beanspruchen.

• Das Beschwerderecht wertet die geschützte Gruppe der Kinder weiter auf.

• Die Individualität und Rechtspersönlichkeit von Kindern wird gestärkt (Gleichstellung Staat-Individuum).

• Das Individualbeschwerdeverfahren ist die weitreichendste Sanktionsmöglichkeit der UN-Organe zur Durchsetzung der Menschenrechte. Der völkerrechtlich verbindliche Standard der UN-Kinderrechtskonvention wird durch einen zusätzlichen Kontrollmechanismus aufgewertet.

• Die Feststellungen und Empfehlungen des betreffenden UN-Ausschusses im Falle einer Beschwerde tragen wesentlich zur Auslegung des Inhalts einzelner Rechte und Bestimmungen bei.

• Der Ausschuss für die Rechte des Kindes wird gestärkt.

• Die Staaten bemühen sich, die innerstaatlichen Kontrollmöglichkeiten stärker auszubauen, wodurch sich die Chancen der Betroffenen auf effektiven Rechtsschutz insgesamt erhöhen.[18]

LITERATURTIPP zu Kapitel 15:
Volker Lenhart: Pädagogik der Menschenrechte, Opladen 2003 (das Kapitel „Kinderrechte")
Handbuch der Sozialen Arbeit mit Kinderflüchtlingen, Woge e.V./ Institut für Soziale Arbeit (Hrsg.), Münster 1999

[18] http://www.weltkindergipfel.de/wkg/weltkindergipfel/unterseiten/01211/index.html.

16. Rechte von Flüchtlingen und Asylsuchenden

Weltweit sind nach Schätzung des UNHCR ca. 50 Millionen Menschen auf der Flucht oder in fluchtähnlichen Situationen, etwa 12 Millionen werden als politische Flüchtlinge eingeschätzt. Sie fliehen, weil sie verfolgt werden und weil sie um Leib und Leben fürchten. Diese „Botschafter des weltweiten Unrechts" (Burkhard Hirsch) fliehen aus einem Staat, der ihre Menschenrechte verletzt oder der sie nicht mehr vor der Gewalt des Bürgerkrieges schützen kann. Sie suchen Sicherheit in einem neuen Staat, der ihre Menschenrechte schützen soll und kann. Menschen sind frei, ihr Land zu verlassen und sie haben auch ein Recht, um Asyl zu ersuchen, aber sie haben kein Recht, von einem bestimmten Staat Asyl zu erhalten.

Der Asylschutz ist im Völkerrecht schwach ausgeprägt

Obwohl das Asylrecht ein unverzichtbares Institut des Flüchtlingsschutzes ist, ist die menschenrechtliche Verankerung des Asyls schwach ausgestaltet. Zwar heißt es in der AEMR in Artikel 14 „Jeder Mensch hat das Recht, in anderen Ländern vor Verfolgung Asyl zu suchen und zu genießen". Aus dieser Formulierung läßt sich aber keine Rechtspflicht des Staates zur Asylgewährung ableiten. Der Artikel bedeutet nur, dass ein Staat einem Asylsuchenden Asyl ge-

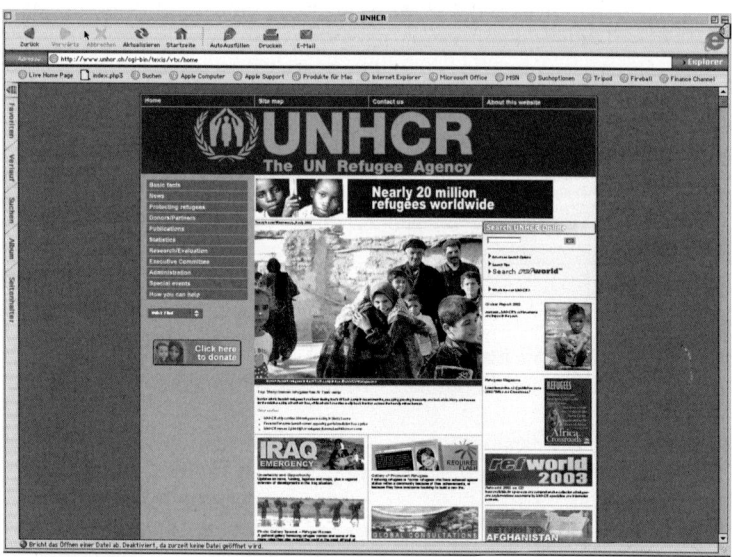

Abb. 16: Homepage des Un-Flüchtlingskommissariates (UNHCR).

währen kann. Die Europäische Menschenrechtskonvention verzichtet sogar auf die Erwähnung des Asylrechts. Erst die Europäische Grundrechtecharta nimmt wieder Bezug auf ein Asylrecht in Übereinstimmung mit der Genfer Flüchtlingskonvention (GFK). Sie enthält den zentralen internationalen Schutzmechanismus für Flüchtlinge.

Die Genfer Flüchtlingskonvention von 1951 war zunächst nur für Personen gedacht, die infolge von Krieg und Verfolgung vor 1951 zu Flüchtlingen innerhalb von Europa wurden. Erst das zusätzliche Protokoll von 1967 macht die Genfer Konvention allgemein gültig und hebt geographische und zeitliche Eingrenzungen auf.

Nach Art. 1 GFK in Verbindung mit Art. 1 des Protokolls ist ein „Flüchtling" eine Person, die *aus der begründeten Furcht vor Verfolgung wegen ihrer Rasse, Religion, Nationalität, Zugehörigkeit zu einer bestimmten sozialen Gruppe oder wegen ihrer politischen Überzeugung sich außerhalb des Landes befindet, dessen Staatsangehörigkeit sie besitzt oder besitzen würde, und den Schutz dieses Landes nicht in Anspruch nehmen kann oder wegen dieser Befürchtungen nicht in Anspruch nehmen will... .*

Die GFK begründet die Pflicht der Staaten, den Antrag eines Asylbewerbers in einem objektiven und effektiven Verfahren zu prüfen und ihm während des Verfahrens ein vorläufiges Bleiberecht zu gewähren. Wichtigste Festlegung für die Unterzeichner-Staaten ist das sogenannte Non-Refoulement-Gebot, d.h. das Verbot, einen Flüchtling in sein mögliches Verfolgerland zurückzuschicken.

Die Genfer Flüchtlingskonvention schützt

– keine Wirtschafts- oder Umweltflüchtlinge,
– keine Binnenvertriebenen,
– und auch keine Bürgerkriegsflüchtlinge.

Auch wenn der Anwendungsbereich der GFK begrenzt ist, macht das andere Flüchtlinge nicht in jedem Falle schutzlos. Zum Beispiel bieten Art. 3 Europäische Menschenrechtskonvention und Art. 7 Internationaler Pakt für bürgerliche und politische Rechte und Artikel 3 der Anti-Folterkonvention Schutz vor Abschiebung in einen Staat, in dem Betroffenen Folter oder unmenschliche Behandlung droht.

In mehreren Fällen, in denen europäische Regierungen Ausländer unter offensichtlicher Verletzung des Refoulementverbots in ihre Heimatländer zurückschicken wollten, haben sich diese unter Bezug auf die Verankerung des Refoulmentverbots in der Anti-Folterkonvention Artikel 3 an den Anti-Folterausschuß der Vereinten Nationen gewandt. In zwei Fällen hat der Ausschuß auf der Grundlage von vertraulichen Untersuchungsverfahren gemäß Artikel 20 über systematische Folterpraxis in der Türkei und in Ägypten öffentliche Stellungnahmen abgegeben.[19]

Hohe Flüchtlingskommissariat der Vereinten Nationen – UNHCR

Als eine humanitäre und nicht-politische Organisation hat UNHCR zwei grundlegende und verwandte Ziele: Flüchtlinge zu schützen und ihnen zu helfen, sich in einer normalen Umgebung ein neues Leben aufzubauen. Internationaler Schutz ist der Eckstein der Arbeit von UNHCR. In der Praxis bedeutet dies sicherzustellen, dass die Menschenrechte der Flüchtlinge respektiert werden und kein Flüchtling gegen seinen Willen in ein Land zurückgeschickt wird, wo er oder sie Verfolgung befürchten muss...UNHCR fördert internationale Übereinkommen zum Flüchtlingsschutz und überwacht die Einhaltung des internationalen Flüchtlingsrechts durch die Regierungen.

Die rechtlichen Grundlagen für die vielfältigen Aufgaben und Tätigkeiten des UNHCR bilden die GFK und das Protokoll von 1967. Das Mandat des UNHCR erstreckt sich – wie auch der Anwendungsbericht der Genfer Flüchtlingskonvention aus dem Jahre 1951, in Kraft seit 1954 – nur auf politische Flüchtlinge.

UNHCR arbeit mittlerweile mit 5.200 Mitarbeitern die rund 20 Millionen Menschen in 114 Ländern helfen. Schon zweimal, 1951 und 1984 hat UNHCR den Friedensnobelpreis erhalten.
http://www.unhcr.de

Obwohl UNHCR kein eigentliches Kontrollorgan der GFK ist und keinerlei Sanktionsbefugnisse besitzt, ist es seine Aufgabe, eine mahnende Überwachung der Einhaltung des völkerrechtlichen Vertrags durchführen.

Politisch können diese Stellungnahmen jedoch bedeutsam werden. Hier sei nur an die Kritik Ruud Lubbers an der äußerst restriktiven Flüchtlingspolitik Australiens und der engen, nur die nichtsstaatliche Verfolgung beinhaltenden Flüchtlingsdefinition in Deutschland erinnert. Zumindest in Deutschland ist in diesem Bereich einiges in Bewegung geraten. Man kann also ebenfalls konstatieren, daß die Bedeutung des UNHCR neben seiner wichtigen operativen Arbeit auch in den momentanen politischen Debatten für die Zukunft eines rechtsstaatlichen Flüchtlingsschutzes stark gewachsen ist. [20]

UNHCR vertritt die Position, dass auch Menschen, die vor ethnisch oder religiös motivierten gewaltsamen Konflikten geflohen sind, auch

---

[19] Nowak in: Fritzsche/Lohmann, a.a.O.S. 103.
[20] http://www.uni-potsdam.de/u/mrz/stichw/stichw8.htm.

wenn diese Gewalt von Nicht-Staatlichen Akteuren ausgeht, wie Konventionsflüchtlinge zu behandeln. UNHCR ist der Auffassung, dass nicht der Urheber der Gewalt ausschlaggebend für den Flüchtlingsstatus sein kann, sondern nur die Frage, ob eine Person internationalen Schutz benötigt, da der eigene Staat diese nicht mehr bieten kann oder da dieser im Herkunftsland nicht mehr gewährleistet ist. Deshalb tritt UNHCR auch für die Anerkennung von sexueller Gewalt und von Genitalverstümmelung als Verfolgungsgründe ein.

Anläßlich des 50. Jahrestages der GFK gab es auf Initiative des UNHCR sogenannte Globale Konsultationen, um eine konsolidierte „Agenda for Protection" zu entwickeln.[21]

Adresse:
VEREINTE NATIONEN
DER HOHE FLÜCHTLINGSKOMMISSAR
Vertretung in Deutschland
Wallstrasse 9-13
10179 Berlin
Email: gfrbe@unhcr.de

Viel weiter ging da einst das Grundgesetz: „Politisch Verfolgte genießen Asylrecht", so lautete lapidar Artikel 16, Absatz 2, Satz 2 Grundgesetz und räumte damit dem staatlichen Schutz des Flüchtlings Verfassungsrang ein und zwar im Sinne eines individuellen, gerichtlich einklagbaren Grundrechts. Der Artikel wurde ohne Einschränkung, vor allem auch ohne einen gesetzlichen Vorbehalt in unsere Verfassung aufgenommen.

> Das Grundgesetz beinhaltete bis 1993 einen Asylrechtsschutz, der weltweit einzigartig war

In engagierten Worten fasst Herbert Leuninger die historische Leistung des Grundgesetzes zusammen:

Die Eltern des Grundgesetzes haben mit Artikel 16 GG eine spezifische Konsequenz aus der nationalsozialistischen Schreckensherrschaft ziehen wollen. Es war eine Art Dank an die Völkergemeinschaft für die Aufnahme von 800.000 Flüchtlingen aus Hitlerdeutschland, aber auch eine Selbstverpflichtung dazu, keinesfalls, wie in Tausenden anderen Fällen in der Nazi-Zeit auch geschehen, Flüchtlinge aus Deutschland an der Grenze abzuweisen.

Man kann ohne Übertreibung, erst recht ohne nationale Überheblichkeit sagen, die Bundesrepublik habe damals mit diesem Artikel

---

[21] http://www.auswaertiges-amt.de/www/de/aussenpolitik/menschenrechte/mr_inhalte_ziele/mrb6/teil_a/4/4_1_html.

*über alle geltenden Menschenrechtskonventionen hinaus einen neu-
en Standard gesetzt, indem sie einzelne Menschen, ohne kategoria-
le Unterschiede zu machen, nicht nur als Flüchtlinge aufnimmt und
schützt, sondern ihre Aufnahme zu einem Recht ausgestaltet, das
mit allen Rechtsweggarantien, die ein heutiger Rechtsstaat seinen
Bürgern gewährt, versehen ist.* [22]

Unter stark veränderten historischen Bedingungen kam es zu einer
radikalen Änderung des Artikels 16. Zu den veränderten Bedingungen gehörten u.a.
- eine Distanz zu den Erlebnissen und den Lehren des NS in
  Deutschland,
- eine weltweit wachsende Migration und eine unerwartet hohe
  Zahl von Asylbewerbern in Deutschland,
- eine teilweise militante und rassistische Abwehr von Asylsuchenden in Deutschland,
- eine hochemotionalisierte „Debatte", in der die Ängste stärker waren als die Argumente: die Ängste vor der Bedrohung der inneren Sicherheit, vor der Beschädigung des Wohlstands und vor
  „Überfremdung".

Unter diesen Bedingungen kam es zu einer Mega-Koalition der Be-
fürworter der Asylrechtsänderung. Die hohe Hürde der Zweidrittelmehrheit wurde genommen und das Asylgrundrecht maßgeblich begrenzt.

1. Flüchtlinge, die aus sicheren Drittstaaten in die Bundesrepublik
   Deutschland einreisen, haben keinen Asylanspruch mehr und
   können in den Drittstaat zurückgeschickt werden. Als sichere
   Drittstaaten gelten Mitgliedstaaten der EU sowie Norwegen und
   die Schweiz. Damit ist Deutschland von sicheren Drittstaaten umgeben und die Einreise kann nur noch per Flugzeug erfolgen.
2. Flüchtlinge, die aus sicheren Herkunftsländern kommen, haben
   ebenfalls keinen Asylanspruch. Welches Land als sicher eingestuft wird, entscheiden der Bundestag und Bundesrat per Gesetz.
   Maßstab ist, dass gewährleistet erscheint, dass „dort weder politische Verfolgung noch unmenschliche oder erniedrigende Behandlung stattfindet" (GG Artikel 16a, Abs.3).
3. Das sogenannte Flughafenverfahren gilt für Asylbewerber aus sicheren Herkunftsstaaten, sowie für Asylbewerber ohne Personal-
   dokumente, die über einen Flughafen einreisen wollen und bei

---

[22] Das Grundrecht auf Asyl als Menschenrecht http://www.proasyl.de/weed.htm

der Grenzbehörde um Asyl nachsuchen. Hier wird das Asylverfahren bereits vor der Einreise im Transitbereich des Flughafens durchgeführt, soweit der Ausländer dort untergebracht werden kann. Damit soll sichergestellt werden, dass – im Falle der Ablehnung des Asylantrages als „offensichtlich unbegründet" – die Rückführung in den Staat des Abflughafens schnellstmöglich erfolgen kann. In diesem Schnellverfahren entscheidet das Flüchtlingsbundesamt vor der Einreise innerhalb von zwei Tagen. Im Falle der Ablehnung ist ein Eilantrag beim Verwaltungsgericht möglich. Ist das Asylverfahren einschließlich des gerichtlichen Eilverfahrens nicht binnen einer Frist von 19 Tagen abgeschlossen, ist dem Ausländer die Einreise in die Bundesrepublik Deutschland zur weiteren Durchführung seines Asylverfahrens zu gestatten.[23]

Ob die Änderung des Grundrechts auf Asyl dieses Grundrecht nun „ruinierte" (Konrad Weiß) oder ob sie das Grundrecht nur im Rahmen der Verfassung begrenzte und damit das Grundrecht selbst unangetastet ließ, konnte nicht einmal das Bundesverfassungsgericht überzeugend klären. Mit einer knappen 5:3 Entscheidung wurden die Änderungen vom Bundesverfassungsgericht in Karlsruhe als verfassungskonform bestätigt. Gerichtspräsidentin Jutta Limbach sowie die Verfassungsrichter Berthold Sommer und Ernst-Wolfgang Böckenförde veröffentlichten hierzu eine abweichende Meinung.[24]

Wie immer man selber die Veränderung beurteilen mag, so hat sie eines deutlich unterstrichen: Selbst unter dem Schutz höchster institutioneller Hürden ist es möglich, Grundrechte bis an die Grenze ihrer Unantastbarkeit – und vielleicht darüber hinaus – zu verändern, wenn nur der Kontext der Politik und die Akzeptanz grundlegender Werte sich wandeln. Auch Grundrechte bleiben in ihrer Umsetzung und Auslegung abhängig von Interpretationen. Und diese Interpretationen sind zwar nicht beliebig, aber doch hochgradig veränderbar. In letzter Instanz sind es die Menschen selber, die in ihrer Aufgeklärtheit, ihrer Umsicht und ihrer Entschiedenheit dafür verantwortlich sind, wie die Menschenrechte geschützt und umgesetzt werden können.

Aus der Perspektive der Asylbewerber – und man kann mit Recht auch sagen: aus der Perspektive des Menschenrechtsschutzes –

[23] http://www.bafl.de/template/asylstatistik/content_antragszahlen_02_teil1.htm.
[24] http://www.lpb.bwue.de/aktuell/puu/1_99/puu991zd.htm.

**Die Lage der Flüchtlinge und Asylbewerber –
2. Bericht von ECRI über Deutschland (2002)**

ECRI ist über Berichte von Ausweisungen von Menschen besorgt, die Gefahr laufen, Opfer von Menschenrechtsverletzungen in ihrem Herkunftsland zu werden. Dies steht im Widerspruch zum Grundsatz der Nichtzurückweisung und Artikel 3 der Europäischen Konvention zum Schutz der Menschenrechte und Grundfreiheiten. ECRI verweist insbesondere auf Berichte über Fälle von Roma und anderen Minderheiten aus dem Kosovo, die zwangsweise abgeschoben werden, obwohl die Bundesbehörden versicherten, dass keine Minderheit gegen ihren Willen zurückgeschickt werde. ...

Weiterhin unterstreicht ECRI, dass die Asylbewerber nicht als Kriminelle behandelt werden sollten und dass dies bei allen Maßnahmen ihnen gegenüber berücksichtigt werden sollte.....

ECRI ist der Auffassung, dass die Bundesbehörden die Lage in verschiedenen Teilen des Landes prüfen und sicherstellen sollten, dass die Asylbewerber nicht mittellos sind, während sie auf die Prüfung ihres Asylantrages warten. In diesem Zusammenhang hebt ECRI hervor, dass solche ärmlichen Bedingungen Vorurteile, Klischeevorstellungen und Feindseligkeit gegenüber diesen Personen noch verstärken.[25]

---

war die Änderung des Artikels 16 ein Rückschritt. Es gehört zu den großen Fragen der nahen Zukunft, welchen Weg das europäische Asylrecht einschlagen wird. Nach dem 11. September stehen allerdings weltweit die Zeichen auf Erschwerung des Asyls, denn die gesellschaftlich und politisch unverzichtbare Bereitschaft, Verfolgte zu schützen, wird verdrängt durch das Bedürfnis, sich selbst vor den realen und imaginären Gefahren zu schützen, die viele nun in einem jeden Asylsuchenden sehen.

LITERATURTIPP für Kapitel 17:
Flüchtlingsschutz – ein Leitfaden zum internationalen Flüchtlingsrecht (Parlamentarierhandbuch), *Herausgegeben von der Interparlamentarischen Union (IPU) und dem Amt des Hohen Flüchtlingskommissars der Vereinten Nationen (UNHCR). Deutsche aktualisierte Version vom März 2003,* verfügbar über: http://www.unhcr.de/unhcr.php/aid/769

---

[25] www.coe.int/T/E/human_rights/ecri/1-ECRI/2-Country-by-country_approach/Germany/German%20version.pdf.

17. Rechte von Arbeitsmigranten

Eine weitere Gruppe, die um ihre menschenrechtliche Anerkennung als „verletzliche Gruppe" ringt, sind die Arbeitsmigranten. Im Unterschied zur Gruppe der Flüchtlinge geht man bei den Arbeitsmigranten davon aus, dass sie ihr Land freiwillig verlassen. Die menschenrechtliche Herausforderung besteht in den gegenläufigen Dynamiken von wachsender weltweiter Migration einerseits und abwehrender bis diskriminierender Haltung der Staaten und Zielgesellschaften andererseits.[26]

Da die Regelung der Arbeits- und Aufenthaltsgenehmigung in die Souveränität der Staaten fällt, bleibt ein Rechtsschutz der Arbeitsmigranten zuweilen auf der Strecke. Deshalb wurde auf Initiative der ILO die Konvention entwickelt, die 1990 von den UN verabschiedet, bislang aber noch immer nicht von der ausreichenden Zahl von Staaten ratifiziert wurde.[27] Die Konvention ist mit 93 Bestimmungen die bisher längste Menschenrechtskonvention. Sie verpflichtet die Vertragsstaaten, die Menschenrechte, wie sie in der Konvention aufgezählt sind, ohne Diskriminierung allen Arbeitsmigranten zu gewährleisten. Sie präzisiert verschiedene weitere Rechte für diejenigen Migranten, die sich regulär im Aufnahmeland aufhalten und postuliert den Anspruch auf Gleichbehandlung mit den Staatsangehörigen z.B. bezüglich des Zugangs zu Bildungsinstitutionen, Wohnungsmarkt, Sozialversicherung und Gesundheitseinrichtungen. Weiterhin enthält sie Bestimmungen zu denjenigen Arbeitsmigranten, die sich ohne Aufenthaltsbewilligung illegal in einem Land befinden. Hier verlangt das Übereinkommen Maßnahmen, um illegale und heimliche Wanderungsbewegungen sowie Schwarzarbeit zu verhindern beziehungsweise aufzudecken. Im Weiteren fordert das Übereinkommen von den Mitgliedstaaten Anstrengungen, um sicherzustellen, dass die Arbeits- und Lebensbedingungen illegaler Wanderarbeitnehmern und ihrer Familien nicht schlechter sind als diejenigen der legal anwesenden ausländischen Bevölkerung, insbesondere im Hinblick auf die rechtlichen Vorgaben betreffend Sicherheit, Gesundheit und Anerkennung der menschlichen Würde.

Als Kontrollinstrument sieht die Konvention einen Ausschuss vor, der aus 10 unabhängigen Experten bestehen soll. Sobald 41 Staa-

---

[26] Faruk Sen and Sedef Koray: Migrant Workers' Rights, in: Human Rights: Concepts and Standards, Janusz Symonides (ed.) Ashgate 2000.
[27] http://www.december18.net/g-conventie.pdf.

ten die Konvention ratifiziert haben, soll dieser Ausschuss auf 14 Mitglieder aufgestockt werden. Die Mitgliedstaaten verpflichten sich, dem Ausschuss ein Jahr nach Inkrafttreten der Konvention einen Erstbericht, danach alle fünf Jahre Folgeberichte zur Prüfung vorzulegen. Der Ausschuss kann Staatenbeschwerden und Individualbeschwerden zur Prüfung entgegennehmen.[28]

Da auch 13 Jahre nach ihrer Verabschiedung immer noch nicht die nötigen 20 Ratifizierungen erbracht wurden, um in Kraft treten zu können (Stand 1.4.2003: 19), wurde eine Kampage zur Unterzeichnung der Konvention ins Leben gerufen.

http://www.december18.net

LITERATURTIPP zu Kapitel 18:
Faruk Sen and Sedef Koray: Migrant Workers'Rights, in: Human Rights: Concepts and Standards, Janusz Symonides (ed.) Ashgate 2000
Fact Sheet Nr. 24: The Rights of Migrant Workers, UNHCHR, verfügbar über: http://www.unhchr.ch/html/mehug/2/fs24.htm

18. Minderheitenrechte

Die neue Bedeutung der Minderheitenfrage ist vor allem durch den Zerfall der UdSSR und Jugoslawiens ins Bewußtsein gerückt. Aber auch anderenorts werden Spannungen zwischen Mehrheits- und Minderheitsbevölkerung zunehmend als eine ernste Bedrohung für Frieden und Sicherheit wahrgenommen. Allerdings sind die Minderheitenrechte im Rahmen der Menschenrechtsstandards bisher nur schwach normiert und geschützt. Sie werden aber zunehmend als eine notwendige Ergänzung der traditionellen Menschenrechte angesehen, um „vollen und verläßlichen Menschenrechtsschutz auch für Personen zu sichern, die in einer speziellen Minderheitensituation leben. Für viel zu viele Minderheiten sind die Menschenrechte ohne die Abstützung und den zusätzlichen Schutz durch Minderheitenrechte nicht mehr als ein Stück Papier – und manchmal noch nicht einmal das."[29]

Minderheits-situationen erfordern auch Minderheitenrechte

Der Status der notwendigen Minderheitenrechte ist jedoch umstritten. So sehr sich ein Konsens darüber entwickelt hat, dass kollektive Minderheitenrechte unverzichtbar sind, um die systematische und auch strukturelle Benachteiligung von Gruppen zu überwin-

---

[28] http://www.humanrights.ch/instrumente/uno_abkommen/wanderarbeiter.html.
[29] http://www.fnst.org/libinst/publikationen/mino_deut.pdf.

den, sosehr herrscht doch Dissens, ob die kollektiven Minderheitenrechte als Menschenrechte anerkannt werden sollen oder ob diese Anerkennung den einzelnen Mitgliedern der diskriminierten Minderheiten vorbehalten werden sollte. Es besteht die Sorge, dass die menschenrechtliche Anerkennung kollektiver Minderheitenrechte „von ethnischen Führerfiguren oder religiösen Eiferern" (Alex Sutter) dazu mißbraucht werden könnte, die kollektiven über die individuellen Menschenrechte zu stellen. [30] Es wird deshalb angemahnt, dass kollektive Minderheitenrechte individuelle Menschenrechte nur ergänzen können und dass im Konfliktfall beider Rechte den Rechten der Einzelnen immer der Vorrang gebühre. Aus liberaler Perspektive bedeutet das dann: *Gruppenrechte dürfen also niemals darin bestehen oder als Vorwand dafür dienen, die Rechte des Einzelnen zur Disposition der Gruppe zu stellen – gleich welche Traditionen es in einer bestimmten Gemeinschaft auch geben mag. Gruppenrechte dürfen niemals zu einer versteckten Form der Diskriminierung werden.*[31]

Die Autoren der AEMR gingen noch davon aus, dass der Minderheitenschutz durch den Individualschutz und das Diskriminierungsverbot abgedeckt sei. Erst später trat ins Bewußtsein, dass Diskriminierung oft nicht am Einzelnen ansetzt, sondern an der je diskriminierten Minderheit und dass deshalb auch der Schutz diesen strukturellen Bedingungen Rechnung tragen müsse!

Minderheitenrechte sind im UN-Kontext erstmals in der UNESCO-Konvention gegen Diskriminierung im Bildungsbereich von 1960 zu finden und dann in der Anti-Rassismuskonvention von 1969 in Artikel 1 und 2. Der international wirkungsmächtigste Bezug ist Artikel 27 des Zivilpaktes geworden, eine völkerrechtlich verbindliche Verpflichtung, die auch durch die Staatenberichte öffentlich überprüft werden kann: *„In Staaten mit ethnischen, religiösen und sprachlichen Minderheiten darf Angehörigen solcher Minderheiten nicht das Recht vorenthalten werden, gemeinsam mit anderen Angehörigen ihrer Gruppe ihr eigenes kulturelles Leben zu pflegen, ihre eigene Religion zu bekennen und auszuüben oder sich ihrer eigenen Sprache zu bedienen."*

Klar zeigt sich in diesem Artikel ein am Individuum orientierter Zugang: die Rechte erhalten nicht die Minderheiten als Kollektiv,

---

[30] Alex Sutter: Keine kollektiven Menschenrechte! Zur Problematik der Minderheitenrechte, in: Widerspruch 1998, S. 35-47 http://www.transkultur.ch/dokumente/1998widerspruch-mr.pdf.

[31] http://www.fnst.org/libinst/publikationen/mino_deut.pdf.

sondern Personen, die zu solchen Minderheiten gehören. In der Folge einer Studie, die der Sonderberichterstatter für Minderheitenfragen Francesco Capotorti auf der Grundlage einer systematischen Auswertung der Staatenberichte zu Artikel 27 erstellte, wuchs die Bereitschaft, zumindest eine Deklaration zum Schutz der Minderheitenrechte auf den Weg zu bringen.

Der Minderheiten-
schutz setzt noch
überwiegend am
einzelnen Mitglied
einer Minderheit an

Die 1992 angenommene UN-*Erklärung über die Rechte von Angehörigen nationaler oder ethnischer, religiöser und sprachlicher Minderheiten* fordert die Staaten und die internationale Gemeinschaft auf, die Rechte der Angehörigen von Minderheiten zu fördern und zu schützen und ihre Beteiligung an allen Aspekten des politischen, wirtschaftlichen, sozialen, religiösen und kulturellen Lebens der Gesellschaft sicher zu stellen. In der Deklaration wird ausdrücklich gefordert, dass dies auch durch entsprechende Erziehung zu geschehen hat.

Auch wenn es politisch nicht zu einer Konvention gereicht hat, so stellt die Deklaration doch einen Fortschritt dar, insofern sie den Artikel 27 auslegt, aber auch über ihn hinausgeht und die Staaten auffordert, günstige Bedingungen für die Minderheiten zu schaffen. Das besondere an Minderheitenrechten ist, dass sie spezifische Vorkehrungen zum Schutz der Minderheiten, also Fördermaßnahmen erfordern, wo verfestigte Benachteiligungen überwunden werden müssen. Eine fünfköpfige Arbeitsgruppe der Menschenrechtsunterkommission zu Minderheiten hat die Umsetzung der Erklärung zu überprüfen.

Einen rechtlichen Schritt weiter als die UN-Deklaration führt die europäische Rahmenkonvention zum Schutz nationaler Minderheiten, die in Zusammenhang zu sehen ist mit der *Europäischen Charta der Regional- oder Minderheitensprachen* des Europarates.

Darüber hinaus bietet der Hochkommissar für Minderheitenfragen im Rahmen der OSCE eine Stärkung für die Minderheitenrechte in Europa. Seine Erfolge gehen nicht auf öffentlichkeitswirksame Skandalisierungen zurück, sondern auf eine Diplomatie der Unparteilichkeit und Vertraulichkeit. Der Akzent seiner Arbeit liegt in Vorbereitung von „early warning and early action", um Minderheitenkonflikte zu entschärfen.

http://www.osce.org/hcnm

Allerdings bleibt durch das Fehlen einer Minderheitendefinition in den Dokumenten des internationalen Menschenrechtsschutzes ein Graubereich. Deutschland hat auch sofort durch seine Minderheitendefinition festgelegt, dass die neuen Migrantenminderheiten – wie die Türken – nicht zu den Minderheiten zu zählen sind, die besonders geschützt und gefördert werden sollen.

Als nationale Minderheit werden in Deutschland Volksgruppen bezeichnet, die unter dem Schutz des Rahmenübereinkommens des Europarats zum Schutz nationaler Minderheiten stehen. Das Übereinkommen wird auf die Dänen mit deutscher Staatsangehörigkeit, das sorbische Volk, die Friesen in Deutschland und die deutschen Sinti und Roma angewandt. Der Bestimmung des Anwendungsbereiches liegen die folgenden fünf Kriterien zu Grunde:

1. Die Angehörigen sind deutsche Staatsangehörige;
2. sie unterscheiden sich vom Mehrheitsvolk durch eigene Sprache, Kultur und Geschichte, also durch eine eigene Identität;
3. sie wollen diese Identität bewahren;
4. sie sind traditionell in Deutschland heimisch;
5. sie leben hier in angestammten Siedlungsgebieten.

Minderheitenrechte zielen immer auch auf Förderung

Das Rahmenübereinkommen schützt damit die vier traditionell in Deutschland über mehrere hundert Jahre lebenden Gruppen mit deutscher Staatsangehörigkeit.[32]

Das Minderheitenschutzabkommen ist in der öffentlichen Diskussion noch nicht wirklich zur Kenntnis genommen worden. Dennoch haben einzelne Stimmen im politischen Raum bereits kritisch angefragt, ob nicht auch den deutschen Türken, einer Gruppe von über zwei Millionen Menschen mit eigener Sprache, Religion und Kultur, konsequenterweise der Minderheitenstatus zuerkannt werden muss. Dies würde in der Tat unausweichlich, wenn die Türken und ihre Interessensverbände diesen Status konsequent einfordern würden, was bisher nicht der Fall ist. Die Konsequenz wäre zum Beispiel, dass die türkische Sprache und Kultur nicht nur geduldet, sondern aktiv gefördert werden müsste – zum Beispiel durch Türkisch-Unterricht in den Schulen und die Einrichtung öffentlicher türkischer Schulen in größeren Städten.[33]

---

[32] http://www.bmi.bund.de/frame/sonstige/Lexikon/ix3732_17904.htm?lexmode=on.
[33] http://www.drehscheibe.org/leitfaden-artikel.html?LeitfadenID=141.

Bericht des Beratenden Ausschusses über die Einhaltung des Rahmenübereinkommens in Deutschland

Nach Eingang des ersten Staatenberichts Deutschlands am 24. Februar 2000 (Abgabetermin am 1. Februar 1999) begann der Beratende Ausschuss mit der Prüfung des Staatenberichts auf seiner 7. Tagung vom 6. – 9. Juni 2000. Im Rahmen dieser Prüfung besuchte eine Delegation des Beratenden Ausschusses Deutschland in der Zeit vom 26. bis zum 29. Juni 2001, um von Regierungsvertretern sowie von nichtstaatlichen Organisationen (NGOs) und anderen unabhängigen Stellen weitere Informationen bezüglich der Umsetzung des Rahmenübereinkommens einzuholen. Der Beratende Ausschuss verabschiedete seine Stellungnahme zu Deutschland auf seiner 13. Tagung am 1. März 2002.

Hinsichtlich der Umsetzung des Rahmenübereinkommens vertritt der Beratende Ausschuss die Auffassung, dass Deutschland achtbare Anstrengungen unternommen hat, um die nationalen Minderheiten und deren Kultur zu unterstützen, insbesondere durch die finanzielle Unterstützung seitens des Bundes und die verschiedenen Maßnahmen der Länder in den Bereichen Bildung, Medien und Kultur.

Der Beratende Ausschuss stellt fest, dass noch Spielraum für Verbesserungen im Medienbereich besteht...

Trotz der wertvollen Bemühungen ist die Umsetzung des Rahmenübereinkommens in Bezug auf die Roma/Sinti noch nicht in vollem Umfang erfolgreich. Es ist wichtig, dass die verschiedenen Methoden der Länder zur Erfassung von ethnisch orientierten Daten über Straftaten/Täter überprüft werden, um die uneingeschränkte Einhaltung der in Artikel 3 des Rahmenübereinkommens festgelegten Grundsätze zu gewährleisten. Es bestehen anhaltende Probleme hinsichtlich der ablehnenden oder feindseligen Einstellungen gegenüber Angehörigen der Minderheit der Roma/Sinti, und es sind erhebliche Anstrengungen erforderlich, um die effektive Teilhabe dieser Minderheit insbesondere am kulturellen, gesellschaftlichen und wirtschaftlichen Leben zu gewährleisten.[34]

LITERATURTIPP ZU Kapitel 19

Alex Sutter: Keine kollektiven Menschenrechte! Zur Problematik der Minderheitenrechte, in: Widerspruch 1998, S35-47

Hurst Hannum: The Rights of Persons Belonging to Minorities, in: Human Rights: Concepts and Standards, Janusz Symonides (ed.), Ashgate 2000

---

[34] http://www.bmi.bund.de/Annex/de_23217/Bericht_des_Beratenden_Ausschusses_zum_Rahmenuebereinkommen.pdf.

Akteure und Adressaten der Menschenrechtspolitik

19. Die Bundesregierung – kein Vertreter des Leviathan?

Historisch ist der Staat die entscheidende Macht gewesen, vor der sich die Bürger und Bürgerinnen zu schützen hatten. Im Prozess der Demokratisierung und „Verrechtsstaatlichung" wurde jedoch der Staat selbst zum Wächter über die Menschenrechte und zum Leistungsträger für die WSK-Rechte (zumindest zum Adressaten für dementsprechende Rechtsansprüche). Außerdem sind die Staaten, die sich durch die Ratifizierung der Menschenrechtsverträge gebunden haben, verpflichtet, diese Verträge auch umzusetzen. Gleichwohl bleibt das menschenrechtliche Verhältnis zwischen Bürger und demokratischem Staat ambivalent. Gerade in Zeiten der Unsicherheit und Krisen gibt es eine strukturell angelegte Versuchung des Staates, seine Befugnisse auf Kosten der Freiheiten und Rechte der Bürger auszuweiten. Es gehört daher zur Daueraufgabe des mündigen Staatsbürgers, „die Politik" immer wieder auf ihre Menschenrechtsverträglichkeit zu prüfen. Vor allem nach dem 11. September wurde deutlich, wie sehr Menschenrechtspolitik von Demokratien nicht nur eine Frage der Außenpolitik ist, sondern das Menschenrechtsprofil der Demokratien selbst betrifft.

Werfen wir im Folgenden einen kurzen Blick auf die programmatische Menschenrechtsorientierung der jetzigen (rot-grünen) Bundesregierung und auf einige der von ihr geschaffenen Institutionen. Hierbei darf nicht vergessen werden, dass eine jede Bundesregierung durch die Grundrechte gebunden ist. *Die Würde des Menschen ist unantastbar. Sie zu achten und zu schützen ist Verpflichtung aller staatlichen Gewalt* (Art. 1 GG). Gleichwohl unterscheiden sich Regierungen in ihrem Grundrechtsverständnis und in der Weise, wie sie Menschenrechtspolitik konkret gestalten. Die folgenden Informationen lehnen sich an die Darstellung des Menschenrechtsberichts der Bundesregierung an, der 2002 in der 6. Fassung vorgelegt wurde[1].

> Das menschenrechtliche Verhältnis zwischen Bürger und Staat bleibt ambivalent

---

[1] www.auswaertiges-amt.de/www/de/aussenpolitik/menschenrechte/mr_inhalte_ziele/mrb6/index_html.

1998 hat der Deutsche Bundestag den bisherigen „Unterausschuss für Menschenrechte und Humanitäre Hilfe" in den Ausschuss für Menschenrechte und Humanitäre Hilfe umgewandelt, der nun auch zuständig für innenpolitischen Themen ist. Die Sitzungen des Ausschusses sind meist nichtöffentlich. Öffentliche Anhörungen des Ausschusses betrafen beispielsweise die sogenannte nichtstaatliche Verfolgung im Asylrecht, die Frage der wirtschaftlichen, sozialen und kulturellen Menschenrechte in Deutschland, die Diskussion über Instrumente und Maßnahmen zur Bekämpfung der Folter sowie die Einhaltung der Menschenrechte im Anti-Terror-Kampf.

Der Ausschuss ist nicht der Adressat für Bürgeranliegen in Sachen Menschenrechten. Hier ist vielmehr der Petitionsausschuss des Deutschen Bundestages das parlamentarische Gremium, das diese Einzelfälle oder Vorschläge zur Gesetzesänderung von Bürgern prüfen und Empfehlungen in der Sache aussprechen kann.

Im November 1998 hat Bundesaußenminister Fischer die Stelle des Beauftragten der Bundesregierung für Menschenrechtspolitik und Humanitäre Hilfe als selbständige Einheit im Auswärtigen Amt eingerichtet. Beauftragte ist *Claudia Roth*, die im März 2003 den früheren DDR-Bürgerrechtler und Bundestagsabgeordneten *Gerd Poppe* ablöste.

Die Beauftragte vertritt die Bundesregierung im Zuständigkeitsbereich des Auswärtigen Amts zu Fragen der Menschenrechtspolitik und humanitären Hilfe. Zu ihren Aufgaben gehört es, die Entwicklung im Bereich der Menschenrechte weltweit zu verfolgen, den bilateralen und multilateralen Menschenrechtsdialog mitzugestalten, Vorschläge zur Ausgestaltung der Menschenrechtspolitik zu machen, sowie im In- und Ausland engen Kontakt zu anderen in diesem Bereich tätigen Stellen, Institutionen und gesellschaftlichen Gruppen zu halten.

Bereits im Jahre 1970 wurde das Amt des Beauftragten der Bundesregierung für Menschenrechtsfragen im Bundesministerium der Justiz eingerichtet. Es wird von Ministerialdirigent Klaus Stoltenberg ausgeübt.

Der Schwerpunkt der Tätigkeit des Beauftragten ist *juristischer Natur*. Er vertritt die Bundesregierung vor dem Europäischen Gerichtshof für Menschenrechte sowie vor Menschenrechtsausschüssen der Vereinten Nationen. Er ist für Änderungen oder Ergänzungen bestimmter menschenrechtlicher Übereinkommen der Vereinten Nationen sowie für die Erarbeitung bestimmter Protokolle zur Europäischen Menschenrechtskonvention zuständig. Daneben ist der Beauftragte Mitglied der Europäischen Kommission gegen Rassismus und Intoleranz. Ein weiterer wichtiger Schwerpunkt seiner Tätigkeit ist die Erarbeitung von Staatenberichten über die Menschenrechtslage in Deutschland, die den Ausschüssen der Vereinten Nationen periodisch vorzulegen sind.

Menschenrechtsarbeit wird aber nicht nur im Zuständigkeitsbereich des Auswärtigen Amtes und des Bundesministerium der Justiz (http://www.bmj.de) geleistet, sondern auch im Rahmen der Bundesministerien für Wirtschaftliche Zusammenarbeit und Entwicklung (http://www.bmz.de), für Wirtschaft und Arbeit (http://www.bmwa.de) und des Inneren (http://www.bmi.de).

Zum Menschenrechtsverständnis der Bundesregierung

Das Menschenrechtsverständnis der Bundesregierung geht vom *Ziel der selbstbestimmten freien Entfaltung jedes einzelnen Menschen* aus, und zwar in jeder Hinsicht: politisch, geistig, wirtschaftlich, kulturell, sozial. Menschenrechte sollen dafür die Grundlage schaffen.

....

Auch diejenigen, die in solcher Armut leben, dass sie ihre Kraft und Energie der Sicherung des materiellen Überlebens widmen müssen; die ums tägliche Brot, um ein Dach über dem Kopf, um elementare Hilfe bei Krankheit, um den Zugang zu Bildung ringen; kurz: um die Verwirklichung ihrer wirtschaftlichen, sozialen und kulturellen Rechte, sind in elementarer Weise in ihren Entfaltungsmöglichkeiten eingeschränkt.

Dasselbe gilt für diejenigen, die aufgrund geschlechtlicher, weltanschaulicher, rassischer, ethnischer oder religiöser Merkmale oder auf Grund ihrer sexuellen Orientierung, ihres Alters oder einer Krankheit oder Behinderung diskriminiert werden. Nur die Beachtung des Grundsatzes der Gleichheit aller Menschen und der Nicht-Diskriminierung ermöglicht ein gedeihliches und friedliches Zusammenleben der Menschen. Die Gewährleistung wirtschaftlicher, sozialer und kultureller Rechte und das Verbot jeglicher Diskriminierung sind daher gleichermaßen entscheidend.

Werden die genannten Rechte nicht beachtet, so sind Ungerechtigkeiten, Auseinandersetzungen und Konflikte vorprogrammiert, sowohl zwischen Individuen als auch zwischen Individuen und Staaten. Dies kann in Gewalt münden, in Fluchtbewegungen und Armut und Elend, in internationale Auseinandersetzungen und somit in neue Menschenrechtsverletzungen. Die Entstehung dieses Teufelskreises gilt es zu verhindern, seine Fortwirkung zu durchbrechen. Die Vorenthaltung von Rechten behindert zudem die gesellschaftliche und wirtschaftliche Entwicklung und beraubt damit die Menschen wie auch das Gemeinwesen ihrer Zukunftschancen. Dies verdeutlicht, wie eng die Themen Frieden, Sicherheit, Wohlstand, Freiheit mit einzelnen Menschenrechten verknüpft sind und in welchem Maße Menschenrechtsverletzungen geeignet sind, die Verwirklichung dieser Ziele zu stören.

....

Dass Menschenrechtspolitik eine *Querschnittsaufgabe* ist, rückt auch in der internationalen Menschenrechtsdebatte immer stärker in den Vordergrund... In Deutschland ist die Achtung der Menschenrechte ein umfassendes und unmittelbares Verfassungsgebot. Alle Politikbereiche sind daher gefordert. von der Außen-, Sicherheits-, Entwicklungs- und Auswärtigen Kulturpolitik hin zur Innen-, Sozial-, Wirtschafts-, Bildungs- und Umweltpolitik. Kohärenz zwischen diesen Politikbereichen herzustellen und zu gewährleisten ist ein Leitsatz in der Menschenrechtspolitik der Bundesregierung. Kohärenz bedeutet in diesem Zusammenhang auch, dass die nach innen wirkende Politik und die internationale Menschenrechtspolitik den gleichen Zielen und Werten folgen und stimmig sein müssen.

....

In Staaten, in denen die Menschenrechte geachtet und gefördert werden, herrschen in der Regel mehr politische Stabilität, mehr wirtschaftliche Leistungsfähigkeit und mehr Wohlstand als in Staaten mit schweren menschenrechtlichen Defiziten. Die Menschenrechte zu fördern, eine „Menschenrechts-Dividende" für den Staat als Ganzes zu erzielen, liegt im ureigenen Interesse der Regierungen. Sie darin zu unterstützen und dadurch zu Frieden und Wohlstand in der Welt beizutragen, liegt auch im Interesse Deutschlands.

....

Auch demokratische, rechtsstaatlich organisierte Staaten sind hiervon nicht ausgenommen: Auch dort bedarf die Gewährleistung eines effektives Menschenrechtschutzes ständiger Aufmerksamkeit und Kontrolle sowie eines offenen, öffentlichen Menschenrechtsdiskurses, in den die Zivilgesellschaft einbezogen ist.

20. Wirtschaftsunternehmen – an der Leine der Menschenrechte?

„Globalization has been cited as a contributing factor in violations of the right to life, the right to protection of helth, minority rigths, freedom of association, the right to safe and healthy working conditions and the right to a standard of living adequate for health and well-being in many countries". [2] Menschenrechte haben als Abwehrrechte ihren Ursprung im notwendigen Schutz der Bürger vor staatlichen Übergriffen. In Zeiten der Globalisierung, in denen transnationale Wirtschaftsunternehmen sich sowohl der Kontrolle nationaler Staaten zu entziehen wissen, wie auch das Machtpotential manch nationaler Regierung übersteigen, beginnt sich der Ge-

---

[2] Virginia Leary: Globalization and Human Rights, in: Human Rights: New Dimensions and Challenges, Ashgate 1998, S. 268

danke durchzusetzen, dass auch solche Unternehmen Adressat der Menschenrechte seien müßten. Wenn man als Quelle von Menschenrechtsverletzungen nicht mehr nur Staaten, sondern auch Wirtschaftsunternehmen ansieht, dann gilt es, neue Schutzmechanismen zu finden. Eine wichtige Diskussionsvorlage hierzu wurde von amnesty international eingebracht. Ausgehend von der Allgemeinen Erklärung der Menschenrechte, die „jeden einzelnen und alle Organe der Gesellschaft" auffordert, sich an der Verwirklichung der Menschenrechte zu beteiligen, also auch die Wirtschaftsunternehmen, hat amnesty als Dialoggrundlage „Menschenrechtsgrundsätze für multinationale Unternehmen" vorgelegt.[3] Sie sehen unter anderem Verhaltensstandards vor für den Schutz vor modernen Formen der Sklaverei, Schutz vor Diskriminierung im Unternehmen, Schutz vor gesundheitsschädigenden Arbeitsbedingungen und einen Einsatz für die Wahrung und Verteidigung der Menschenrechte im Umfeld des Unternehmens und die Wahrung des Rechts auf Vereinigungsfreiheit und Tarifverhandlungen. Der Vorschlag von ai zielt auf die Praxis der Selbstverpflichtung der Unternehmen und die der Überprüfung durch unternehmensunabhängige Stellen.

Dieser Grundidee folgt auch die Initiative des Generalsekretärs der Vereinten Nationen, Kofi Annan, für einen „Globalen Pakt" *(Global Compact)* zwischen den Vereinten Nationen und Wirtschaftsunternehmen, die erstmals auf dem *Weltwirtschaftsforum in Davos* im Februar 1999 vorgestellt wurde. Sie fordert die Unternehmen auf, sich neun aus den zentralen Zielen der Vereinten Nationen abgeleitete *Prinzipien zum Menschenrechtsschutz, zu Sozial- und Umweltstandards* zu Eigen zu machen und freiwillig in ihrer Unternehmenspolitik zu beachten.[4]

> Die menschenrechtliche Bindung der Wirtschaft ist die Herausforderung der Zukunft

Die beteiligten Firmen sollen Belege für ihr Engagement im „Global Compact" im Internet veröffentlichen:

http://www.unglobalcompact.org

Diese Beispiele sollen dadurch als nachahmenswerte „good practice" wirken und gleichzeitig NGOs und der interessierten Öffentlichkeit Gelegenheit zur Stellungnahme geben.

---

[3] Menschenrechtsgrundsätze für multinationale Unternehmen, in: Jahrbuch Menschenrechte 1999, S. 119ff.

[4] http://www.auswaertiges-amt.de/www/de/aussenpolitik/menschenrechte/ mr_inhalte_ziele/mrb6/teil_a/5/5_1_html

**Prinzipien zum Menschenrechtsschutz,
zu Sozial- und Umweltstandards**

Menschenrechte
1. Die Wirtschaft soll die international verkündeten Menschenrechte in ihrem Einflussbereich unterstützen und achten und
2. sicherstellen, dass sie nicht zum Komplizen von Menschenrechtsverletzungen wird.

Arbeitsbeziehungen
3. Die Wirtschaft soll die Vereinigungsfreiheit wahren und die wirksame Anerkennung des Rechts auf Tarifverhandlungen gewährleisten sowie ferner auf
4. die Beseitigung aller Formen der Zwangs- oder Pflichtarbeit,
5. die tatsächliche Abschaffung der Kinderarbeit und
6. die Beseitigung von Diskriminierung in Beschäftigung und Beruf hinwirken.

Umwelt
7. Die Wirtschaft soll umsichtig an ökologische Herausforderungen herangehen,
8. Initiativen zur Förderung eines verantwortlicheren Umgangs mit der Umwelt durchführen und
9. sich für die Entwicklung und Verbreitung umweltfreundlicher Technologien einsetzen.[5]

Noch weiter reicht die Initiative der OECD-Leitsätze für multinationale Unternehmen, die die Regierungen in den Beobachtungsprozeß integriert. *Die OECD-Leitsätze stellen Empfehlungen der Regierungen für ein verantwortungsvolles und dem geltenden Recht entsprechendes unternehmerisches Verhalten bei Auslandsaktivitäten dar. Die Leitsätze treten weder an die Stelle geltenden Rechts noch sind sie diesem übergeordnet. Die Beachtung der Leitsätze durch die Unternehmen beruht auf dem Prinzip der Freiwilligkeit und hat keinen rechtlich zwingenden Charakter. ...Die freiwillige Beachtung der Leitsätze wird durch die im Bundesministerium für Wirtschaft und Technologie angesiedelte „Nationale Kontaktstelle" sowie einen Arbeitskreis „OECD-Leitsätze" nachhaltig gefördert.* [6]

Schließlich sei noch auf den Arbeitskreis „Menschenrechte und Wirtschaft" verwiesen, der auf die Initiative des Beauftragten der Bundesregierung für Menschenrechtspolitik und Humanitäre Hilfe

[5] http://www.auswaertiges-amt.de/www/de/aussenpolitik/menschenrechte/mr_inhalte_ziele/mrb6/teil_a/5/5_4_html.
[6] http://www.bmwi.de/textonly/Homepage/Unternehmen/Auslandsgesch%E4fte/Auslandsgeschaefte.jsp.

gegründet wurde. Hier treffen sich Vertreter der Regierung, der Wirtschaftsverbände, der Gewerkschaften und der NGOs. Im Februar 2002 haben die Teilnehmer eine gemeinsame Erklärung „Internationaler Schutz der Menschenrechte und Wirtschaftstätigkeit" formuliert.

Seit März 2003 hat der Schweizer Menschenrechtsverein MERS auch eine Rubrik über die Debatte der menschenrechtlichen Verpflichtungen der Transnationalen Konzerne ins Netz gestellt:
http://www.humanrights.ch/themen/konzerne/index.html

21. NGOs – Menschenrechtspolitik von unten

Eine tragende Säule des Menschenrechtsschutz sind die Nichtregierungsorganisationen (NRO/NGO). In Ergänzung und auch als Korrektur zur „Menschenrechtspolitik von oben" leisten sie eine Menschenrechtspolitik von unten, als Repräsentanten der Zivilgesellschaft und aus der Perspektive der Betroffenen und der Opfer. Viele der heute einflußreichen NGOs haben ihre Wurzeln in Protestbewegungen der 70er und 80er Jahre. Sie haben sich in Prozessen der Institutionalisierung, Professionalisierung und Spezialisierung herausgebildet.

In der Öffentlichkeit liegt die Macht der NGOs

Was sind NGOs?

Abkürzung *NRO*, englisch *Non-governmental Organisation (NGO)*, Bezeichnung von nicht-staatlichen Hilfe- und Interessengruppen mit fester Organisationsstruktur, die eigenständig oder in Abstimmung mit Regierungsstellen national oder international (INGOs) in einzelnen Politikfeldern tätig sind, in denen tatsächliche oder antizipierte soziale, ökonomische oder politische Probleme von staatlichen Akteuren nicht befriedigend gelöst werden. Die wichtigsten internationalen Betätigungsfelder sind Entwicklungspolitik (z. B. Hilfswerke der Kirchen, politische Stiftungen), Umweltpolitik sowie Menschenrechtspolitik und humanitäre Hilfe. Wachsende Bedeutung haben die INGOs für die Sonderkonferenzen der Vereinten Nationen erlangt. [7]

---

[7] http://www.str8-green.de/rsvgn/rs_dok/0,,10285,00.htm und
http://www.weltpolitik.net/sachgebiete/wirtschaft/article/61.html.

Die Aufgaben und Leistungen der NGOS bestehen aus

- anwaltschaftlicher Politik für Opfergruppen
- Lobbyarbeit
- Expertise und Beratung
- Aufklärung, Information und Herstellung von Öffentlichkeit
- Mobilisierung von Engagement und Protest („mobilization of shame")
- Vernetzung von Aktivitäten
- Kooperation mit den nationalen, regionalen und internationalen Organisationen und Institutionen.[8]

Im Anschluß an Klaus Hüfner und Wolfgang Reuther sind folgende besonderen Leistungen der NGOs im Rahmen dieser Kooperationen hervorzuheben:

1. das verantwortliche Ministerium dazu drängen, rechtzeitig die jeweiligen Staatenberichte, zu denen sich die Staaten vertraglich verpflichtet haben, einzureichen,
2. für die Veröffentlichung und Verbreitung dieser Berichte sorgen sowie auch der Protokolle über die Diskussionen des jeweiligen Ausschusses und dessen Abschließenden Bemerkungen und Empfehlungen,
3. einen Schatten- oder Parallelbericht zum Staatenbericht verfassen und dem jeweiligen Ausschuß einreichen,
4. den vorbereitenden Arbeitsgruppen Informationen zuleiten,
5. an den Sitzungen der Ausschüsse und der Menschenrechtskommission teilnehmen,
6. bei der Verfassung von Resolutionen Einfluß nehmen,
7. informelle Sitzungen mit Experten, Regierungsvertretern und anderen NGOs abhalten,
8. Berichte zu bestimmten Themen- oder Länderverfahren verfassen,
9. Treffen mit den jeweiligen Sonderberichterstattern organisieren.[9]

NGOs sind kritische Partner der UNO und des Europarats beim Schutz der Menschenrechte

In den letzten 50 Jahren gab es einen geradezu explosionsartigen Anstieg von Menschenrechts-NGOs. Während der Formulierung der AEMR waren rund 15 NGOs beratend tätig, auf der Wiener Weltkonferenz nahmen bereits 1500 NGOs teil und auf der Weltrassismuskonferenz ca. 3000.

Viele NGOs arbeiten heutzutage transnational: Sie tauschen mit Hilfe der neuen Medien grenzübergreifend Informationen aus und

---

[8] Ansgar Klein: Überschätzte Akteure? Aus Politik und Zeitgeschehen 6/7 – 2002.
[9] Hüfner/Reuther, a.a.O., S.156.

bereiten Aktionen vor. *Franz Nuscheler* gelangt zu folgender Einschätzung:[10]

1. Das Internet wurde zum wichtigsten Kommunikationsmedium, das lokale Gruppen mit der übrigen Welt verband und den Informationsaustausch wesentlich erleichterte und beschleunigte.

2. In Osteuropa und in vielen Entwicklungsländern wurden NGOs zu Organisationskernen von Demokratisierungsprozessen. Mit der Unterstützung des transnationalen Netzwerkes von Menschenrechtsorganisationen ist es ihnen vielfach gelungen, wirkungsvoll (welt)öffentlichen Druck zu mobilisieren.

3. Die Erfahrungen von NGOs in den osteuropäischen Transformationsgesellschaften müssten jedoch stärker in die internationale Menschenrechtsbewegung eingebracht werden, denn für sie hat die Unteilbarkeit der politischen und sozialen Menschenrechte einen höheren Stellenwert als für westliche Menschenrechtsorganisationen.

4. Entscheidend ist ihre Fähigkeit, inneren und internationalen Druck gegenüber dem Regime zu mobilisieren, dem schwere Menschenrechtsverletzungen angelastet werden. Ihre Wirkung basiert auf einer Doppelstrategie: „mobilization of shame" durch internationale Informationskampagnen und Suche nach Koalitionspartnern, vor allem bei westlichen Regierungen, die über beträchtliche Druckmittel (u. a. Entwicklungshilfe) verfügen.

5. Transnationale Menschenrechtsnetzwerke, die sich auf international anerkannte Normen berufen können, können dazu beitragen, durch Mobilisierung von innerem und äußerem Druck repressive Regime zu einem normengeleiteten Verhalten zu drängen und auf diese Weise zu einer dauerhaften Verbesserung der Menschenrechtspraxis beizutragen. Sie verschaffen der inneren Opposition Handlungsspielräume und geben ihr durch weltweite Publizität und durch die Mobilisierung von diplomatischem Druck Schutz gegen staatliche Repression.[11]

Auch auf europäischer Ebene beginnen sich die menschenrechtsorientierten NGOs zu vernetzen, um ein Gegengewicht gegen die Eurobürokratie zu bilden. Wichtige Ansätze sind etwa im Asylbereich („les sans papiers", „pro asyl"), im Zusammenhang mit dem EU-Ge-

---

[10] NGOs in Weltgesellschaft und Weltpolitik: Menschenrechtsorganisationen als Sauerteig einer besseren Welt? http://www.eu-platform.at/konferenz98/art2a.htm.

[11] Thomas Risse, Stephen Ropp, Kathryn Sikkink (eds.): The Power of Human Rights. International Norms and Domestic Change, Cambridge 1999.

gengipfel, im Rahmen der Dachorganisation europäischer Bürgerrechtsorganisationen „Inter Citizens' Conferenz" (ICC), europäischer Juristenvereinigungen und über die grüne Fraktion im Europaparlament zu verzeichnen. *Aber das reicht bei weitem nicht aus. Ein tragfähiges Gegenkonzept eines radikaldemokratischen, menschenrechtlich hochentwickelten Europas muss erst erarbeitet werden.* [12]

Die europäische Vernetzung der NGOs steht erst am Anfang

Besonders gefordert sind die Menschenrechts-NGOs nach dem 11. September gewesen. Walther Lindner hat in prägnanter Weise die Vorbehalte und Kritikpunkte vieler NGOs zum Ausdruck gebracht:[13]

Wir treten ein gegen

- *eine erhöhte Nachsicht und Toleranz gegenüber Staaten mit problematischen Menschenrechtssituationen, nur weil diese sich am Kampf gegen den internationalen Terrorismus beteiligen („Anti-Terror-Rabatt");*
- *einen Stillstand bei internationaler Normierung von Menschenrechten in VN-Gremien durch Dominanz sicherheitsrelevanter Diskussionen, etwa in der VN-Menschenrechtskommission in Genf oder im Menschenrechtsausschuss der VN-Generalversammlung in New York;*
- *eine „Umwidmung" von Menschenrechtsverletzungen in Anti-Terror-Maßnahmen: es gibt keinen „Freibrief" für Regierungen, im Namen der Terrorbekämpfung die Menschenrechte zu missachten (hier ist auch an die non-state-actors-Debatte zu erinnern). Es darf keine Legitimierung von Menschenrechtsverletzungen unter dem Etikett der Terrorismusbekämpfung geben;*
- *die Aushebelung menschenrechtlicher Grundstandards durch Aussetzung bestehender Verpflichtungen aus internationalen Menschenrechtsabkommen („Derogations-Klauseln");*
- *die Verletzung von Menschenrechten unter Ausnutzung der Ablenkung internationaler Öffentlichkeit auf andere Regionen und Themen („Windschatten-Maßnahmen"); es gilt, Terrorismus nicht nur menschenrechtskonform zu bekämpfen, sondern auch etwa der Beschränkung unliebsamer Opposition unter dem Deckmantel der Terrorismusbekämpfung entgegenzuwirken;*
- *Tendenzen zu Pauschalisierung und Stigmatisierung einzelner Bevölkerungsgruppen oder Ressentiments gegen Fremde, Ausländerfeindlichkeit und Suche nach einfachen Feindbildern und Sündenböcken (eher Zuständigkeit der Innenressorts);*

---

[12] http://www.infolinks.de/medien/geheim/1999/04/010.htm.
[13] Walter J. Lindner: Auswirkungen des 11. September auf die deutsche Menschenrechtspolitik, in: http://www.institut-fuer-menschenrechte.de/seiten/doku9.htm.

• *alleinige Dominanz der Themen innerer und äußerer Sicherheit
vor menschenrechtlichen, sozialen, kulturellen und entwicklungs-
politischen Aspekten.*

amnesty international

Amnesty international ist die größte nichtstaatliche Menschenrechtsorganisation der Welt. Sie ist eine unabhängige Mitgliederorganisa-
tion, die sich ausschließlich über Spenden und Mitgliederbeiträge
finanziert. Seit ihrer Gründung im Jahr 1960 ist ihre Mitgliederzahl
auf ca. 1 Millionen angewachsen. AI-Gruppen arbeiten weltweit in
160 Ländern.[14] In Deutschland verfügt ai über ca. 16000 Mitglieder
in 570 lokalen Gruppen. Auf der Grundlage der Allgemeinen Erklärung der Menschenrechte wendet sich ai gegen schwer wiegende
Verletzungen der Rechte eines jeden Menschen auf Meinungsfreiheit, auf Freiheit von Diskriminierung sowie auf körperliche und
geistige Unversehrtheit. Das klassische Mandat von ai richtet sich
auf:

– die Freilassung aller gewaltlosen politischen Gefangenen,
– die Gewährleistung fairer und unverzüglicher Gerichtsverhand-
lungen,
– die Abschaffung bzw. Verhinderung der Todesstrafe und der Folter,
– die Beendigung von staatlichem Mord und der Praxis des „Ver-
schwindenlassens".

Einfluß und Macht von ai (wie von anderen NGOs auch) beruhen
auf zwei Strategien: der Schaffung von Öffentlichkeit über konkrete Einzelfälle und der Mobilisierung von Protest. Hierzu bedient sich
ai einmal der sog. urgent action in notwendigen Eilfällen und der
Apellfälle und Kampagnen gegen das Vergessen, wenn es um län-
gerfristig angelegte Aktionen geht. In beiden Fällen ist das Mittel
das der massenhaften Protestschreiben (mittlerweile auch der Pro-
testfaxe) aus aller Welt an die betroffene Regierung. Es ist dieses
Profil eines sanften, scheinbar ohnmächtigen aber eben weltweiten
Protestes, der ai langfristig weltberühmt und einflußreich gemacht
hat. Auch wenn es keine Überprüfung gibt, was ein einzelner Brief
ausrichtet und auch wenn es nicht einmal eine Garantie gibt, dass
die Summe aller Briefe immer das Ziel erreicht, gibt es doch die er-

Der sanfte Protest
von ai zeigt immer
wieder Wirkung

---

[14] Die Informationen über amnesty internantional und über die nachfolgenden
NGOs sind – wenn nicht anders gekennzeichnet – der jeweiligen Homepage
der Organisation entnommen.

mutigende Bilanz, dass in wenigstens *einem Drittel aller Fälle eine Verbesserung der Situation der bedrohten Menschen zu beobachten (ist). Sie werden freigelassen, Folterungen und Misshandlungen können verhindert oder unterbunden werden, Häftlinge bekommen endlich die dringend erforderliche medizinische Versorgung, ihre Haftbedingungen bessern sich merklich, man gewährt ihnen den Kontakt zu ihren Familien und zu Rechtsanwälten oder ein Todesurteil wird in eine Haftstrafe umgewandelt. Die Wirksamkeit der Eilaktionen wird immer wieder durch die Aussagen der Opfer bestätigt, die durch das weltweite Eilaktionsnetz von amnesty international vor schlimmen Menschenrechtsverletzungen bewahrt werden konnten.* Noch erfolgreicher sind die langfristig angelegten Aktionen, in denen nicht die Schnelligkeit des Protestes zählt, sondern die große Anzahl von Protestschreiben. Hier verweist ai darauf, dass etwa die Hälfte aller gewaltlosen politischen Gefangenen frei kommen.

Besondere Aufmerksamkeit kommt den Jahresberichten von ai zu, in denen über die Menschenrechtssituationen (im Rahmen des Mandats von ai) in 160 Ländern berichtet wird.

Der Jahresbericht 2002 von amnesty international dokumentiert für das Jahr 2001 Menschenrechtsverletzungen in 152 Ländern. Im Jahr 2000 waren es 149 Staaten. Außergerichtliche Hinrichtungen sind für 47 Länder belegt (2000: 61). Legale Hinrichtungen wurden aus 27 (28) Ländern bekannt. In 111 (125) Staaten kam es zu staatlicher Folter und Misshandlungen. Das „Verschwindenlassen" von Menschen ist für 35 (30) Länder belegt. Gewaltlose politische Gefangene befinden sich in mindestens 56 (63) Ländern in Haft. Diese Zahlen spiegeln nur die selbst dokumentierten Fälle wider. Die tatsächlichen Werte müssen deutlich höher veranschlagt werden. Die Berichte beruhen auf sorgfältiger Recherchearbeit, die im Internationalen Sekretariat in London koordiniert und ausgewertet wird. *Hunderte abonnierter Zeitungen und Zeitschriften, Stellungnahmen von Regierungen, Berichte von Rechtsanwälten, kirchlichen Organisationen und örtlichen Bürgerrechtsgruppen, Aussagen von ehemaligen Gefangenen und Angehörigen inhaftierter Personen werden ausgewertet. Wichtige Informationen werden zudem durch ai-Delegationen gewonnen, die an Ort und Stelle Untersuchungen durchführen, Prozesse beobachten, Gefangene befragen oder Gespräche mit Regierungsvertretern führen. Durch die Verwertung der vielen voneinander unabhängigen Quellen ist ai in der Lage, über Menschenrechtsverletzungen detailliert und zuverlässig zu berichten.*

> ### *Auszug aus dem Jahresbericht 2001 über Deutschland*
>
> *Berichte sprachen von Misshandlungen durch die Polizei sowie von dem missbräuchlichen Einsatz von Zwangsmitteln. Ein geistig behinderter Mann wurde von der Polizei erschossen. Gegen Polizeibeamte, die 1999 einen deutschen Staatsbürger unter umstrittenen Umständen erschossen hatten, wurde kein Strafverfahren eingeleitet. Am Frankfurter Flughafen, wo die Hafteinrichtungen für Asylbewerber erst jüngst vom Europäischen Ausschuss gegen Folter kritisiert worden waren, nahm sich im Mai eine Asylsuchende das Leben. Über den Fortgang von Ermittlungen zur Aufklärung des Todes von Aamir Ageeb, der im Mai 1999 während seiner Abschiebung gestorben war, lagen keine weiteren Informationen vor.[15]*

Seit einiger Zeit gibt es bei ai einen Trend, ihr bisheriges Mandat zu erweitern. Vor allem als Reaktion auf die Herausforderungen der Globalisierung betätigt sich ai zunehmend im Bereich der sozio-ökonomischen Rechte und der Wirtschaftsunternehmen und ist bereits mit wichtigen Initiativen zur Entwicklung von Menschenrechtsstandards für Wirtschaftsunternehmen hervorgetreten. Die Jahresversammlung (2002) verabschiedete einen Plan mit den Arbeitsschwerpunkten für die kommenden zwei Jahre. Neu ist, dass amnesty international nun zu wirtschaftlichen, sozialen und kulturellen Menschenrechten arbeiten wird, sofern diese schwer wiegend verletzt werden.

Auf dem Weltwirtschaftsforum in Davos 2003 erklärte die Generalsekretärin des Internationalen Sekretariats Irene Khan: „Je größer die Macht der Unternehmen wird, desto größer wird auch ihre Verantwortung. Es ist Zeit, dass verbindliche Rechtsinstrumente über die Verantwortung der Unternehmen in Sachen Menschenrechte entstehen und dass Verhaltenskodizes nicht nur eine Frage des guten Willens sind. So wie Staaten rechtlich verpflichtet sind, die Menschenrechte einzuhalten, so sind es auch Firmen."[16]

ai macht die Macht der Wirtschaft zum Menschenrechtsthema

Spürbar verringert hat sich das Gewicht der Menschenrechte in der internationalen Politik. Im Zuge der „Terrorismusbekämpfung" nach den Attentaten vom 11. September 2001 beobachtet amnesty international eine Aufweichung von Menschenrechtsstandards. Selbst demokratische Rechtsstaaten handhaben Menschenrechte zunehmend selektiv. „Regierungen rund um den Globus halten es immer öfter für legitim, im Namen der Sicherheit Menschenrechte zu verletzen oder zu beschneiden", sagt Barbara Lochbihler, General-

---

[15] http://moral-sense.de/infothek/ai_berichte.html#2001.
[16] http://www.amnesty.ch/d/id/idpd/03l/20020123_pdd.html.

sekretärin der deutschen Sektion. Zu den Maßnahmen gehören die unbegrenzte Verhaftung ohne Gerichtsurteil und auf geheimer Beweisführung beruhende Sondergerichte. Zuständige Organe der Vereinten Nationen stemmen sich dieser Entwicklung nicht entgegen. Das „Anti-Terror-Komitee" des Sicherheitsrats hat die Menschenrechte nicht in sein Mandat aufgenommen. Die UN-Menschenrechtskommission konnte sich im April 2002 nicht auf ein klares Wort gegen die Beschneidung der Menschenrechte einigen. „Menschenrechte sind nicht verhandelbar. Auch ein Terrorist verliert seine Menschenrechte nicht. Es macht moderne Rechtsstaaten aus, dass sie diesen Grundsatz respektieren", betont Barbara Lochbihler.[17]
http://www.amnesty.de
http://www.amnesty.org

Human Rights Watch
Human Rights Watch (HRW) ist die größte Menschenrechtsorganisation aus den Vereinigten Staaten. HRW hat sein Hauptquartier in New York und unterhält Büros in Brüssel, London, Moskau, Hong Kong, Los Angeles und Washington mit fest angestellten Menschenrechtsverteidigern: Juristen, Journalisten, Akademiker und Länderspezialisten. HRW verfolgt die Menschenrechtsentwicklung in 70 Ländern.[18] Ursprünglich ist HRW im Jahre 1978 aus der Helsinki Watch-Gruppe hervorgegangen, die die Befolgung der Menschenrechtsstandards des Helsinkiabkommens durch die Ostblockstaaten überwachte. Um der Vorstellung entgegenzuarbeiten, dass Menschenrechtsverletzungen in einem Teil der Welt schwerer wiegen als in einem anderen Teil, wurde in den 80er Jahren die Gruppe „Americas Watch" gegründet, die die Menschenrechtsverletzungen in den lateinamerikanischen Diktaturen kritisierte. 1988 wurden schließlich alle „Watch"-Komitees zu HRW zusammengefasst. Vor allem in Bezug auf Latein-Amerika ist es die entschiedene Position von HRW, dass ein (verordnetes) „Vergessen der Vergangenheit" niemals der Versöhnung und dem Frieden in der Gegenwart nutzen kann. HRW ist der Auffassung, dass nur, wenn die Täter von damals vollständig zu Rechenschaft gezogen und verurteilt werden, zukünftige Menschenrechtsverletzungen unterbunden werden können und eine echte Versöhnung möglich ist.

Das Vergessen der Vergangenheit schafft keine Versöhnung

---

[17] http://www.uni-kassel.de/fb10/frieden/themen/Menschenrechte/amnesty2002.html.
[18] Die Informationen über Human Rights Watch entstammen ihrer homepage http://www.hrw.org.

Eine Besonderheit von HRW ist, dass es den Focus seiner Aktivitäten auch auf die Konfliktfälle ausgedehnt hat, für die das humanitäre Völkerrecht in Anwendung kommt. Im Falle von gewaltsamen oder kriegerischen Konflikten richtet HRW seine Aufmerksamkeit und Kritik auf alle beteiligten Konfliktparteien. So haben sie Menschenrechtsverletzungen der Hutu und der Tutsi, der Serben, der Kroaten, der bosnischen Moslems, der Kosovo-Albaner, der Israelis und der Palestinenser, der Christen und der Moslems in Indonesien und im Sudan kritisiert.

Als Erfolge des eigenen Engagements verbucht HRW vor allem für sich:

- die Aktivitäten, die zum Vertrag gegen den Einsatz von Kindersoldaten geführt haben und das Alter für die Teilnahme an bewaffneten Konflikten auf 18 Jahre hochgesetzt haben,
- die Auszeichnung mit dem Friedensnobelpreis für die Kampagne zum Verbot von Landminen,
- die Einrichtung eines Internationalen Strafgerichtshofes für das ehemalige Jugoslawien,
- den Beitrag für die Aufhebung der Straffreiheit von Pinochet.

Ähnlich wie amnesty international hat auch HRW die Verschlechterung der weltweiten Menschenrechtslage nach dem 11. September beklagt.

Besondere Aufmerksamkeit kommt auch dem jährlichen Human Rights Worldreport zu, der über die Homepage als Pdf-Datei abrufbar ist.

http://www.hrw.org

Terre des hommes

Terre des hommes ist ein entwicklungspolitisches Kinderhilfswerk, das seine Arbeit lange vor Verabschiedung der Kinderkonvention begonnen hat. Der erste Zweig wurde Anfang der 60er Jahre in der Schweiz gegründet, seit 1967 arbeitet auch eine deutsche Organisation von terre des hommes. Seit 1968 gibt es die terre des hommes-Geschäftsstelle in Osnabrück. In ganz Deutschland engagieren sich etwa 3.000 Menschen. Terre des hommes-Arbeitsgruppen sind ehrenamtlich in 150 deutschen Städten und Gemeinden aktiv.

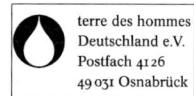

terre des hommes
Deutschland e.V.
Postfach 4126
49031 Osnabrück

Es fördert etwa 350 Projekte in 29 Ländern der Erde. Seit der Verabschiedung der Kinderrechtskonvention arbeitet terre des hommes auch spezifisch kinderrechtsorientiert. Darunter sind Ausbildungsprojekte, Initiativen für Straßenkinder, arbeitende Kinder, Kinder in der Prostitution und Flüchtlingskinder.

Tdh bietet Hilfe zur Selbsthilfe

Terre des hommes versucht durch Kampagnen, Lobby- und Öffentlichkeitsarbeit die deutsche Politik und Wirtschaft im Interesse der Kinder, die unter Armut, Ausbeutung oder Kriegsfolgen leiden, zu beeinflussen.

Durch terre des hommes geförderte Projekte unterstützen die Solidarität zwischen den verschiedenen Kulturen und Gemeinschaften. Sie stärken die Eigenpotentiale benachteiligter Bevölkerungsgruppen, unterstützen ihre Selbstorganisation und befähigen sie, ihre Rechte einzufordern und zu vertreten. Frauen und Mädchen sollen gleichberechtigt Zugang zu Bildung, Ressourcen und gesellschaftlichem Leben haben.

Neben der konkreten Hilfe strebt terre des hommes auch Veränderungen des politischen und wirtschaftlichen Handelns an – im Süden und im Norden: Projekte mit dem Ziel einer nachhaltigen sozial gerechten Entwicklung zeigen exemplarisch auf, wie im Nord-Süd-Verhältnis gerechte Produktions- und Konsumweisen umgesetzt werden können, fördern globales Lernen und motivieren Gruppen und Institutionen zu entwicklungsverträglichem Handeln. Denn terre des hommes will eine Zukunft für alle Kinder schaffen – für heute lebende wie für zukünftige Generationen.

http://www.tdh.de
http://www.tdh.ch

Terre des femmes

Terre des femmes ist eine gemeinnützige Menschenrechtsorganisation für Frauen und Mädchen, die durch internationale Vernetzung, Öffentlichkeitsarbeit, Aktionen, Einzelfallhilfe und Förderung von einzelnen Projekten Frauen und Mädchen unterstützt. Terre des femmes tritt für die Rechte von Frauen ein – ungeachtet ihrer konfessionellen, politischen, ethnischen und nationalen Angehörigkeit. Terre des femmes entstand aus der Einsicht heraus, dass die vorhandenen Menschenrechtsorganisationen frauenspezifische Diskriminierungen zu wenig beachten.

Der Verein hat knapp 2500 Mitgliedern und viele Frauen engagieren sich bundesweit in Städtegruppen. In Zusammenarbeit mit der Bundesgeschäftsstelle informieren die Gruppen die Öffentlichkeit über Ausbeutung, Mißhandlung und Verfolgung von Frauen mittels Infoveranstaltungen und -ständen, Medien- und Lobbyarbeit, Vorträgen und Unterschriftenkampagnen.

Terre des femmes unterhält ein Archiv, das von der Bevölkerung genutzt werden kann. Sie möchten dieses Archiv zu einer zentralen Dokumentations- und Anlaufstelle für Menschenrechtsverletzungen

an Frauen weltweit ausbauen. 1990 wurde eine Bundesgeschäftsstelle in Tübingen eingerichtet. Mit Hilfe hauptamtlicher Stellen konnten die Vereinsaktivitäten ausgeweitet, professionalisiert und besser koordiniert werden.
Arbeitsschwerpunkte sind:

Frauenspezifische Diskriminierung erfordert frauenspezifische NGOs

– Frauenrechte in islamischen Gesellschaften
– Genitalverstümmelung
– Kampagne für saubere Kleider
– Frauenhandel
http://www.terre-des-femmes.de

Pro Asyl

Pro Asyl ist eine unabhängige Menschenrechtsorganisation, in der Menschen aus Kirchen, Gewerkschaften, Flüchtlingsräten, Wohlfahrts- und Menschenrechtsorganisationen zusammen arbeiten, die sich unter dem Motto „Zuflucht statt Abwehr" für die Rechte und Interessen der schutzbedürftigen Flüchtlinge in Deutschland einsetzt. Sie organisiert Flüchtlingsräte, schafft Öffentlichkeit, berät Flüchtlinge in strittigen Anerkennungsverfahren und unterstützt in vielen Fällen Kirchenasyl (http://www.kirchenrecht.net). Ein wesentlicher Partner ist das UNHCR. Nach Änderung des Artikels 16 des Grundgesetzes hat Pro Asyl seine Arbeit verstärkt auf Europa ausgerichtet und arbeitet eng mit dem Europäischen Flüchtlingsrat ECRE (http://www.ecre.org) für die Etablierung europäischer Asylstandards zusammen.
http://www.proasyl.de

Minority Rights Group International

Minority Rights Group International (MRG) setzt sich dafür ein, die Rechte von ethnischen, religiösen und sprachlichen Minderheiten wie auch von indigenen Völkern weltweit zu schützen. MRG arbeitet für diese Minderheiten mit Partnern in über 60 Ländern seit 30 Jahren. Sie gehen in ihrer Arbeit davon aus, dass Faktoren wie Alter, Geschlecht, Klassenzugehörigkeit und Behinderung zu weiterer Marginalisierung führen können. MRG hat folgende Arbeitsschwerpunkte

– die aktive Teilnahme von Minderheiten und indigenen Völkern an Entscheidungen fördern, die ihr Leben betreffen
– die Umsetzung internationaler Standards sicherstellen
– Konfliktlösungen und Streitschlichtung unterstützen
– sich stark machen für die Integration von Minderheitsrechten in Entwicklungspolitiken.

– in Anti-Rassismus- Netzwerken mitarbeiten
http://www.minorityrights.org/

Forum Menschen-
rechte = 40 unter
einem Dach

Forum Menschenrechte

Das Forum Menschenrechte ist ein Netzwerk von mehr als 40 deutschen NGOs, die sich für einen verbesserten, umfassenden Menschenrechtschutz einsetzen – weltweit, in bestimmten Weltregionen,
Ländern und in der Bundesrepublik Deutschland. Das Forum wurde 1994 im Anschluss an die Wiener Weltmenschenrechtskonferenz
gegründet.

Die gemeinsame Arbeit dient vor allem folgenden Zielen: die Menschenrechtspolitik der Bundesregierung und des Deutschen Bundes-
tags auf nationaler und internationaler Ebene kritisch zu begleiten,
gemeinsame Vorhaben zur Verbesserung des Menschenrechtsschutzes weltweit durchzuführen, Bewusstsein zu Fragen der Menschenrechte in der deutschen Öffentlichkeit zu bilden und dabei auch auf
mögliche Menschenrechtsverletzungen in Deutschland hinzuweisen
und auf ihre Lösung hinzuarbeiten, Informationen unter den Mit-
gliedsorganisationen zu menschenrechtsrelevanten Themen auszutauschen, der Unterstützung lokaler, regionaler und nationaler NGOs
bei den internationalen Aspekten ihrer Arbeit und der Förderung der
internationalen Vernetzung von NGOs.

Innerhalb des Forums sind verschiedene Arbeitsgruppen zu folgenden Schwerpunkten tätig: UNO-Menschenrechtskommission, Menschenrechtsverteidiger, Bundestagsausschuß für Menschenrechte,
wirtschaftliche und soziale Rechte, Europa, Frauenrechte, Ostseeko-
operation, Rassismus, Innenpolitik, Wirtschaft und Menschenrechte.
http://www.forum-menschenrechte.de/

Komitee für Grundrechte
und Demokratie e. V.

Komitee für Grundrechte und Demokratie

Das Komitee ist 1980 entstanden. In seinem Gründungsmanifest
steht u.a. über sein Selbstverständnis: Das Komitee begreift als
seine Hauptaufgaben einerseits aktuelle Verletzungen von Menschenrechten kundzutun und sich für diejenigen einzusetzen, deren Rechte verletzt worden sind (z.B. im Kontext sogenannter De-
monstrationsdelikte, Justizwillkür, Diskriminierung, Berufsverbote,
Ausländerfeindlichkeit, Totalverweigerung, Asyl- und Flüchtlingspolitik), andererseits aber auch Verletzungen aufzuspüren, die nicht
unmittelbar zutage treten....Das Grundrechtekomitee ist Mitherausgeber des jährlich erscheinenden Grundrechte-Report(s) – Zur Lage
der Bürger- und Menschenrechte in Deutschland.
http://www.grundrechtekomitee.de

Reporter ohne Grenzen

Ein besondere Erwähnung verdienen auch die vielen berufsorientierten internationalen NGOs der Ärzte, Reporter, Juristen, Physiker und viele andere mehr. An dieser Stelle sei nur eine Gruppe besonders herausgehoben. Reporter ohne Grenzen verteidigt die Freiheit, zu informieren und informiert zu werden. Reporter ohne Grenzen setzt sich weltweit für Journalistinnen und Journalisten ein, die vom Staat, von religiösen und politischen Gruppen oder durch organisiertes Verbrechen bedroht werden. Sie intervenieren bei Regierungen und Justizbehörden, schicken Rechtsanwälte und Prozessbeobachter und helfen den Familien inhaftierter oder getöteter Journalisten. Sie übernehmen Patenschaften für gefangene Journalistinnen und Journalisten und fordern ihre Freilassung sowie die Verbesserung der Haftbedingungen.

Die Situation der Pressefreiheit spiegelt oft die allgemeine Situation der Menschenrechte

Die Situation der Pressefreiheit in rund 150 Ländern wird jährlich zum 3. Mai in einem 400-seitigen Jahresbericht dokumentiert. Zum 10. Dezember, dem „Internationalen Tag der Menschenrechte", vergeben sie einen Preis an mutige Journalistinnen und Journalisten, die sich unter besonders schwierigen Bedingungen für die Pressefreiheit in ihrem Land einsetzen.

http://www.reporter-ohne-grenzen.de

LITERATURTIPP zu Kapitel 21

Volkmar Deile: Können Nichregierungsorganisationen einen Beitrag zum Menschenrechtsschutz leisten?, in: Gerhard Baum, Eibe Riedel, Michael Schaefer (Hrsg.): Menschenrechtsschutz in der Praxis der Vereinten Nationen, Baden-Baden 1998

Thomas Risse, Stephen Ropp, Kathryn Sikkink (eds.): The Power of Human Rights. International Norms and Domestic Change, Cambridge 1999

22. Menschenrechtsverteidiger – verfolgt und gefeiert

Eine besondere Rolle spielen die sog. Menschenrechtsverteidiger. Ihre Aktivitäten machen auch deutlich, wie unverzichtbar immer wieder der Einsatz für die Umsetzung, aber teilweise auch erst für die Anerkennung der Menschenrechte ist. Sie müssen erstritten und verteidigt werden gegen die Interessen der Macht, der Hegemonie und die Überlegenheitsideologien des Rassismus.

Diese Menschenrechtsverteidiger – Rechts- und Staatsanwälte und Richter, Gewerkschafter, Wissenschaftler, Publizisten, Angehörige von Kirchen oder anderen Religionsgemeinschaften u.a.m. – spielen für die Überwachung der Menschenrechtslage und die Mahnung zur Einhaltung der Menschenrechte in ihren Staaten eine oft herausragende Rolle. Aus eben diesem Grund sind sie häufig staatlichen Repressionen ausgesetzt, die von ungerechtfertigten Verhaftungen über Entzug der Berufszulassung bis hin zu physischem Druck, im Extremfall mit Todesfolge, reichen können.

Menschenrechtsverteidiger bedürfen des internationalen Schutzes durch internationale Aufmerksamkeit. Die Erklärung zu den Menschenrechtsverteidigern, die die UN-Generalversammlung zum 50. Jahrestag der Allgemeinen Erklärung der Menschenrechte annahm, stellten eine wichtige politische Berufungsgrundlage dar, auf Grund derer in konkreten Fällen die Rechte von Menschenrechtsverteidigern gegenüber Regierungen geltend gemacht werden können. Im Jahr 2000 hat der Generalsekretär der Vereinten Nationen Hina Jilani (Pakistan) zur Sonderbeauftragten für Menschenrechtsverteidiger ernannt.

> Diejenigen, die sich am allermeisten für die Menschenrechte einsetzen, sind oft auch am meisten gefährdet

Werfen wir nachfolgend einen kurzen Blick auf zwei herausragende Persönlichkeiten und Menschenrechtsverteidiger: Martin Luther King[19] und Waris Dirie.[20]

Martin Luther King ist die Symbolfigur des schwarzen gewaltlosen Widerstands gegen rassistische Diskriminierung in den USA geworden. Untrennbar ist sein Name mit dem amerikanischen „civil rights movement" und dem Kampf gegen Rassentrennung und Diskriminierung in Schulen und im öffentlichen Raum verbunden. Sein Engagement zeigt einerseits, wie notwendig Protest gegen einen zählebigen alltäglichen und institutionellen Rassismus ist, andererseits aber auch, welche Veränderungen möglich sind, wenn Bürger sich zu gemeinsamen Aktionen zusammenfinden. So zutreffend die Kritik ist, dass Bürger- und Menschenrechte in der Wirklichkeit weit hinter ihren Idealen zurückbleiben, so überzeugend wirkt auch der Erfolg der Menschen, die sich vom utopischen Überschuß der Menschen- und Bürgerrechte anspornen lassen und für ihre Rechte kämpfen. Allerdings führt die Ermordung Martin Luther Kings uns auch vor Augen, mit welchem Risiko Menschen unter bestimmten politischen Umständen zu rechnen haben, wenn sie sich unbeirrbar für die Gleichberechtigung einsetzen.

Was sicherlich am stärksten in Erinnerung blieb, ist Martin Luther Kings berühmte Rede „I have a Dream".

---

[19] http://usinfo.state.gov/usa/infousa/facts/history/king.htm.
[20] http://www.unfpa.org/news/pressroom/1997/dirie.htm.

„I have a dream"

„Jetzt ist der Zeitpunkt da, an den die Grundsätze der Demokratie zur lebendigen Wirklichkeit werden ... Es wird weder Ruhe noch Rast in Amerika geben, bis dem Neger die vollen bürgerlichen Rechte anerkannt werden. Die Stürme des Aufruhrs werden die Grundfesten unseres Volkes erschüttern, bis der helle Tag der Gerechtigkeit anbricht. Und das muß ich meinem Volk sagen, das an der Schwelle der Tür steht, die in das Haus der Gerechtigkeit führt: Bei alledem, was wir tun, um den Platz zu gewinnen, der uns zusteht, dürfen wir uns keiner Handlung des Unrechts schuldig machen ...

Der wunderbare neue kämpferische Geist, der die Gemeinschaft der Neger erfaßt hat, darf uns nicht dazu führen

Abb. 24: Martin Luther King mit seinem Vorbild Mahatma Gandhi (1966).

allen Weißen zu mißtrauen. Viele unserer weißen Brüder – und das beweist ihre Anwesenheit heute in unserer Mitte – sind zu der Einsicht gekommen, daß ihre Zukunft mit der unseren untrennbar verbunden ist ...

Und jetzt sage ich euch, meine Freunde, im Angesicht all der Schwierigkeiten von heute und morgen, daß ich trotz allem einen Traum mit mir trage. Es ist ein Traum, der tief verwurzelt ist im Traum ganz Amerikas. Ich habe einen Traum, der mir sagt, das eines Tages diese Nation aufwachen wird und ihr Bekenntnis lebendig erfüllen wird, das da sagt : ,Wir glauben, das diese Wahrheiten für sich selbst sprechen: das alle Menschen gleich geschaffen sind.' Ich habe einen Traum, daß eines Tages auf den roten Hügeln von Georgia, daß eines Tages die Söhne der früheren Sklaven und die Söhne der früheren Sklavenhalter zusammensitzen an einem Tisch der Brüderlichkeit. Ich habe einen Traum, daß eines Tages sogar der Staat Mississippi, in dem Ungerechtigkeit schwelt und ihr Wesen treibt mit dem Feuer der Unterdrückung, sich in eine Oase der Freiheit und Gerechtigkeit verwandeln wird. Ich habe einen Traum, daß eines Tages meine vier kleinen Kinder in einem Volk leben werden, in dem man sie nicht nach der Farbe ihrer Haut, sondern nach ihrem Charakter behandeln wird. Das ist mein Glaube. Das ist unsere Hoffnung. Das ist mein Glaube, das ich zurückgehen werde in den Süden, mit – ja, mit diesem Glauben, daß wir den Berg der Verzweiflung verwandeln können in einen Felsen der Hoffnung."

http://www.krref.krefeld.schulen.net/biographien/b0002t00.htm

Waris Dirie

Waris Dirie kommt aus einer Nomadenfamilie aus Somalia. Als Fünf-
jährige erlebte sie ihre Geschlechtsverstümmelung als Lebens-
schock. Als Dreizehnjährige sollte sie an einen alten Mann verhei-
ratet werden. Ihr gelang die Flucht und sie schaffte es, nach London
zu kommen, wurde später als Model entdeckt und machte Karrie-
re in New York. Heute ist Waris Dirie Sonderbotschafterin der UNO
zum Thema Genitalverstümmelung. Ihre Berühmtheit nutzt sie, um
gegen das Ritual der genitalen Verstümmelung weltweit anzukämp-
fen. „Als ich ein Kind war, habe ich eine Erfahrung gemacht, die ich
keinem Kind auf der Welt wünsche und die ich Folter nenne. Ich
will dafür arbeiten, dass kein Kind mehr meine Erfahrungen teilen
muss".[21]

Weltweit leben mehr als 150 Millionen Mädchen und Frauen, deren Genitalien verstümmelt wurden, und jedes Jahr werden erneut
schätzungsweise zwei Millionen Mädchen Opfer dieser Praxis. Um-
fangreiche Materialien zum Thema Klitorisbeschneidung finden Interessierte im Dokumentationsarchiv und in der Bibliothek des Frau-
engesundheitszentrums Graz.
http://www.fgz.co.at/fgm.htm

LITERATURTIPP zu Kapitel 22:
Waris Dirie: Wüstenblume, München 2002

23. Medien als Verbündete der Menschenrechtsarbeit

Wir kommen damit zu einem wichtigen, aber vielfach noch unter-
schätzten Akteur im Feld der Menschenrechtspolitik: den Medien.
Die Medien sind die Instanz und der Ort, etwas zu veröffentlichen
und Öffentlichkeit und Transparenz sind unverzichtbare „Waffen"
v.a. der NGOs im Kampf gegen Menschenrechtsverletzungen. Nach
einer groben Unterscheidung haben wir es weltweit mit zwei unterschiedlichen Herausforderungen zu tun: Zum einen gibt es die
politischen Systeme, die in unterschiedlichen Graden die Presse-,
Informations- und Meinungsfreiheit unterdrücken. In diesem Falle
sind die im Medienbereich Tätigen Opfer und Verteidiger der Menschenrechte in eigener Sache. Zum anderen gibt es die demokratischen Systeme, in denen Presse-, Informations- und Meinungsfreiheit weitestgehend garantiert sind. In diesen Fällen sind die

---

[21] http://www.unicef.de/akt/akt_141.php?news_id=840.

Medien Mittler und Verbündete oder aber Bremser für die Belange der Menschenrechte anderer Personen und Gruppen. Während es im ersten Fall um die Machtprobleme repressiver Politik geht, handelt es sich im zweiten Fall um die Marktprobleme moderner Mediengesellschaften. Wenden wir uns nun dieser Herausforderung zu.

Die Medien sind das Nadelöhr zur Öffentlichkeit

Die Medien sind das Nadelöhr, durch das die NGOs, aber auch alle anderen Menschenrechtsakteure hindurch müssen, um Aufmerksamkeit und Gehör zu erlangen. Was nicht in den Medien ist, ist nicht existent! Mobilisieren geht nur durch informieren. Aber die Menschenrechte haben es nicht leicht, sich auf dem Medienmarkt als Ware mit einem attraktiven Konsumwert zu verkaufen. Menschenrechte sind nicht „sexy und telegen". Zudem lassen sie sich nicht undifferenziert und schnellschüssig darstellen. Sie gehorchen schlicht nicht dem „CNN-Effekt". Wichtige Ergebnisse der UN- Menschenrechtsarbeit bleiben in den Medien deshalb oft unberücksichtigt. Wer kennt schon die Abschließenden Kommentare der Ausschüsse zu den Deutschen Staatenberichten, in denen durchaus Stoff für kontroverse Diskussionen in der deutschen Menschenrechtsdebatte enthalten ist! Jährlich werden von der „Initiative Nachrichtenaufklärung"[22] die TopTen der vernachlässigten Nachrichten recherchiert und veröffentlicht und immer sind menschenrechtsrelevante Themen darunter. Aber bei der Medienberichterstattung geht es nicht nur um das „Ob-Überhaupt", sondern auch um das „Wie", wenn denn einmal berichtet wird. Enthalten die Informationen oder die Themenauswahlen eine Vereinseitigung, die den Opfergruppen schadet? Vor allem die Berichterstattung über Sinti und Roma wie auch über Asylbewerber und Flüchtlinge wurde wiederholt kritisiert.

Aus dem 2. Bericht von ECRI über Deutschland

35. ECRI ist besorgt über die Berichte, dass einige Medien in Deutschland negative Klischeevorstellungen und Vorurteile gegenüber Personen ausländischer Herkunft und ethnische Minderheitengruppen noch fördern und so zu einem Klima beitragen, das diesen Personen feindlich gegenüber steht... Auf der anderen Seite wird über die normalen Aktivitäten dieser Personen als Teil der deutschen Gesellschaft und Einwohner nicht genügend berichtet. ECRI stellt fest, dass der Pressekodex des Presserates antidiskriminierende Leitlinien enthält und ermutigt die deutschen Medien allgemein, eine Selbstregulierung zu erwägen und eine Spezialausbildung in multi-ethnischer Berichterstattung anzubieten.

36. Die Medien spielten in den letzten Monaten eine wichtige Rolle und brachten das Problem der rassistischen und antisemitischen Gewalt in die Schlagzeilen.

[22] http://www.nachrichtenaufklaerung.de.

> Leider vereinfachen einige Medien diese Straftaten und schreiben sie dem Problem der Jugendkriminalität oder der Frustration in den neuen Bundesländern zu. Sie setzen dabei diese Ereignisse nicht in den größeren Kontext des Rassismus, Antisemitismus und der Intoleranz. ECRI begrüßt die Bemühungen anderer Medien, die zugrunde liegenden Probleme sowie die tieferen Ursachen der Gewalt zu untersuchen. Solche Bemühungen sind wesentlich, um die Aufmerksamkeit der deutschen Öffentlichkeit und der Beamten auf die Komplexität des Problems zu lenken.[23]

Nach dem 11. September ist eine weitere Problematik aufgetreten: Es entsteht vielfach eine Umwertung in den Köpfen von Medienmachern. Was vorher noch als Menschenrechtsverletzung gegolten hat, fällt nun unter die Kategorie Anti-Terror-Bekämpfung.

„Angesichts der aktuellen Verschärfung des internationalen politischen Klimas könnte das Thema Menschenrechte bald völlig unter die Räder kommen", so die Sorge von WDR-Reporter Arnd Henze. Nach dem 11. September seien „massive Denk-, Begriffs- und Argumentationsverbote formuliert" worden. Vorher sei es nicht nötig gewesen, bei der journalistischen Tätigkeit Zivilcourage zu beweisen. Künftig aber, so Henze, werde es wohl Mut erfordern, „sich einem solchen Denk- und Argumentationsverbot gegen die Umwidmung von Menschenrechtsverletzungen zu Antiterrormaßnahmen zu widersetzen". [24]

Dass dies kein deutsches Phänomen ist, sondern dass es viele Anzeichen gibt, dass sich die „Berichtskultur" unter dem Druck des 11. September verändert hat, belegt eine Studie der International Federation of Journalists, IFJ über 20 Länder: *The declaration of a „war on terrorism"... has created a pervasive atmosphere of paranoia in which the spirit of press freedom and pluralism is fragile and vulnerable.*[25]

Da die Medien sowohl Informationen bieten, wie Meinungen bilden – zuweilen allein durch die Art, wie sie Informationen auswählen –, ist ihr Einfluß auf den Menschenrechtsdiskurs nicht zu unterschätzen. Es gehört deshalb zu den dringlichen Aufgaben der (vorsorgenden) Menschenrechtsarbeit, gerade für die „Medienmacher" Menschenrechtsbildung als ein Element in ihre Ausbildung zu integrieren. Eine Notwendigkeit, die auch von der UNESCO immer wieder unterstrichen wird.

---

[23] http:// www.coe.int/T/E/human_rights/ecri/1-ECRI/2-Country-by-country_approach/.Germany/German%20version.pdf.
[24] http://www.igmedien.de/publikationen/m/2001/11/11.html.
[25] http://www.statewatch.org/news/2002/jul/war.pdf.

24. Die Bürger

Aber nicht nur die Experten der NGOs oder engagierte Menschenrechtsverteidiger zählen zu den Akteuren, sondern letztlich sind alle
Bürger und Bürgerinnen Akteure im Feld der Menschenrechtspolitik und der Menschenrechtskultur. Sie sind die entscheidenden Träger und Subjekte. Ihr Verhalten trägt maßgeblich zur Verwirklichung
und Entwicklung oder aber zur Verletzung der Menschenrechte bei.
Die „real existierenden Bürger" können ganz unterschiedliche menschenrechtsrelevante Verhaltensweisen praktizieren:

Auf die Bürger
kommt es an

1. Als Verletzer von Menschenrechten in einer bestimmten Macht-
   position;
2. als „Stimme des Volkes", die sowohl für die Lockerung des Folter-
   verbots eintreten wie für die Wiedereinführung der Todesstrafe;
3. als Verängstigte, die bereit ist, ihre Freiheit einer vermeintlichen
   Sicherheit zu opfern;
4. als Indifferente, die sich nicht betroffen und besorgt zeigen und
   sich nicht mobilisieren lassen für Belange der Menschenrechte;
5. als Opfer, die sich wehren und ihre Rechte, die sie verletzt glauben, einklagen unter Ausschöpfung aller der Instrumente, die der
   Menschenrechtsschutz zur Verfügung stellt;
6. als Opfer, die sich wehren und ihre Rechte, die noch nicht einklagbar sind, politisch einfordern durch Teilnahme an einer sozialen oder einer Bürgerrechtsbewegung;
7. als Engagierte, die sich mit den Opfern von Menschenrechtsverletzungen solidarisieren und aktiv dazu beitragen, deren Menschenrechte zu verteidigen;
8. als Besorgte und Betroffene, die das Menschenrechtsprofil der Regierungspolitik kritisch kommentieren und am Menschenrechtsdiskurs teilnehmen;
9. als Überzeugte, die die Menschenrechte auch zur Richtschnur des
   Verhaltens in der Zivilgesellschaft machen.

Obwohl die Menschenrechte als politisch einzufordernde und juri-
stisch einklagbare Rechte zunächst einmal das Verhältnis Bürger –
Staat regeln, haben die Menschenrechte darüberhinaus auch eine
rechtliche „Ausstrahlungskraft" (Jutta Limbach) und eine moralische
Orientierungsfunktion für das Verhältnis der Bürger untereinander.
Es ist zum einen die sogenannte rechtliche „Drittwirkung" der Menschenrechte, die zum Tragen kommt und es sind zum anderen universelle Werte, die den Menschenrechten zugrunde liegen, die als
moralische Normen zur Geltung kommen. Die Bürger sollen diese

Werte zum Maßstab eigenen Handelns machen, also v.a. im Umgang mit den anderen, deren gleiche Würde und Rechte anerkennen.

Erinnernswert sind in diesem Zusammenhang die Worte von Eleanor Roosevelt, der Vorsitzenden der Menschenrechtskommission der ersten Jahre: *Wo beginnen die Menschenrechte?...An den kleinen Plätzen, nahe dem eigenen Heim. So nah und so klein, daß diese Plätze auf keiner Landkarte der Welt gefunden werden können. Und doch sind diese Plätze die Welt des Einzelnen: Die Nachbarschaft, in der er lebt, die Schule oder die Universität, die er besucht, die Fabrik, der Bauernhof oder das Büro, in dem er arbeitet. Das sind die Plätze, wo jeder Mann, jede Frau und jedes Kind gleiche Rechte, gleiche Chancen und gleiche Würde ohne Diskriminierung sucht. Solange diese Rechte dort keine Geltung haben, sind sie auch woanders nicht von Bedeutung. Wenn die betroffenen Bürger nicht selbst aktiv werden, um diese Rechte in ihrem persönlichen Umfeld zu schützen, werden wir vergeblich nach Fortschritten in der weiteren Welt suchen.*[26]

Aber das Wissen der Deutschen über die Menschenrechte ist unzureichend. Das bestätigte eine Studie des Meinungsforschungsinstituts Unsuma, die die Universität Leipzig zum Tag der Menschenrechte 2002 vorstellte. Die 2.051 Befragten (1.001 aus Ostdeutschland und 1.050 aus den alten Bundesländern) im Alter von 14 bis 92 Jahren konnten im Durchschnitt nur drei Rechte der AEMR nennen, aber nur weniger als 20 Prozent konnten mindestens fünf der Menschenrechte aufzählen. Jeder Fünfte konnte keinen einzigen der 30 Artikel aus der Erklärung benennen. Die bürgerlichen Menschenrechte sind bekannter als die wirtschaftlichen. Die Westdeutschen nannten öfter das Recht auf Religions- und Glaubensfreiheit, das Recht auf Meinungsfreiheit sowie das Verbot von Folter. In Ostdeutschland wurden das Recht auf soziale Sicherung, das Recht auf Arbeit sowie das Recht auf Bildung häufiger genannt. Da die Engagementsbereitschaft der Deutschen ähnlich gering ausfiel wie ihr Wissen über die Menschenrechte, sprachen die Autoren der Studie sogar von der Gefahr „einer schleichenden Aushöhlung der Menschenrechte", die sie maßgeblich auf „ein Defizit demokratischer Bildung" zurückführen.[27]

---

[26] http://www.uno.de/menschen/menschenrechte/pressemappe/magna.htm
[27] http://www.n-tv.de/3086320.html

Menschenrechtsbildung als Menschenrecht

25. Die Unteilbarkeit der Menschenrechtsbildung

25.1 Menschenrechtsbildung als Teil der Entwicklung der Menschenrechte

Bildung ist für die Umsetzung und Entwicklung der Menschenrechte unverzichtbar! Was nützt es, Menschenrechte zu haben und sie nicht zu kennen und was wiederum nützt es, sie zu kennen, sie aber nicht zu verstehen!? Und letztendlich: wem wäre geholfen, wenn man die Menschenrechte nur verstünde, aber nicht bereit wäre, sie zu achten und sich für sie einsetzen? Es gehört zur Entwicklung der Menschenrechte die Einsicht, dass sie auch im Bewußtsein der Bürger verankert werden müssen, und dass es hierfür einer eigenen Anstrengung bedarf: der Menschenrechtsbildung oder Menschenrechtserziehung. Der letzte Begriff gerät im deutschen Sprachbereich aber zunehmend außer Gebrauch. Auch wenn beide Begriffe das Selbe meinen wollen/sollen und es sich sowieso nur um die Übersetzung von „human rights education" handelt, haben im Deutschen Erziehung und Bildung nicht die gleiche Bedeutung und Konnotation. Leicht merkt man den Unterschied, wenn man sich vorstellt, wir würden von politischer Erziehung statt von politischer Bildung sprechen. Da es gerade beim Lernen der Menschenrechte um den Entwicklungsprozeß des autonomen, vernünftigen Individuums geht, da es um das Zusammenspiel von Förderung und Eigeninitiative geht, kann der passende Begriff nur der der Bildung, der Menschenrechtsbildung sein.

So wie die Menschenrechte in einem historischen Lernprozeß erkannt und begründet, erkämpft und verankert wurden, so bedarf es eines individuellen Lernprozesses bei einem jeden Bürger, um ein Wissen zu erlangen, welche Menschenrechte er/sie und alle anderen Menschen haben und um ein Bewußtsein zu entwickeln, was Menschenrechte auch für das eigene Urteilen und Handeln bedeuten. So wie die Menschenrechte erst einmal historisch ins Bewußtsein der Menschheit gelangen mußten, so müssen die errungenen und kodifizierten Menschenrechte jeweils aufs Neue den Heran-

Wem nutzen Menschenrechte, die unbekannt und unverstanden bleiben!

wachsenden weltweit zu Bewußtsein gebracht werden. Denn Menschenrechte, die unbekannt oder unverstanden bleiben, die können keine Macht entfalten. Eben dieser Prozeß der Wissensvermittlung und Bewußtseinsentwicklung wird als Menschenrechtsbildung bezeichnet.

Bereits in der Präambel der *Allgemeinen Erklärung der Menschenrechte* von 1948 wurde dies erkannt und gefordert, „durch Unterricht und Erziehung die Achtung dieser Rechte und Freiheiten zu fördern". Im Rahmen der UNESCO hat sich die Menschenrechtsbildung (MRB) über Jahrzehnte zu einem genuinen Bereich der Menschenrechtsentwicklung ausdifferenziert. Einen Meilenstein setzte die Internationale Konferenz über Erziehung für Demokratie und Menschenrechte in Montreal 1993, die dem Gedanken zum Durchbruch verhalf, dass Erziehung für Menschenrechte selbst ein Menschenrecht ist und eine unverzichtbare Voraussetzung für die Verwirklichung von Menschenrechten, Demokratie und Toleranz.

Im Dezember 2000 hat die Kultusministerkonferenz die „Empfehlung zur Förderung der Menschenrechtserziehung in der Schule" neu gefasst. Menschenrechtserziehung gehört danach zum Kernbereich des Bildungs- und Erziehungsauftrags von Schule und ist in allen Landesverfassungen und Schulgesetzen als oberstes Bildungsziel festgelegt.

Trotz der hohen Bedeutung, die der MRB zuerkannt wird, ist eine große Kluft zwischen Anspruch und Wirklichkeit und zwischen Praxis und Wirksamkeit der MRB festzustellen. Auch 50 Jahre nach der Verabschiedung der Allgemeinen Erklärung der Menschenrechte ist das *Menschenrechtswissen* bei Schülern, Studenten und Bürgern nur bruchstückhaft und einseitig und das *Menschenrechtsbewußtsein* nur rudimentär entwickelt. Immer noch steht eine angemessene Verankerung der MRB in Schule und Hochschule aus.[1]

MRB kann zwar an einen reichen internationalen und nationalen Erfahrungsschatz anknüpfen, aber es gilt heute, die MRB curricular stärker zu verankern, sie fächerübergreifend als Querschnittsthema zu konzipieren, sie lerntheoretisch zu fundieren, sie an Bezugswissenschaften zu orientieren und ihre Praxis zu evaluieren. Gelingende MRB hängt maßgeblich von der Professionalität und Ausbildung der Lehrpersonen ab. Die Universitäten sind deshalb gefordert, angemessene Studienangebote zu entwickeln. MRB bedarf heute eines „mainstreaming" von Menschenrechten in Erziehung und Bildung.

---

[1] Lothar Müller: Didaktik der Menschenrechte, Dissertation an der Universität Trier 2001.

25.2 Menschenrechtsbildung in Deutschland: Lernen aus zwei Diktaturen

MRB hat weltweit etwas, was sie verbindet, was in Zielsetzung und Engagement universell ist. Gleichwohl hat MRB auch ein je eigenes Profil, bedingt durch die spezifischen politischen und gesellschaftlichen Verhältnisse, in denen sie praktiziert wird. Es macht einen erheblichen Unterschied, ob Menschenrechtsbildung in Entwicklungsländern, in Nach-Bürgerkriegsgesellschaften, in post-totalitären Gesellschaften, in tief gespaltenen Gesellschaften, in Post-Apartheidsgesellschaften oder in etablierten Demokratien durchgeführt wird. In Deutschland ist sie immer auch Erziehung nach Auschwitz und steht damit unter dem Imperativ: Nie wieder! Die deutsche Gesellschaft hat aus dem fehlenden Menschenrechtsschutz der Weimarer Republik und den nachfolgenden Verbrechen des NS gelernt. Wir stehen aber weiterhin in der besonderen Verantwortung einer Erziehung zur Anti-Diskriminierung. Wie zentral diese Aufgabe ist, zeigen die Verbreitung von Fremdenfeindlichkeit und Rassismus. Außerdem haben wir die Bürde einer zweiten deutschen Diktatur in der DDR zu tragen. In radikaler Weise vermag MRB an den deutschen Beispielen darüber aufzuklären, warum wir Menschenrechte brauchen und was passieren kann, wenn staatliche Macht entgrenzt wird und zivilgesellschaftliche Gegenmacht fehlt. Menschenrechtsbildung richtet sich hier vor allem auf die strukturellen und politischen Ursachen von Menschenrechtsverletzungen, aber auch auf diejenigen, die durch ihr Engagement als einzelne und als Bewegung immer wieder aufgerufen sind, die Menschenrechte zu verteidigen. Am Beispiel der einmal überschwenglich „friedliche Revolution" genannten Bürgerproteste von 1989 läßt sich immer wieder zeigen, was zivilgesellschaftliche Gegenmacht unter günstigen Rahmenbedingungen erreichen kann.

Am Beispiel Deutschlands läßt sich in besonderer Weise demonstrieren, was es bedeutet, wenn die Menschenrechte nicht mehr geschützt werden

25.3 Gegen eine halbierte Menschenrechtsbildung

MRB muß nicht mehr erfunden werden, weltweit gibt es eine Vielzahl von Konzeptionen und praktischen Angeboten. Gleichwohl ist darauf zu achten, dass wir MRB nicht in einer quasi halbierten Variante anbieten, die aus dem Gesamt der Menschenrechte nur Teile anbietet, dadurch aber so etwas wie eine „Menschenrechtsbildung light" hervorbringt, der der kritische, egalitäre und praktische Stachel abhanden kommt. Mein Argument zielt nicht auf eine illusionäre Vollständigkeit des Stoffes, sondern auf eine Unteilbarkeit der Perspektiven. Da man dem Umstand Rechnung tragen muß, dass nicht alle Menschen Menschenrechtsexperten werden können, gilt es natürlich immer auszuwählen, aber die Auswahl darf nicht den Geamtzusammenhang zerstören. Als thematischer Leitfaden mag diese Einführung dienen, um aus der Überfülle der Informationen altersspezifisch das auswählen zu können, das helfen kann, die Menschenrechte in ihrer Bedeutung für das eigene Leben zu begreifen.

• MRB ist Wissens- und Wertevermittlung, oft wird aber die eine Seite auf Kosten der anderen gestärkt. Wenden wir uns zunächst der Wissensdimension zu. MRB klärt auf über die Rechte, die ich und alle anderen haben, warum sie sich entwickelt haben und wohin ich mich wenden kann, wenn ich der Auffassung bin, ich sei in einem oder mehreren meiner Menschen- oder Grundrechte verletzt worden. Menschenrechtswissen ist beschreibendes und kritisches Wissen. Es fragt sowohl nach den Institutionen, Organisationen, Dokumenten und Akteuren, als auch nach den Ursachen der Differenz von Norm und Wirklichkeit, nach den Ursachen von Menschenrechtsverletzungen. Auch wenn das Individuum überall im Mittelpunkt des Schutzes steht, so darf das nicht darüber hinweg täuschen, dass es sich bei Menschenrechtsverletzungen meist nicht um Einzelfälle, sondern um Gesamtzusammenhänge handelt, deren politische und strukturellen Ursachen zu erkennen und zu benennen sind! MRB richtet deshalb den Blick auf die Machtinteressen wie auf die Ideologien und Strukturen der Ungleichheit, die den Menschenrechten entgegenstehen.
Menschenrechtsbildung bliebe jedoch eindimensional, wenn sie nicht auch über die Werte aufklären würde, die den Rechten zugrunde liegen wie Freiheit, Gleichheit und Solidarität und sie bliebe orientierungslos, wenn sie sich nicht um die Anerkennung dieser Werte bemühen würde. Eine MRB, die sich nur als Wissensvermittlung über die Menschenrechte verstünde und nicht auch als Bildung für die Menschenrechte, liefe Gefahr

– nur instrumentelles Wissen bereit zu stellen, das völlig beliebig von Verletzern wie Verteidigern genutzt werden könnte,
– den interkulturellen Dialog zu behindern, da die zu universalisierenden Werte unverstanden blieben,
– die Menschenrechte mit einem egoistischen Mißverständnis zu belasten (Ich verteidige meine Rechte!), das die Anerkennung der gleichen Würde und der Gleichwertigkeit aller Menschen blockierte.

Verkürzt wäre allerdings auch eine MRB, die sich nur als Werteerziehung verstünde oder die sich damit beschied, dass „irgendwie" implizit in den vielen Angeboten der Friedens- und der interkulturellen Erziehung MRB praktiziert wird. Für die MRB ist es unverzichtbar, dass ein expliziter Bezug hergestellt wird zu den Rechten und ihrer Verankerung in Verfassungen und völkerrechtlichen Verträgen wie auch zu der Begründung, der Genese und zu den Akteuren der Menschenrechte.

- Zur Unteilbarkeit der Menschenrechte gehört unverzichtbar hinzu, dass es sich bei den Menschenrechten nicht nur um „meine Rechte" handelt, sondern immer auch um die gleichen Menschenrechte aller anderen. Es sind nicht nur die Staaten, die verpflichtet sind, die Menschenrechte ohne Diskriminierung zu achten, sondern es ist jeder Einzelne verpflichtet, die gleichen Rechte der anderen zu achten. MRB ist zielt deshalb nicht nur auf die Kenntnisse der je eigenen Rechte, sondern immer auch auf die Anerkennung der Rechte der anderen! Menschenrechte gelten nicht exklusiv, sie gelten nicht nur für Deutsche oder Franzosen oder welche Gruppe auch immer. MRB hat folglich eine doppelte Botschaft: steh auf für deine Rechte und: diskriminiere nicht! Diese Botschaft richtet sich zuweilen an geradezu entgegengesetzte Adressaten: an die potenziellen Opfer und an die potenziellen Verletzer. Darüber hinaus richtet sich dieser doppelter Imperativ jedoch an einen jeden von uns, denn ein jeder kann sowohl Opfer als auch Verletzer werden. Wenn wir noch die Solidarität mit den Opfern hinzunehmen, dann formuliert die MRB drei Imperative:

1. *Kenne und verteidige deine Rechte.*
2. *Anerkenne die gleichen Rechte der Anderen. Verhalte dich im Alltag selber so, dass du die Menschenrechte der anderen anerkennst und nicht verletzt.*
3. *Verteidige nach deinen Kräften auch die Rechte anderer und helfe nach deinen Möglichkeiten Opfern von Menschenrechtsverletzungen.*

Menschenrechte gelten nicht exklusiv, sondern für alle gleich

- MRB klärt auf über historische Prozesse, politische Konflikte, moralische Regeln, wirtschaftliche Interessen und rechtliche Verfahren im Feld der Menschenrechte. MRB gehört keinem Fach allein, sondern ist nur als Querschnittsaufgabe zu bewältigen, auch wenn bestimmte Fächer wie die politische Bildung, der Ethikunterricht und die Rechtskunde besonders explizite Anknüpfungen bieten.

- MRB und Toleranzerziehung gehören zusammen. Im weiten UNESCO-Begriff der MRB ist die Toleranzerziehung immer schon enthalten und auch auf der Ebene deutscher Kultusbürokratie wird dies so gesehen: „Menschenrechtserziehung trifft sich notwendig mit einer Erziehung zur sozialen Verantwortung und Toleranz, einer Erziehung gegen Rassismus und Fremdenfeindlichkeit. Menschenrechtserziehung muß verbunden sein mit der Aufgabe, die Schülerinnen und Schüler zu befähigen, andere in ihrem Anderssein zu tolerieren." (Rd.Erl. d. Ministeriums für Schule und Weiterbildung des Landes Nordrhein-Westfalen vom 14.02.97) Die bedrängenden Manifestationen alter und neuer Intoleranz geben einer Erziehung zur Toleranz Priorität, was auch durch die Ausrufung eines Jahrs der Toleranz durch die UNESSCO 1995 und der permanenten Einrichtung eines Internationalen Tages der Toleranz (16. November) unterstrichen wurde. Gleichwohl besteht immer wieder Klärungsbedarf, um den inneren Zusammenhang von Menschenrechten und Toleranz besser zu verstehen. Es geht darum, die *Anerkennung von gleichen Rechten mit dem Tolerieren von unterschiedlichen Lebensformen zu verknüpfen*. Menschen sollen sich wechselseitig tolerieren, gerade weil sie ein Menschenrecht auf Freiheit und Anderssein haben. Die Toleranz der Differenz folgt aus der Akzeptanz der Gleichberechtigung. Immer dann, wenn es einem nicht gefällt, was der andere konkret aus seinen Freiheitsrechten macht und wie er sein Leben gestaltet, erfordert die Anerkennung seines Rechts auf Freiheit, die Tolerierung ihrer Konsequenzen (sofern die Freiheit nicht zur Intoleranz mißbraucht wird).

Eine MRB, die sich in diesem Sinne um die Anerkennung gleicher Rechte und die Tolerierung unterschiedlicher Lebensformen bemüht, wird als Prävention gegen Rechtsextremismus und Rassismus und deren Ideologien der Ungleichheit wirksam werden können. Wenn es gelingt, die Attraktivität der Freiheits- und Gleichheitsidee der Menschenrechte nachvollziehbar zu machen, wird es möglich, eine Anfälligkeit für die Ideologien der Ungleichheit und des Autoritarismus gar nicht erst entstehen zu lassen. Hierbei geht es nicht um appellative Prozesse, sondern um solche der Befähigung! Eine der größten Herausforderungen im Bereich der MRB ist es, im Bildungsprozeß die Ressourcen bereitzustellen und die Anerkennungserfahrungen zu ermöglichen, die die Menschen befähigen, andere gleichberechtigt und tolerant zu behandeln. Nur diejenigen, die die eigene Würde erfahren haben und die den Gewinn an Lebensqualität der Toleranz erlebt haben, entwickeln Immunkräfte gegen die Versuchungen von Überlegenheitswünschen und Intoleranz.

- Menschenrechtsbildung ist auch interkulturell ausgerichtet: Sie befähigt und ermutigt zum interkulturellen Dialog (ist auf diesen aber nicht zu reduzieren!). Sie will gegen die Anfälligkeit gegenüber Fundamentalismen jeder Art vorbeugen. Ein integraler Bestandteil der Toleranzkompetenz ist der interkultureller Perspektivenwechsel. Dies ist die wechselseitige Bereitschaft und Fähigkeit, sich in die Sichtweisen der Anderen hineinzuversetzen. Dies wird jedoch nur gelingen können, wenn man Klarheit über seine eigene Position hat und diese mit Selbstbewußtsein vertreten kann. Dann aber erlaubt die Perspektivenübernahme eine Haltung, die die Anfälligkeit für Vorurteile und Feindbilder verringert. Diese Fähigkeit sollte deshalb erlernt werden, bevor Vorurteile sich so verfestigt haben, dass sie die Bereitschaft zur Perspektivenübernahme blockieren. Multiperspektivität zielt auf Verständigung, nicht auf Anpassung. Dies gilt für beide Seiten. Sowenig ein Perspektivenwechsel eine Vorbereitung auf eine Assimilation von Minderheiten sein kann, sowenig soll er zu stereotypen Freundbildern alles „Fremden" führen. Xenophobie darf nicht durch Xenophilie ersetzt werden. Dies wäre nur ein Austausch der Vorurteilshaftigkeit und keine Basis für eine tragfähige Toleranz. Auch wenn die Bereitschaft, sich gerade heutzutage in die Perspektiven von Moslems hineinzuversetzen, oftmals kritisiert oder abgewehrt wird, bleibt interkulturelle Offenheit unverzichtbar. Nur von denen, die zum Wechsel der Perspektive bereit sind, kann der viel beschworene Dialog der Kulturen geführt werden.

MRB wirkt präventiv gegen Rassismus und Fundamentalismus

25.4 Adressaten von Menschenrechtsbildung

Alle Menschen haben ein Menschenrecht, Menschenrechtsbildung zu erhalten! Nur diese Bildung wird es ermöglichen, dass die Menschenrechte ihre Macht entfalten und die Bürger schützen. Neben einer Art Grundwissen oder Kerncurriculum, das unverzichtbar für die eigene Orientierung ist und im weiteren auch dazu befähigt, sich weiterzubilden und/oder nötige Expertise bei NGOs oder Menschenrechtsverteidigern einholen zu können, gibt es notwendige Differenzierungen nach dem politischen Kontext, dem Art des Opferrisikos und dem Profil künftiger beruflicher Aktivitäten. Nach Artikel 24 des Aktionsprogramms der Dekade der Menschenrechtsbildung sollen v.a. folgende Berufsgruppen eine spezielle MRB erhalten (da ihr Beruf in besonderer Weise menschenrechtsrelevante Tätigkeiten beinhaltet)

1. Polizei
2. Strafvollzugsbedienstete

3. Juristen
4. Lehrer
5. Lehrplanentwickler
6. Bewaffnete Kräfte
7. International tätige Beamte und Angestellte
8. Entwicklungshelfer
9. Angehörige von Friedenseinsätzen
10. Mitglieder von NGOs
11. Tätige im Bereich der Medien
12. Regierungsbeamte
13. Parlamentarier

25.5 Menschenrechtsbildung und Kinderrechte

Allerdings sollen nicht erst Erwachsene Adressaten von Menschenrechtsbildung sein, sondern bereits so früh wie möglich und altersgerecht sollen Kindern die Menschenrechte nahe gebracht werden. Was wäre geeigneter hierfür als die Kinderrechte! Die Kinderkonvention wird zunehmend zu einem Bezugspunkt und Schlüsseltext für die Menschenrechtsbildung, oft auch in Verbindung mit der Allgemeinen Erklärung der Menschenrechte. Als Anknüpfungspunkt dient oft das Recht auf Bildung. Der Artikel 29 der Konvention enthält geradezu eine Zusammenfassung des Rechts auf Bildung und auf Menschenrechtsbildung.

Kinder sind die ersten Träger von Menschenrechten und die ersten Adressaten von MRB

Die Kinderrechtskonvention verpflichtet die Vertragsstaaten auch dazu, die Kinderrechte bei Kindern und bei Erwachsenen bekannt zu machen, um Kindern die Durchsetzung ihrer Rechte zu ermöglichen (Artikel 42). Der Konventionstext ist in Deutschland als Broschüre (auch in kindgerechter Form) und im Internet verfügbar (http://www.bmfsfj.de). Beispiele für Aktionen zur Bekanntmachung der Konvention sind die „Karawane für mehr Kinderfreundlichkeit", die Kinderrechtewahlen, der Kinderrechtekoffer sowie Veranstaltungen rund um den Weltkindertag. Hierbei ist es wichtig zu unterstreichen, dass der Begriff Kinder verstanden wird im Sinne der Konvention: junge Menschen bis 18 Jahre.

Kinder sind die ersten Träger von Menschenrechten und die ersten Adressaten von Menschenrechtsbildung. Nur, wenn die Kinder bereits ein Bewußtsein ihrer Menschenrechte entwickeln, können Erwachsene in gelingender Weise ihre Menschenrechte wahrnehmen! Nur wenn schon Kinder erfahren, dass ihre Freiheiten und Rechte bei den Freiheiten und Rechten der anderen ihre Grenze haben, werden sie als Erwachsene die Menschenrechte nicht als eine exklusive Berechtigung mißverstehen. Nur wenn Kinder schon erfahren, dass Ali und Shula zwar anders aussehen, aber nicht weniger wert sind als Julia und Markus, fällt es ihnen als Erwachsene leichter, Anerkennung und Toleranz zu praktizieren.

Die Kinderrechte erlauben auch eine Solidaritätsbrücke zu denjenigen Kindern in der Welt zu bauen, deren Menschenrechte durch Prostitution, Pornografie, Kinderhandel, Kinderarbeit, Krieg oder Folter verletzt werden. An den Kinderrechten läßt sich auch aufzeigen, wie unterschiedlich und ungleich sich Kindheit gestaltet, und dass Kinder unterschiedlich anfällig sind für Menschenrechtsverletzung, je nachdem ob sie Jungen oder Mädchen sind oder auch je nach ihrer ethnisch, kulturellen, religiösen oder sozialen Zugehörigkeit.

Auch das Beispiel des Weltkindergipfels der Vereinten Nationen eröffnet gute Ansatzpunkte für eine Menschenrechtsdiskussion mit Kindern. An Hand des Aktionsplans des ersten Weltkindergipfels, der ein klares Zehn-Punkte-Programm enthielt mit zeitgebundenen Zielen, wie z.B. zu den Themen Gesundheit, Ernährung und Grundbildung, lassen sich die Fragen diskutieren: Was wurde erreicht, was hat sich in 12 Jahren verändert, was wurde nicht erreicht.

Im Netz ist eine gut aufbereitete Gegenüberstellung von Erreichtem und Versäumtem zugänglich: http://www.unicef.org/specialsession/docs_new/documents/child_friendly_sgreport_summary.pdf

Das Abschlussdokument wurde auch in eine kindgerechte Sprache und Form übersetzt. „Wir, die Kinder" steht im Internet in der Rubrik „mitmachen" unter http://www.weltkindergipfel.de

Am Beispiel der erstmaligen Teilnahme von Kindern am Weltkindergipfel läßt sich die Frage von echter und von Pseudopartizipation thematisieren wie auch die Frage, welche Kompetenzen erlernt werden müssen, um überhaupt mitentscheiden zu können. Die deutsche NGO „Kindernothilfe" hat Kriterien für die Partizipationsmöglichkeiten und – fähigkeiten erstellt, um die Beteiligung von Kindern an solchen Konferenzen nicht zu einer Alibiveranstaltung verkommen zu lassen.

Das Thema Partizipation ist schließlich auszuweiten auf die generelle Wahrnehmung von Partizipationsrechten und einer angemessenen Befähigung hierzu. Auch Kinderrechte sind unteilbar und es ist darauf zu achten, dass Kinderrechtsthemen sich nicht nur auf die extremen Fälle hoher Betroffenheit – wie das der Kindersoldaten und des Kinderhandels – konzentrieren. Die Kinderkonvention enthält eben nicht nur Schutzrechte, sondern auch Partizipationsrechte und ein Ziel der Kinderrechte ist es, Kinder auch auf die Wahrnehmung der Menschenrechte als Erwachsene vorzubereiten. Deshalb sind alle Projekte, die Kinder als Mitentscheider und Mitgestalter ihres Lebens fördern, von großer Wichtigkeit.

Hier noch einige Links, die weiterführen:

http://www.woek.de
Die Homepage der Werkstatt Ökonomie gibt zu Kinderarbeit eine gute Übersicht über die aktuelle Diskussion und enthält eine umfassende Materialsammlung.

http://www.agj.de
Auf der Homepage der Arbeitsgemeinschaft für Jugendhilfe sind auch die Informationen über Organisation, Aufgaben, Aktionen und Ansprechpartner der National Coalition zur Umsetzung der Kinderrechtskonvention in Deutschland zusammengestellt.

http://www.kindersache.de
Das Deutsche Kinderhilfswerk ermutigt auf der Seite Kinder, sich mit dem Thema Kinderrechte auseinander zu setzen. Unter anderem sollen Kinder-Teams gebildet werden, die sich für ihre Rechte einsetzen.

http://www.kinderpolitik.de
Das Deutsche Kinderhilfswerk bietet mit der Seite „Kinderpolitik" eine Anlaufstelle für interessierte Erwachsene und Fachleute.

http://www.crin.org
Das Child Right Information Network enthält viele internationale Informationen zu Kinderrechten

25.6 Menschenrechtskultur braucht Lernkultur

Damit MRB gelingt, bedarf es nicht nur eines intensivierten Lernens über die Menschenrechte, es bedarf auch einer veränderten Lernkultur. MRB läßt sich nur bedingt als Erziehung über Menschenrechte umsetzen, erforderlich ist auch eine Erziehung in Menschenrechten, d.h. in einem Stil, der sich in Übereinstimmung mit den Prinzipien der Menschenrechte befindet. Aus den Erfahrungen des verordneten Internationalismus und des verordneten Anti-Faschismus wissen wir, wie kontraproduktiv solche Prozesse ablaufen können, wenn Bürger und Schüler nur als passive Rezipienten behandelt werden. MRB, die als verordnete daher käme, würde die Menschen nicht erreichen. Die Anerkennung gleicher Würde kann man nicht verordnen, aber es gibt Wege einer Lernkultur, um die Bereitschaft zu stärken, gleiche Rechte und gleiche Würde zu akzeptieren: Empowerment heißt das „magic word" in der internationalen Diskussion. Es geht um das Starkmachen von Menschen als Grundlage für ihre Offenheit und Toleranz. Der Weg der unverzichtbaren Selbstwertstärkung verläuft über die eigene Erfahrung von Anerkennung. Nur die, die selber Anerkennung erfahren haben, sind fähig, andere als gleichberechtigt anzuerkennen und ihr Anderssein zu tolerieren. Dort, wo MRB im schulischen Rahmen stattfindet, können wir also schlussfolgern: MRB ist nicht die Frage eines Schulfachs oder mehrerer, sondern MRB ist eine Frage der Schulphilosophie und Schulkultur.

MRB ist auch eine Frage der Schulphilosophie

25.7 Menschenrechtsbildung nach dem 11. September

Schlagartig haben der Terrorismus des 11. September und die Reaktionen auf ihn unterstrichen, wie gering das Reservoir an nachhaltiger Toleranz und *belastbarem* Menschenrechtsbewußtsein war. Die tiefe Verunsicherung derjenigen, die sich angegriffen fühlen und die in ihrer gemeinsamen Angst zu einem großen Wirgefühl der „bedrohten Zivilisation" zusammenfinden, bereitet den Weg für stereotype Selbstaufwertung und aggressive Abwehr „der Feinde".

Der neue Terrorismus führt aber nicht nur zur Wiederbelebung alter und zur Entdeckung neuer Feindbilder, er führt auch zu moralischen und rechtlichen Regressionen! Unter dem Bedrohungspotential entgrenzter terroristischer Gewalt wächst die Bereitschaft, auch die moralischen und rechtlichen Grenzen der Repression zu verschieben. Das extremste Beispiel ist die Debatte über die Folter. Was noch vor kurzer Zeit undenkbar schien, wird nun möglich: es wird öffentlich über die Notwendigkeit diskutiert, das Menschenrecht, nicht gefoltert zu werden, (bei Terrorismusverdächtigen) zu lockern und damit zu demontieren. Ein großes Problem terroristischer Anschläge ist es immer gewesen, dass ihre Bedrohung nie objektiv feststellbar ist, sondern dass sie sich lediglich in den Bedrohungsgefühlen der Bürger manifestiert. Und diese Gefühle sind immer auch Gegenstand politischer Instrumentalisierung. Im Schatten terroristischer Bedrohung besteht die Gefahr, dass der Staat willentlich überreagiert und sich dem anheim gibt, was Wilhelm Heitmeyer die „autoritäre Versuchung liberaler Republiken"[2] nennt.

MRB nach dem 11. September ist stärker gefordert, denn je zuvor. Was wir brauchen ist das unerschrockene Wort, die kritische Analyse und nachhaltiges Empowerment. Auf der Wissensebene gilt es sowohl darüber aufzuklären, welche Grund- und Menschenrechte durch die unterschiedlichen Sicherheitspolitiken tangiert und beschnitten werden, als auch die Analyse voranzutreiben, was denn die Ursachen des Terrorismus sind. Auf der Werteebene gilt es im-

---

[2] Heitmeyer, W., Die Fernwirkungen des Terrors. Zu den Folgen für die liberale Republik und die integrationsfähige Gesellschaft, in: H.Hoffman./W.F.Schoeller, (Hrsg.): Wendepunkt 11.September 2001 – Terror, Islam und Demokratie, Köln 2001.

mer wieder zu betonen, dass die Würde des Menschen unteilbar und unverlierbar ist und dass dies eben im Extremfall (oder Notstandsfall) auch für vermutete wie überführte Terroristen gilt, d.h. dass auch sie das Menschenrecht haben und behalten, nicht gefoltert zu werden. Aber bereits im ganz alltäglichen Umgang wird es unter Bedingungen verbreiteter Unsicherheit zunehmend schwierig, die Bereitschaft zur Anerkennung gleicher Würde und Menschenrechte zu entwickeln. Sowenig es gelingen kann, die Verunsicherung durch den Terrorismus „weg zu pädagogisieren", sosehr ist es doch erforderlich, durch Bildung rationale Umgangsformen mit den neuen Herausforderungen zu entwickeln.

MRB ist gefordert, eine nachhaltige Wirkung zu erzielen

LITERATURTIPP zu Kapitel 25:

Anja Mihr / Nils Rosemann: Bildungsziel: Menschenrechte – Standards und Perspektiven für Deutschland, Schwalbach/Ts 2004

Internationale Zeitschrift für ERZIEHUNGSWISSENSCHAFT/ International Review of Education – Special Issue on Education and Human Rights, July 2002 (edited by Volker Lenhart and Kaisa Savolainen)

All human beings ... Manual for human rights education, The Teacher's Library, UNESCO, Paris, 1998.

Claudia Lohrenscheit: Human Rights Education. Menschenrechtsbildung aus der internationalen Perspektive und ihre aktuelle Entwicklung in Südafrika, Frankfurt/M 2003

26. Menschenrecht auf Internet – Menschenrechte im Internet

Das Verhältnis von Internet und Menschenrechten hat mehrere Dimensionen.

1. Das Internet sprengt alle Grenzen und unterläuft die Zensur- und Propagandamaßnahmen von allen Seiten. Der politische Kampf ums Internet in China, das mit bald 50 Millionen WWW-Nutzern nur noch von den USA übertroffen wird, macht die demokratische Potenz des Mediums besonders deutlich. Zugang zum Internet gehört heute zur Freiheit der Information und Kommunikation. Es gibt ein Recht auf Internet. Die unterschiedlichen Zugangschancen zum Netz – the digit divide – sind eine neue und folgenschwere Manifestation weltweiter Ungleichheiten.

2. Das Internet führt zu einer geradezu revolutionären Stärkung von NGOs im Menschenrechtsbereich, die grenzübergreifend arbeiten. Bereits im Kapitel über die NGOs waren wir auf die Bedeutung gestoßen, die das Internet für die politische Informations-

und Mobilisierungsarbeit im transnationalen Maßstab erhalten hat.

3. Das Internet stellt allerdings auch für alle Rassisten, Extremisten und Fundamentalisten ebenso eine grenzüberschreitende Ressource dar. Es gehört deshalb auch zu einem Themenbereich der Menschenrechtsarbeit, gegen die Hass- und Propagandaseiten im Netz vorzugehen. ECRI hat dazu eine ausführliche Empfehlung herausgebracht.

4. Das Internet ist schließlich für die Menschenrechtsbildung eine unverzichtbare Ressource geworden und der freie Zugang wie die Möglichkeit, die nötigen Kompetenzen zu erlernen, gehören heute auch schon zum Recht auf Bildung dazu. Diesem vierten Aspekt wollen wir uns noch kurz zuwenden.

Auszug aus dem IFLA Internet-Manifest (International Federation of Library Associations and Institions)

Der Zugang zum Internet und allen seinen Ressourcen sollte in Übereinstimmung mit der Allgemeinen Erklärung der Menschenrechte der Vereinten Nationen und insbesondere mit Artikel 19 geschehen:

Jeder hat das Recht auf freie Meinung und ihre Äußerung; dieses Recht umfasst auch die Freiheit, eigene Meinungen ohne Einmischung von außen zu besitzen und nach Informationen und Gedanken in jedem Medium unabhängig von Grenzen zu suchen, sie zu erhalten und sie mitzuteilen.

Die weltweite Vernetzung durch das Internet schafft ein Medium, mit dessen Hilfe alle in den Genuss dieses Rechts kommen können. Deshalb sollte der Zugang weder irgendeiner Form von ideologischer, politischer oder religiöser Zensur noch wirtschaftlichen Hindernissen unterworfen sein.

http://www.ifla.org/III/misc/im-e.htm

Auch meine Einführung in die Menschenrechte hat sich intensiv der Ressource Internet bedient. Volltexte der Konventionen, Detailinformationen über die Ausschüsse, Staatenberichte und Abschließende Bemerkungen der Ausschüsse, Beschwerdeverfahren, konkrete Fälle und Entscheidungen, der Schutz besonders gefährdeter Opfergruppen, Informationen über die NGOs und ihre Themen und Aktivitäten, aber auch Kontroversen über die Interpretationen der Menschenrechte: das Internet ermöglicht den Zugang zu den zentralen Themen.

Vor einigen Jahren schon wurde im Jahrbuch Menschenrechte unterstrichen, wieviel Eintragungen zum Stichwort Menschenrechte sich im Netz finden: 30000 für „Menschenrechte" und 400000 für „human rights".

Es gilt also auszuwählen. Im Text dieser Einführung sind diejenigen Fundstellen im WWW angegeben, die in dieses Buch eingeflossen sind. Folgende Quellen seien hier noch einmal gesondert hervorgehoben:

Die Website des Auswärtigen Amtes unterrichtet detailliert sowohl über die Menschenrechtspolitik der Bundesregierung als auch über den europäischen Menschenrechtsschutz. Besonders hervorzuheben sind die deutschen Staatenberichte wie auch die Schlussfolgerungen zu den deutschen Staatenberichten.
http://www.auswaertiges-amt.de

Schließlich veröffentlicht die Bundesregierung alle zwei Jahre einen Menschenrechtsbericht, den sie auch ins Netz stellt. Er ist mittlerweile auf weit über 300 Seiten angewachsen ist und liest sich wie ein Kompendium aktueller Menschenrechtsthemen. Zusätzlich durch seine vielfältige Verlinkung gewinnt er an Informationsgehalt.
http://www.auswaertiges-amt.de/www/de/aussenpolitik/menschenrechte/berichte_html

Ähnlich ergiebig sind die Angebote des Europarates:
http://www.coe.int

Für die Suche nach EuR-Übereinkommen, ihren authentischen Texten, Kurzfassungen des Inhalts und der Erläuterungen sowie ihrem aktuellen Zeichnungs- und Ratifikationsstand empfiehlt sich die Nutzung des entsprechenden Internetportals des Europarates:
http://conventions.coe.int

Für die Information über die europäischen Aktivitäten gegen Rassismus und Fremdenfeindlichkeit bietet sich die Website von European Monitoring Center EUMC an:
http://eumc.int

Zur Orientierung über das UN-Menschenrechtssystem empfiehlt sich der Einstieg über das Portal der UN-Hochkommissariats. Hier findet man auch die Ratifikationsstände, die General Comments der Ausschüsse, die Individualbeschwerden wie auch den Zugang zur Internetbegleitung der Sitzungen der Menschenrechtskommission:
http://www.unhchr.ch

Die informativste deutschsprache Website zu Menschenrechtsfragen scheint mir z.Z. das Angebot des Schweizer Vereins MENSCHENRECHTE SCHWEIZ MERS zu sein. Neben den Zugängen zu den Dokumenten und Instrumenten des internationalen Menschenrechtsschutzes finden sich hier auch schwerpunktmäßige Kontroversen und eine Vielzahl von Bildungsangeboten:
http://www.humanrights.ch

Ergiebig ist auch die *Servicestelle Menschenrechtsbildung:* eine Einrichtung, die all jene unterstützt, die sich mit Menschenrechtsthemen in der schulischen und außerschulischen Bildungsarbeit auseinandersetzen. Sie ist eine Informationsdrehscheibe und Beratungseinrichtung für Menschenrechtsbildung in Österreich, aber auch darüber hinaus. Über die Servicestelle gelangt man auch an die Datenbank des Ludwig-Boltzmann Instituts. Die Servicestelle wird vom österreichischen Bundesministerium für Bildung, Wissenschaft und Kultur unterstützt: http://www.humanrights.at

Einen Schatz lesenswerter Analysen, Kommentare und online-Publikationen – wie beispielsweise das MenschenRechtsMagazin des Zentrums angereichert durch wertvolle Links findet man auf der Website des Potsdamer MenschenRechtsZentrums: http://www.uni-potsdam.de/u/mrz/

Zu den besten didaktisch bereits aufbereiteten Bildungsseiten gehört das Angebot von Dadalos, das auf dem UNESCO-Bildungsserver steht. Ursprünglich ist es als Bildungsangebot für Bosnien-Herzegowina entwickelt worden, mittlerweile ist es aber auch in Englisch und Deutsch zugänglich und kann als sehr gelungener Einstieg in die Materie genutzt werden: http://www.dadalos.org

Das internationale Bildungsangebot, das auch technisch am weitesten entwickelt ist und bereits E-Learning-Kurse anbietet, kommt von Human Rights Associates. Diese Organisation hat auch als Listserver die vollständigste Vernetzung von Menschenrechtsbildnern weltweit erreicht.
http://www.hrea.org

Zusammengefaßt bietet das Internet für die Menschenrechtsbildung:
– Informationen über alle Menschenrechtsdokumente und Schutzmechanismen,
– virtuelle Bibliotheken und potentieller Ersatz für Bücher gerade dort, wo sie nicht hingelangen,
– schnellste Information über Verletzungen der Menschenrechte,
– Informationen über Reaktionen und Initiativen der NGOs,
– Zugang zu und Verteilung/ Versendung von Kursen/ Materialien zu MRB für die unterschiedlichsten Zielgruppen und gesellschaftlichen Kontexte,
– Kommunikation mit anderen Praktikern der MRB,
– Erfahrungsaustausch über Engagement weltweit,
– Entwicklung eines neuen globalen Bewußtseins, einschließlich eines neuen Begriffs von MENSCHEN-Rechten.

Fazit

Wir sind mit der Einführung am Ende. Kehren wir noch einmal mit einem Gedanken an den Anfang zurück: Auf die Frage, was wir unter Menschenrechten verstehen, hatte ich als ein Merkmal der Menschenrechte ihre kritische Kraft betont. Dies will ich auch zum Schluß noch einmal unterstreichen. Vor allem die Aufklärung über die Menschenrechte und das Lernen der Menschenrechte können eine große Kraft der Veränderung freisetzen, denn sie befähigen Menschen, Verhältnisse zu kritisieren und umzugestalten, in denen die Menschenrechte noch nicht verwirklicht sind oder verletzt werden. Menschenrechtsbildung, die gelingt, wird das Bewußtsein der Menschen verändern, und nicht nur das. Dort, wo das veränderte Bewußtsein nicht das von einzelnen bleibt, sondern sich mitteilt und multipliziert, wird sich auch die politische Kultur verändern können und immer mehr Elemente einer Kultur der Menschenrechte in sich aufnehmen. Orientiert an der Idee gleicher Menschenwürde und im Vertrauen auf ihre gemeinsamen Kräfte als Bürger und Bürgerinnen werden sich die Menschen wehren gegen Diskriminierung, Widerstand leisten gegen Tyrannis und sich einsetzen für die Ziele der AEMR. Im Artikel 28 dieser großen Erklärung steht geschrieben: „Jedermann hat Recht auf eine soziale und internationale Ordnung, in der die in dieser Erklärung ausgesprochenen Rechte und Freiheiten voll verwirklicht werden können."

DOKUMENTE

1. Virginia Bill of Rights

1776

Eine Erklärung der Rechte, von den Vertretern der guten Bevölkerung von Virginia, in vollständiger und freier Versammlung zusammengetreten, abgegeben über die Rechte, die ihnen und ihrer Nachkommenschaft als Grundlage und Fundament der Regierung zustehen.

1. Alle Menschen sind von Natur aus in gleicher Weise frei und unabhängig und besitzen bestimmte angeborene Rechte, welche sie ihrer Nachkommenschaft durch keinen Vertrag rauben oder entziehen können, wenn sie eine staatliche Verbindung eingehen, und zwar den Genuss des Lebens und der Freiheit, die Mittel zum Erwerb und Besitz von Eigentum und das Erstreben und Erlangen von Glück und Sicherheit.

2. Alle Macht ruht im Volke und leitet sich folglich von ihm her; die Beamten sind nur seine Bevollmächtigten und Diener und ihm jederzeit verantwortlich.

3. Regierung ist oder sollte zum allgemeinen Wohle, zum Schutze und zur Sicherheit des Volkes, der Nation oder Allgemeinheit eingesetzt sein; von all den verschiedenen Arten und Formen der Regierung ist diejenige die beste, die imstande ist, den höchsten Grad von Glück und Sicherheit hervorzubringen, und die am wirksamsten gegen die Gefahr schlechter Verwaltung gesichert ist; die Mehrheit eines Gemeinwesens hat ein unzweifelhaftes, unveräußerliches und unverletzliches Recht, eine Regierung zu verändern oder abzuschaffen, wenn sie diesen Zwecken unangemessen oder entgegengesetzt befunden wird, und zwar so, wie es dem Allgemeinwohl am dienlichsten erscheint.

4. Kein Mensch oder keine Gruppe von Menschen ist zu ausschließlichen und besonderen Vorteilen und Vorrechten seitens des Staates berechtigt, außer in Anbetracht öffentlicher Dienstleistungen; da diese nicht vererbt werden können, sollen auch die Stellen der Beamten, Gesetzgeber oder Richter nicht erblich sein.

5. Die gesetzgebende und die ausführende Gewalt des Staates sollen von der richterlichen getrennt und unterschieden sein; die Mitglieder der beiden ersteren sollen dadurch, dass sie die Lasten des Volkes mitfühlen und mittragen, von einer Unterdrückung abgehalten werden und deshalb in bestimmten Zeitabschnitten in ihre bürgerliche Stellung entlassen werden und so in jene Umwelt zurückkehren, aus der sie ursprünglich berufen wurden; die freigewordenen Stellen sollen durch häufige, bestimmte und regelmäßige Wahlen wieder besetzt werden, bei denen alle oder ein gewisser Teil der früheren Mitglieder wieder wählbar oder nicht sind, je nachdem es die Gesetze bestimmen.

6. Die Wahlen der Abgeordneten, die als Volksvertreter in der Versammlung dienen, sollen frei sein; alle Männer, die ihr dauerndes Interesse und ihre Anhänglichkeit an die Allgemeinheit erwiesen haben, besitzen das Stimmrecht. Ihnen kann ihr Eigentum nicht zu öffentlichen Zwecken besteuert oder genommen werden ohne ihre eigene Einwilligung oder die ihrer so gewählten Abgeordneten, noch können sie durch irgendein Gesetz gebunden werden, dem sie nicht in gleicher Weise um des öffentlichen Wohles willen zugestimmt haben.

7. Jede Gewalt, Gesetze oder die Ausführung von Gesetzen durch irgendeine Autorität ohne Einwilligung der Volksvertreter aufzuschieben, ist ihren Rechten abträglich und soll nicht durchgeführt werden.

8. Bei allen schweren oder kriminellen Anklagen hat jeder ein Recht, Grund und Art seiner Anklage zu erfahren, den Anklägern und Zeugen gegenübergestellt zu werden, Entlastungszeugen herbeizurufen und eine rasche Untersuchung durch einen unparteiischen Gerichtshof von zwölf Männern seiner Nachbarschaft zu verlangen, ohne deren einmütige Zustimmung er nicht als schuldig befunden werden kann; auch kann er nicht gezwungen werden, gegen sich selbst auszusagen; niemand kann seiner Freiheit beraubt werden außer durch Landesgesetz oder das Urteil von seinesgleichen.

9. Es sollen keine übermäßige Bürgschaft verlangt, keine übermäßigen Geldbußen auferlegt, noch grausame und ungewöhnliche Strafen verhängt werden.

10. Allgemeine Vollmachten, durch die ein Beamter oder ein Beauftragter ermächtigt wird, verdächtige Plätze zu durchsuchen, ohne dass eine begangene Tat erwiesen ist, oder eine oder mehrere Personen, die nicht benannt sind, oder solche, deren Vergehen nicht durch Beweisstücke genau beschrieben ist oder offensichtlich zutage liegt, festzunehmen, sind kränkend und bedrückend und sollen nicht genehmigt werden.

11. Bei Streitigkeiten bezüglich des Eigentums und bei Händeln persönlicher Art ist die altherkömmliche Verhandlung vor einem Geschworenengericht jeder anderen vorzuziehen und soll heilig gehalten werden.

12. Die Freiheit der Presse ist eines der starken Bollwerke der Freiheit und kann nur durch despotische Regierungen beschränkt werden.

13. Eine wohl geordnete Miliz, aus der Masse des Volkes gebildet und im Waffendienst geübt, ist der geeignete, natürliche und sichere Schutz eines freien Staates; stehende Heere sollen in Friedenszeiten als der Freiheit gefährlich vermieden werden; auf alle Fälle soll das Militär der Zivilgewalt streng untergeordnet und von dieser beherrscht werden.

14. Das Volk hat ein Recht auf eine einheitliche Regierung; daher soll keine Regierung gesondert oder unabhängig von der Regierung Virginias innerhalb dessen Grenzen errichtet oder eingesetzt werden.

15. Eine freie Regierung und die Segnungen der Freiheit können einem Volke nur erhalten werden durch strenges Festhalten an der Gerechtigkeit, Mäßigung, Enthaltsamkeit Sparsamkeit und Tugend und durch häufiges Zurückgreifen auf Grundprinzipien.

16. Die Religion oder die Ehrfurcht, die wir unserem Schöpfer schulden, und die Art, wie wir sie erfüllen, können nur durch Vernunft und Überzeugung bestimmt sein und nicht durch Zwang oder Gewalt; daher sind alle Menschen gleicherweise zur freien Religionsausübung berechtigt, entsprechend der Stimme ihres Gewissens; es ist die gemeinsame Pflicht aller, christliche Nachsicht, Liebe und Barmherzigkeit aneinander zu üben.

2. Amerikanische Unabhängigkeitserklärung

4. Juli 1776

Wenn es im Zuge der Menschheitsentwicklung für ein Volk notwendig wird, die politischen Bande zu lösen, die es mit einem anderen Volke verknüpft haben, und unter den Mächten der Erde den selbständigen und gleichberechtigten Rang einzunehmen, zu dem Naturrecht und göttliches Gesetz es berechtigen, so erfordert eine geziemende Rücksichtnahme auf die Meinung der Menschheit, daß es die Gründe darlegt, die es zu der Trennung veranlassen.

Folgende Wahrheiten erachten wir als selbstverständlich: daß alle Menschen gleich geschaffen sind; daß sie von ihrem Schöpfer mit gewissen unveräußerlichen Rechten ausgestattet sind; daß dazu Leben, Freiheit und das Streben nach Glück gehören; daß zur Sicherung dieser Rechte Regierungen unter den Menschen eingesetzt werden, die ihre rechtmäßige Macht aus der Zustimmung der Regierten herleiten; daß, wann immer irgendeine Regierungsform sich als diesen Zielen abträglich erweist, es Recht des Volkes ist, sie zu ändern oder abzuschaffen und eine neue Regierung einzusetzen und diese auf solchen Grundsätzen aufzubauen und ihre Gewalten in der Form zu organisieren, wie es ihm zur Gewährleistung seiner Sicherheit und seines Glückes geboten zu sein scheint. Gewiß gebietet die Weisheit, daß von alters her bestehende Regierungen nicht aus geringfügigen und vorübergehenden Anlässen geändert werden sollten; und demgemäß hat jede Erfahrung gezeigt, daß die Menschen eher geneigt sind, zu dulden, solange die Mißstände noch erträglich sind, als sich unter Beseitigung altgewohnter Formen Recht zu verschaffen. Aber wenn eine lange Reihe von Mißbräuchen und Übergriffen, die stets das gleiche Ziel verfolgen, die Absicht erkennen läßt, sie absolutem Despotismus zu unterwerfen, so ist es ihr Recht und ihre Pflicht, eine solche Regierung zu beseitigen und neue Wächter für ihre künftige Sicherheit zu bestellen.

So haben diese Kolonien geduldig ausgeharrt, und so stehen sie jetzt vor der zwingenden Notwendigkeit, ihre bisherige Regierungsform zu ändern. Die Regierungszeit des gegenwärtigen Königs von Großbritannien ist von unentwegtem Unrecht und ständigen Übergriffen gekennzeichnet, die alle auf die Errichtung einer absoluten Tyrannei über diese Staaten abzielen. Zum Beweise dessen seien der gerecht urteilenden Welt Tatsachen unterbreitet:

Er hat Gesetzen seine Zustimmung verweigert, die für das Wohl der Allgemeinheit äußerst nützlich und notwendig sind.

Er hat seinen Gouverneuren verboten, Gesetze von sofortiger und drängender Wichtigkeit zu erlassen, es sei denn, daß ihr Inkrafttreten bis zur Erlangung seiner Zustimmung suspendiert würde; und wenn sie derart suspendiert waren, unterließ er es vollkommen, sich mit ihnen zu befassen.

Er hat es abgelehnt, andere Gesetze zugunsten großer Bevölkerungskreise zu verabschieden, wenn diese Menschen nicht auf das Recht der Vertretung in der Legislative verzichten wollten, ein für sie unschätzbar wichtiges Recht, das nur Tyrannen furchtbar ist.

Er hat die gesetzgebenden Körperschaften nach ungewöhnlichen und unbequemen Plätzen einberufen, die von dem Aufbewahrungsort ihrer öffentlichen Urkunden und amtlichen Unterlagen weit entfernt lagen, zu dem einzigen Zweck, sie durch Ermüdung zur Unterwerfung unter seine Maßnahmen zu bringen.

Er hat wiederholt Abgeordnetenkammern aufgelöst, weil sie mit männlicher Festigkeit seinen Eingriffen in die Rechte des Volkes entgegengetreten sind.

Er hat sich lange Zeit hindurch geweigert, nach solchen Auflösungen neue Vertretungen wählen zu lassen; dadurch ist die gesetzgeberische Gewalt, die untilgbar ist, an das Volk zurückgefallen, dem es nunmehr freisteht, sie auszuüben; der Staat aber bleibt in der Zwischenzeit allen Gefahren eines Einfalles von außen und Erschütterungen im Innern ausgesetzt.

Er hat sich bemüht, die Besiedlung dieser Staaten zu hemmen; zu diesem Zweck hat er den Vollzug der Einbürgerungsgesetze für Ausländer behindert; sich geweigert, andere Gesetze in Kraft zu setzten, die deren Einwanderung nach hier fördern sollten; und die Bedingungen des Neuerwerbs von Land erschwert.

Er hat die Rechtsprechung hintertrieben, indem er Gesetzen über die Erteilung richterlicher Befugnisse seine Zustimmung versagte.

Er hat Richter hinsichtlich der Amtsdauer und der Höhe und des Zahlungsmodus ihrer Gehälter von seinem Willen abhängig gemacht.

Er hat eine Unzahl neuer Behörden geschaffen und Schwärme von Beamten hierhergesandt, um unser Volk zu drangsalieren und seine Substanz aufzuzehren.

Er hat in Friedenszeiten ohne Zustimmung unserer gesetzgebenden Versammlung auf unserem Boden stehende Heere unterhalten.

Er hat danach gestrebt, das Militär von der Zivilgewalt unabhängig zu machen und es ihr überzuordnen.

Er hat sich mit anderen zusammengetan, um uns eine Form der Rechtsprechung aufzuzwingen, die unserer Verfassung fremd und von unseren Gesetzen nicht anerkannt war; und er hat ihren Maßnahmen einer vorgeblichen Rechtsprechung seine Billigung erteilt:

um starke Kontingente bewaffneter Truppen bei uns zu stationieren;
um diese durch ein Scheingerichtsverfahren vor jeglicher Bestrafung für etwaige Mordtaten zu bewahren, die sie an den Einwohnern dieser Staaten verüben;
um unseren Handel mit allen Teilen der Welt zu unterbinden;
um uns ohne unsere Einwilligung Steuern aufzuerlegen;
um uns in vielen Fällen des Rechtes auf ein ordentliches Verfahren vor einem Geschworenengericht zu berauben;
um uns zur Aburteilung wegen angeblicher Vergehen nach Übersee zu verschleppen;
um in einer Nachbarprovinz das freie Englische Rechtssystem zu beseitigen und dort

eine Willkürregierung zu errichten und deren Befugnisse zu erweitern, um sie dadurch gleichzeitig zu einem Präzedenzfall und einem geeigneten Werkzeug für die Einführung der gleichen, absoluten Herrschaft auch in diesen Kolonien zu machen; um uns unsere Freibriefe zu entziehen, unsere wichtigsten Gesetze aufzuheben und unsere Regierungsform grundlegend zu ändern;

um unsere eigene gesetzgebende Gewalt aufzuheben und sich selbst als mit der unumschränkten gesetzgebenden Gewalt über uns betraut zu erklären.

Er hat seinen Herrschaftsanspruch hier dadurch aufgegeben, daß er uns als außerhalb seines Schutzes stehend erklärte und Krieg gegen uns führte.

Er hat unsere Meere geplündert, unsere Küsten verheert, unsere Städte niedergebrannt und unsere Mitbürger getötet.

Er schafft gerade jetzt große Heere fremder Söldner heran, um das Werk des Todes, der Verheerung und der Tyrannei zu vollenden, das er bereits mit Grausamkeit und Treuebrüchen begonnen hat, die ihresgleichen kaum in den barbarischsten Zeiten finden und des Oberhauptes einer zivilisierten Nation völlig unwürdig sind.

Er hat unsere auf hoher See gefangengenommenen Mitbürger gezwungen, die Waffen gegen ihr Land zu erheben, um zu Henkern an ihren Freunden und Brüdern zu werden oder selbst von deren Händen zu fallen.

Er hat im Inneren Aufstände in unserer Mitte angezettelt und versucht, auf unsere Grenzbewohner die erbarmungslosen indianischen Wilden zu hetzen, deren Kriegführung bekanntlich darin besteht, ohne Unterschied des Alters, Geschlechts oder Zustands alles niederzumetzeln.

In jedem Stadium dieser Bedrückung haben wir in der untertänigsten Form um Abhilfe nachgesucht: Unser wiederholtes Bitten ist lediglich durch wiederholtes Unrecht beantwortet worden. Ein Monarch, dessen Charakter durch jede seiner Handlungen in dieser Weise gekennzeichnet wird, die einem Tyrannen zuzutrauen ist, kann nicht geeignet sein, über ein freies Volk zu herrschen.

Wir haben es auch nicht an Aufmerksamkeit gegenüber unseren britischen Brüdern fehlen lassen. Wir haben sie von Fall zu Fall warnend auf die Versuche ihrer Gesetzgeber verwiesen, eine ungerechtfertigte Rechtsgewalt über uns zu erlangen. Wir haben sie an die Umstände gemahnt, unter denen unsere Auswanderung und Ansiedlung erfolgten. Wir haben an ihr natürliches Gerechtigkeitsgefühl und ihre Hochherzigkeit appelliert und sie bei den Banden unserer gemeinsamen Herkunft beschworen, von diesen Übergriffen abzulassen, die unvermeidlich zum Abbruch unserer Verbindungen und Beziehungen führen müßten. Auch sie sind der Stimme der Gerechtigkeit und der Blutsverwandtschaft gegenüber taub geblieben. Wir müssen uns daher mit der notwendigen Folgerung aus unserer Trennung abfinden und sie wie die übrige Menschheit behandeln: als Feinde im Krieg, als Freunde im Frieden.

Daher tun wir, die in einem gemeinsamen Kongreß versammelten Vertreter der Vereinigten Staaten von Amerika, unter Anrufung des Obersten Richters über diese Welt als Zeugen für die Rechtschaffenheit unserer Absichten namens und im Auftrag der anständigen Bevölkerung dieser Kolonien feierlich kund und zu wissen, daß diese Vereinigten Kolonien freie und unabhängige Staaten sind und es von Rechts wegen bleiben sollen; daß sie von jeglicher Treuepflicht gegen die britische Krone entbunden sind, und daß jegliche politische Verbindung zwischen ihnen und dem Staate Großbritannien vollständig gelöst ist und bleiben soll; und daß sie als freie und unabhängige Staaten das Recht haben, Krieg zu führen, Frieden zu schließen, Bündnisse einzugehen, Handel zu treiben und alle anderen Handlung vorzunehemen und Staatsgeschäfte abzuwickeln, zu denen unabhängige Staaten rechtens befugt sind. Und zur Erhärtung dieser Erklärung verpflichten wir uns gegenseitig feierlich in festem Vertrauen auf den Schutz der göttlichen Vorsehung zum Einsatz unseres Lebens, unseres Gutes und der uns heiligen Ehre.

Die vorstehende Erklärung wurde auf Anweisung des Kongresses als Dokument ausgefertigt und von folgenden Mitgliedern unterzeichnet:

John Hancock.
NEW HAMPSHIRE:
Josiah Bartlett; William Whipple: Matthew Thornton.
MASSACHUSETTS BAY:
Samuel Adams; John Adams; Robert Treat Paine, Eldridge Gerry.
RHODE ISLAND:
Stephen Hopkins; William Ellery.
CONNECTICUT:
Roger Sherman: Samuel Huntington; William Williams; Oliver Wolcott.
NEW YORK:
William Floyd; Philip Livingston; Francis Lewis; Lewis Morris
NEW JERSEY:
Richard Stockton; John Witherspoon; Franics Hopkinson; John Hart; Abraham Clark.
PENNSYLVANIA:
Robert Morris; Benjamin Rush; Benjamin Franklin; John Morton; George Clymer; James Smith; George Taylor; James Wilson; George Ross.
DELAWARE:
Caesar Rodney; George Read, Thomas M'Kean.
MARYLAND:
Samuel Chase; William Paca; Thomas Stone; Charles Carroll of Carrollton.
VIRGINIA:
George Wythe; Richard Henry Lee; Thomas Jefferson; Benjamin Harrison; Thomas Nelson, Jr.; Franics Lightfoot Lee; Carter Braxton.
NORTH CAROLINA:
William Hooper; Joseph Hewes; John Penn.
SOUTH CAROLINA:
Edward Rutledge; Thomas Heyward, Jr., Thomas Lynch, Jr.; Arthur Middleton.
GEORGIA:
Button Gwinnett; Lyman Hall; George Walton.

Es wurde beschlossen, daß Abschriften dieser Erklärung an die einzelnen Abgeordnetenkammern, Konvente und Komitees, Sicherheitsausschüsse oder -räte sowie an die einzelnen Befehlshaber der kontinentalen Truppen gesandt werden sollen und daß sie in jedem der Vereinigten Staaten vor der Armee bekanntgegeben werden.

3. Französische Erklärung der Menschen- und Bürgerrechte

26. August 1789

Die Vertreter des französischen Volkes, konstituiert als Nationalversammlung, haben in der Erwägung, daß die Unkenntnis, das Vergessen oder die Verachtung der Menschenrechte die alleinigen Ursachen des öffentlichen Unglücks und der Verderbtheit der Regierung sind, beschlossen, in einer feierlichen Erklärung die natürlichen, unveräußerlichen und geheiligten Menschenrechte darzulegen, damit diese Erklärung, indem sie allen Mitgliedern des gesellschaftlichen Verbandes ständig gegenwärtig ist, diese unablässig an ihre Rechte und Pflichten erinnern möge; damit die Handlungen der gesetzgebenden wie der vollziehenden Gewalt, indem sie in jedem Augenblick mit dem Ziel einer jeden politischen Einrichtung verglichen werden können, mehr geachtet werden mögen; damit ferner die Ansprüche der Bürger, indem sie in Zukunft auf einfach und unbestreitbare Grundsätze gegründet werden, sich immer auf die Wahrung der Verfassung und auf das Wohl aller richten mögen. Infolgedessen anerkennt und erklärt die Nationalversammlung in Gegenwart und unter dem Schutze des allerhöchsten Wesens folgende Menschen- und Bürgerrechte:

Artikel 1

Die Menschen werden frei und gleich an Rechten geboren und bleiben es. Die gesellschaftlichen Unterschiede dürfen nur im gemeinen Nutzen begründet sein.

Artikel 2

Das Ziel jeder politischen Vereinigung ist die Erhaltung der natürlichen und unverzichtbaren Menschenrechte. Diese Rechte sind die Freiheit, das Eigentum, die Sicherheit und der Widerstand gegen die Unterdrückung.

Artikel 3

Der Ursprung aller Souveränität liegt wesenhaft in der Nation. Keine Körperschaft und kein einzelner darf eine Gewalt ausüben, die nicht ausdrücklich von ihr ausgeht.

Artikel 4

Die Freiheit besteht darin, alles tun zu dürfen, was einem anderen nicht schadet. Die Ausübung der natürlichen Rechte jedes Menschen hat also nur die Grenzen, die den übrigen Mitgliedern der Gesellschaft den Genuß eben dieser Rechte sicherstellt. Diese Grenzen dürfen nur durch das Gesetz bestimmt werden.

Artikel 5

Das Gesetz hat nur das Recht, solche Handlungen zu verbieten, die der Gesellschaft schädlich sind. Alles, was durch das Gesetz nicht verboten ist, darf nicht verhindert werden, und niemand darf genötigt werden zu tun, was es nicht befiehlt.

Artikel 6

Das Gesetz ist der Ausdruck des allgemeinen Willens. Alle Bürger sind berechtigt, persönlich oder durch ihre Vertreter an seiner Gestaltung mitzuwirken. Es soll für alle das gleich sein, mag es nun beschützen oder bestrafen. Da alle Bürger in seinen Augen gleich sind, können sie nach ihrer Fähigkeit gleichermaßen zu allen öffentlichen Würden, Stellen und Ämtern zugelassen werden, ohne anderen Unterschied als den ihrer Tugenden und ihrer Talente.

Artikel 7

Kein Mensch darf angeklagt, verhaftet oder in Haft gehalten werden, es sei denn in den durch das Gesetz bestimmten Fällen und in den Formen, die es vorgeschrieben hat. Diejenigen, die willkürliche Befehle veranlassen, ausfertigen, vollziehen oder vollziehen lassen, sind zu bestrafen; doch soll auch jeder Bürger, der auf Grund eines Gesetzes vorgeladen oder festgenommen wird, auf der Stelle gehorchen: leistet er Widerstand, so macht er sich strafbar.

Artikel 8

Das Gesetz soll nur solche Strafen festsetzen, die unbedingt und offenbar notwendig sind, und niemand darf anders als auf Grund eines vor Begehung der Straftat beschlossenen, verkündeten und rechtmäßig angewandten Gesetzes bestraft werden.

Artikel 9

Da jeder Mensch solange für unschuldig erachtet wird, bis er für schuldig erklärt ist, soll, wenn seine Festnahme für unumgänglich gehalten wird, alle Härte, die nicht erforderlich ist, um sich seiner Person zu versichern, vom Gesetz streng unterbunden werden.

Artikel 10

Niemand soll wegen seiner Anschauungen, selbst religiöser Natur, belästigt werden, solange ihre Äußerungen nicht die durch das Gesetz begründete öffentliche Ordnung stört.

Artikel 11

Der freie Austausch der Gedanken und Meinungen ist eines der kostbarsten Menschenrechte; jeder Bürger kann mithin frei reden, schreiben und drucken, vorbehaltlich seiner Verantwortlichkeit für den Mißbrauch dieser Freiheit in den durch das Gesetz bestimmten Fällen.

Artikel 12

Die Gewährleistung der Menschen- und Bürgerrechte erfordert eine Streitmacht; diese Macht ist also zum Vorteil aller errichtet und nicht zum besonderen Nutzen derjenigen, denen sie anvertraut ist.

Artikel 13

Für den Unterhalt der Streitmacht und für die Ausgaben der Verwaltung ist eine allgemeine Abgabe unerläßlich; diese soll auf alle Bürger ihrem Vermögen entsprechend gleichmäßig verteilt werden.

Artikel 14

Alle Bürger haben das Recht, entweder selbst oder durch ihre Vertreter die Notwendigkeit der öffentlichen Abgaben festzustellen, diese frei zu bewilligen, ihre Verwendung zu überwachen sowie ihre Höhe, Veranlagung, Eintreibung und Dauer zu bestimmen.

Artikel 15

Die Gesellschaft hat das Recht, von jedem öffentlichen Beamten Rechenschaft über seine Amtsführung zu fordern.

Artikel 16

Eine jede Gesellschaft, in der weder die Gewährleistung der Rechte zugesichert noch die Gewaltenteilung festgelegt ist, hat keine Verfassung.

Artikel 17

Da das Eigentum ein unverletzliches und geheiligtes Recht ist, darf es niemandem entzogen werden, es sei denn, daß die gesetzlich festgestellte öffentliche Notwendigkeit es offenbar erfordert und unter der Bedingung einer gerechten und vorherigen Entschädigung.

4. Das Grundgesetz der Bundesrepublik Deutschland (Auszug)

Stand: März 1998

Artikel 1 – Würde des Menschen

(1) Die Würde des Menschen ist unantastbar. Sie zu achten und zu schützen ist Verpflichtung aller staatlichen Gewalt.

(2) Das Deutsche Volk bekennt sich darum zu unverletzlichen und unveräußerlichen Menschenrechten als Grundlage jeder menschlichen Gemeinschaft, des Friedens und der Gerechtigkeit in der Welt.

(3) Die nachfolgenden Grundrechte binden Gesetzgebung, vollziehende Gewalt und Rechtsprechung als unmittelbar geltendes Recht.

Artikel 2 – Generelle Freiheitsrechte

(1) Jeder hat das Recht auf die freie Entfaltung seiner Persönlichkeit, soweit er nicht die Rechte anderer verletzt und nicht gegen die verfassungsmäßige Ordnung oder das Sittengesetz verstößt.

(2) Jeder hat das Recht auf Leben und körperliche Unversehrtheit. Die Freiheit der Person ist unverletzlich. In diese Rechte darf nur auf Grund eines Gesetzes eingegriffen werden.

Artikel 3 – Gleicher Stand für alle vor dem Gesetz

(1) Alle Menschen sind vor dem Gesetz gleich.

(2) Männer und Frauen sind gleichberechtigt. Der Staat fördert die tatsächliche Durchsetzung der Gleichberechtigung von Frauen und Männern und wirkt auf die Beseitigung bestehender Nachteile hin.

(3) Niemand darf wegen seines Geschlechtes, seiner Abstammung, seiner Rasse, seiner Sprache, seiner Heimat und Herkunft, seines Glaubens, seiner religiösen oder politischen Anschauungen benachteiligt oder bevorzugt werden. Niemand darf wegen seiner Behinderung benachteiligt werden.

Artikel 4 – Freiheit des Glaubens und Gewissens

(1) Die Freiheit des Glaubens, des Gewissens und die Freiheit des religiösen und weltanschaulichen Bekenntnisses sind unverletzlich.

(2) Die ungestörte Religionsausübung wird gewährleistet.

(3) Niemand darf gegen sein Gewissen zum Kriegsdienst mit der Waffe gezwungen werden. Das Nähere regelt ein Bundesgesetz.

Artikel 5 – Freiheit der Meinungsäußerung

(1) Jeder hat das Recht, seine Meinung in Wort, Schrift und Bild frei zu äußern und zu verbreiten und sich aus allgemein zugänglichen Quellen ungehindert zu unterrichten. Die Pressefreiheit und die Freiheit der Berichterstattung durch Rundfunk und Film werden gewährleistet. Eine Zensur findet nicht statt.

(2) Diese Rechte finden ihre Schranken in den Vorschriften der allgemeinen Gesetze, den gesetzlichen Bestimmungen zum Schutze der Jugend und in dem Recht der persönlichen Ehre.

(3) Kunst und Wissenschaft, Forschung und Lehre sind frei. Die Freiheit der Lehre entbindet nicht von der Treue zur Verfassung.

Artikel 6 – Schutz der Familie

(1) Ehe und Familie stehen unter dem besonderen Schutze der staatlichen Ordnung.

(2) Pflege und Erziehung der Kinder sind das natürliche Recht der Eltern und die zuvörderst ihnen obliegende Pflicht. über ihre Betätigung wacht die staatliche Gemeinschaft.

(3) Gegen den Willen der Erziehungsberechtigten dürfen Kinder nur auf Grund eines Gesetzes von der Familie getrennt werden, wenn die Erziehungsberechtigten versagen oder wenn die Kinder aus anderen Gründen zu verwahrlosen drohen.

(4) Jede Mutter hat Anspruch auf den Schutz und die Fürsorge der Gemeinschaft.

(5) Den unehelichen Kindern sind durch die Gesetzgebung die gleichen Bedingungen für ihre leibliche und seelische Entwicklung und ihre Stellung in der Gesellschaft zu schaffen wie den ehelichen Kindern.

Artikel 7 – staatliches Schulwesen

(1) Das gesamte Schulwesen steht unter der Aufsicht des Staates.

(2) Die Erziehungsberechtigten haben das Recht, über die Teilnahme des Kindes am Religionsunterricht zu bestimmen.

(3) Der Religionsunterricht ist in den öffentlichen Schulen mit Ausnahme der bekenntnisfreien Schulen ordentliches Lehrfach. Unbeschadet des staatlichen Aufsichtsrechtes wird der Religionsunterricht in Übereinstimmung mit den Grundsätzen der Religionsgemeinschaften erteilt. Kein Lehrer darf gegen seinen Willen verpflichtet werden, Religionsunterricht zu erteilen.

(4) Das Recht zur Errichtung von privaten Schulen wird gewährleistet. Private Schulen als Ersatz für öffentliche Schulen bedürfen der Genehmigung des Staates und unterstehen den Landesgesetzen. Die Genehmigung ist zu erteilen, wenn die privaten Schulen in ihren Lehrzielen und Einrichtungen sowie in der wissenschaftlichen Ausbildung ihrer Lehrkräfte nicht hinter den öffentlichen Schulen zurückstehen und eine Sonderung der Schüler nach den Besitzverhältnissen der Eltern nicht gefördert wird. Die Genehmigung ist zu versagen, wenn die wirtschaftliche und rechtliche Stellung der Lehrkräfte nicht genügend gesichert ist.

(5) Eine private Volksschule ist nur zuzulassen, wenn die Unterrichtsverwaltung ein besonderes pädagogisches Interesse anerkennt oder, auf Antrag von Erziehungsberechtigten, wenn sie als Gemeinschaftsschule, als Bekenntnis- oder Weltanschauungsschule errichtet werden soll und eine öffentliche Volksschule dieser Art in der Gemeinde nicht besteht.

(6) Vorschulen bleiben aufgehoben.

Artikel 8 – Recht auf Versammlungsfreiheit

(1) Alle Deutschen haben das Recht, sich ohne Anmeldung oder Erlaubnis friedlich und ohne Waffen zu versammeln.

(2) Für Versammlungen unter freiem Himmel kann dieses Recht durch Gesetz oder auf Grund eines Gesetzes beschränkt werden.

Artikel 9 – Recht auf Bildung von Vereinen und Koalitionsfreiheit

(1) Alle Deutschen haben das Recht, Vereine und Gesellschaften zu bilden.

(2) Vereinigungen, deren Zwecke oder deren Tätigkeit den Strafgesetzen zuwiderlaufen oder die sich gegen die verfassungsmäßige Ordnung oder gegen den Gedanken der Völkerverständigung richten, sind verboten.

(3) Das Recht, zur Wahrung und Förderung der Arbeits- und Wirtschaftsbedingungen Vereinigungen zu bilden, ist für jedermann und für alle Berufe gewährleistet. Abreden, die dieses Recht einschränken oder zu behindern suchen, sind nichtig, hierauf gerichtete Maßnahmen sind rechtswidrig. Maßnahmen nach den Artikeln 12 a, 35 Abs. 2 und 3, Artikel 87 a Abs. 4 und Artikel 91 dürfen sich nicht gegen Arbeitskämpfe richten, die zur Wahrung und Förderung der Arbeits- und Wirtschaftsbedingungen von Vereinigungen im Sinne des Satzes 1 geführt werden.

Artikel 10 – Postgeheimnis

(1) Das Briefgeheimnis sowie das Post- und Fernmeldegeheimnis sind unverletzlich.

(2) Beschränkungen dürfen nur auf Grund eines Gesetzes angeordnet werden. Dient die Beschränkung dem Schutze der freiheitlichen demokratischen Grundordnung oder des Bestandes oder der Sicherung des Bundes oder eines Landes, so kann das Gesetz bestimmen, daß sie dem Betroffenen nicht mitgeteilt wird und daß an die Stelle des Rechtsweges die Nachprüfung durch von der Volksvertretung bestellte Organe und Hilfsorgane tritt.

Artikel 11 – Bewegungsfreiheit im Bundesgebiet

(1) Alle Deutschen genießen Freizügigkeit im ganzen Bundesgebiet.

(2) Dieses Recht darf nur durch Gesetz oder auf Grund eines Gesetzes und nur für die Fälle eingeschränkt werden, in denen eine ausreichende Lebensgrundlage nicht vorhanden ist und der Allgemeinheit daraus besondere Lasten entstehen würden oder

in denen es zur Abwehr einer drohenden Gefahr für den Bestand oder die freiheitliche demokratische Grundordnung des Bundes oder eines Landes, zur Bekämpfung von Seuchengefahr, Naturkatastrophen oder besonders schweren Unglücksfäl-
len, zum Schutze der Jugend vor Verwahrlosung oder um strafbaren Handlungen
vorzubeugen, erforderlich ist.

Artikel 12 – Recht auf freie Berufswahl

(1) Alle Deutschen haben das Recht, Beruf, Arbeitsplatz und Ausbildungsstätte frei zu
wählen. Die Berufsausübung kann durch Gesetz oder auf Grund eines Gesetzes geregelt werden.

(2) Niemand darf zu einer bestimmten Arbeit gezwungen werden, außer im Rahmen einer herkömmlichen allgemeinen, für alle gleichen öffentlichen Dienstleistungs-
pflicht.

(3) Zwangsarbeit ist nur bei einer gerichtlich angeordneten Freiheitsentziehung zulässig.

Artikel 12a – Wehrpflichten und Ersatzdienste

(1) Männer können vom vollendeten achtzehnten Lebensjahr an zum Dienst in den
Streitkräften, im Bundesgrenzschutz oder in einem Zivilschutzverband verpflichtet
werden.

(2) Wer aus Gewissensgründen den Kriegsdienst mit der Waffe verweigert, kann zu einem Ersatzdienst verpflichtet werden. Die Dauer des Ersatzdienstes darf die Dauer
des Wehrdienstes nicht übersteigen. Das Nähere regelt ein Gesetz, das die Freiheit
der Gewissensentscheidung nicht beeinträchtigen darf und auch eine Möglichkeit
des Ersatzdienstes vorsehen muß, die in keinem Zusammenhang mit den Verbän-
den der Streitkräfte und des Bundesgrenzschutzes steht.

(3) Wehrpflichtige, die nicht zu einem Dienst nach Absatz 1 oder 2 herangezogen sind,
können im Verteidigungsfalle durch Gesetz oder auf Grund eines Gesetzes zu zivilen Dienstleistungen für Zwecke der Verteidigung einschließlich des Schutzes der
Zivilbevölkerung in Arbeitsverhältnisse verpflichtet werden; Verpflichtungen in öf-
fentlich-rechtliche Dienstverhältnisse sind nur zur Wahrnehmung polizeilicher Aufgaben oder solcher hoheitlichen Aufgaben der öffentlichen Verwaltung, die nur in
einem öffentlich-rechtlichen Dienstverhältnis erfüllt werden können, zulässig. Arbeitsverhältnisse nach Satz 1 können bei den Streitkräften, im Bereich ihrer Versorgung sowie bei der öffentlichen Verwaltung begründet werden; Verpflichtungen in
Arbeitsverhältnisse im Bereiche der Versorgung der Zivilbevölkerung sind nur zulässig, um ihren lebensnotwendigen Bedarf zu decken oder ihren Schutz sicherzustellen.

(4) Kann im Verteidigungsfalle der Bedarf an zivilen Dienstleistungen im zivilen Sani-
täts- und Heilwesen sowie in der ortsfesten militärischen Lazarettorganisation nicht
auf freiwilliger Grundlage gedeckt werden, so können Frauen vom vollendeten achtzehnten bis zum vollendeten fünfundfünfzigsten Lebensjahr durch Gesetz oder auf
Grund eines Gesetzes zu derartigen Dienstleistungen herangezogen werden. Sie dür-

fen auf keinen Fall Dienst mit der Waffe leisten.

(5) Für die Zeit vor dem Verteidigungsfalle können Verpflichtungen nach Absatz 3 nur nach Maßgabe des Artikels 80 a Abs. 1 begründet werden. Zur Vorbereitung auf Dienstleistungen nach Absatz 3, für die besondere Kenntnisse oder Fertigkeiten erforderlich sind, kann durch Gesetz oder auf Grund eines Gesetzes die Teilnahme an Ausbildungsveranstaltungen zur Pflicht gemacht werden. Satz 1 findet insoweit keine Anwendung.

(6) Kann im Verteidigungsfalle der Bedarf an Arbeitskräften für die in Absatz 3 Satz 2 genannten Bereiche auf freiwilliger Grundlage nicht gedeckt werden, so kann zur Sicherung dieses Bedarfs die Freiheit der Deutschen, die Ausübung eines Berufs oder den Arbeitsplatz aufzugeben, durch Gesetz oder auf Grund eines Gesetzes eingeschränkt werden. Vor Eintritt des Verteidigungsfalles gilt Absatz 5 Satz 1 entsprechend.

Artikel 13 – Hausfrieden in der Wohnung

(1) Die Wohnung ist unverletzlich.

(2) Durchsuchungen dürfen nur durch den Richter, bei Gefahr im Verzuge auch durch die in den Gesetzen vorgesehenen anderen Organe angeordnet und nur in der dort vorgeschriebenen Form durchgeführt werden.

(3) Begründen bestimmte Tatsachen den Verdacht, daß jemand eine durch Gesetz einzeln bestimmte besonders schwere Straftat begangen hat, so dürfen zur Verfolgung der Tat auf Grund richterlicher Anordnung technische Mittel zur akustischen Überwachung von Wohnungen, in denen der Beschuldigte sich vermutlich aufhält, eingesetzt werden, wenn die Erforschung des Sachverhalts auf andere Weise unverhältnismäßig erschwert oder aussichtslos wäre. Die Maßnahme ist zu befristen. Die Anordnung erfolgt durch einen mit drei Richtern besetzten Spruchkörper. Bei Gefahr im Verzuge kann sie auch durch einen einzelnen Richter getroffen werden.

(4) Zur Abwehr dringender Gefahren für die öffentliche Sicherheit, insbesondere einer gemeinen Gefahr oder einer Lebensgefahr, dürfen technische Mittel zur Überwachung von Wohnungen nur auf Grund richterlicher Anordnung eingesetzt werden. Bei Gefahr im Verzuge kann die Maßnahme auch durch eine andere gesetzlich bestimmte Stelle angeordnet werden; eine richterliche Entscheidung ist unverzüglich nachzuholen.

(5) Sind technische Mittel ausschließlich zum Schutze der bei einem Einsatz in Wohnungen tätigen Personen vorgesehen, kann die Maßnahme durch eine gesetzliche bestimmte Stelle angeordnet werden. Eine anderweitige Verwertung der hierbei erlangten Erkenntnisse ist nur zum Zwecke der Strafverfolgung oder der Gefahrenabwehr und nur zulässig, wenn zuvor die Rechtmäßigkeit der Maßnahme richterlich festgestellt ist; bei Gefahr im Verzuge ist die richterliche Entscheidung unverzüglich nachzuholen.

(6) Die Bundesregierung unterrichtet den Bundestag jährlich über den nach Absatz 3 sowie über den im Zuständigkeitsbereich des Bundes nach Absatz 4 und, soweit

richterlich überprüfungsbedürftig, nach Absatz 5 erfolgten Einsatz technischer Mittel. Ein vom Bundestag gewähltes Gremium übt auf der Grundlage dieses Berichts die parlamentarische Kontrolle aus. Die Länder gewährleisten eine gleichwertige parlamentarische Kontrolle.

(7) Eingriffe und Beschränkungen dürfen im übrigen nur zur Abwehr einer gemeinen Gefahr oder einer Lebensgefahr für einzelne Personen, auf Grund eines Gesetzes auch zur Verhütung dringender Gefahren für die öffentliche Sicherheit und Ordnung, insbesondere zur Behebung der Raumnot, zur Bekämpfung von Seuchengefahr oder zum Schutze gefährdeter Jugendlicher vorgenommen werden.

Artikel 14 – Recht auf Eigentum – Erbrecht – Enteignung

(1) Das Eigentum und das Erbrecht werden gewährleistet. Inhalt und Schranken werden durch die Gesetze bestimmt.

(2) Eigentum verpflichtet. Sein Gebrauch soll zugleich dem Wohle der Allgemeinheit dienen.

(3) Eine Enteignung ist nur zum Wohle der Allgemeinheit zulässig. Sie darf nur durch Gesetz oder auf Grund eines Gesetzes erfolgen, das Art und Ausmaß der Entschädigung regelt. Die Entschädigung ist unter gerechter Abwägung der Interessen der Allgemeinheit und der Beteiligten zu bestimmen. Wegen der Höhe der Entschädigung steht im Streitfalle der Rechtsweg vor den ordentlichen Gerichten offen.

Artikel 15 – Recht der Sozialisierung

Grund und Boden, Naturschätze und Produktionsmittel können zum Zwecke der Vergesellschaftung durch ein Gesetz, das Art und Ausmaß der Entschädigung regelt, in Gemeineigentum oder in andere Formen der Gemeinwirtschaft überführt werden. Für die Entschädigung gilt Artikel 14 Abs. 3 Satz 3 und 4 entsprechend.

Artikel 16 – Staatsbürgerschaft

(1) Die deutsche Staatsangehörigkeit darf nicht entzogen werden. Der Verlust der Staatsangehörigkeit darf nur auf Grund eines Gesetzes und gegen den Willen des Betroffenen nur dann eintreten, wenn der Betroffene dadurch nicht staatenlos wird.

(2) Kein Deutscher darf an das Ausland ausgeliefert werden.

Artikel 16a – Politisches Asyl

(1) Politisch Verfolgte genießen Asylrecht.

(2) Auf Absatz 1 kann sich nicht berufen, wer aus einem Mitgliedstaat der Europäischen Gemeinschaften oder aus einem anderen Drittstaat einreist, in dem die Anwendung des Abkommens über die Rechtsstellung der Flüchtlinge und der Konvention zum Schutze der Menschenrechte und Grundfreiheiten sichergestellt ist. Die Staaten außerhalb der Europäischen Gemeinschaften, auf die die Voraussetzungen des Satzes 1 zu-

treffen, werden durch Gesetz, das der Zustimmung des Bundesrates bedarf, bestimmt. In den Fällen des Satzes 1 können aufenthaltsbeendende Maßnahmen unabhängig von einem hiergegen eingelegten Rechtsbehelf vollzogen werden.

(3) Durch Gesetz, das der Zustimmung des Bundesrates bedarf, können Staaten bestimmt werden, bei denen auf Grund der Rechtslage, der Rechtsanwendung und der allgemeinen politischen Verhältnisse gewährleistet erscheint, daß dort weder politische Verfolgung noch unmenschliche oder erniedrigende Bestrafung oder Behandlung stattfindet. Es wird vermutet, daß ein Ausländer aus einem solchen Staat nicht verfolgt wird, solange er nicht Tatsachen vorträgt, die die Annahme begründen, daß er entgegen dieser Vermutung politisch verfolgt wird.

(4) Die Vollziehung aufenthaltsbeendender Maßnahmen wird in den Fällen des Absatzes 3 und in anderen Fällen, die offensichtlich unbegründet sind oder als offensichtlich unbegründet gelten, durch das Gericht nur ausgesetzt, wenn ernstliche Zweifel an der Rechtmäßigkeit der Maßnahme bestehen; der Prüfungsumfang kann eingeschränkt werden und verspätetes Vorbringen unberücksichtigt bleiben. Das Nähere ist durch Gesetz zu bestimmen.

(5) Die Absätze 1 bis 4 stehen völkerrechtlichen Verträgen von Mitgliedstaaten der Europäischen Gemeinschaften untereinander und mit dritten Staaten nicht entgegen, die unter Beachtung der Verpflichtungen aus den Abkommen über die Rechtsstellung der Flüchtlinge und der Konvention zum Schutze der Menschenrechte und Grundfreiheiten, deren Anwendung in den Vertragsstaaten sichergestellt sein muß, Zuständigkeitsregelungen für die Prüfung von Asylbegehren einschließlich der gegenseitigen Anerkennung von Asylentscheidungen treffen.

Artikel 17 – Recht auf schriftliche Bitten und Beschwerden

Jedermann hat das Recht, sich einzeln oder in Gemeinschaft mit anderen schriftlich mit Bitten oder Beschwerden an die zuständigen Stellen und an die Volksvertretung zu wenden.

Artikel 17a – Grundrechte im Wehr- und Ersatzdienst

(1) Gesetze über Wehrdienst und Ersatzdienst können bestimmen, daß für die Angehörigen der Streitkräfte und des Ersatzdienstes während der Zeit des Wehr- oder Ersatzdienstes das Grundrecht, seine Meinung in Wort, Schrift und Bild frei zu äußern und zu verbreiten (Artikel 5 Abs. 1 Satz 1 erster Halbsatz), das Grundrecht der Versammlungsfreiheit (Artikel 8) und das Petitionsrecht (Artikel 17), soweit es das Recht gewährt, Bitten oder Beschwerden in Gemeinschaft mit anderen vorzubringen, eingeschränkt werden.

(2) Gesetze, die der Verteidigung einschließlich des Schutzes der Zivilbevölkerung dienen, können bestimmen, daß die Grundrechte der Freizügigkeit (Artikel 11) und der Unverletzlichkeit der Wohnung (Artikel 13) eingeschränkt werden.

Artikel 18 – Einbüßen von Grundrechten

Wer die Freiheit der Meinungsäußerung, insbesondere die Pressefreiheit (Artikel 5 Abs. 1), die Lehrfreiheit (Artikel 5 Abs. 3), die Versammlungsfreiheit (Artikel 8), die Vereinigungsfreiheit (Artikel 9), das Brief-, Post- und Fernmeldegeheimnis (Artikel 10), das Eigentum (Artikel 14) oder das Asylrecht (Artikel 16 a) zum Kampfe gegen die freiheitliche demokratische Grundordnung mißbraucht, verwirkt diese Grundrechte. Die Verwirkung und ihr Ausmaß werden durch das Bundesverfassungsgericht ausgesprochen.

Artikel 19 – Allgemeingültigkeit von Einschränkungen bei Grundrechten

(1) Soweit nach diesem Grundgesetz ein Grundrecht durch Gesetz oder auf Grund eines Gesetzes eingeschränkt werden kann, muß das Gesetz allgemein und nicht nur für den Einzelfall gelten. Außerdem muß das Gesetz das Grundrecht unter Angabe des Artikels nennen.

(2) In keinem Falle darf ein Grundrecht in seinem Wesensgehalt angetastet werden.

(3) Die Grundrechte gelten auch für inländische juristische Personen, soweit sie ihrem Wesen nach auf diese anwendbar sind.

(4) Wird jemand durch die öffentliche Gewalt in seinen Rechten verletzt, so steht ihm der Rechtsweg offen. Soweit eine andere Zuständigkeit nicht begründet ist, ist der ordentliche Rechtsweg gegeben. Artikel 10 Abs. 2 Satz 2 bleibt unberührt.

Artikel 20 – Grundsätze des deutschen Staates

(1) Die Bundesrepublik Deutschland ist ein demokratischer und sozialer Bundesstaat.

(2) Alle Staatsgewalt geht vom Volke aus. Sie wird vom Volke in Wahlen und Abstimmungen und durch besondere Organe der Gesetzgebung, der vollziehenden Gewalt und der Rechtsprechung ausgeübt.

(3) Die Gesetzgebung ist an die verfassungsmäßige Ordnung, die vollziehende Gewalt und die Rechtsprechung sind an Gesetz und Recht gebunden.

(4) Gegen jeden, der es unternimmt, diese Ordnung zu beseitigen, haben alle Deutschen das Recht zum Widerstand, wenn andere Abhilfe nicht möglich ist.

Artikel 79 – Grundgesetzänderung

(1) Das Grundgesetz kann nur durch ein Gesetz geändert werden, das den Wortlaut des Grundgesetzes ausdrücklich ändert oder ergänzt. Bei völkerrechtlichen Verträgen, die eine Friedensregelung, die Vorbereitung einer Friedensregelung oder den Abbau einer besatzungsrechtlichen Ordnung zum Gegenstand haben oder der Verteidigung der Bundesrepublik zu   dienen bestimmt sind, genügt zur Klarstellung, daß die Bestimmungen des Grundgesetzes dem Abschluß und dem Inkraftsetzen der Verträge nicht entgegenstehen, eine Ergänzung des Wortlautes des Grundgesetzes, die sich auf diese Klarstellung beschränkt.

(2) Ein solches Gesetz bedarf der Zustimmung von zwei Dritteln der Mitglieder des Bundestages und zwei Dritteln der Stimmen des Bundesrates.

(3) Eine Änderung dieses Grundgesetzes, durch welche die Gliederung des Bundes in Länder, die grundsätzliche Mitwirkung der Länder bei der Gesetzgebung oder die in den Artikeln 1 und 20 niedergelegten Grundsätze berührt werden, ist unzulässig.

5. Allgemeine Erklärung der Menschenrechte

10. Dezember 1948

Präambel

Da die Anerkennung der angeborenen Würde und der gleichen und unveräußerlichen Rechte aller Mitglieder der Gemeinschaft der Menschen die Grundlage von Freiheit, Gerechtigkeit und Frieden in der Welt bildet,

da die Nichtanerkennung und Verachtung der Menschenrechte zu Akten der Barbarei geführt haben, die das Gewissen der Menschheit mit Empörung erfüllen, und da verkündet worden ist, daß einer Welt, in der die Menschen Rede- und Glaubensfreiheit und Freiheit von Furcht und Not genießen, das höchste Streben des Menschen gilt,

da es notwendig ist, die Menschenrechte durch die Herrschaft des Rechtes zu schützen, damit der Mensch nicht gezwungen wird, als letztes Mittel zum Aufstand gegen Tyrannei und Unterdrückung zu greifen,

da es notwendig ist, die Entwicklung freundschaftlicher Beziehungen zwischen den Nationen zu fördern,

da die Völker der Vereinten Nationen in der Charta ihren Glauben an die grundlegenden Menschenrechte, an die Würde und den Wert der menschlichen Person und an die Gleichberechtigung von Mann und Frau erneut bekräftigt und beschlossen haben, den sozialen Fortschritt und bessere Lebensbedingungen in größerer Freiheit zu fördern,

da die Mitgliedstaaten sich verpflichtet haben, in Zusammenarbeit mit den Vereinten Nationen auf die allgemeine Achtung und Einhaltung der Menschenrechte und Grundfreiheiten hinzuwirken,

da ein gemeinsames Verständnis dieser Rechte und Freiheiten von größter Wichtigkeit für die volle Erfüllung dieser Verpflichtung ist, verkübdet die Generalversammlung diese Allgemeine Erklärung der Menschenrechte als das von allen Völkern und Nationen zu erreichende gemeinsame Ideal, damit jeder einzelne und alle Organe der Gesellschaft sich diese Erklärung stets gegenwärtig halten und sich bemühen, durch Unterricht und Erziehung die Achtung vor diesen Rechten und Freiheiten zu fördern und durch fortschreitende nationale und internationale Maßnahmen ihre allgemeine und tatsächliche Anerkennung und Einhaltung durch die Bevölkerung der Mitgliedstaaten selbst wie auch durch die Bevölkerung der ihrer Hoheitsgewalt unterstehenden Gebiete zu gewährleisten.

Artikel 1

Alle Menschen sind frei und gleich an Würde und Rechten geboren. Sie sind mit Vernunft und Gewissen begabt und sollen einander im Geiste der Brüderlichkeit begegnen.

Artikel 2

Jeder hat Anspruch auf alle in dieser Erklärung verkündeten Rechte und Freiheiten, ohne irgendeinen Unterschied, etwa nach Rasse, Hautfarbe, Geschlecht, Sprache, Religion, politischer oder sonstiger Anschauung, nationaler oder sozialer Herkunft, Vermögen, Geburt oder sonstigem Stand.

Des weiteren darf kein Unterschied gemacht werden auf Grund der politischen, rechtlichen oder internationalen Stellung des Landes oder Gebietes, dem eine Person angehört, gleichgültig ob dieses unabhängig ist, unter Treuhandschaft steht, keine Selbstregierung besitzt oder sonst in seiner Souveränität eingeschränkt ist.

Artikel 3

Jeder hat das Recht auf Leben, Freiheit und Sicherheit der Person.

Artikel 4

Niemand darf in Sklaverei oder Leibeigenschaft gehalten werden; Sklaverei und Sklavenhandel in allen ihren Formen sind verboten.

Artikel 5

Niemand darf der Folter oder grausamer, unmenschlicher oder erniedrigender Behandlung oder Strafe unterworfen werden.

Artikel 6

Jeder hat das Recht, überall als rechtsfähig anerkannt zu werden.

Artikel 7

Alle Menschen sind vor dem Gesetz gleich und haben ohne Unterschied Anspruch auf gleichen Schutz durch das Gesetz. Alle haben Anspruch auf gleichen Schutz gegen jede Diskriminierung, die gegen diese Erklärung verstößt, und gegen jede Aufhetzung zu einer derartigen Diskriminierung.

Artikel 8

Jeder hat Anspruch auf einen wirksamen Rechtsbehelf bei den zuständigen innerstaatlichen Gerichten gegen Handlungen, durch die seine ihm nach der Verfassung oder nach dem Gesetz zustehenden Grundrechte verletzt werden.

Artikel 9

Niemand darf willkürlich festgenommen, in Haft gehalten oder des Landes verwiesen werden.

Artikel 10

Jeder hat bei der Feststellung seiner Rechte und Pflichten sowie bei einer gegen ihn erhobenen strafrechtlichen Beschuldigung in voller Gleichheit Anspruch auf ein gerechtes und öffentliches Verfahren vor einem unabhängigen und unparteiischen Gericht.

Artikel 11

(1) Jeder, der einer strafbaren Handlung beschuldigt wird, hat das Recht, als unschuldig zu gelten, solange seine Schuld nicht in einem öffentlichen Verfahren, in dem er alle für seine Verteidigung notwendigen Garantien gehabt hat, gemäß dem Gesetz nachgewiesen ist.

(2) Niemand darf wegen einer Handlung oder Unterlassung verurteilt werden, die zur Zeit ihrer Begehung nach innerstaatlichem oder internationalem Recht nicht strafbar war. Ebenso darf keine schwerere Strafe als die zum Zeitpunkt der Begehung der strafbaren Handlung angedrohte Strafe verhängt werden.

Artikel 12

Niemand darf willkürlichen Eingriffen in sein Privatleben, seine Familie, seine Wohnung und seinen Schriftverkehr oder Beeinträchtigungen seiner Ehre und seines Rufes ausgesetzt werden. Jeder hat Anspruch auf rechtlichen Schutz gegen solche Eingriffe oder Beeinträchtigungen.

Artikel 13

(1) Jeder hat das Recht, sich innerhalb eines Staates frei zu bewegen und seinen Aufenthaltsort frei zu wählen.

(2) Jeder hat das Recht, jedes Land, einschließlich seines eigenen, zu verlassen und in sein Land zurückzukehren.

Artikel 14

(1) Jeder hat das Recht, in anderen Ländern vor Verfolgung Asyl zu suchen und zu genießen.

(2) Dieses Recht kann nicht in Anspruch genommen werden im Falle einer Strafverfolgung, die tatsächlich auf Grund von Verbrechen nichtpolitischer Art oder auf Grund von Handlungen erfolgt, die gegen die Ziele und Grundsätze der Vereinten Nationen verstoßen.

Artikel 15

(1) Jeder hat das Recht auf eine Staatsangehörigkeit.

(2) Niemandem darf seine Staatsangehörigkeit willkürlich entzogen noch das Recht versagt werden, seine Staatsangehörigkeit zu wechseln.

Artikel 16

(1) Heiratsfähige Männer und Frauen haben ohne jede Beschränkung auf Grund der Rasse, der Staatsangehörigkeit oder der Religion das Recht, zu heiraten und eine Familie zu gründen. Sie haben bei der Eheschließung, während der Ehe und bei deren Auflösung gleiche Rechte.

(2) Eine Ehe darf nur bei freier und uneingeschränkter Willenseinigung der künftigen Ehegatten geschlossen werden.

(3) Die Familie ist die natürliche Grundeinheit der Gesellschaft und hat Anspruch auf Schutz durch Gesellschaft und Staat.

Artikel 17

(1) Jeder hat das Recht, sowohl allein als auch in Gemeinschaft mit anderen Eigentum innezuhaben.

(2) Niemand darf willkürlich seines Eigentums beraubt werden.

Artikel 18

Jeder hat das Recht auf Gedanken-, Gewissens- und Religionsfreiheit; dieses Recht schließt die Freiheit ein, seine Religion oder seine Weltanschauung zu wechseln, sowie die Freiheit, seine Religion oder seine Weltanschauung allein oder in Gemeinschaft mit anderen, öffentlich oder privat durch Lehre, Ausübung, Gottesdienst und Kulthandlungen zu bekennen.

Artikel 19

Jeder hat das Recht auf Meinungsfreiheit und freie Meinungsäußerung; dieses Recht schließt die Freiheit ein, Meinungen ungehindert anzuhängen sowie über Medien jeder Art und ohne Rücksicht auf Grenzen Informationen und Gedankengut zu suchen, zu empfangen und zu verbreiten.

Artikel 20

(1) Alle Menschen haben das Recht, sich friedlich zu versammeln und zu Vereinigungen zusammenzuschließen.

(2) Niemand darf gezwungen werden, einer Vereinigung anzugehören.

Artikel 21

(1) Jeder hat das Recht, an der Gestaltung der öffentlichen Angelegenheiten seines Landes unmittelbar oder durch frei gewählte Vertreter mitzuwirken.

(2) Jeder hat das Recht auf gleichen Zugang zu öffentlichen Ämtern in seinem Lande.

(3) Der Wille des Volkes bildet die Grundlage für die Autorität der öffentlichen Gewalt; dieser Wille muß durch regelmäßige, unverfälschte, allgemeine und gleiche Wahlen

mit geheimer Stimmabgabe oder einem gleichwertigen freien Wahlverfahren zum Ausdruck kommen.

Artikel 22

Jeder hat als Mitglied der Gesellschaft das Recht auf soziale Sicherheit und Anspruch darauf, durch innerstaatliche Maßnahmen und internationale Zusammenarbeit sowie unter Berücksichtigung der Organisation und der Mittel jedes Staates in den Genuß der wirtschaftlichen, sozialen und kulturellen Rechte zu gelangen, die für seine Würde und die freie Entwicklung seiner Persönlichkeit unentbehrlich sind.

Artikel 23

(1) Jeder hat das Recht auf Arbeit, auf freie Berufswahl, auf gerechte und befriedigende Arbeitsbedingungen sowie auf Schutz vor Arbeitslosigkeit.

(2) Jeder, ohne Unterschied, hat das Recht auf gleichen Lohn für gleiche Arbeit.

(3) Jeder, der arbeitet, hat das Recht auf gerechte und befriedigende Entlohnung, die ihm und seiner Familie eine der menschlichen Würde entsprechende Existenz sichert, gegebenenfalls ergänzt durch andere soziale Schutzmaßnahmen.

4) Jeder hat das Recht, zum Schutze seiner Interessen Gewerkschaften zu bilden und solchen beizutreten.

Artikel 24

Jeder hat das Recht auf Erholung und Freizeit und insbesondere auf eine vernünftige Begrenzung der Arbeitszeit und regelmäßigen bezahlten Urlaub.

Artikel 25

(1) Jeder hat das Recht auf einen Lebensstandard, der seine und seiner Familie Gesundheit und Wohl gewährleistet, einschließlich Nahrung, Kleidung, Wohnung, ärztliche Versorgung und notwendige soziale Leistungen, sowie das Recht auf Sicherheit im Falle von Arbeitslosigkeit, Krankheit, Invalidität oder Verwitwung, im Alter sowie bei anderweitigem Verlust seiner Unterhaltsmittel durch unverschuldete Umstände.

(2) Mutter und Kind haben Anspruch auf besondere fürsorge und Unterstützung. Alle Kinder, eheliche wie außereheliche, genießen den gleichen sozialen Schutz.

Artikel 26

(1) Jeder hat das Recht auf Bildung. Die Bildung ist unentgeltlich, zum mindesten der Grundschulunterricht und die grundlegende Bildung. Der Grundschulunterricht ist obligatorisch. Fach-, und Berufsschulunterricht müssen allgemein verfügbar gemacht werden, und der Hochschulunterricht muß allen gleichermaßen entsprechend ihren Fähigkeiten offenstehen.

(2) Die Bildung muß auf die volle Entfaltung der menschlichen Persönlichkeit und auf die Stärkung der Achtung vor den Menschenrechten und Grundfreiheiten gerichtet sein. Sie muß zu Verständnis, Toleranz und Freundschaft zwischen allen Nationen und allen rassischen oder religiösen Gruppen beitragen und der Tätigkeit der Vereinten Nationen für die Wahrung des Friedens förderlich sein.

(3) Die Eltern haben ein vorrangiges Recht, die Art der Bildung zu wählen, die ihren Kindern zuteil werden soll.

Artikel 27

(1) Jeder hat das Recht, am kulturellen Leben der Gemeinschaft frei teilzunehmen, sich an den Künsten zu erfreuen und am wissenschaftlichen Fortschritt und dessen Errungenschaften teilzuhaben.

(2) Jeder hat das Recht auf Schutz der geistigen und materiellen Interessen, die ihm als Urheber von Werken der Wissenschaft, Literatur oder Kunst erwachsen.

Artikel 28

Jeder hat Anspruch auf eine soziale und internationale Ordnung, in der die in dieser Erklärung verkündeten Rechte und Freiheiten voll verwirklicht werden können.

Artikel 29

(1) Jeder hat Pflichten gegenüber der Gemeinschaft, in der allein die freie und volle Entwicklung seiner Persönlichkeit möglich ist.

(2) Jeder ist bei der Ausübung seiner Rechte und Freiheiten nur den Beschränkungen unterworfen, die das Gesetz ausschließlich zu dem Zweck vorsieht, die Anerkennung und Achtung der Rechte und Freiheiten anderer zu sichern und den gerechten Anforderungen der Moral, der öffentlichen Ordnung und des allgemeinen Wohles in einer demokratischen Gesellschaft zu genügen.

(3) Diese Rechte und Freiheiten dürfen in keinem Fall im Widerspruch zu den Zielen und Grundsätzen der Vereinten Nationen ausgeübt werden.

Artikel 30

Keine Bestimmung dieser Erklärung darf dahin ausgelegt werden, daß sie für einen Staat, eine Gruppe oder eine Person irgendein Recht begründet, eine Tätigkeit auszuüben oder eine Handlung vorzunehmen, welche die Beseitigung der in dieser Erklärung verkündeten Rechte und Freiheiten zum Ziel hat.

6. Internationaler Pakt über wirtschaftliche, soziale und kulturelle Rechte (Sozialpakt)

1966

(BGBl. 1973 II 1569)

Die Vertragsstaaten dieses Paktes
in der Erwägung, dass nach den in der Charta der Vereinten Nationen verkündeten Grundsätzen die Anerkennung der allen Mitgliedern der menschlichen Gesellschaft innewohnenden Würde und der Gleichheit und Unveräusserlichkeit ihrer Rechte die Grundlage von Freiheit, Gerechtigkeit und Frieden in der Welt bildet,
in der Erkenntnis, dass sich diese Rechte aus der dem Menschen innewohnenden Würde herleiten, in der Erkenntnis, dass nach der Allgemeinen Erklärung der Menschenrechte das Ideal vom freien Menschen, der frei von Furcht und Not lebt, nur verwirklicht werden kann, wenn Verhältnisse geschaffen werden, in denen jeder seine wirtschaftlichen, sozialen und kulturellen Rechte ebenso wie seine bürgerlichen und politischen Rechte geniessen kann,
in der Erwägung, dass die Charta der Vereinten Nationen die Staaten verpflichtet, die allgemeine und wirksame Achtung der Rechte und Freiheiten des Menschen zu fördern,
im Hinblick darauf, dass der einzelne gegenüber seinen Mitmenschen und der Gemeinschaft, der er angehört, Pflichten hat und gehalten ist, für die Förderung und Achtung der in diesem Pakt anerkannten Rechte einzutreten
vereinbaren folgende Artikel:

Teil I

Art. 1

(1) Alle Völker haben das Recht auf Selbstbestimmung. Kraft dieses Rechts entscheiden sie frei über ihren politischen Status und gestalten in Freiheit ihre wirtschaftliche, soziale und kulturelle Entwicklung.

(2) Alle Völker können für ihre eigenen Zwecke frei über ihre natürlichen Reichtümer und Mittel verfügen, unbeschadet aller Verpflichtungen, die aus der internationalen wirtschaftlichen Zusammenarbeit auf der Grundlage des gegenseitigen Wohles sowie aus dem Völkerrecht erwachsen. In keinem Fall darf ein Volk seiner eigenen Existenzmittel beraubt werden.

(3) Die Vertragsstaaten, einschliesslich der Staaten, die für die Verwaltung von Gebieten ohne Selbstregierung und von Treuhandgebieten verantwortlich sind, haben entsprechend der Charta der Vereinten Nationen die Verwirklichung des Rechts auf Selbstbestimmung zu fördern und dieses Recht zu achten.

Teil II

Art. 2

(1) Jeder Vertragsstaat verpflichtet sich, einzeln und durch internationale Hilfe und Zusammenarbeit, insbesondere wirtschaftlicher und technischer Art, unter Ausschöpfung aller seiner Möglichkeiten Massnahmen zu treffen, um nach und nach mit allen geeigneten Mitteln, vor allem durch gesetzgeberische Massnahmen, die volle Verwirklichung der in diesem Pakt anerkannten Rechte zu erreichen.

(2) Die Vertragsstaaten verpflichten sich, zu gewährleisten, dass die in diesem Pakt verkündeten Rechte ohne Diskriminierung hinsichtlich der Rasse, der Hautfarbe, des Geschlechts, der Sprache, der Religion, der politischen oder sonstigen Anschauung, der nationalen oder sozialen Herkunft, des Vermögens, der Geburt oder des sonstigen Status ausgeübt werden.

(3) Entwicklungsländer können unter gebührender Berücksichtigung der Menschenrechte und der Erfordernisse ihrer Volkswirtschaft entscheiden, inwieweit sie Personen, die nicht ihre Staatsangehörigkeit besitzen, die in diesem Pakt anerkannten wirtschaftlichen Rechte gewährleisten wollen.

Art. 3

Die Vertragsstaaten verpflichten sich, die Gleichberechtigung von Mann und Frau bei der Ausübung aller in diesem Pakt festgelegten wirtschaftlichen, sozialen und kulturellen Rechte sicherzustellen.

Art. 4

Die Vertragsstaaten erkennen an, dass ein Staat die Ausübung der von ihm gemäss diesem Pakt gewährleisteten Rechte nur solchen Einschränkungen unterwerfen darf, die gesetzlich vorgesehen und mit der Natur dieser Rechte vereinbar sind und deren ausschliesslicher Zweck es ist, das allgemeine Wohl in einer demokratischen Gesellschaft zu fördern.

Art. 5

(1) Keine Bestimmung dieses Paktes darf dahin ausgelegt werden, dass sie für einen Staat, eine Gruppe oder eine Person das Recht begründet, eine Tätigkeit auszuüben oder eine Handlung zu begehen, die auf die Abschaffung der in diesem Pakt aner-

kannten Rechte und Freiheiten oder auf weitergehende Beschränkungen dieser Rechte und Freiheiten, als in dem Pakt vorgesehen, hinzielt.

(2) Die in einem Land durch Gesetz, Übereinkommen, Verordnungen oder durch Gewohnheitsrecht anerkannten oder bestehenden grundlegenden Menschenrechte dürfen nicht unter dem Vorwand beschränkt oder ausser Kraft gesetzt werden, dass dieser Pakt derartige Rechte nicht oder nur in einem geringen Ausmass anerkenne.

Teil III

Art. 6

(1) Die Vertragsstaaten erkennen das Recht auf Arbeit an, welches das Recht jedes einzelnen auf die Möglichkeit, seinen Lebensunterhalt durch frei gewählte oder angenommene Arbeit zu verdienen, umfasst, und unternehmen geeignete Schritte zum Schutz dieses Rechts.

(2) Die von einem Vertragsstaat zur vollen Verwirklichung dieses Rechts zu unternehmenden Schritte umfassen fachliche und berufliche Beratung und Ausbildungsprogramme sowie die Festlegung von Grundsätzen und Verfahren zur Erzielung einer stetigen wirtschaftlichen, sozialen und kulturellen Entwicklung und einer produktiven Vollbeschäftigung unter Bedingungen, welche die politischen und wirtschaftlichen Grundfreiheiten des einzelnen schützen.

Art. 7

Die Vertragsstaaten erkennen das Recht eines jeden auf gerechte und günstige Arbeitsbedingungen an, durch die insbesondere gewährleistet wird

a) ein Arbeitsentgelt, das allen Arbeitnehmern mindestens sichert

i) angemessenen Lohn und gleiches Entgelt für gleichwertige Arbeit ohne Unterschied; insbesondere wird gewährleistet, dass Frauen keine ungünstigeren Arbeitsbedingungen als Männer haben und dass sie für gleiche Arbeit gleiches Entgelt erhalten,

ii) einen angemessenen Lebensunterhalt für sie und ihre Familien in Übereinstimmung mit diesem Pakt;

b) sichere und gesunde Arbeitsbedingungen;

c) gleiche Möglichkeiten für jedermann, in seiner beruflichen Tätigkeit entsprechend aufzusteigen, wobei keine anderen Gesichtspunkte als Beschäftigungsdauer und Befähigung ausschlaggebend sein dürfen;

d) Arbeitspausen, Freizeit, eine angemessene Begrenzung der Arbeitszeit, regelmässiger bezahlter Urlaub sowie Vergütung gesetzlicher Feiertage.

Art. 8

(1) Die Vertragsstaaten verpflichten sich, folgende Rechte zu gewährleisten:

a) das Recht eines jeden, zur Förderung und zum Schutz seiner wirtschaftlichen und sozialen Interessen Gewerkschaften zu bilden oder einer Gewerkschaft eigener

Wahl allein nach Massgabe ihrer Vorschriften beizutreten. Die Ausübung dieses Rechts darf nur solchen Einschränkungen unterworfen werden, die gesetzlich vorgesehen und in einer demokratischen Gesellschaft im Interesse der nationalen Sicherheit oder der öffentlichen Ordnung oder zum Schutz der Rechte und Freiheiten anderer erforderlich sind;

b) das Recht der Gewerkschaften, nationale Vereinigungen oder Verbände zu gründen, sowie deren Recht, internationale Gewerkschaftsorganisationen zu bilden oder solchen beizutreten;

c) das Recht der Gewerkschaften, sich frei zu betätigen, wobei nur solche Einschränkungen zulässig sind, die gesetzlich vorgesehen und in einer demokratischen Gesellschaft im Interesse der nationalen Sicherheit oder der öffentlichen Ordnung oder zum Schutz der Rechte und Freiheiten anderer erforderlich sind;

d) das Streikrecht, soweit es in Übereinstimmung mit der innerstaatlichen Rechtsordnung ausgeübt wird.

(2) Dieser Artikel schliesst nicht aus, dass die Ausübung dieser Rechte durch Angehörige der Streitkräfte, der Polizei oder der öffentlichen Verwaltung rechtlichen Einschränkungen unterworfen wird.

(3) Keine Bestimmung dieses Artikels ermächtigt die Vertragsstaaten des Übereinkommens der Internationalen Arbeitsorganisation von 1948 3 über die Vereinigungsfreiheit und den Schutz des Vereinigungsrechts, gesetzgeberische Massnahmen zu treffen oder Gesetze so anzuwenden, dass die Garantien des obengenannten Übereinkommens beeinträchtigt werden. Art. 9 Die Vertragsstaaten erkennen das Recht eines jeden auf Soziale Sicherheit an; diese schliesst die Sozialversicherung ein.

Art. 9

Die Vertragsstaaten erkennen das Recht eines jeden auf Soziale Sicherheit an; diese schließt die Sozialversicherung ein.

Art. 10

Die Vertragsstaaten erkennen an,

1. dass die Familie als die natürliche Kernzelle der Gesellschaft grösstmöglichen Schutz und Beistand geniessen soll, insbesondere im Hinblick auf ihre Gründung und solange sie für die Betreuung und Erziehung unterhaltsberechtigter Kinder verantwortlich ist. Eine Ehe darf nur im freien Einverständnis der künftigen Ehegatten geschlossen werden;

2. dass Mütter während einer angemessenen Zeit vor und nach der Niederkunft besonderen Schutz geniessen sollen. Während dieser Zeit sollen berufstätige Mütter bezahlten Urlaub oder Urlaub mit angemessenen Leistungen aus der Sozialen Sicherheit erhalten;

3. dass Sondermassnahmen zum Schutz und Beistand für alle Kinder und Jugendlichen ohne Diskriminierung aufgrund der Abstammung oder aus sonstigen Gründen getroffen werden sollen. Kinder und Jugendliche sollen vor wirtschaftlicher und sozialer Ausbeutung geschützt werden. Ihre Beschäftigung mit Arbeiten, die ihrer Moral oder

Gesundheit schaden, ihr Leben gefährden oder voraussichtlich ihre normale Entwicklung behindern, soll gesetzlich strafbar sein. Die Staaten sollen ferner Altersgrenzen festsetzen, unterhalb derer die entgeltliche Beschäftigung von Kindern gesetzlich verboten und strafbar ist.

Art. 11

(1) Die Vertragsstaaten erkennen das Recht eines jeden auf einen angemessenen Lebensstandard für sich und seine Familie an, einschliesslich ausreichender Ernährung, Bekleidung und Unterbringung, sowie auf eine stetige Verbesserung der Lebensbedingungen. Die Vertragsstaaten unternehmen geeignete Schritte, um die Verwirklichung dieses Rechts zu gewährleisten, und erkennen zu diesem Zweck die entscheidende Bedeutung einer internationalen, auf freier Zustimmung beruhenden Zusammenarbeit an.

(2) In Anerkennung des grundlegenden Rechts eines jeden, vor Hunger geschützt zu sein, werden die Vertragsstaaten einzeln und im Wege internationaler Zusammenarbeit die erforderlichen Massnahmen, einschliesslich besonderer Programme, durchführen

a) zur Verbesserung der Methoden der Erzeugung, Haltbarmachung und Verteilung von Nahrungsmitteln durch volle Nutzung der technischen und wissenschaftlichen Erkenntnisse, durch Verbreitung der ernährungswissenschaftlichen Grundsätze sowie durch die Entwicklung oder Reform landwirtschaftlicher Systeme mit dem Ziel einer möglichst wirksamen Erschliessung und Nutzung der natürlichen Hilfsquellen;

b) zur Sicherung einer dem Bedarf entsprechenden gerechten Verteilung der Nahrungsmittelvorräte der Welt unter Berücksichtigung der Probleme der Nahrungsmittel einführenden und ausführenden Länder.

Art. 12

(1) Die Vertragsstaaten erkennen das Recht eines jeden auf das für ihn erreichbare Höchstmass an körperlicher und geistiger Gesundheit an.

(2) Die von den Vertragsstaaten zu unternehmenden Schritte zur vollen Verwirklichung dieses Rechts umfassen die erforderlichen Massnahmen

a) zur Senkung der Zahl der Totgeburten und der Kindersterblichkeit sowie zur gesunden Entwicklung des Kindes;

b) zur Verbesserung aller Aspekte der Umwelt- und der Arbeitshygiene;

c) zur Vorbeugung, Behandlung und Bekämpfung epidemischer, endemischer, Berufs- und sonstiger Krankheiten;

d) zur Schaffung der Voraussetzungen, die für jedermann im Krankheitsfall den Genuss medizinischer Einrichtungen und ärztlicher Betreuung sicherstellen.

Art. 13

(1) Die Vertragsstaaten erkennen das Recht eines jeden auf Bildung an. Sie stimmen überein, dass die Bildung auf die volle Entfaltung der menschlichen Persönlichkeit

und des Bewusstseins ihrer Würde gerichtet sein und die Achtung vor den Menschenrechten und Grundfreiheiten stärken muss. Sie stimmen ferner überein, dass die Bildung es jedermann ermöglichen muss, eine nützliche Rolle in einer freien Gesellschaft zu spielen, dass sie Verständnis, Toleranz und Freundschaft unter allen Völkern und allen rassischen, ethnischen und religiösen Gruppen fördern sowie die Tätigkeit der Vereinten Nationen zur Erhaltung des Friedens unterstützen muss.

(2) Die Vertragsstaaten erkennen an, dass im Hinblick auf die volle Verwirklichung dieses Rechts

a) der Grundschulunterricht für jedermann Pflicht und allen unentgeltlich zugänglich sein muss;

b) die verschiedenen Formen des höheren Schulwesens einschliesslich des höheren Fach- und Berufsschulwesens auf jede geeignete Weise, insbesondere durch allmähliche Einführung der Unentgeltlichkeit, allgemein verfügbar und jedermann zugänglich gemacht werden müssen;

c) der Hochschulunterricht auf jede geeignete Weise, insbesondere durch allmähliche Einführung der Unentgeltlichkeit, jedermann gleichermassen ent-sprechend seinen Fähigkeiten zugänglich gemacht werden muss;

d) eine grundlegende Bildung für Personen, die eine Grundschule nicht besucht oder nicht beendet haben, so weit wie möglich zu fördern oder zu vertiefen ist;

e) die Entwicklung eines Schulsystems auf allen Stufen aktiv voranzutreiben, ein angemessenes Stipendiensystem einzurichten und die wirtschaftliche Lage der Lehrerschaft fortlaufend zu verbessern ist.

(3) Die Vertragsstaaten verpflichten sich, die Freiheit der Eltern und gegebenenfalls des Vormunds oder Pflegers zu achten, für ihre Kinder andere als öffentliche Schulen zu wählen, die den vom Staat gegebenenfalls festgesetzten oder gebilligten bildungspolitischen Mindestnormen entsprechen, sowie die religiöse und sittliche Erziehung ihrer Kinder in Übereinstimmung mit ihren eigenen Überzeugungen sicherzustellen.

(4) Keine Bestimmung dieses Artikels darf dahin ausgelegt werden, dass sie die Freiheit natürlicher oder juristischer Personen beeinträchtigt, Bildungseinrichtungen zu schaffen und zu leiten, sofern die in Absatz 1 niedergelegten Grundsätze beachtet werden und die in solchen Einrichtungen vermittelte Bildung den vom Staat gegebenenfalls festgesetzten Mindestnormen entspricht.

Art. 14

Jeder Vertragsstaat, der zu dem Zeitpunkt, da er Vertragspartei wird, im Mutterland oder in sonstigen seiner Hoheitsgewalt unterstehenden Gebieten noch nicht die Grundschulpflicht auf der Grundlage der Unentgeltlichkeit einführen konnte, verpflichtet sich, binnen zwei Jahren einen ausführlichen Aktionsplan auszuarbeiten und anzunehmen, der die schrittweise Verwirklichung des Grundsatzes der unentgeltlichen allgemeinen Schulpflicht innerhalb einer angemessenen, in dem Plan festzulegenden Zahl von Jahren vorsieht.

Art. 15

(1) Die Vertragsstaaten erkennen das Recht eines jeden an,
   a) am kulturellen Leben teilzunehmen;
   b) an den Errungenschaften des wissenschaftlichen Fortschritts und seiner Anwendung teilzuhaben;
   c) den Schutz der geistigen und materiellen Interessen zu geniessen, die ihm als Urheber von Werken der Wissenschaft, Literatur oder Kunst erwachsen.
(2) Die von den Vertragsstaaten zu unternehmenden Schritte zur vollen Verwirklichung dieses Rechts umfassen die zur Erhaltung, Entwicklung und Verbreitung von Wissenschaft und Kultur erforderlichen Massnahmen.
(3) Die Vertragsstaaten verpflichten sich, die zu wissenschaftlicher Forschung und schöpferischer Tätigkeit unerlässliche Freiheit zu achten.
(4) Die Vertragsstaaten erkennen die Vorteile an, die sich aus der Förderung und Entwicklung internationaler Kontakte und Zusammenarbeit auf wissenschaftlichem und kulturellem Gebiet ergeben.

Teil IV

Art. 16

(1) Die Vertragsstaaten verpflichten sich, nach Massgabe dieses Teiles Berichte über die von ihnen getroffenen Massnahmen und über die Fortschritte vorzulegen, die hinsichtlich der Beachtung der in dem Pakt anerkannten Rechte erzielt wurden.
(2) a) Alle Berichte werden dem Generalsekretär der Vereinten Nationen vorgelegt, der sie abschriftlich dem Wirtschafts- und Sozialrat übermittelt, damit dieser sie nach Massgabe dieses Paktes prüft.
   b) Sind Vertragsstaaten gleichzeitig Mitglieder von Sonderorganisationen, so übermittelt der Generalsekretär der Vereinten Nationen ihre Berichte oder einschlägige Teile solcher Berichte abschriftlich auch den Sonderorganisationen, soweit diese Berichte oder Teile sich auf Angelegenheiten beziehen, die nach den Satzungen dieser Organisationen in deren Aufgabenbereich fallen.

Art. 17

(1) Die Vertragsstaaten legen ihre Berichte abschnittsweise nach Massgabe eines Programms vor, das vom Wirtschafts- und Sozialrat binnen eines Jahres nach Inkrafttreten dieses Paktes nach Konsultation der Vertragsstaaten und der betroffenen Sonderorganisationen aufzustellen ist.
(2) Die Berichte können Hinweise auf Umstände und Schwierigkeiten enthalten, die das Ausmass der Erfüllung der Verpflichtungen aus diesem Pakt beeinflussen.
(3) Hat ein Vertragsstaat den Vereinten Nationen oder einer Sonderorganisation bereits sachdienliche Angaben gemacht, so brauchen diese nicht wiederholt zu werden; vielmehr genügt eine genaue Bezugnahme auf diese Angaben.

Art. 18

Im Rahmen des ihm durch die Charta der Vereinten Nationen auf dem Gebiet der Menschenrechte und Grundfreiheiten zugewiesenen Aufgabenbereichs kann der Wirtschafts- und Sozialrat mit den Sonderorganisationen Vereinbarungen bezüglich ihrer Berichterstattung über die Fortschritte treffen, die bei der Beachtung der in ihren Tätigkeitsbereich fallenden Bestimmungen dieses Paktes erzielt wurden. Diese Berichte können Einzelheiten der von ihren zuständigen Organen angenommenen Beschlüsse und Empfehlungen über Massnahmen zur Erfüllung dieser Bestimmungen enthalten.

Art. 19

Der Wirtschafts- und Sozialrat kann die von Staaten nach den Artikeln 16 und 17 und die von Sonderorganisationen nach Artikel 18 vorgelegten Berichte über Menschenrechte der Menschenrechtskommission zur Prüfung und allgemeinen Empfehlung oder gegebenenfalls zur Kenntnisnahme übermitteln.

Art. 20

Die Vertragsstaaten und die betroffenen Sonderorganisationen können dem Wirtschafts- und Sozialrat Bemerkungen zu jeder allgemeinen Empfehlung nach Artikel 19 oder zu jeder Bezugnahme auf eine solche Empfehlung vorlegen, die in einem Bericht der Menschenrechtskommission oder einem darin erwähnten Schriftstück enthalten ist.

Art. 21

Der Wirtschafts- und Sozialrat kann der Generalversammlung von Zeit zu Zeit Berichte mit Empfehlungen allgemeiner Art und einer Zusammenfassung der Angaben vorlegen, die er von den Vertragsstaaten und den Sonderorganisationen über Massnahmen und Fortschritte hinsichtlich der allgemeinen Beachtung der in diesem Pakt anerkannten Rechte erhalten hat.

Art. 22

Der Wirtschafts- und Sozialrat kann anderen Organen der Vereinten Nationen, ihren Unterorganen und denjenigen Sonderorganisationen, die sich mit technischer Hilfe befassen, alles aus den in diesem Teil erwähnten Berichten mitteilen, was diesen Stellen helfen kann, in ihrem jeweiligen Zuständigkeitsbereich über die Zweckmässigkeit internationaler Massnahmen zur wirksamen schrittweisen Durchführung dieses Paktes zuentscheiden.

Art. 23

Die Vertragsstaaten stimmen überein, dass internationale Massnahmen zur Verwirklichung der in diesem Pakt anerkannten Rechte u. a. folgendes einschliessen: den Abschluss von Übereinkommen, die Annahme von Empfehlungen, die Gewährung technischer Hilfe sowie die Abhaltung von regionalen und Fachtagungen zu Konsultations- und Studienzwecken in Verbindung mit den betroffenen Regierungen.

Art. 24

Keine Bestimmung dieses Paktes ist so auszulegen, dass sie die Bestimmungen der Charta der Vereinten Nationen und der Satzungen der Sonderorganisationen beschränkt, in denen die jeweiligen Aufgaben der verschiedenen Organe der Vereinten Nationen und der Sonderorganisationen hinsichtlich der in diesem Pakt behandelten Fragen geregelt sind.

Art. 25

Keine Bestimmung dieses Paktes ist so auszulegen, dass sie das allen Völkern innewohnende Recht auf den Genuss und die volle und freie Nutzung ihrer natürlichen Reichtümer und Mittel beeinträchtigt.

Teil V

Art. 26

(1) Dieser Pakt liegt für alle Mitgliedstaaten der Vereinten Nationen, für alle Mitglieder einer ihrer Sonderorganisationen, für alle Vertragsstaaten der Satzung des Internationalen Gerichtshofs 4 und für jeden anderen Staat. den die Generalversammlung der Vereinten Nationen einlädt, Vertragspartei dieses Paktes zu werden, zur Unterzeichnung auf.

(2) Dieser Pakt bedarf der Ratifikation. Die Ratifikationsurkunden sind beim Generalsekretär der Vereinten Nationen zu hinterlegen.

(3) Dieser Pakt liegt für jeden in Absatz 1 bezeichneten Staat zum Beitritt auf.

(4) Der Beitritt erfolgt durch Hinterlegung einer Beitrittsurkunde beim Generalsekretär der Vereinten Nationen.

(5) Der Generalsekretär der Vereinten Nationen unterrichtet alle Staaten, die diesen Pakt unterzeichnet haben oder ihm beigetreten sind, von der Hinterlegung jeder Ratifikations- oder Beitrittsurkunde.

Art. 27

(1) Dieser Pakt tritt drei Monate nach Hinterlegung der fünfunddreissigsten Ratifikations- oder Beitrittsurkunde beim Generalsekretar der Vereinten Nationen in Kraft.

(2) Für jeden Staat, der nach Hinterlegung der fünfunddreissigsten Ratifikations- oder Beitrittsurkunde diesen Pakt ratifiziert oder ihm beitritt, tritt er drei Monate nach Hinterlegung seiner eigenen Ratifikations- oder Beitrittsurkunde in Kraft.

Art. 28

Die Bestimmungen dieses Paktes gelten ohne Einschränkung oder Ausnahme für alle Teile eines Bundesstaates.

Art. 29

(1) Jeder Vertragsstaat kann eine Änderung des Paktes vorschlagen und ihren Wortlaut beim Generalsekretär der Vereinten Nationen einreichen. Der Generalsekretär übermittelt sodann alle Änderungsvorschläge den Vertragsstaaten mit der Aufforderung, ihm mitzuteilen, ob sie eine Konferenz der Vertragsstaaten zur Beratung und Abstimmung über die Vorschläge befürworten. Befürwortet wenigstens ein Drittel der Vertragsstaaten eine solche Konferenz, so beruft der Generalsekretär die Konferenz unter der Schirmherrschaft der Vereinten Nationen ein. Jede Änderung, die von der Mehrheit der auf der Konferenz anwesenden und abstimmenden Vertragsstaaten angenommen wird, ist der Generalversammlung der Vereinten Nationen zur Genehmigung vorzulegen.

(2) Die Änderungen treten in Kraft, wenn sie von der Generalversammlung der Vereinten Nationen genehmigt und von einer Zweidrittelmehrheit der Vertragsstaaten nach Massgabe der in ihrer Verfassung vorgesehenen Verfahren angenommen worden sind.

(3) Treten die Änderungen in Kraft, so sind sie für die Vertragsstaaten, die sie angenommen haben, verbindlich, während für die anderen Vertragsstaaten weiterhin die Bestimmungen dieses Paktes und alle früher von ihnen angenommenen Änderungen gelten.

Art. 30

Unabhängig von den Notifikationen nach Artikel 26 Absatz 5 unterrichtet der Generalsekretär der Vereinten Nationen alle in Absatz 1 jenes Artikels bezeichneten Staaten

    a) von den Unterzeichnungen, Ratifikationen und Beitritten nach Artikel 26;

    b) vom Zeitpunkt des Inkrafttretens dieses Paktes nach Artikel 27 und vom Zeitpunkt des Inkrafttretens von Änderungen nach Artikel 29.

Art. 31

(1) Dieser Pakt, dessen chinesischer, englischer, französischer, russischer und spanischer Wortlaut gleichermassen verbindlich ist, wird im Archiv der Vereinten Nationen hinterlegt.

(2) Der Generalsekretär der Vereinten Nationen übermittelt allen in Artikel 26 bezeichneten Staaten beglaubigte Abschriften dieses Paktes.

7. Internationaler Pakt über bürgerliche und politische Rechte (Zivilpakt)

1966

(BGBl. 1973 II 1553)

Die Vertragsstaaten dieses Paktes,
in der Erwägung, dass nach den in der Charta der Vereinten Nationen verkündeten Grundsätzen die Anerkennung der allen Mitgliedern der menschlichen Gesellschaft innewohnenden Würde und der Gleichheit und Unveräusserlichkeit ihrer Rechte die Grundlage von Freiheit, Gerechtigkeit und Frieden in der Welt bildet,
in der Erkenntnis, dass sich diese Rechte aus der dem Menschen innewohnenden Würde herleiten,
in der Erkenntnis, dass nach der Allgemeinen Erklärung der Menschenrechte das Ideal vom freien Menschen, der bürgerliche und politische Freiheit geniesst und frei von Furcht und Not lebt, nur verwirklicht werden kann, wenn Verhältnisse geschaffen werden, in denen jeder seine bürgerlichen und politischen Rechte ebenso wie seine wirtschaftlichen, sozialen und kulturellen Rechte geniessen kann,
in der Erwägung, dass die Charta der Vereinten Nationen die Staaten verpflichtet, die allgemeine und wirksame Achtung der Rechte und Freiheiten des Menschen zu fördern,
im Hinblick darauf, dass der einzelne gegenüber seinen Mitmenschen und der Gemeinschaft, der er angehört, Pflichten hat und gehalten ist, für die Förderung und Achtung der in diesem Pakt anerkannten Rechte einzutreten,
vereinbaren folgende Artikel:

Teil I

Art. 1

(1) Alle Völker haben das Recht auf Selbstbestimmung. Kraft dieses Rechts entscheiden sie frei über ihren politischen Status und gestalten in Freiheit ihre wirtschaftliche, soziale und kulturelle Entwicklung.

(2) Alle Völker können für ihre eigenen Zwecke frei über ihre natürlichen Reichtümer und Mittel verfügen, unbeschadet aller Verpflichtungen, die aus der internationalen wirtschaftlichen Zusammenarbeit auf der Grundlage des gegenseitigen Wohles sowie aus dem Völkerrecht erwachsen. In keinem Fall darf ein Volk seiner eigenen Existenzmittel beraubt werden.

(3) Die Vertragsstaaten, einschliesslich der Staaten, die für die Verwaltung von Ge-bie-ten ohne Selbstregierung und von Treuhandgebieten verantwortlich sind, haben ent-sprechend den Bestimmungen der Charta der Vereinten Nationen die Verwirklichung des Rechts auf Selbstbestimmung zu fördern und dieses Recht zu achten.

Teil II

Art. 2

(1) Jeder Vertragsstaat verpflichtet sich, die in diesem Pakt anerkannten Rechte zu ach-ten und sie allen in seinem Gebiet befindlichen und seiner Herrschaftsgewalt unter-stehenden Personen ohne Unterschied wie insbesondere der Rasse, der Hautfarbe, des Geschlechts, der Sprache, der Religion, der politischen oder sonstigen Anschau-ung, der nationalen oder sozialen Herkunft, des Vermögens, der Geburt oder des sonstigen Status zu gewährleisten.

(2) Jeder Vertragsstaat verpflichtet sich, im Einklang mit seinem verfassungsmässigen Verfahren und mit den Bestimmungen dieses Paktes die erforderlichen Schritte zu unternehmen, um die gesetzgeberischen oder sonstigen Vorkehrungen zu treffen, die notwendig sind, um den in diesem Pakt anerkannten Rechten Wirksamkeit zu verleihen, soweit solche Vorkehrungen nicht bereits getroffen worden sind.

(3) Jeder Vertragsstaat verpflichtet sich,

a) dafür Sorge zu tragen, dass jeder, der in seinen in diesem Pakt anerkannten Rech-ten oder Freiheiten verletzt worden ist, das Recht hat, eine wirksame Beschwer-de einzulegen, selbst wenn die Verletzung von Personen begangen worden ist, die in amtlicher Eigenschaft gehandelt haben;

b) dafür Sorge zu tragen, dass jeder, der eine solche Beschwerde erhebt, sein Recht durch das zuständige Gerichts-, Verwaltungs- oder Gesetzgebungsorgan oder durch eine andere, nach den Rechtsvorschriften des Staates zuständige Stelle fest-stellen lassen kann, und den gerichtlichen Rechtsschutz auszubauen;

c) dafür Sorge zu tragen, dass die zuständigen Stellen Beschwerden, denen stattge-geben wurde, Geltung verschaffen.

Art. 3

Die Vertragsstaaten verpflichten sich, die Gleichberechtigung von Mann und Frau bei der Ausübung aller in diesem Pakt festgelegten bürgerlichen und politischen Rechte si-cherzustellen.

Art. 4

(1) Im Falle eines öffentlichen Notstandes, der das Leben der Nation bedroht und der amtlich verkündet ist, können die Vertragsstaaten Massnahmen ergreifen, die ihre Verpflichtungen aus diesem Pakt in dem Umfang, den die Lage unbedingt erfordert,

ausser Kraft setzen, vorausgesetzt, dass diese Massnahmen ihren sonstigen völkerrechtlichen Verpflichtungen nicht zuwiderlaufen und keine Diskriminierung allein wegen der Rasse, der Hautfarbe, des Geschlechts, der Sprache, der Religion oder der sozialen Herkunft enthalten.

(2) Auf Grund der vorstehenden Bestimmung dürfen die Artikel 6, 7, 8 (Absätze 1 und 2), 11, 15, 16 und 18 nicht ausser Kraft gesetzt werden.

(3) Jeder Vertragsstaat, der das Recht, Verpflichtungen ausser Kraft zu setzen, ausübt, hat den übrigen Vertragsstaaten durch Vermittlung des Generalsekretärs der Vereinten Nationen unverzüglich mitzuteilen, welche Bestimmungen er ausser Kraft gesetzt hat und welche Gründe ihn dazu veranlasst haben. Auf demselben Wege ist durch eine weitere Mitteilung der Zeitpunkt anzugeben, in dem eine solche Massnahme endet.

Art. 5

(1) Keine Bestimmung dieses Paktes darf dahin ausgelegt werden, dass sie für einen Staat, eine Gruppe oder eine Person das Recht begründet, eine Tätigkeit auszuüben oder eine Handlung zu begehen, die auf die Abschaffung der in diesem Pakt anerkannten Rechte und Freiheiten oder auf weitergehende Beschränkungen dieser Rechte und Freiheiten, als in dem Pakt vorgesehen, hinzielt.

(2) Die in einem Vertragsstaat durch Gesetze, Übereinkommen, Verordnungen oder durch Gewohnheitsrecht anerkannten oder bestehenden grundlegenden Menschenrechte dürfen nicht unter dem Vorwand beschränkt oder ausser Kraft gesetzt werden, dass dieser Pakt derartige Rechte nicht oder nur in einem geringen Ausmasse anerkenne.

Teil III

Art. 6

(1) Jeder Mensch hat ein angeborenes Recht auf Leben. Dieses Recht ist gesetzlich zu schützen. Niemand darf willkürlich seines Lebens beraubt werden.

(2) In Staaten, in denen die Todesstrafe nicht abgeschafft worden ist, darf ein Todesurteil nur für schwerste Verbrechen auf Grund von Gesetzen verhängt werden, die zur Zeit der Begehung der Tat in Kraft waren und die den Bestimmungen dieses Paktes und der Konvention über die Verhütung und Bestrafung des Völkermordes nicht widersprechen. Diese Strafe darf nur auf Grund eines von einem zuständigen Gericht erlassenen rechtskräftigen Urteils vollstreckt werden.

(3) Erfüllt die Tötung den Tatbestand des Völkermordes, so ermächtigt dieser Artikel die Vertragsstaaten nicht, sich in irgendeiner Weise einer Verpflichtung zu entziehen, die sich nach den Bestimmungen der Konvention über die Verhütung und Bestrafung des Völkermordes übernommen haben.

(4) Jeder zum Tode Verurteilte hat das Recht, um Begnadigung oder Umwandlung der Strafe zu bitten. Amnestie, Begnadigung oder Umwandlung der Todesstrafe kann in allen Fällen gewährt werden.

(5) Die Todesstrafe darf für strafbare Handlungen, die von Jugendlichen unter 18 Jahren begangen worden sind, nicht verhängt und an schwangeren Frauen nicht vollstreckt werden.

(6) Keine Bestimmung dieses Artikels darf herangezogen werden, um die Abschaffung der Todesstrafe durch einen Vertragsstaat zu verzögern oder zu verhindern.

Art. 7

Niemand darf der Folter oder grausamer, unmenschlicher oder erniedrigender Behandlung oder Strafe unterworfen werden. Insbesondere darf niemand ohne seine freiwillige Zustimmung medizinischen oder wissenschaftlichen Versuchen unterworfen werden.

Art. 8

(1) Niemand darf in Sklaverei gehalten werden; Sklaverei und Sklavenhandel in allen ihren Formen sind verboten.

(2) Niemand darf in Leibeigenschaft gehalten werden.

(3) a) Niemand darf gezwungen werden, Zwangs- oder Pflichtarbeit zu verrichten;

b) Buchstabe a ist nicht so auszulegen, dass er in Staaten, in denen bestimmte Straftaten mit einem mit Zwangsarbeit verbundenen Freiheitsentzug geahndet werden können, die Leistung von Zwangsarbeit auf Grund einer Verurteilung durch ein zuständiges Gericht ausschliesst;

c) als „Zwangs- oder Pflichtarbeit" im Sinne dieses Absatzes gilt nicht

i) jede nicht unter Buchstabe b genannte Arbeit oder Dienstleistung, die normalerweise von einer Person verlangt wird, der auf Grund einer rechtmässigen Gerichtsentscheidung die Freiheit entzogen oder die aus einem solchen Freiheitsentzug bedingt entlassen worden ist;

ii) jede Dienstleistung militärischer Art sowie in Staaten, in denen die Wehrdienstverweigerung aus Gewissensgründen anerkannt wird, jede für Wehrdienstverweigerer gesetzlich vorgeschriebene nationale Dienstleistung;

iii) jede Dienstleistung im Falle von Notständen oder Katastrophen, die das Leben oder das Wohl der Gemeinschaft bedrohen;

iv) jede Arbeit oder Dienstleistung, die zu den normalen Bürgerpflichten gehört.

Art. 9

(1) Jedermann hat ein Recht auf persönliche Freiheit und Sicherheit. Niemand darf willkürlich festgenommen oder in Haft gehalten werden. Niemand darf seine Freiheit entzogen werden, es sei denn aus gesetzlich bestimmten Gründen und unter Beachtung des im Gesetz vorgeschriebenen Verfahrens.

(2) Jeder Festgenommene ist bei seiner Festnahme über die Gründe der Festnahme zu

unterrichten und die gegen ihn erhobenen Beschuldigungen sind ihm unverzüglich mitzuteilen.

(3) Jeder, der unter dem Vorwurf einer strafbaren Handlung festgenommen worden ist oder in Haft gehalten wird, muss unverzüglich einem Richter oder einer anderen gesetzlich zur Ausübung richterlicher Funktionen ermächtigten Amtsperson vorgeführt werden und hat Anspruch auf ein Gerichtsverfahren innerhalb angemessener Frist oder auf Entlassung aus der Haft. Es darf nicht die allgemeine Regel sein, dass Personen, die eine gerichtliche Aburteilung erwarten, in Haft gehalten werden, doch kann die Freilassung davon abhängig gemacht werden, dass für das Erscheinen zur Hauptverhandlung oder zu jeder anderen Verfahrenshandlung und gegebenenfalls zur Vollstreckung des Urteils Sicherheit geleistet wird.

(4) Jeder, dem seine Freiheit durch Festnahme oder Haft entzogen ist, hat das Recht, ein Verfahren vor einem Gericht zu beantragen, damit dieses unverzüglich über die Rechtmässigkeit der Freiheitsentziehung entscheiden und seine Entlassung anordnen kann, falls die Freiheitsentziehung nicht rechtmässig ist. (5) Jeder, der unrechtmässig festgenommen oder in Haft gehalten worden ist, hat einen Anspruch auf Entschädigung.

Art. 10

(1) Jeder, dem seine Freiheit entzogen ist, muss menschlich und mit Achtung vor der dem Menschen innewohnenden Würde behandelt werden.

(2) a) Beschuldigte sind, abgesehen von aussergewöhnlichen Umständen, von Verurteilten getrennt unterzubringen und so zu behandeln, wie es ihrer Stellung als Nichtverurteilte entspricht;

b) jugendliche Beschuldigte sind von Erwachsenen zu trennen, und es hat so schnell wie möglich ein Urteil zu ergehen.

(3) Der Strafvollzug schliesst eine Behandlung der Gefangenen ein, die vornehmlich auf ihre Besserung und gesellschaftliche Wiedereingliederung hinzielt. Jugendliche Straffällige sind von Erwachsenen zu trennen und ihrem Alter und ihrer Rechtsstellung entsprechend zu behandeln.

Art. 11

Niemand darf nur deswegen in Haft genommen werden, weil er nicht in der Lage ist, eine vertragliche Verpflichtung zu erfüllen.

Art. 12

(1) Jedermann, der sich rechtmässig im Hoheitsgebiet eines Staates aufhält, hat das Recht, sich dort frei zu bewegen und seinen Wohnsitz frei zu wählen.

(2) Jedermann steht es frei, jedes Land einschliesslich seines eigenen zu verlassen.

(3) Die oben erwähnten Rechte dürfen nur eingeschränkt werden, wenn dies gesetzlich vorgesehen und zum Schutz der nationalen Sicherheit, der öffentlichen Ordnung (ordre public), der Volksgesundheit, der öffentlichen Sittlichkeit oder der Rech-

te und Freiheiten anderer notwendig ist und die Einschränkungen mit den übrigen in diesem Pakt anerkannten Rechten vereinbar sind.

(4) Niemand darf willkürlich das Recht entzogen werden, in sein eigenes Land einzureisen.

Art. 13

Ein Ausländer, der sich rechtmässig im Hoheitsgebiet eines Vertragsstaates aufhält, kann aus diesem nur auf Grund einer rechtmässig ergangenen Entscheidung ausgewiesen werden, und es ist ihm, sofern nicht zwingende Gründe der nationalen Sicherheit entgegenstehen, Gelegenheit zu geben, die gegen seine Ausweisung sprechenden Gründe vorzubringen und diese Entscheidung durch die zuständige Behörde oder durch eine oder mehrere von dieser Behörde besonders bestimmte Personen nachprüfen und sich dabei vertreten zu lassen.

Art. 14

(1) Alle Menschen sind vor Gericht gleich. Jedermann hat Anspruch darauf, dass über eine gegen ihn erhobene strafrechtliche Anklage oder seine zivilrechtlichen Ansprüche und Verpflichtungen durch ein zuständiges, unabhängiges, unparteiisches und auf Gesetz beruhendes Gericht in billiger Weise und öffentlich verhandelt wird. Aus Gründen der Sittlichkeit, der öffentlichen Ordnung (ordre public) oder der nationalen Sicherheit in einer demokratischen Gesellschaft oder wenn es im Interesse des Privatlebens der Parteien erforderlich ist oder – soweit dies nach Auffassung des Gerichts unbedingt erforderlich ist – unter besonderen Umständen, in denen die Öffentlichkeit des Verfahrens die Interessen der Gerechtigkeit beeinträchtigen würde, können Presse und Öffentlichkeit während der ganzen oder eines Teils der Verhandlung ausgeschlossen werden; jedes Urteil in einer Straf- oder Zivilsache ist jedoch öffentlich zu verkünden, sofern nicht die Interessen Jugendlicher dem entgegenstehen oder das Verfahren Ehestreitigkeiten oder die Vormundschaft über Kinder betrifft.

(2) Jeder wegen einer strafbaren Handlung Angeklagte hat Anspruch darauf, bis zu dem im gesetzlichen Verfahren erbrachten Nachweis seiner Schuld als unschuldig zu gelten.

(3) Jeder wegen einer strafbaren Handlung Angeklagte hat in gleicher Weise im Verfahren Anspruch auf folgende Mindestgarantien:

   a) Er ist unverzüglich und im einzelnen in einer ihm verständlichen Sprache über Art und Grund der gegen ihn erhobenen Anklage zu unterrichten;
   b) er muss hinreichend Zeit und Gelegenheit zur Vorbereitung seiner Verteidigung und zum Verkehr mit einem Verteidiger seiner Wahl haben;
   c) es muss ohne unangemessene Verzögerung ein Urteil gegen ihn ergehen-;
   d) er hat das Recht, bei der Verhandlung anwesend zu sein und sich selbst zu verteidigen oder durch einen Verteidiger seiner Wahl verteidigen zu lassen; falls er keinen Verteidiger hat, ist er über das Recht, einen Verteidiger in Anspruch zu nehmen, zu unterrichten; fehlen ihm die Mittel zur Bezahlung eines Verteidigers,

so ist ihm ein Verteidiger unentgeltlich zu bestellen, wenn dies im Interesse der Rechtspflege erforderlich ist;

e) er darf Fragen an die Belastungszeugen stellen oder stellen lassen und das Erscheinen und die Vernehmung der Entlastungszeugen unter den für die Belastungszeugen geltenden Bedingungen erwirken;

f) er kann die unentgeltliche Beiziehung eines Dolmetschers verlangen, wenn er die Verhandlungssprache des Gerichts nicht versteht oder spricht;

g) er darf nicht gezwungen werden, gegen sich selbst als Zeuge auszusagen oder sich schuldig zu bekennen.

(4) Gegen Jugendliche ist das Verfahren in einer Weise zu führen, die ihrem Alter entspricht und ihre Wiedereingliederung in die Gesellschaft fördert.

(5) Jeder, der wegen einer strafbaren Handlung verurteilt worden ist, hat das Recht, das Urteil entsprechend dem Gesetz durch ein höheres Gericht nachprüfen zu lassen.

(6) Ist jemand wegen einer strafbaren Handlung rechtskräftig verurteilt und ist das Urteil später aufgehoben oder der Verurteilte begnadigt worden, weil eine neue oder eine neu bekannt gewordene Tatsache schlüssig beweist, dass ein Fehlurteil vorlag, so ist derjenige, der auf Grund eines solchen Urteils eine Strafe verbüßt hat, entsprechend dem Gesetz zu entschädigen, sofern nicht nachgewiesen wird, dass das nicht rechtzeitige Bekanntwerden der betreffenden Tatsache ganz oder teilweise ihm zuzuschreiben ist.

(7) Niemand darf wegen einer strafbaren Handlung, wegen der er bereits nach dem Gesetz und dem Strafverfahrensrecht des jeweiligen Landes rechtskräftig verurteilt oder freigesprochen worden ist, erneut verfolgt oder bestraft werden.

Art. 15

(1) Niemand darf wegen einer Handlung oder Unterlassung verurteilt werden, die zur Zeit ihrer Begehung nach inländischem oder nach internationalem Recht nicht strafbar war. Ebenso darf keine schwerere Strafe als die im Zeitpunkt der Begehung der strafbaren Handlung angedrohte Strafe verhängt werden. Wird nach Begehung einer strafbaren Handlung durch Gesetz eine mildere Strafe eingeführt, so ist das mildere Gesetz anzuwenden.

(2) Dieser Artikel schliesst die Verurteilung oder Bestrafung einer Person wegen einer Handlung oder Unterlassung nicht aus, die im Zeitpunkt ihrer Begehung nach den von der Völkergemeinschaft anerkannten allgemeinen Rechtgrundsätzen strafbar war.

Art. 16

Jedermann hat das Recht, überall als rechtsfähig anerkannt zu werden.

Art. 17

(1) Niemand darf willkürlichen oder rechtswidrigen Eingriffen in sein Privatleben, sei-

ne Familie, seine Wohnung und seinen Schriftverkehr oder rechtswidrigen Beeinträchtigungen seiner Ehre und seines Rufes ausgesetzt werden.

(2) Jedermann hat Anspruch auf rechtlichen Schutz gegen solche Eingriffe oder Beeinträchtigungen.

Art. 18

(1) Jedermann hat das Recht auf Gedanken-, Gewissens- und Religionsfreiheit. Dieses Recht umfasst die Freiheit, eine Religion oder eine Weltanschauung eigener Wahl zu haben oder anzunehmen, und die Freiheit, seine Religion oder Weltanschauung allein oder in Gemeinschaft mit anderen, öffentlich oder privat durch Gottesdienst, Beachtung religiöser Bräuche, Ausübung und Unterricht zu bekunden.

(2) Niemand darf einem Zwang ausgesetzt werden, der seine Freiheit, eine Religion oder eine Weltanschauung seiner Wahl zu haben oder anzunehmen, beeinträchtigen würde.

(3) Die Freiheit, seine Religion oder Weltanschauung zu bekunden, darf nur den gesetzlich vorgesehenen Einschränkungen unterworfen werden, die zum Schutz der öffentlichen Sicherheit, Ordnung, Gesundheit, Sittlichkeit oder der Grundrechte und -freiheiten anderer erforderlich sind.

(4) Die Vertragsstaaten verpflichten sich, die Freiheit der Eltern und gegebenenfalls des Vormunds oder Pflegers zu achten, die religiöse und sittliche Erziehung ihrer Kinder in Übereinstimmung mit ihren eigenen Überzeugungen sicherzustellen.

Art. 19

(1) Jedermann hat das Recht auf unbehinderte Meinungsfreiheit.

(2) Jedermann hat das Recht auf freie Meinungsäußerung; dieses Recht schliesst die Freiheit ein, ohne Rücksicht auf Staatsgrenzen Informationen und Gedankengut jeder Art in Wort, Schrift oder Druck, durch Kunstwerke oder andere Mittel eigener Wahl sich zu beschaffen, zu empfangen und weiterzugeben.

(3) Die Ausübung der in Absatz 2 vorgesehenen Rechte ist mit besonderen Pflichten und einer besonderen Verantwortung verbunden. Sie kann daher bestimmten, gesetzlich vorgesehenen Einschränkungen unterworfen werden, die erforderlich sind
a) für die Achtung der Rechte oder des Rufs anderer;
b) für den Schutz der nationalen Sicherheit, der öffentlichen Ordnung (ordre public), der Volksgesundheit oder der öffentlichen Sittlichkeit.

Art. 20

(1) Jede Kriegspropaganda wird durch Gesetz verboten.

(2) Jedes Eintreten für nationalen, rassischen oder religiösen Hass, durch das zu Diskriminierung, Feindseligkeit oder Gewalt aufgestachelt wird, wird durch Gesetz verboten.

Art. 21

Das Recht, sich friedlich zu versammeln, wird anerkannt. Die Ausübung dieses Rechts darf keinen anderen als den gesetzlich vorgesehenen Einschränkungen unterworfen werden, die in einer demokratischen Gesellschaft im Interesse der nationalen oder der öffentlichen Sicherheit, der öffentlichen Ordnung (ordre public), zum Schutz der Volksgesundheit, der öffentlichen Sittlichkeit oder zum Schutz der Rechte und Freiheiten anderer notwendig sind.

Art. 22

(1) Jedermann hat das Recht, sich frei mit anderen zusammenzuschliessen sowie zum Schutz seiner Interessen Gewerkschaften zu bilden und ihnen beizutreten.

(2) Die Ausübung dieses Rechts darf keinen anderen als den gesetzlich vorgesehenen Einschränkungen unterworfen werden, die in einer demokratischen Gesellschaft im Interesse der nationalen oder der öffentlichen Sicherheit, der öffentlichen Ordnung (ordre public), zum Schutz der Volksgesundheit, der öffentlichen Sittlichkeit oder zum Schutz der Rechte und Freiheiten anderer notwendig sind. Dieser Artikel steht gesetzlichen Einschränkungen der Ausübung dieses Rechts für Angehörige der Streitkräfte oder der Polizei nicht entgegen.

(3) Keine Bestimmung dieses Artikels ermächtigt die Vertragsstaaten des Übereinkommens der Internationalen Arbeitsorganisation von 1948 3 über die Vereinigungsfreiheit und den Schutz des Vereinigungsrechts, gesetzgeberische Massnahmen zu treffen oder Gesetze so anzuwenden, dass die Garantien des obengenannten Übereinkommens beeinträchtigt werden.

Art. 23

(1) Die Familie ist die natürliche Kernzelle der Gesellschaft und hat Anspruch auf Schutz durch Gesellschaft und Staat.

(2) Das Recht von Mann und Frau, im heiratsfähigen Alter eine Ehe einzugehen und eine Familie zu gründen, wird anerkannt.

(3) Eine Ehe darf nur im freien und vollen Einverständnis der künftigen Ehegatten geschlossen werden.

(4) Die Vertragsstaaten werden durch geeignete Massnahmen sicherstellen, dass die Ehegatten gleiche Rechte und Pflichten bei der Eheschliessung, während der Ehe und bei Auflösung der Ehe haben. Für den nötigen Schutz der Kinder im Falle einer Auflösung der Ehe ist Sorge zu tragen.

Art. 24

(1) Jedes Kind hat ohne Diskriminierung hinsichtlich der Rasse, der Hautfarbe, des Geschlechts, der Sprache, der Religion, der nationalen oder sozialen Herkunft, des Vermögens oder der Geburt das Recht auf diejenigen Schutzmassnahmen durch seine Familie, die Gesellschaft und den Staat, die seine Rechtsstellung als Minderjähriger erfordert.

(2) Jedes Kind muss unverzüglich nach seiner Geburt in ein Register eingetragen werden und einen Namen erhalten.

(3) Jedes Kind hat das Recht, eine Staatsangehörigkeit zu erwerben.

Art. 25

Jeder Staatsbürger hat das Recht und die Möglichkeit, ohne Unterschied nach den in Artikel 2 genannten Merkmalen und ohne unangemessene Einschränkungen

    a) an der Gestaltung der öffentlichen Angelegenheiten unmittelbar oder durch frei gewählte Vertreter teilzunehmen;

    b) bei echten, wiederkehrenden, allgemeinen, gleichen und geheimen Wahlen, bei denen die freie Äusserung des Wählerwillens gewährleistet ist, zu wählen und gewählt zu werden;

    c) unter allgemeinen Gesichtspunkten der Gleichheit zu öffentlichen Ämtern seines Landes Zugang zu haben.

Art. 26

Alle Menschen sind vor dem Gesetz gleich und haben ohne Diskriminierung Anspruch auf gleichen Schutz durch das Gesetz. In dieser Hinsicht hat das Gesetz jede Diskriminierung zu verbieten und allen Menschen gegen jede Diskriminierung, wie insbesondere wegen der Rasse, der Hautfarbe, des Geschlechts, der Sprache, der Religion, der politischen oder sonstigen Anschauung, der nationalen oder sozialen Herkunft, des Vermögens, der Geburt oder des sonstigen Status, gleichen und wirksamen Schutz zu gewährleisten.

Art. 27

In Staaten mit ethnischen, religiösen oder sprachlichen Minderheiten darf Angehörigen solcher Minderheiten nicht das Recht vorenthalten werden, gemeinsam mit anderen Angehörigen ihrer Gruppe ihr eigenes kulturelles Leben zu pflegen, ihre eigene Religion zu bekennen und auszuüben oder sich ihrer eigenen Sprache zu bedienen.

Teil IV

Art. 28

(1) Es wird ein Ausschuss für Menschenrechte (im folgenden als „Ausschuss" bezeichnet) errichtet. Er besteht aus achtzehn Mitgliedern und nimmt die nachstehend festgelegten Aufgaben wahr.

(2) Der Ausschuss setzt sich aus Staatsangehörigen der Vertragsstaaten zusammen, die Persönlichkeiten von hohem sittlichen Ansehen und anerkannter Sachkenntnis auf dem Gebiet der Menschenrechte sind, wobei die Zweckmässigkeit der Beteiligung von Personen mit juristischer Erfahrung zu berücksichtigen ist.

(3) Die Mitglieder des Ausschusses werden in ihrer persönlichen Eigenschaft gewählt und sind in dieser Eigenschaft tätig.

Art. 29

(1) Die Mitglieder des Ausschusses werden in geheimer Wahl aus einer Liste von Personen gewählt, die die in Artikel 28 vorgeschriebenen Anforderungen erfüllen und von den Vertragsstaaten dafür vorgeschlagen worden sind.
(2) Jeder Vertragsstaat darf höchstens zwei Personen vorschlagen. Diese müssen Staatsangehörige des sie vorschlagenden Staates sein.
(3) Eine Person kann wieder vorgeschlagen werden.

Art. 30

(1) Die erste Wahl findet spätestens sechs Monate nach Inkrafttreten dieses Paktes statt.
(2) Spätestens vier Monate vor jeder Wahl zum Ausschuss – ausser bei einer Wahl zur Besetzung eines gemäss Artikel 34 für frei geworden erklärten Sitzes – fordert der Generalsekretär der Vereinten Nationen die Vertragsstaaten schriftlich auf, ihre Kandidaten für den Ausschuss innerhalb von drei Monaten vorzuschlagen.
(3) Der Generalsekretär der Vereinten Nationen fertigt eine alphabetische Liste aller auf diese Weise vorgeschlagenen Personen unter Angabe der Vertragsstaaten, die sie vorgeschlagen haben, an und übermittelt sie den Vertragsstaaten spätestens einen Monat vor jeder Wahl.
(4) Die Wahl der Ausschussmitglieder findet in einer vom Generalsekretär der Vereinten Nationen am Sitz dieser Organisation einberufenen Versammlung der Vertragsstaaten statt. In dieser Versammlung, die beschlussfähig ist, wenn zwei Drittel der Vertragsstaaten vertreten sind, gelten diejenigen Kandidaten als in den Ausschuss gewählt, die die höchste Stimmenzahl und die absolute Stimmenmehrheit der anwesenden und abstimmenden Vertreter der Vertragsstaaten auf sich vereinigen.

Art. 31

(1) Dem Ausschuss darf nicht mehr als ein Angehöriger desselben Staates angehören.
(2) Bei den Wahlen zum Ausschuss ist auf eine gerechte geographische Verteilung der Sitze und auf die Vertretung der verschiedenen Zivilisationsformen sowie der hauptsächlichen Rechtssysteme zu achten.

Art. 32

(1) Die Ausschussmitglieder werden für vier Jahre gewählt. Auf erneuten Vorschlag können sie wiedergewählt werden. Die Amtszeit von neun der bei der ersten Wahl gewählten Mitglieder läuft jedoch nach zwei Jahren ab, unmittelbar nach der ersten Wahl werden die Namen dieser neun Mitglieder vom Vorsitzenden der in Artikel 30 Absatz 4 genannten Versammlung durch das Los bestimmt.

(2) Für Wahlen nach Ablauf einer Amtszeit gelten die vorstehenden Artikel dieses Teils des Paktes.

Art. 33

(1) Nimmt ein Ausschussmitglied nach einstimmiger Feststellung der anderen Mitglieder seine Aufgaben aus einem anderen Grund als wegen vorübergehender Abwesenheit nicht mehr wahr, so teilt der Vorsitzende des Ausschusses dies dem Generalsekretär der Vereinten Nationen mit, der daraufhin den Sitz des betreffenden Mitglieds für frei geworden erklärt.

(2) Der Vorsitzende teilt den Tod oder Rücktritt eines Ausschussmitglieds unverzüglich dem Generalsekretär der Vereinten Nationen mit, der den Sitz vom Tag des Todes oder vom Wirksamwerden des Rücktritts an für frei geworden erklärt.

Art. 34

(1) Wird ein Sitz nach Artikel 33 für frei geworden erklärt und läuft die Amtszeit des zu ersetzenden Mitglieds nicht innerhalb von sechs Monaten nach dieser Erklärung ab, so teilt der Generalsekretär der Vereinten Nationen dies allen Vertragsstaaten mit, die innerhalb von zwei Monaten nach Massgabe des Artikels 29 Kandidaten zur Besetzung des frei gewordenen Sitzes vorschlagen können.

(2) Der Generalsekretär der Vereinten Nationen fertigt eine alphabetische Liste der auf diese Weise vorgeschlagenen Personen an und übermittelt sie den Vertragsstaaten. Sodann findet die Wahl zur Besetzung des frei gewordenen Sitzes entsprechend den einschlägigen Bestimmungen dieses Teils des Paktes statt.

(3) Die Amtszeit eines Ausschussmitglieds, das auf einen nach Artikel 33 für frei geworden erklärten Sitz gewählt worden ist, dauert bis zum Ende der Amtszeit des Mitglieds, dessen Sitz im Ausschuss nach Massgabe des genannten Artikels frei geworden ist.

Art. 35

Die Ausschussmitglieder erhalten mit Zustimmung der Generalversammlung der Vereinten Nationen aus Mitteln der Vereinten Nationen Bezüge, wobei die Einzelheiten von der Generalversammlung unter Berücksichtigung der Bedeutung der Aufgaben des Ausschusses festgesetzt werden.

Art. 36

Der Generalsekretär der Vereinten Nationen stellt dem Ausschuss das Personal und die Einrichtungen zur Verfügung, die dieser zur wirksamen Durchführung der ihm nach diesem Pakt obliegenden Aufgaben benötigt.

Art. 37

(1) Der Generalsekretär der Vereinten Nationen beruft die erste Sitzung des Ausschusses am Sitz der Vereinten Nationen ein.

(2) Nach seiner ersten Sitzung tritt der Ausschuss zu den in seiner Geschäftsordnung vorgesehenen Zeiten zusammen.

(3) Die Sitzungen des Ausschusses finden in der Regel am Sitz der Vereinten Nationen oder beim Büro der Vereinten Nationen in Genf statt.

Art. 38

Jedes Ausschussmitglied hat vor Aufnahme seiner Amtstätigkeit in öffentlicher Sitzung des Ausschusses feierlich zu erklären, dass es sein Amt unparteiisch und gewissenhaft ausüben werde.

Art. 39

(1) Der Ausschuss wählt seinen Vorstand für zwei Jahre. Eine Wiederwahl der Mitglieder des Vorstands ist zulässig.

(2) Der Ausschuss gibt sich eine Geschäftsordnung, die u. a. folgende Bestimmungen enthalten muss:

a) Der Ausschuss ist bei Anwesenheit von zwölf Mitgliedern beschlussfähig;

b) der Ausschuss fasst seine Beschlüsse mit der Mehrheit der anwesenden Mitglieder.

Art. 40

(1) Die Vertragsstaaten verpflichten sich, über die Massnahmen, die sie zur Verwirklichung der in diesem Pakt anerkannten Rechte getroffen haben, und über die dabei erzielten Fortschritte Berichte vorzulegen, und zwar

a) innerhalb eines Jahres nach Inkrafttreten dieses Paktes für den betreffenden Vertragsstaat,

b) danach jeweils auf Anforderung des Ausschusses.

(2) Alle Berichte sind dem Generalsekretär der Vereinten Nationen zu übermitteln, der sie dem Ausschuss zur Prüfung zuleitet. In den Berichten ist auf etwa bestehende Umstände und Schwierigkeiten hinzuweisen, die die Durchführung dieses Paktes behindern.

(3) Der Generalsekretär der Vereinten Nationen kann nach Beratung mit dem Ausschuss den Sonderorganisationen Abschriften der in ihren Zuständigkeitsbereich fallenden Teile der Berichte zuleiten.

(4) Der Ausschuss prüft die von den Vertragsstaaten eingereichten Berichte. Er übersendet den Vertragsstaaten seine eigenen Berichte sowie ihm geeignet erscheinende allgemeine Bemerkungen. Der Ausschuss kann diese Bemerkungen zusammen mit Abschriften der von den Vertragsstaaten empfangenen Berichte auch dem Wirtschafts- und Sozialrat zuleiten.

(5) Die Vertragsstaaten können dem Ausschuss Stellungnahmen zu den nach Absatz 4 abgegebenen Bemerkungen übermitteln.

Art. 41

(1) Ein Vertragsstaat kann auf Grund dieses Artikels jederzeit erklären, dass er die Zuständigkeit des Ausschusses zur Entgegennahme und Prüfung von Mitteilungen anerkennt, in denen ein Vertragsstaat geltend macht, ein anderer Vertragsstaat komme seinen Verpflichtungen aus diesem Pakt nicht nach. Mitteilungen auf Grund dieses Artikels können nur entgegengenommen und geprüft werden, wenn sie von einem Vertragsstaat eingereicht werden, der für sich selbst die Zuständigkeit des Ausschusses durch eine Erklärung anerkannt hat. Der Ausschuss darf keine Mitteilung entgegennehmen, die einen Vertragsstaat betrifft, der keine derartige Erklärung abgegeben hat. Auf Mitteilungen, die auf Grund dieses Artikels eingehen, ist folgendes Verfahren anzuwenden:

a) Ist ein Vertragsstaat der Auffassung, dass ein anderer Vertragsstaat die Bestimmungen dieses Paktes nicht durchführt, so kann er den anderen Staat durch eine schriftliche Mitteilung darauf hinweisen. Innerhalb von drei Monaten nach Zugang der Mitteilung hat der Empfangsstaat dem Staat, der die Mitteilung übersandt hat, in bezug auf die Sache eine schriftliche Erklärung oder sonstige Stellungnahme zukommen zu lassen, die, soweit es möglich und angebracht ist, einen Hinweis auf die in der Sache durchgeführten, anhängigen oder zur Verfügung stehenden innerstaatlichen Verfahren und Rechtsbehelfe enthalten soll.

b) Wird die Sache nicht innerhalb von sechs Monaten nach Eingang der einleitenden Mitteilung bei dem Empfangsstaat zur Zufriedenheit der beiden beteiligten Vertragsstaaten geregelt, so hat jeder der beiden Staaten das Recht, die Sache dem Ausschuss zu unterbreiten, indem er diesem und dem anderen Staat eine entsprechende Mitteilung macht.

c) Der Ausschuss befasst sich mit einer ihm unterbreiteten Sache erst dann, wenn er sich Gewissheit verschafft hat, dass alle in der Sache zur Verfügung stehenden innerstaatlichen Rechtsbehelfe in Übereinstimmung mit den allgemein anerkannten Grundsätzen des Völkerrechts eingelegt und erschöpft worden sind. Dies gilt nicht, wenn das Verfahren bei der Anwendung der Rechtsbehelfe unangemessen lange gedauert hat.

d) Der Ausschuss berät über Mitteilungen auf Grund dieses Artikels in nicht-öffentlicher Sitzung.

e) Sofern die Voraussetzungen des Buchstaben c erfüllt sind, stellt der Ausschuss den beteiligten Vertragsstaaten seine guten Dienste zur Verfügung, um eine gütliche Regelung der Sache auf der Grundlage der Achtung der in diesem Pakt anerkannten Menschenrechte und Grundfreiheiten herbeizuführen.

f) Der Ausschuss kann in jeder ihm unterbreiteten Sache die unter Buchstabe b genannten beteiligten Vertragsstaaten auffordern, alle erheblichen Angaben beizubringen.

g) Die unter Buchstabe b genannten beteiligten Vertragsstaaten haben das Recht, sich vertreten zu lassen sowie mündlich und/oder schriftlich Stellung zu nehmen, wenn die Sache vom Ausschuss verhandelt wird.

h) Der Ausschuss legt innerhalb von zwölf Monaten nach Eingang der unter Buchstabe b vorgesehenen Mitteilung einen Bericht vor:

i) Wenn eine Regelung im Sinne von Buchstabe e zustandegekommen ist, beschränkt der Ausschuss seinen Bericht auf eine kurze Darstellung des Sachverhalts und der erzielten Regelung;

ii) wenn eine Regelung im Sinne von Buchstabe e nicht zustandegekommen ist, beschränkt der Ausschuss seinen Bericht auf eine kurze Darstellung des Sachverhalts; die schriftlichen Stellungnahmen und das Protokoll über die mündlichen Stellungnahmen der beteiligten Vertragsparteien sind dem Bericht beizufügen. In jedem Falle wird der Bericht den beteiligten Vertragsstaaten übermittelt.

(2) Die Bestimmungen dieses Artikels treten in Kraft, wenn zehn Vertragsstaaten Erklärungen nach Absatz 1 abgegeben haben. Diese Erklärungen werden von den Vertragsstaaten beim Generalsekretär der Vereinten Nationen hinterlegt, der den anderen Vertragsstaaten Abschriften davon übermittelt. Eine Erklärung kann jederzeit durch eine an den Generalsekretär gerichtete Notifikation zurückgenommen werden. Eine solche Zurücknahme berührt nicht die Prüfung einer Sache, die Gegenstand einer auf Grund dieses Artikels bereits vorgenommenen Mitteilung ist; nach Eingang der Notifikation über die Zurücknahme der Erklärung beim Generalsekretär wird keine weitere Mitteilung eines Vertragsstaates entgegengenommen, es sei denn, dass der betroffene Vertragsstaat eine neue Erklärung abgegeben hat.

Art. 42

(1) a) Wird eine nach Artikel 41 dem Ausschuss unterbreitete Sache nicht zur Zufriedenheit der beteiligten Vertragsstaaten geregelt, so kann der Ausschuss mit vorheriger Zustimmung der beteiligten Vertragsstaaten eine ad hoc-Vergleichskommission (im folgenden als „Kommission" bezeichnet) einsetzen.

Die Kommission stellt den beteiligten Vertragsstaaten ihre guten Dienste zur Verfügung, um auf der Grundlage der Achtung dieses Paktes eine gütliche Regelung der Sache herbeizuführen.

b) Die Kommission besteht aus fünf mit Einverständnis der beteiligten Vertragsstaaten ernannten Personen. Können sich die beteiligten Vertragsstaaten nicht innerhalb von drei Monaten über die vollständige oder teilweise Zusammensetzung der Kommission einigen, so wählt der Ausschuss aus seiner Mitte die Kommissionsmitglieder, über die keine Einigung erzielt worden ist, in geheimer Abstimmung mit einer Mehrheit von zwei Dritteln seiner Mitglieder.

(2) Die Mitglieder der Kommission sind in ihrer persönlichen Eigenschaft tätig. Sie dürfen nicht Staatsangehörige der beteiligten Vertragsstaaten, eines Nichtvertragsstaates oder eines Vertragsstaates sein, der eine Erklärung gemäss Artikel 41 nicht abgegeben hat.

(3) Die Kommission wählt ihren Vorsitzenden und gibt sich eine Geschäftsordnung.

(4) Die Sitzungen der Kommission finden in der Regel am Sitz der Vereinten Nationen oder beim Büro der Vereinten Nationen in Genf statt. Sie können jedoch auch an jedem anderen geeigneten Ort stattfinden, den die Kommission im Benehmen mit dem Generalsekretär der Vereinten Nationen und den beteiligten Vertragsstaaten bestimmt.

(5) Das in Artikel 36 vorgesehene Sekretariat steht auch den auf Grund dieses Artikels eingesetzten Kommissionen zur Verfügung.

(6) Die dem Ausschuss zugegangenen und von ihm zusammengestellten Angaben sind der Kommission zugänglich zu machen, und die Kommission kann die beteiligten Vertragsstaaten um weitere erhebliche Angaben ersuchen.

(7) Die Kommission legt, sobald sie die Sache vollständig geprüft hat, keinesfalls jedoch später als zwölf Monate, nachdem sie damit befasst worden ist, dem Vorsitzenden des Ausschusses einen Bericht zur Übermittlung an die beteiligten Vertragsstaaten vor:

a) Wenn die Kommission die Prüfung der Sache nicht innerhalb von zwölf Monaten abschliessen kann, beschränkt sie ihren Bericht auf eine kurze Darstellung des Standes ihrer Prüfung;

b) wenn die Sache auf der Grundlage der Achtung der in diesem Pakt anerkannten Menschenrechte gütlich geregelt worden ist, beschränkt die Kommission ihren Bericht auf eine kurze Darstellung des Sachverhalts und der erzielten Regelung;

c) wenn eine Regelung im Sinne von Buchstabe b nicht erzielt worden ist, nimmt die Kommission in ihren Bericht ihre Feststellungen zu allen für den Streit zwischen den beteiligten Vertragsstaaten erheblichen Sachfragen sowie ihre Ansichten über Möglichkeiten einer gütlichen Regelung auf. Der Bericht enthält auch die schriftlichen Stellungnahmen der beteiligten Vertragsstaaten und ein Protokoll über ihre mündlichen Stellungnahmen;

d) wenn der Bericht der Kommission gemäss Buchstabe c vorgelegt wird, teilen die beteiligten Vertragsstaaten dem Vorsitzenden des Ausschusses innerhalb von drei Monaten nach Erhalt des Berichts mit, ob sie mit dem Inhalt des Kommissionsberichts einverstanden sind.

(8) Die Bestimmungen dieses Artikels lassen die in Artikel 41 vorgesehenen Aufgaben des Ausschusses unberührt.

(9) Die beteiligten Vertragsstaaten tragen gleichermassen alle Ausgaben der Kommissionsglieder auf der Grundlage von Voranschlägen, die der Generalsekretär der Vereinten Nationen erstellt.

(10) Der Generalsekretär der Vereinten Nationen ist befugt, erforderlichenfalls für die Ausgaben der Kommissionsmitglieder aufzukommen, bevor die beteiligten Vertragsstaaten sie nach Absatz 9 erstattet haben.

Art. 43

Die Mitglieder des Ausschusses und der ad hoc-Vergleichskommissionen, die nach Artikel 42 bestimmt werden können, haben Anspruch auf die Erleichterungen, Vorrechte und Befreiungen, die in den einschlägigen Abschnitten des Übereinkommens über die Vorrechte und Befreiungen der Vereinten Nationen für die im Auftrag der Vereinten Nationen tätigen Sachverständigen vorgesehen sind.

Art. 44

Die Bestimmungen über die Durchführung dieses Paktes sind unbeschadet der Verfahren anzuwenden, die auf dem Gebiet der Menschenrechte durch oder auf Grund der Satzungen und Übereinkommen der Vereinten Nationen und der Sonderorganisationen vorgeschrieben sind und hindern die Vertragsstaaten nicht, in Übereinstimmung mit den zwischen ihnen in Kraft befindlichen allgemeinen oder besonderen internationalen Übereinkünften andere Verfahren zur Beilegung von Streitigkeiten anzuwenden.

Art. 45

Der Ausschuss legt der Generalversammlung der Vereinten Nationen auf dem Wege über den Wirtschafts- und Sozialrat einen Jahresbericht über seine Tätigkeit vor.

Teil V

Art. 46

Keine Bestimmung dieses Paktes ist so auszulegen, dass sie die Bestimmungen der Charta der Vereinten Nationen und der Satzungen der Sonderorganisationen beschränkt, in denen die jeweiligen Aufgaben der verschiedenen Organe der Vereinten Nationen und der Sonderorganisationen hinsichtlich der in diesem Pakt behandelten Fragen geregelt sind.

Art. 47

Keine Bestimmung dieses Paktes ist so auszulegen, dass sie das allen Völkern innewohnende Recht auf den Genuss und die volle und freie Nutzung ihrer natürlichen Reichtümer und Mittel beeinträchtigt.

Teil VI

Art. 48

(1) Dieser Pakt liegt für alle Mitgliedstaaten der Vereinten Nationen, für alle Mitglieder einer ihrer Sonderorganisationen, für alle Vertragsstaaten der Satzung des Internationalen Gerichtshofs 4 und für jeden anderen Staat, den die Generalversammlung, der Vereinten Nationen einlädt, Vertragspartei dieses Paktes zu werden, zur Unterzeichnung auf.

(2) Dieser Pakt bedarf der Ratifikation. Die Ratifikationsurkunden sind beim Generalsekretär der Vereinten Nationen zu hinterlegen.

(3) Dieser Pakt liegt für jeden in Absatz 1 bezeichneten Staat zum Beitritt auf.

(4) Der Beitritt erfolgt durch Hinterlegung einer Beitrittsurkunde beim Generalsekretär der Vereinten Nationen.

(5) Der Generalsekretär der Vereinten Nationen unterrichtet alle Staaten, die diesen Pakt unterzeichnet haben oder ihm beigetreten sind, von der Hinterlegung jeder Ratifikations-Beitrittsurkunde.

Art. 49

(1) Dieser Pakt tritt drei Monate nach Hinterlegung der fünfunddreissigsten Ratifikations- oder Beitrittsurkunde beim Generalsekretär der Vereinten Nationen in Kraft.

(2) Für jeden Staat, der nach Hinterlegung der fünfunddreissigsten Ratifikations-oder Beitrittsurkunde diesen Pakt ratifiziert oder ihm beitritt, tritt er drei Monate nach Hinterlegung seiner eigenen Ratifikations- oder Beitrittsurkunde in Kraft.

Art. 50

Die Bestimmungen dieses Paktes gelten ohne Einschränkung oder Ausnahme für alle Teile eines Bundesstaates.

Art. 51

(1) Jeder Vertragsstaat kann eine Änderung des Paktes vorschlagen und ihren Wortlaut beim Generalsekretär der Vereinten Nationen einreichen. Der Generalsekretär übermittelt sodann alle Änderungsvorschläge den Vertragsstaaten mit der Aufforderung, ihm mitzuteilen, ob sie eine Konferenz der Vertragsstaaten zur Beratung und Abstimmung über die Vorschläge befürworten. Befürwortet wenigstens ein Drittel der Vertragsstaaten eine solche Konferenz, so beruft der Generalsekretär die Konferenz unter der Schirmherrschaft der Vereinten Nationen ein. Jede Änderung, die von der Mehrheit der auf der Konferenz anwesenden und abstimmenden Vertragsstaaten angenommen wird, ist der Generalversammlung der Vereinten Nationen zur Billigung vorzulegen.

(2) Die Änderungen treten in Kraft, wenn sie von der Generalversammlung der Vereinten Nationen gebilligt und von einer Zweidrittelmehrheit der Vertragsstaaten nach Massgabe der in ihrer Verfassung vorgesehenen Verfahren angenommen worden sind.

(3) Treten die Änderungen in Kraft, so sind sie für die Vertragsstaaten, die sie angenommen haben, verbindlich, während für die anderen Vertragsstaaten weiterhin die Bestimmungen dieses Paktes und alle früher von ihnen angenommenen Änderungen gelten.

Art. 52

Unabhängig von den Notifikationen nach Artikel 48 Absatz 5 unterrichtet der Generalsekretär der Vereinten Nationen alle in Absatz 1 jenes Artikels bezeichneten Staaten:

a) von den Unterzeichnungen, Ratifikationen und Beitritten nach Artikel 48;

b) vom Zeitpunkt des Inkrafttretens dieses Paktes nach Artikel 49 und vom Zeitpunkt des Inkrafttretens von Änderungen nach Artikel 51.

Art. 53

(1) Dieser Pakt, dessen chinesischer, englischer, französischer, russischer und spanischer Wortlaut gleichermassen verbindlich ist, wird im Archiv der Vereinten Nationen hinterlegt.

(2) Der Generalsekretär der Vereinten Nationen übermittelt allen in Artikel 48 bezeichneten Staaten beglaubigte Abschriften dieses Paktes.

8. Zweites Fakultativprotokoll zu dem Internationalen Pakt über bürgerliche und politische Rechte zur Abschaffung der Todesstrafe

1989

(BGBl. 1992 II 391)

Die Vertragsstaaten dieses Protokolls,
im Vertrauen darauf, daß die Abschaffung der Todesstrafe zur Förderung der Menschenwürde und zur fortschreitenden Entwicklung der Menschenrechte beiträgt,
unter Hinweis auf Artikel 3 der am 10. Dezember 1948 angenommenen Allgemeinen Erklärung der Menschenrechte und auf Artikel 6 des am 16. Dezember 1966 angenommenen Internationalen Paktes über bürgerliche und politische Rechte,
in Anbetracht, daß Artikel 6 des Internationalen Paktes über bürgerliche und politische Rechte auf die Abschaffung der Todesstrafe in einer Weise Bezug nimmt, die eindeutig zu verstehen gibt, daß die Abschaffung wünschenswert ist,
überzeugt, daß alle Maßnahmen zur Abschaffung der Todesstrafe im Hinblick auf die Wahrung des Rechtes auf Leben einen Fortschritt bedeuten,
in dem Wunsch, hiermit eine internationale Verpflichtung zur Abschaffung der Todesstrafe einzugehen
Haben Folgendes vereinbart:

Artikel 1

(1) Niemand, der der Hoheitsgewalt eines Vertragsstaats dieses Fakultativprotokolls untersteht, darf hingerichtet werden.

(2) Jeder Vertragsstaat ergreift alle erforderlichen Maßnahmen, um die Todesstrafe in seinem Hoheitsgebiet abzuschaffen.

Artikel 2

(1) Vorbehalte zu diesem Protokoll sind nicht zulässig, ausgenommen ein im Zeitpunkt der Ratifikation oder des Beitritts angebrachter Vorbehalt, der die Anwendung der Todesstrafe in Kriegszeiten aufgrund einer Verurteilung wegen eines in Kriegszeiten begangenen besonders schweren Verbrechens militärischer Art vorsieht.

(2) Ein Vertragsstaat, der einen solchen Vorbehalt anbringt, wird dem Generalsekretär der Vereinten Nationen im Zeitpunkt der Ratifikation oder des Beitritts die in Kriegszeiten anzuwendenden einschlägigen Bestimmungen seiner innerstaatlichen Rechtsvorschriften mitteilen.

(3) Ein Vertragsstaat, der einen solchen Vorbehalt angebracht hat, wird dem General-sekretär der Vereinten Nationen Beginn und Ende eines für sein Hoheitsgebiet gel-tenden Kriegszustands notifizieren.

Artikel 3

Die Vertragsstaaten dieses Protokolls nehmen in die Berichte, die sie nach Artikel 40 des Paktes dem Ausschluß für Menschenrechte vorlegen, Angaben über die von ihnen zur Verwirklichung dieses Protokolls getroffenen Maßnahmen auf.

Artikel 4

Für die Vertragsstaaten des Paktes, die eine Erklärung nach Artikel 41 abgegeben ha-ben, erstreckt sich die Zuständigkeit des Ausschusses für Menschenrechte zur Entge-gennahme und Prüfung von Mitteilungen, in denen ein Vertragsstaat geltend macht, ein anderer Vertragsstaat komme seinen Verpflichtungen nicht nach, auf dieses Protokoll, sofern nicht der betreffende Vertragsstaat im Zeitpunkt der Ratifikation oder des Bei-tritts eine gegenteilige Erklärung abgegeben hat.

Artikel 5

Für die Vertragsstaaten des am 16. Dezember 1966 angenommenen (Ersten) Fakultati-vprotokolls zu dem Internationalen Pakt über bürgerliche und politische Rechte erstreckt sich die Zuständigkeit des Ausschusses für Menschenrechte zur Entgegennahme und Prüfung von Mitteilungen ihrer Hoheitsgewalt unterstehender Personen auf dieses Pro-tokoll, sofern nicht der betreffende Vertragsstaat im Zeitpunkt der Ratifikation oder des Beitritts eine gegenteilige Erklärung abgegeben hat.

Artikel 6

(1) Die Bestimmungen dieses Protokolls werden als Zusatzbestimmungen zu dem Pakt angewendet.

(2) Unbeschadet der Möglichkeit eines Vorbehalts nach Artikel 2 dieses Protokolls darf das in Artikel 1 Absatz 1 des Protokolls gewährleistete Recht nicht nach Artikel 4 des Paktes außer Kraft gesetzt werden.

Artikel 7

(1) Dieses Protokoll liegt für jeden Staat, der den Pakt unterzeichnet hat, zur Unter-zeichnung auf.

(2) Dieses Protokoll bedarf der Ratifikation, die von allen Staaten vorgenommen wer-den kann, die den Pakt ratifiziert haben oder ihm beigetreten sind. Die Ratifikati-onsurkunden werden beim Generalsekretär der Vereinten Nationen hinterlegt.

(3) Dieses Protokoll steht jedem Staat, der den Pakt ratifiziert hat oder ihm beigetreten ist, zum Beitritt offen.

(4) Der Beitritt erfolgt durch Hinterlegung einer Beitrittsurkunde beim Generalsekretär der Vereinten Nationen.

(5) Der Generalsekretär der Vereinten Nationen unterrichtet alle Staaten, die dieses Protokoll unterzeichnet haben oder ihm beigetreten sind, von der Hinterlegung jeder Ratifikationsoder Beitrittsurkunde.

Artikel 8

(1) Dieses Protokoll tritt drei Monate nach Hinterlegung der zehnten Ratifikations- oder Beitrittsurkunde beim Generalsekretär der Vereinten Nationen in Kraft.

(2) Für jeden Staat, der nach Hinterlegung der zehnten Ratifikations- oder Beitrittsurkunde dieses Protokoll ratifiziert oder ihm beitritt, tritt es drei Monate nach Hinterlegung seiner eigenen Ratifikations- oder Beitrittsurkunde in Kraft.

Artikel 9

Die Bestimmungen dieses Protokolls gelten ohne Einschränkung oder Ausnahme für alle Teile eines Bundesstaates.

Artikel 10

Der Generalsekretär der Vereinten Nationen unterrichtet alle in Artikel 48 Absatz 1 des Paktes bezeichneten Staaten

a) von Vorbehalten, Mitteilungen und Notifikationen nach Artikel 2 dieses Protokolls;

b) von Erklärungen nach Artikel 4 oder 5 dieses Protokolls;

c) von Unterzeichnungen, Ratifikationen und Beitritten nach Artikel 7 dieses Protokolls;

d) vorn Zeitpunkt des Inkrafttretens dieses Protokolls nach seinem Artikel 8.

Artikel 11

(1) Dieses Protokoll, dessen arabischer, chinesischer, englischer, französischer, russischer und spanischer Wortlaut gleichermaßen verbindlich ist, wird im Archiv der Vereinten Nationen hinterlegt.

(2) Der Generalsekretär der Vereinten Nationen übermittelt allen in Artikel 48 des Paktes bezeichneten Staaten beglaubigte Abschriften dieses Protokolls.

9. Internationales Übereinkommen zur Beseitigung jeder Form von Rassendiskriminierung

1966

(BGBl. 1969 II 961)

Die Vertragsstaaten dieses Übereinkommens –
Eingedenk der Tatsache, dass die Charta der Vereinten Nationen auf dem Grundsatz der angeborenen Würde und Gleichheit aller Menschen beruht und dass alle Mitgliedstaaten gelobt haben, gemeinsam und einzeln mit der Organisation zusammenzuwirken, um eines der Ziele der Vereinten Nationen zu erreichen, das darin besteht, die allgemeine Achtung und Beachtung der Menschenrechte und Grundfreiheiten für alle ohne Unterschied der Rasse, des Geschlechts, der Sprache oder der Religion zu fördern und zu festigen;

Eingedenk der in der Allgemeinen Erklärung der Menschenrechte enthaltenen feierlichen Feststellung, dass alle Menschen frei und an Würde und Rechten gleich geboren sind und dass jeder ohne irgendeinen Unterschied, insbesondere der Rasse, der Hautfarbe oder der nationalen Abstammung, Anspruch hat auf alle in der genannten Erklärung aufgeführten Rechte und Freiheiten;

In der Erwägung, dass alle Menschen vor dem Gesetz gleich sind und ein Recht auf gleichen Schutz des Gesetzes gegen jede Diskriminierung und jedes Aufreizen zur Diskriminierung haben;

In der Erwägung, dass die Vereinten Nationen den Kolonialismus und alle damit verbundenen Praktiken der Rassentrennung und der Diskriminierung verurteilt haben, gleichviel in welcher Form und wo sie vorkommen, und dass die Erklärung vom 14. Dezember 1960 (Entschließung 1514 (XV) der Generalversammlung) über die Gewährung der Unabhängigkeit an Kolonialgebiete und Kolonialvölker die Notwendigkeit einer raschen und bedingungslosen Beendigung derartiger Praktiken bejaht und feierlich verkündet hat;

Eingedenk der Erklärung der Vereinten Nationen vom 20. November 1963 (Entschließung 1904 (XVIII) der Generalversammlung) über die Beseitigung jeder Form von Rassendiskriminierung – einer Erklärung, die feierlich bekräftigt, dass es notwendig ist, jede Form und jedes Anzeichen von Rassendiskriminierung überall in der Welt rasch zu beseitigen sowie Verständnis und Achtung zu wecken für die Würde der menschlichen Person;

In der Überzeugung, dass jede Lehre von einer auf Rassenunterschiede gegründeten Überlegenheit wissenschaftlich falsch, moralisch verwerflich sowie sozial ungerecht und gefährlich ist und dass eine Rassendiskriminierung, gleichviel ob in Theorie oder in Praxis, nirgends gerechtfertigt ist;

In erneuter Bekräftigung der Tatsache, dass eine Diskriminierung zwischen Menschen auf Grund ihrer Rasse, ihrer Hautfarbe oder ihres Volkstums freundschaftlichen und friedlichen Beziehungen zwischen den Völkern im Wege steht und dass sie geeignet ist, den Frieden und die Sicherheit unter den Völkern sowie das harmonische Zusammenleben der Menschen sogar innerhalb eines Staates zu stören;

In der Überzeugung, dass das Bestehen von Rassenschranken mit den Idealen jeder menschlichen Gesellschaft unvereinbar ist;

Beunruhigt durch die in einigen Gebieten der Welt immer noch bestehende Rassendiskriminierung und durch die auf rassische Überlegenheit oder auf Rassenhass gegründete Apartheids-, Segregations- oder sonstige Rassentrennungspolitik einiger Regierungen;

Entschlossen, alle erforderlichen Maßnahmen zur raschen Beseitigung aller Formen und Anzeichen von Rassendiskriminierung zu treffen sowie rassenkämpferische Doktrinen und Praktiken zu verhindern und zu bekämpfen, um das gegenseitige Verständnis zwischen den Rassen zu fördern und eine internationale Gemeinschaft zu schaffen, die frei ist von jeder Form der Rassentrennung und Rassendiskriminierung;

Eingedenk des 1958 von der Internationalen Arbeitsorganisation angenommenen Übereinkommens über Diskriminierung in Beschäftigung und Beruf und des 1960 von der Organisation der Vereinten Nationen für Erziehung, Wissenschaft und Kultur angenommenen Übereinkommens gegen Diskriminierung im Unterrichtswesen;

In dem Wunsch, die in der Erklärung der Vereinten Nationen über die Beseitigung jeder Form von Rassendiskriminierung niedergelegten Grundsätze zu verwirklichen und die möglichst rasche Annahme praktischer Maßregeln in diesem Sinne sicherzustellen

Sind wie folgt übereingekommen:

Teil I

Artikel 1

(1) In diesem Übereinkommen bezeichnet der Ausdruck „Rassendiskriminierung" jede auf der Rasse, der Hautfarbe, der Abstammung, dem nationalen Ursprung oder dem Volkstum beruhende Unterscheidung, Ausschließung, Beschränkung oder Bevorzugung, die zum Ziel oder zur Folge hat, dass dadurch ein gleichberechtigtes Anerkennen, Genießen oder Ausüben von Menschenrechten und Grundfreiheiten im politischen, wirtschaftlichen, sozialen, kulturellen oder jedem sonstigen Bereich des öffentlichen Lebens vereitelt oder beeinträchtigt wird.

(2) Dieses Übereinkommen findet keine Anwendung auf Unterscheidungen, Ausschließungen, Beschränkungen oder Bevorzugungen, die ein Vertragsstaat zwischen eigenen und fremden Staatsangehörigen vornimmt.

(3) Dieses Übereinkommen ist nicht so auszulegen, als berühre es die Rechtsvorschriften der Vertragsstaaten über Staatsangehörigkeit, Staatsbürgerschaft oder Einbürgerung, sofern diese Vorschriften nicht Angehörige eines bestimmten Staates diskriminieren.

(4) Sondermaßnahmen, die einzig zu dem Zweck getroffen werden, eine angemessene Entwicklung bestimmter Rassengruppen, Volksgruppen oder Personen zu gewährleisten, die Schutz benötigen, soweit ein solcher erforderlich ist, damit sie die Menschenrechte und Grundfreiheiten gleichberechtigt genießen und ausüben können, gelten nicht als Rassendiskriminierung, sofern diese Maßnahmen nicht die Beibehaltung getrennter Rechte für verschiedene Rassengruppen zur Folge haben und sofern sie nicht fortgeführt werden, nachdem die Ziele, um derentwillen sie getroffen wurden, erreicht sind.

Artikel 2

(1) Die Vertragsstaaten verurteilen die Rassendiskriminierung und verpflichten sich, mit allen geeigneten Mitteln unverzüglich eine Politik der Beseitigung der Rassendiskriminierung in jeder Form und der Förderung des Verständnisses unter allen Rassen zu verfolgen; zu diesem Zwecke) verpflichtet sich jeder Vertragsstaat, Handlungen oder Praktiken der Rassendiskriminierung gegenüber Personen, Personengruppen oder Einrichtungen zu unterlassen und dafür zu sorgen, dass alle staatlichen und örtlichen Behörden und öffentlichen Einrichtungen im Einklang mit dieser Verpflichtung handeln,

   b) verpflichtet sich jeder Vertragsstaat, eine Rassendiskriminierung durch Personen oder Organisationen weder zu fördern noch zu schützen noch zu unterstützen,

   c) trifft jeder Vertragsstaat wirksame Maßnahmen, um das Vorgehen seiner staatlichen und örtlichen Behörden zu überprüfen und alle Gesetze und sonstigen Vorschriften zu ändern, aufzuheben oder für nichtig zu erklären, die eine Rassendiskriminierung – oder dort, wo eine solche bereits besteht, ihre Fortsetzung – bewirken,

   d) verbietet und beendigt jeder Vertragsstaat jede durch Personen, Gruppen oder Organisationen ausgeübte Rassendiskriminierung mit allen geeigneten Mitteln einschließlich der durch die Umstände erforderlichen Rechtsvorschriften,

   e) verpflichtet sich jeder Vertragsstaat, wo immer es angebracht ist, alle eine Rassenintegrierung anstrebenden vielrassischen Organisationen und Bewegungen zu unterstützen, sonstige Mittel zur Beseitigung der Rassenschranken zu fördern und allem entgegenzuwirken, was zur Rassentrennung beiträgt.

(2) Die Vertragsstaaten treffen, wenn die Umstände es rechtfertigen, auf sozialem, wirtschaftlichem, kulturellem und sonstigem Gebiet besondere und konkrete Maßnahmen, um die angemessene Entwicklung und einen hinreichenden Schutz bestimmter Rassengruppen oder ihnen angehörender Einzelpersonen sicherzustellen, damit gewährleistet wird, dass sie in vollem Umfang und gleichberechtigt in den Genuss der Menschenrechte und Grundfreiheiten gelangen. Diese Maßnahmen dürfen in keinem Fall die Beibehaltung ungleicher oder getrennter Rechte für verschiedene Rassengruppen zur Folge haben, nachdem die Ziele, um derentwillen sie getroffen wurden, erreicht sind.

Artikel 3

Die Vertragsstaaten verurteilen insbesondere die Segregation und die Apartheid und verpflichten sich, alle derartigen Praktiken in ihren Hoheitsgebieten zu verhindern, zu verbieten und auszumerzen.

Artikel 4

Die Vertragsstaaten verurteilen jede Propaganda und alle Organisationen, die auf Ideen oder Theorien hinsichtlich der Überlegenheit einer Rasse oder einer Personengruppe bestimmter Hautfarbe oder Volkszugehörigkeit beruhen oder die irgendeine Form von Rassenhass und Rassendiskriminierung zu rechtfertigen oder zu fördern suchen; sie verpflichten sich, unmittelbare und positive Maßnahmen zu treffen, um jedes Aufreizen zur Rassendiskriminierung und alle rassisch diskriminierenden Handlungen auszumerzen; zu diesem Zweck übernehmen sie unter gebührender Berücksichtigung der in der Allgemeinen Erklärung der Menschenrechte niedergelegten Grundsätze und der ausdrücklich in Artikel 5 des vorliegenden Übereinkommens genannten Rechte unter anderem folgende Verpflichtungen:

a) jede Verbreitung von Ideen, die sich auf die Überlegenheit einer Rasse oder den Rassenhass gründen, jedes Aufreizen zur Rassendiskriminierung und jede Gewalttätigkeit oder Aufreizung dazu gegen eine Rasse oder eine Personengruppe anderer Hautfarbe oder Volkszugehörigkeit sowie jede Unterstützung rassenkämpferischer Betätigung einschließlich ihrer Finanzierung zu einer nach dem Gesetz strafbaren Handlung zu erklären,

b) alle Organisationen und alle organisierten oder sonstigen Propagandatätigkeiten, welche die Rassendiskriminierung fördern und dazu aufreizen, als gesetzwidrig zu erklären und zu verbieten und die Beteiligung an derartigen Organisationen oder Tätigkeiten als eine nach dem Gesetz strafbare Handlung anzuerkennen,

c) nicht zuzulassen, dass staatliche oder örtliche Behörden oder öffentliche Einrichtungen die Rassendiskriminierung fördern oder dazu aufreizen.

Artikel 5

Im Einklang mit den in Artikel 2 niedergelegten grundsätzlichen Verpflichtungen werden die Vertragsstaaten die Rassendiskriminierung in jeder Form verbieten und beseitigen und das Recht jedes einzelnen, ohne Unterschied der Rasse, der Hautfarbe, des nationalen Ursprungs oder des Volkstums, auf Gleichheit vor dem Gesetz gewährleisten; dies gilt insbesondere für folgende Rechte:

a) das Recht auf Gleichbehandlung vor den Gerichten und allen sonstigen Organen der Rechtspflege,

b) das Recht auf Sicherheit der Person und auf staatlichen Schutz gegen Gewalttätigkeit oder Körperverletzung, gleichviel ob sie von Staatsbediensteten oder von irgendeiner Person, Gruppe oder Einrichtung verübt werden,

c) die politischen Rechte, insbesondere das aktive und passive Wahlrecht auf der Grundlage allgemeiner und gleicher Wahlen, das Recht auf Beteiligung an der Regierung und an der Führung der öffentlichen Angelegenheiten auf jeder Ebene sowie das Recht auf gleichberechtigten Zugang zum öffentlichen Dienst,

d) sonstige Bürgerrechte, insbesondere

i) das Recht auf Bewegungsfreiheit und freie Wahl des Aufenthaltsortes innerhalb der Staatsgrenzen,

   ii) das Recht, jedes Land einschließlich des eigenen zu verlassen und in das eigene Land zurückzukehren,

   iii) das Recht auf die Staatsangehörigkeit,

   iv) das Recht auf Ehe und auf freie Wahl des Ehegatten,

v) das Recht, allein oder in Verbindung mit anderen Vermögen als Eigentum zu besitzen,

   vi) das Recht zu erben,

   vii) das Recht auf Gedanken-, Gewissens- und Religionsfreiheit,

   viii) das Recht auf Meinungsfreiheit und freie Meinungsäußerung,

   ix) das Recht, sich friedlich zu versammeln und friedliche Vereinigungen zu bilden,

e) wirtschaftliche, soziale und kulturelle Rechte, insbesondere

   i) das Recht auf Arbeit, auf die freie Wahl des Arbeitsplatzes, auf gerechte und befriedigende Arbeitsbedingungen, auf Schutz gegen Arbeitslosigkeit, auf gleiches Entgelt für gleiche Arbeit, auf gerechte und befriedigende Entlohnung,

   ii) das Recht, Gewerkschaften zu bilden und ihnen beizutreten,

   iii) das Recht auf Wohnung,

   iv) das Recht auf öffentliche Gesundheitsfürsorge, ärztliche Betreuung, soziale Sicherheit und soziale Dienstleistungen,

   v) das Recht auf Erziehung und Ausbildung,

   vi) das Recht auf eine gleichberechtigte Teilnahme an kulturellen Tätigkeiten,

f) das Recht auf Zugang zu jedem Ort oder Dienst, der für die Benutzung durch die Öffentlichkeit vorgesehen ist, wie Verkehrsmittel, Hotels, Gaststätten, Cafés, Theater und Parks.

Artikel 6

Die Vertragsstaaten gewährleisten jeder Person in ihrem Hoheitsbereich einen wirksamen Schutz und wirksame Rechtsbehelfe durch die zuständigen nationalen Gerichte und sonstigen staatlichen Einrichtungen gegen alle rassisch diskriminierenden Handlungen, welche ihre Menschenrechte und Grundfreiheiten im Widerspruch zu diesem Übereinkommen verletzen, sowie das Recht, bei diesen Gerichten eine gerechte und angemessene Entschädigung oder Genugtuung für jeden infolge von Rassendiskriminierung erlittenen Schaden zu verlangen.

Artikel 7

Die Vertragsstaaten verpflichten sich, unmittelbare und wirksame Maßnahmen, insbesondere auf dem Gebiet des Unterrichts, der Erziehung, Kultur und Information, zu treffen, um Vorurteile zu bekämpfen, die zu Rassendiskriminierung führen, zwischen den Völkern und Rassen- oder Volksgruppen Verständnis, Duldsamkeit und Freundschaft zu fördern sowie die Ziele und Grundsätze der Charta der Vereinten Nationen, der Allgemeinen Erklärung der Menschenrechte, der Erklärung der Vereinten Nationen über die Beseitigung jeder Form von Rassendiskriminierung und dieses Übereinkommens zu verbreiten.

Teil II

Artikel 8

(1) Es wird ein (im folgenden als „Ausschuss" bezeichneter) Ausschuss für die Beseitigung der Rassendiskriminierung errichtet; er besteht aus achtzehn in persönlicher Eigenschaft tätigen Sachverständigen von hohem sittlichem Rang und anerkannter Unparteilichkeit, die von den Vertragsstaaten unter ihren Staatsangehörigen ausgewählt werden; dabei ist auf eine gerechte geographische Verteilung und auf die Vertretung der verschiedenen Zivilisationsformen sowie der hauptsächlichen Rechtssysteme zu achten.

(2) Die Mitglieder des Ausschusses werden in geheimer Wahl aus einer Liste von Personen gewählt, die von den Vertragsstaaten benannt worden sind. Jeder Vertragsstaat kann einen seiner eigenen Staatsangehörigen benennen.

(3) Die erste Wahl findet sechs Monate nach Inkrafttreten dieses Übereinkommens statt. Spätestens drei Monate vor jeder Wahl fordert der Generalsekretär der Vereinten Nationen die Vertragsstaaten schriftlich auf, binnen zwei Monaten ihre Benennungen einzureichen. Er stellt sodann eine alphabetische Liste aller demgemäss benannten Personen unter Angabe der sie benennenden Vertragsstaaten auf und legt sie den Vertragsstaaten vor.

(4) Die Wahl der Ausschussmitglieder findet auf einer vom Generalsekretär am Sitz der Vereinten Nationen anberaumten Sitzung der Vertragsstaaten statt. Auf dieser Sitzung, die verhandlungs- und beschlussfähig ist, wenn zwei Drittel der Vertragsstaaten vertreten sind, gelten diejenigen Bewerber als in den Ausschuss gewählt, welche die höchste Stimmenzahl und die absolute Stimmenmehrheit der anwesenden und abstimmenden Vertreter der Vertragsstaaten auf sich vereinigen.

(5) a) Die Ausschussmitglieder werden für vier Jahre gewählt. Jedoch läuft die Amtszeit von neun der bei der ersten Wahl gewählten Mitglieder nach zwei Jahren ab; unmittelbar nach der ersten Wahl werden die Namen dieser neun Mitglieder vom Vorsitzenden des Ausschusses durch das Los bestimmt.

b) Zur Besetzung eines unerwartet verwaisten Sitzes ernennt der Vertragsstaat, dessen Sachverständiger aufgehört hat, Mitglied des Ausschusses zu sein, mit Zustimmung des Ausschusses einen anderen Sachverständigen unter seinen Staatsangehörigen.

(6) Die Vertragsstaaten kommen für die Ausgaben der Ausschussmitglieder auf, solange sie Ausschussaufgaben wahrnehmen.

Artikel 9

(1) Die Vertragsstaaten verpflichten sich, dem Generalsekretär der Vereinten Nationen zur Beratung durch den Ausschuss einen Bericht über die zur Durchführung dieses Übereinkommens getroffenen Ge-setzgebungs-, Gerichts-, Verwaltungs- und sonstigen Maßnahmen vorzulegen, und zwar a) binnen einem Jahr nach Inkrafttreten des Übereinkommens für den betreffenden Staat und b) danach alle zwei Jahre und sooft es der Ausschuss verlangt. Der Ausschuss kann von den Vertragsstaaten weitere Auskünfte verlangen.

(2) Der Ausschuss berichtet der Generalversammlung der Vereinten Nationen jährlich durch den Generalsekretär über seine Tätigkeit und kann auf Grund der Prüfung der von den Vertragsstaaten eingegangenen Berichte und Auskünfte Vorschläge machen und allgemeine Empfehlungen abgeben. Diese werden der Generalversammlung zusammen mit etwaigen Stellungnahmen der Vertragsstaaten zugeleitet.

Artikel 10

(1) Der Ausschuss gibt sich eine Geschäftsordnung.

(2) Der Ausschuss wählt seinen Vorstand für zwei Jahre.

(3) Das Sekretariat des Ausschusses wird vom Generalsekretär der Vereinten Nationen gestellt.

(4) Die Sitzungen des Ausschusses finden in der Regel am Sitz der Vereinten Nationen statt.

Artikel 11

(1) Führt ein Vertragsstaat nach Ansicht eines anderen Vertragsstaats die Bestimmungen dieses Übereinkommens nicht durch, so kann dieser die Sache dem Ausschuss zur Kenntnis bringen. Der Ausschuss leitet die Mitteilung an den betreffenden Vertragsstaat weiter. Binnen drei Monaten hat der Empfangsstaat dem Ausschuss eine schriftliche Erläuterung oder Erklärung zu der Sache und über die etwa von diesem Staat geschaffene Abhilfe zu übermitteln.

(2) Wird die Sache nicht binnen sechs Monaten nach Eingang der ersten Mitteilung bei dem Empfangsstaat entweder durch zweiseitige Verhandlungen oder durch ein anderes den Parteien zur Verfügung stehendes Verfahren zur Zufriedenheit beider Parteien beigelegt, so hat jeder der beiden Staaten das Recht, die Sache erneut an den Ausschuss zu verweisen, indem er diesem und dem anderen Staat eine entsprechende Notifizierung zugehen lässt.

(3) Im Einklang mit den allgemein anerkannten Grundsätzen des Völkerrechts befasst sich der Ausschuss mit einer nach Absatz 2 an ihn verwiesenen Sache erst dann, wenn er sich Gewissheit verschafft hat, dass alle innerstaatlichen Rechtsbehelfe eingelegt und erschöpft worden sind. Dies gilt nicht, wenn das Verfahren über Gebühr in die Länge gezogen wird.

(4) Der Ausschuss kann in jeder an ihn verwiesenen Sache von den beteiligten Vertragsstaaten alle sonstigen sachdienlichen Angaben verlangen.

(5) Berät der Ausschuss über eine Sache auf Grund dieses Artikels, so können die beteiligten Vertragsstaaten einen Vertreter entsenden, der während der Beratung dieser Sache ohne Stimmrecht an den Verhandlungen des Ausschusses teilnimmt.

Artikel 12

(1) a) Nachdem der Ausschuss alle von ihm für erforderlich erachteten Angaben erhalten und ausgewertet hat, ernennt der Vorsitzende eine (im folgenden als „Kommission" bezeichnete) ad-hoc-Vergleichskommission; sie besteht aus fünf Personen, die dem Ausschuss angehören können, aber nicht müssen. Die Mitglieder der Kommission werden mit einmütiger Zustimmung der Streitparteien ernannt; sie bietet den beteiligten Staaten ihre guten Dienste an, um auf der Grundlage der Achtung dieses Übereinkommens eine gütliche Beilegung herbeizuführen.

b) Können sich die an dem Streit beteiligten Staaten nicht binnen drei Monaten über die vollständige oder teilweise Zusammensetzung der Kommission einigen, so wählt der Ausschuss die von den am Streit beteiligten Staaten noch nicht einvernehmlich ernannten Kommissionsmitglieder aus seinen eigenen Reihen in geheimer Abstimmung mit Zweidrittelmehrheit seiner Mitglieder.

(2) Die Kommissionsmitglieder sind in persönlicher Eigenschaft tätig. Sie dürfen nicht Staatsangehörige der am Streit beteiligten Staaten oder eines Nichtvertragsstaats sein.

(3) Die Kommission wählt ihren Vorsitzenden und gibt sich eine Verfahrensordnung.

(4) Die Sitzungen der Kommission finden in der Regel am Sitz der Vereinten Nationen oder an einem anderen von der Kommission bestimmten geeigneten Ort statt.

(5) Das nach Artikel 10 Absatz 3 gestellte Sekretariat arbeitet auch für die Kommission, sobald ein Streit zwischen Vertragsstaaten die Kommission ins Leben ruft.

(6) Die an dem Streit beteiligten Staaten tragen zu gleichen Teilen alle Ausgaben der Kommissionsmitglieder nach Voranschlägen, die der Generalsekretär der Vereinten Nationen erstellt.

(7) Der Generalsekretär ist befugt, die Ausgaben der Kommissionsmitglieder erforderlichenfalls vor der Erstattung der Beträge durch die am Streit beteiligten Staaten nach Absatz 6 zu bezahlen.

(8) Die dem Ausschuss zugegangenen und von ihm ausgewerteten Angaben werden der Kommission zur Verfügung gestellt; diese kann die beteiligten Staaten auffordern, weitere sachdienliche Angaben beizubringen.

Artikel 13

(1) Sobald die Kommission die Sache eingehend beraten hat, verfasst sie einen Bericht, den sie dem Vorsitzenden des Ausschusses vorlegt und der ihre Feststellung über alle auf den Streit zwischen den Parteien bezüglichen Sachfragen sowie die Empfehlungen enthält, die sie zwecks gütlicher Beilegung des Streits für angebracht hält.

(2) Der Ausschussvorsitzende leitet den Bericht der Kommission jedem am Streit beteiligten Staat zu. Diese Staaten teilen ihm binnen drei Monaten mit, ob sie die in dem Bericht der Kommission enthaltenen Empfehlungen annehmen.

(3) Nach Ablauf der in Absatz 2 gesetzten Frist übermittelt der Ausschussvorsitzende den anderen Vertragsstaaten den Bericht der Kommission und die Erklärungen der beteiligten Vertragsstaaten.

Artikel 14

(1) Ein Vertragsstaat kann jederzeit erklären, dass er die Zuständigkeit des Ausschusses für die Entgegennahme und Erörterung von Mitteilungen einzelner seiner Hoheits-gewalt unterstehender Personen oder Personengruppen anerkennt, die vorgeben, Opfer einer Verletzung eines in diesem Übereinkommen vor-gesehenen Rechts durch diesen Vertragsstaat zu sein. Der Ausschuss nimmt keine Mitteilung entgegen, die einen Vertragsstaat betrifft, der keine derartige Erklärung abgegeben hat.

(2) Gibt ein Vertragsstaat eine Erklärung nach Absatz 1 ab, so kann er eine Stelle inner-halb seiner nationalen Rechtsordnung errichten oder bezeichnen, die zuständig ist für die Entgegennahme und Erörterung der Petitionen einzelner seiner Hoheitsge-walt unterstehender Personen oder Personengruppen, die vorgeben, Opfer einer Verletzung eines in diesem Übereinkommen vorgesehenen Rechts zu sein, und die alle sonstigen verfügbaren örtlichen Rechtsbehelfe erschöpft haben.

(3) Eine nach Absatz 1 abgegebene Erklärung und der Name einer nach Absatz 2 er-richteten oder bezeichneten Stelle werden von dem betreffenden Vertragsstaat beim Generalsekretär der Vereinten Nationen hinterlegt; dieser übermittelt den anderen Vertragsstaaten Abschriften derselben. Eine Erklärung kann jederzeit durch Notifi-zierung an den Generalsekretär zurückgenommen werden; dies lässt jedoch die dem Ausschuss bereits vorliegenden Mitteilungen unberührt.

(4) Die nach Absatz 2 errichtete oder bezeichnete Stelle führt ein Petitionsregister; be-glaubigte Abschriften des Registers werden alljährlich auf geeignetem Wege dem Generalsekretär zu den Akten gegeben; jedoch darf der Inhalt nicht öffentlich be-kannt gemacht werden.

(5) Gelingt es dem Einsender der Petition nicht, von der nach Absatz 2 errichteten oder bezeichneten Stelle Genugtuung zu erlangen, so kann er die Sache binnen sechs Monaten dem Ausschuss mitteilen.

(6) a) Der Ausschuss bringt dem Vertragsstaat, der beschuldigt wird, eine Bestimmung dieses Übereinkommens zu verletzen, jede ihm zugegangene Mitteilung vertrau-lich zur Kenntnis, ohne jedoch die Identität der betreffenden Person oder Perso-nengruppe preiszugeben, sofern diese dem nicht ausdrücklich zustimmt. Der Aus-schuss nimmt keine anonymen Mitteilungen entgegen.

b) Binnen drei Monaten hat der Empfangsstaat dem Ausschuss eine schriftliche Er-läuterung oder Erklärung zu der Sache und über die etwa von diesem Staat ge-schaffene Abhilfe zu übermitteln.

(7) a) Der Ausschuss berät über die Mitteilungen unter Berücksichtigung aller ihm von dem betreffenden Vertragsstaat und von dem Einsender der Petition zugegange-nen Angaben. Der Ausschuss befasst sich mit einer Mitteilung eines Einsenders nur dann, wenn er sich Gewissheit verschafft hat, dass dieser alle verfügbaren in-

nerstaatlichen Rechtsbehelfe erschöpft hat. Dies gilt jedoch nicht, wenn das Verfahren über Gebühr in die Länge gezogen wird.

b) Der Ausschuss übermittelt seine etwaigen Vorschläge und Empfehlungen dem betreffenden Vertragsstaat und dem Einsender der Petition.

(8) Der Ausschuss nimmt in seinen Jahresbericht eine Kurzdarstellung der Mitteilungen und gegebenenfalls der Erläuterungen und Erklärungen der betroffenen Vertragsstaaten und seiner eigenen Vorschläge und Empfehlungen auf.

(9) Der Ausschuss ist nur dann befugt, die in diesem Artikel vorgesehenen Aufgaben wahrzunehmen, wenn sich mindestens zehn Vertragsstaaten durch Erklärungen nach Absatz 1 gebunden haben.

Artikel 15

(1) Bis zur Verwirklichung der in der Entschließung 1514 (XV) der Generalversammlung vom 14. Dezember 1960 dargelegten Ziele der Erklärung über die Gewährung der Unabhängigkeit an Kolonialgebiete und Kolonialvölker wird das diesen Völkern in anderen internationalen Übereinkünften oder von den Vereinten Nationen und ihren Sonderorganisationen gewährte Petitionsrecht durch dieses Übereinkommen nicht eingeschränkt.

(2) a) Der nach Artikel 8 Absatz 1 errichtete Ausschuss erhält von den Stellen der Vereinten Nationen, die sich bei der Beratung von Petitionen der Einwohner von Treuhandgebieten, Hoheitsgebieten ohne Selbstregierung und allen sonstigen unter Entschließung 1514 (XV) der Generalversammlung fallenden Hoheitsgebieten mit den unmittelbar mit den Grundsätzen und Zielen dieses Übereinkommens zusammenhängenden Angelegenheiten befassen, Abschriften der Petitionen, die sich auf die in diesem Übereinkommen behandelten Fragen beziehen und diesen Stellen vorliegen, und richtet an sie Stellung nahmen und Empfehlungen zu diesen Petitionen.

b) Der Ausschuss erhält von den zuständigen Stellen der Vereinten Nationen Abschriften der Berichte über die unmittelbar mit den Grundsätzen und Zielen dieses Übereinkommens zusammen-hängenden Gesetzgebungs-, Gerichts-, Verwaltungs- und sonstigen Maßnahmen, die in den unter Buchstabe a bezeichneten Hoheitsgebieten von der Verwaltungsmacht getroffen worden sind, und richtet Stellungnahmen und Empfehlungen an diese Stellen.

(3) Der Ausschuss nimmt in seinen Bericht an die Generalversammlung eine Kurzdarstellung der ihm von den Stellen der Vereinten Nationen zugeleiteten Petitionen und Berichte sowie seine eigenen diesbezüglichen Stellungnahmen und Empfehlungen auf.

(4) Der Ausschuss verlangt vom Generalsekretär der Vereinten Nationen alle mit den Zielen dieses Übereinkommens zusammenhängenden und dem Generalsekretär zugänglichen Angaben über die in Absatz 2 Buchstabe a bezeichneten Hoheitsgebiete.

Artikel 16

Die Bestimmungen dieses Übereinkommens über die Beilegung von Streitigkeiten oder Beschwerden werden unbeschadet anderer in den Gründungsurkunden oder den Übereinkünften der Vereinten Nationen und ihrer Sonderorganisationen vorgesehener Verfahren zur Beilegung von Streitigkeiten oder Beschwerden auf dem Gebiet der Diskriminierung angewendet und hindern die Vertragsstaaten nicht daran, nach den zwischen ihnen in Kraft befindlichen allgemeinen oder besonderen internationalen Übereinkünften andere Verfahren zur Beilegung einer Streitigkeit in Anspruch zu nehmen.

Teil III

Artikel 17

(1) Dieses Übereinkommen liegt für alle Mitgliedstaaten der Vereinten Nationen, für alle Mitglieder einer ihrer Sonderorganisationen, für alle Vertragsstaaten der Satzung des Internationalen Gerichtshofs und für jeden anderen Staat zur Unterzeichnung auf, den die Generalversammlung der Vereinten Nationen einlädt, Vertragspartei dieses Übereinkommens zu werden.

(2) Dieses Übereinkommen bedarf der Ratifizierung. Die Ratifikationsurkunden sind beim Generalsekretär der Vereinten Nationen zu hinterlegen.

Artikel 18

(1) Dieses Übereinkommen liegt für jeden in Artikel 17 Absatz 1 bezeichneten Staat zum Beitritt auf.

(2) Der Beitritt erfolgt durch Hinterlegung einer Beitrittsurkunde beim Generalsekretär der Vereinten Nationen.

Artikel 19

(1) Dieses Übereinkommen tritt am dreißigsten Tag nach Hinterlegung der siebenundzwanzigsten Ratifikations-oder Beitrittsurkunde beim Generalsekretär der Vereinten Nationen in Kraft.

(2) Für jeden Staat, der nach Hinterlegung der siebenundzwanzigsten Ratifikations- oder Beitrittsurkunde dieses Übereinkommen ratifiziert oder ihm beitritt, tritt es am dreißigsten Tag nach Hinterlegung seiner eigenen Ratifikations- oder Beitrittsurkunde in Kraft.

Artikel 20

(1) Der Generalsekretär der Vereinten Nationen nimmt Vorbehalte, die ein Staat bei der Ratifikation oder beim Beitritt macht, entgegen und leitet sie allen Staaten zu, die Vertragsparteien dieses Übereinkommens sind oder werden können. Erhebt ein Staat Einspruch gegen den Vorbehalt, so notifiziert er dem Generalsekretär binnen neunzig Tagen nach dem Datum der genannten Mitteilung, dass er ihn nicht annimmt.

(2) Mit dem Ziel und Zweck dieses Übereinkommens unvereinbare Vorbehalte sind nicht zulässig; dasselbe gilt für Vorbehalte, welche die Wirkung hätten, die Arbeit einer

auf Grund dieses Übereinkommens errichteten Stelle zu behindern. Ein Vorbehalt gilt als unvereinbar oder hinderlich, wenn mindestens zwei Drittel der Vertragsstaaten Einspruch dagegen erheben.

(3) Vorbehalte können jederzeit durch eine diesbezügliche Notifikation an den Generalsekretär zurückgenommen werden. Diese Notifikationen werden mit dem Tage ihres Eingangs wirksam.

Artikel 21

Ein Vertragsstaat kann dieses Übereinkommen durch eine schriftliche Notifikation an den Generalsekretär der Vereinten Nationen kündigen. Die Kündigung wird ein Jahr nach dem Datum des Eingangs der Notifikation beim Generalsekretär wirksam.

Artikel 22

Entsteht zwischen zwei oder mehr Vertragsstaaten über die Auslegung oder Anwendung dieses Übereinkommens eine Streitigkeit, die nicht auf dem Verhandlungsweg oder nach den in diesem Übereinkommen ausdrücklich vorgesehenen Verfahren beigelegt werden kann, so wird sie auf Verlangen einer Streitpartei dem Internationalen Gerichtshof zur Entscheidung vorgelegt, sofern nicht die Streitparteien einer anderen Art der Beilegung zustimmen.

Artikel 23

(1) Ein Vertragsstaat kann jederzeit durch eine an den Generalsekretär der Vereinten Nationen gerichtete schriftliche Notifikation eine Revision dieses Übereinkommens beantragen.

(2) Die Generalversammlung der Vereinten Nationen beschließt über etwaige hinsichtlich eines derartigen Antrags zu unternehmende Schritte.

Artikel 24

Der Generalsekretär der Vereinten Nationen unterrichtet alle in Artikel 17 Absatz 1 bezeichneten Staaten von

a) den Unterzeichnungen, Ratifikationen und Beitritten nach den Artikeln 17 und 18,
b) dem Datum des Inkrafttretens dieses Übereinkommens nach Artikel 19,
c) den nach den Artikeln 14, 20 und 23 eingegangenen Mitteilungen und Erklärungen,
d) den Kündigungen nach Artikel 21.

Artikel 25

(1) Dieses Übereinkommen, dessen chinesischer, englischer, französischer, russischer und spanischer Wortlaut gleichermaßen verbindlich ist, wird im Archiv der Vereinten Nationen hinterlegt.

(2) Der Generalsekretär der Vereinten Nationen übermittelt allen Staaten, die einer der in Artikel 17 Absatz 1 bezeichneten Kategorien angehören, beglaubigte Abschriften dieses Übereinkommens.

Zu Urkund dessen haben die von ihren Regierungen hierzu gehörig befugten Unterzeichneten dieses Übereinkommen unterschrieben, das in New York am 7. März neunzehnhundertsechsundsechzig zur Unterzeichnung aufgelegt worden ist.

10. Übereinkommen gegen Folter und andere grausame, unmenschliche oder erniedrigende Behandlung oder Strafe

1984

(BGBl. 1990 II 246)

Die Vertragsstaaten dieses Übereinkommens –
in der Erwägung, dass nach den in der Charta der Vereinten Nationen verkündeten Grundsätzen die Anerkennung der Gleichheit und Unveräußerlichkeit der Rechte aller Mitglieder der menschlichen Gesellschaft die Grundlage von Freiheit, Gerechtigkeit und Frieden in der Welt bildet,
in der Erkenntnis, dass sich diese Rechte aus der dem Menschen innewohnenden Würde herleiten,
in der Erwägung, dass die Charta, insbesondere Artikel 55, die Staaten verpflichtet, die allgemeine Achtung und Verwirklichung der Menschenrechte und Grundfreiheiten zu fördern,
im Hinblick auf Artikel 5 der Allgemeinen Erklärung der Menschenrechte und Artikel 7 des Internationalen Paktes über bürgerliche und politische Rechte, die beide vorsehen, dass niemand der Folter oder grausamer, unmenschlicher oder erniedrigender Behandlung oder Strafe unterworfen werden darf,
sowie im Hinblick auf die von der Generalversammlung am 9. Dezember 1975 angenommene Erklärung über den Schutz aller Personen vor Folter und anderer grausamer, unmenschlicher oder erniedrigender Behandlung oder Strafe,
in dem Wunsch, dem Kampf gegen Folter und andere grausame, unmenschliche oder erniedrigende Be-handlung oder Strafe in der ganzen Welt größere Wirksamkeit zu verleihen sind wie folgt übereingekommen:

Teil I

Artikel 1

(1) Im Sinne dieses Übereinkommens bezeichnet der Ausdruck „Folter" jede Handlung, durch die einer Person vorsätzlich große körperliche oder seelische Schmerzen oder Leiden zugefügt werden, zum Beispiel um von ihr oder einem Dritten eine Aussage oder ein Geständnis zu erlangen, um sie für eine tatsächlich oder mutmaßlich

von ihr oder einem Dritten begangene Tat zu bestrafen oder um sie oder einen Dritten einzuschüchtern oder zu nötigen, oder aus einem anderen, auf irgendeiner Art von Diskriminierung beruhenden Grund, wenn diese Schmerzen oder Leiden von einem Angehörigen des öffentlichen Dienstes oder einer anderen in amtlicher Eigenschaft handelnden Person, auf deren Veranlassung oder mit deren ausdrücklichem oder stillschweigendem Einverständnis verursacht werden. Der Ausdruck umfasst nicht Schmerzen oder Leiden, die sich lediglich aus gesetzlich zulässigen Sanktionen ergeben, dazu gehören oder damit verbunden sind.

(2) Dieser Artikel lässt alle internationalen Übereinkünfte oder innerstaatlichen Rechtsvorschriften unberührt, die weitergehende Bestimmungen enthalten.

Artikel 2

(1) Jeder Vertragsstaat trifft wirksame gesetzgeberische, verwaltungsmäßige, gerichtliche oder sonstige Maßnahmen, um Folterungen in allen seiner Hoheitsgewalt unterstehenden Gebieten zu verhindern.

(2) Außergewöhnliche Umstände gleich welcher Art, sei es Krieg oder Kriegsgefahr, innenpolitische Instabilität oder ein sonstiger öffentlicher Notstand, dürfen nicht als Rechtfertigung für Folter geltend gemacht werden.

(3) Eine von einem Vorgesetzten oder einem Träger öffentlicher Gewalt erteilte Weisung darf nicht als Rechtfertigung für Folter geltend gemacht werden.

Artikel 3

(1) Ein Vertragsstaat darf eine Person nicht in einen anderen Staat ausweisen, abschieben oder an diesen ausliefern, wenn stichhaltige Gründe für die Annahme bestehen, dass sie dort Gefahr liefe, gefoltert zu werden.

(2) Bei der Feststellung, ob solche Gründe vorliegen, berücksichtigen die zuständigen Behörden alle maßgeblichen Erwägungen einschließlich des Umstands, dass in dem betreffenden Staat eine ständige Praxis grober, offenkundiger oder massenhafter Verletzungen der Menschenrechte herrscht.

Artikel 4

(1) Jeder Vertragsstaat trägt dafür Sorge, dass nach seinem Strafrecht alle Folterhandlungen als Straftaten gelten. Das gleiche gilt für versuchte Folterung und für von irgendeiner Person begangene Handlungen, die eine Mittäterschaft oder Teilnahme an einer Folterung darstellen.

(2) Jeder Vertragsstaat bedroht diese Straftaten mit angemessenen Strafen, welche die Schwere der Tat berücksichtigen.

Artikel 5

(1) Jeder Vertragsstaat trifft die notwendigen Maßnahmen, um seine Gerichtsbarkeit über die in Artikel 4 genannten Straftaten in folgenden Fällen zu begründen:

a) wenn die Straftat in einem der Hoheitsgewalt des betreffenden Staates unterstehenden Gebiet oder an Bord eines in diesem Staat eingetragenen Schiffes oder Luftfahrzeug begangen wird;

b) wenn der Verdächtige Angehöriger des betreffenden Staates ist;

c) wenn das Opfer Angehöriger des betreffenden Staates ist, sofern dieser Staat es für angebracht hält.

(2) Ebenso trifft jeder Vertragsstaat die notwendigen Maßnahmen, um seine Gerichtsbarkeit über diese Straftaten für den Fall zu begründen, dass der Verdächtige sich in einem der Hoheitsgewalt des betreffenden Staates unterstehenden Gebiet befindet und er ihn nicht nach Artikel 8 an einen der in Absatz 1 des vorliegenden Artikels bezeichneten Staaten ausliefert.

(2) Dieses Übereinkommen schließt eine Strafgerichtsbarkeit, die nach innerstaatlichem Recht ausgeübt wird, nicht aus.

Artikel 6

(1) Hält ein Vertragsstaat, in dessen Hoheitsgebiet sich ein der Begehung einer in Artikel 4 genannten Straftat Verdächtiger befindet, es nach Prüfung der ihm vorliegenden Informationen in Anbetracht der Umstände für gerechtfertigt, so nimmt er ihn in Haft oder trifft andere rechtliche Maßnahmen, um seine Anwesenheit sicherzustellen. Die Haft und die anderen rechtlichen Maßnahmen müssen mit dem Recht dieses Staates übereinstimmen; sie dürfen nur so lange aufrechterhalten werden, wie es notwendig ist, um die Einleitung eines Straf- oder Auslieferungsverfahrens zu ermöglichen.

(2) Dieser Staat führt unverzüglich eine vorläufige Untersuchung zur Feststellung des Sachverhalts durch.

(3) Einer auf Grund des Absatzes 1 in Haft befindlichen Person wird jede Erleichterung gewährt, damit sie mit dem nächsten zuständigen Vertreter des Staates, dessen Staatsangehörigkeit sie besitzt, oder, wenn sie staatenlos ist, mit dem Vertreter des Staates, in   dem sie sich gewöhnlich aufhält, unmittelbar verkehren kann.

(3) Hat ein Staat eine Person auf Grund dieses Artikels in Haft genommen, so zeigt er unverzüglich den in Artikel 5 Absatz 1 genannten Staaten die Tatsache, dass diese Person in Haft ist, sowie die Umstände an, welche die Haft rechtfertigen. Der Staat, der die vorläufige Untersuchung nach Absatz 2 durchführt, unterrichtet die genannten Staaten unverzüglich über das Ergebnis der Untersuchung und teilt ihnen mit, ob er seine Gerichtsbarkeit auszuüben beabsichtigt.

Artikel 7

(1) Der Vertragsstaat, der die Hoheitsgewalt über das Gebiet ausübt, in dem der einer in Artikel 4 genannten Straftat Verdächtige aufgefunden wird, unterbreitet den Fall, wenn er den Betreffenden nicht ausliefert, in den in Artikel 5 genannten Fallen seinen zuständigen Behörden zum Zweck der Strafverfolgung.

(2) Diese Behörden treffen ihre Entscheidung in der gleichen Weise wie im Fall einer gemeinrechtlichen Straftat schwerer Art nach dem Recht dieses Staates. In den in

Artikel 5 Absatz 2 genannten Fällen dürfen für die Strafverfolgung und Verurteilung keine weniger strengen Maßstäbe bei der Beweisführung angelegt werden als in den in Artikel 5 Absatz 1 genannten Fällen.

(3) Jedem, gegen den ein Verfahren wegen einer der in Artikel 4 genannten Straftaten durchgeführt wird, ist während des gesamten Verfahrens eine gerechte Behandlung zu gewährleisten.

Artikel 8

(1) Die in Artikel 4 genannten Straftaten gelten als in jeden zwischen Vertragsstaaten bestehenden Auslieferungsvertrag einbezogene, der Auslieferung unterliegende Straftaten. Die Vertragsstaaten verpflichten sich, diese Straftaten als der Auslieferung unterliegende Straftaten in jeden zwischen ihren zu schließenden Auslieferungsvertrag aufzunehmen.

(2) Erhält ein Vertragsstaat, der die Auslieferung vom Bestehen eines Vertrags abhängig macht, ein Auslieferungsersuchen von einem anderen Vertragsstaat, mit dem er keinen Auslieferungsvertrag hat, so kann er dieses Übereinkommen als Rechtsgrundlage für die Auslieferung in bezug auf solche Straftaten ansehen. Die Auslieferung unterliegt im übrigen den im Recht des ersuchten Staates vorgesehenen Bedingungen.

(3) Vertragsstaaten, welche die Auslieferung nicht vom Bestehen eines Vertrags abhängig machen, erkennen unter sich solche Straftaten als der Auslieferung unterliegende Straftaten vorbehaltlich der im Recht des ersuchten Staates vorgesehenen Bedingungen an.

(4) Solche Straftaten werden für die Zwecke der Auslieferung zwischen Vertragsstaaten so behandelt, als seien sie nicht nur an dem Ort, an dem sie sich ereignet haben, sondern auch in den Hoheitsgebieten der Staaten begangen worden, die verpflichtet sind, ihre Gerichtsbarkeit nach Artikel 5 Absatz 1 zu begründen.

Artikel 9

(1) Die Vertragsstaaten gewähren einander die weitestgehende Hilfe im Zusammenhang mit Strafverfahren, die in bezug auf eine der in Artikel 4 genannten Straftaten eingeleitet werden, einschließlich der Überlassung aller ihnen zur Verfügung stehenden und für das Verfahren erforderlichen Beweismittel.

(2) Die Vertragsstaaten kommen ihren Verpflichtungen aus Absatz 1 im Einklang mit allen möglicherweise zwischen ihnen bestehenden Verträgen über gegenseitige Rechtshilfe nach.

Artikel 10

(1) Jeder Vertragsstaat trägt dafür Sorge, dass die Erteilung von Unterricht und die Aufklärung über das Verbot der Folter als vollgültiger Bestandteil in die Ausbildung des mit dem Gesetzesvollzug betrauten zivilen und militärischen Personals, des medizinischen Personals, der Angehörigen des öffentlichen Dienstes und anderer Perso-

nen aufgenommen wird, die mit dem Gewahrsam, der Vernehmung oder der Behandlung einer Person befasst werden können, die der Festnahme, der Haft, dem Strafvollzug oder irgendeiner anderen Form der Freiheitsentziehung unterworfen ist.

(2) Jeder Vertragsstaat nimmt dieses Verbot in die Vorschriften oder Anweisungen über die Pflichten und Aufgaben aller dieser Personen auf.

Artikel 11

Jeder Vertragsstaat unterzieht die für Vernehmungen geltenden Vorschriften, Anweisungen, Methoden und Praktiken sowie die Vorkehrungen für den Gewahrsam und die Behandlung von Personen, die der Festnahme, der Haft, dem Strafvollzug oder irgendeiner anderen Form der Freiheitsentziehung unterworfen sind, in allen seiner Hoheitsgewalt unterstehenden Gebieten einer regelmäßigen systematischen Überprüfung, um jeden Fall von Folter zu verhüten.

Artikel 12

Jeder Vertragsstaat trägt dafür Sorge, dass seine zuständigen Behörden umgehend eine unparteiische Untersuchung durchführen, sobald ein hinreichender Grund für die Annahme besteht, dass in einem seiner Hoheitsgewalt unterstehenden Gebiet eine Folterhandlung begangen wurde.

Artikel 13

Jeder Vertragsstaat trägt dafür Sorge, dass jeder, der behauptet, er sei in einem der Hoheitsgewalt des betreffenden Staates unterstehenden Gebiet gefoltert worden, das Recht auf Anrufung der zuständigen Behörden und auf umgehende unparteiische Prüfung seines Falles durch diese Behörden hat. Es sind Vorkehrungen zu treffen, um sicherzustellen, dass der Beschwerdeführer und die Zeugen vor jeder Misshandlung oder Einschüchterung wegen ihrer Beschwerde oder ihrer Aussagen geschützt sind.

Artikel 14

(1) Jeder Vertragsstaat stellt in seiner Rechtsordnung sicher, dass das Opfer einer Folterhandlung Wiedergutmachung erhält und ein einklagbares Recht auf gerechte und angemessene Entschädigung einschließlich der Mittel für eine möglichst vollständige Rehabilitation hat. Stirbt das Opfer infolge der Folterhandlung, so haben seine Hinterbliebenen Anspruch auf Entschädigung.

(2) Dieser Artikel berührt nicht einen nach innerstaatlichem Recht bestehenden Anspruch des Opfers oder anderer Personen auf Entschädigung.

Artikel 15

Jeder Vertragsstaat trägt dafür Sorge, dass Aussagen, die nachweislich durch Folter herbeigeführt worden sind, nicht als Beweis in einem Verfahren verwendet werden, es sei denn gegen eine der Folter angeklagte Person als Beweis dafür, dass die Aussage gemacht wurde.

Artikel 16

(1) Jeder Vertragsstaat verpflichtet sich, in jedem seiner Hoheitsgewalt unterstehenden Gebiet andere Handlungen zu verhindern, die eine grausame, unmenschliche oder erniedrigende Behandlung oder Strafe darstellen, ohne der Folter im Sinne des Artikels 1 gleichzukommen, wenn diese Handlungen von einem Angehörigen des öffentlichen Dienstes oder einer anderen in amtlicher Eigenschaft handelnden Person, auf deren Veranlassung oder mit deren ausdrücklichem oder stillschweigendem Einverständnis begangen werden. Die in den Artikeln 10, 11, 12 und 13 aufgeführten Verpflichtungen bezüglich der Folter gelten auch entsprechend für andere Formen grausamer, unmenschlicher oder erniedrigender Behandlung oder Strafe.

(2) Dieses Übereinkommen berührt nicht die Bestimmungen anderer internationaler Übereinkünfte oder innerstaatlicher Rechtsvorschriften, die grausame, unmenschliche oder erniedrigende Behandlung oder Strafe verbieten oder die sich auf die Auslieferung oder Ausweisung beziehen.

Teil II

Artikel 17

(1) Es wird ein Ausschuss gegen Folter (im folgenden als „Ausschuss" bezeichnet) errichtet, der die nachstehend festgelegten Aufgaben wahrnimmt. Der Ausschuss besteht aus zehn Sachverständigen von hohem sittlichen Ansehen und anerkannter Sachkenntnis auf dem Gebiet der Menschenrechte, die in ihrer persönlichen Eigenschaft tätig sind. Die Sachverständigen werden von den Vertragsstaaten gewählt, wobei eine ausgewogene geographische Verteilung und die Zweckmäßigkeit der Beteiligung von Personen mit juristischer Erfahrung zu berücksichtigen sind.

(2) Die Mitglieder des Ausschusses werden in geheimer Wahl aus einer Liste von Personen gewählt, die von den Vertragsstaaten vorgeschlagen worden sind. Jeder Vertragsstaat darf einen seiner Staatsangehörigen vorschlagen. Die Vertragsstaaten berücksichtigen dabei, dass es zweckmäßig ist, Personen vorzuschlagen, die auch Mitglieder des aufgrund des Internationalen Paktes über bürgerliche und politische Rechte eingesetzten Ausschusses für Menschenrechte sind und die bereit sind, dem Ausschuss gegen Folter anzugehören.

(3) Die Wahl der Ausschussmitglieder findet alle zwei Jahre in vom Generalsekretär der Vereinten Nationen einberufenen Versammlungen der Vertragsstaaten statt. In diesen Versammlungen, die beschlussfähig sind, wenn zwei Drittel der Vertragsstaaten vertreten sind, gelten diejenigen Kandidaten als in den Ausschuss gewählt, welche die höchste Stimmenzahl und die absolute Stimmenmehrheit der anwesenden und abstimmenden Vertreter der Vertragsstaaten auf sich vereinigen.

(4) Die erste Wahl findet spätestens sechs Monate nach Inkrafttreten dieses Übereinkommens statt. Spätestens vier Monate vor jeder Wahl fordert der Generalsekretär der Vereinten Nationen die Vertragsstaaten schriftlich auf, innerhalb von drei Monaten ihre Kandidaten vorzuschlagen. Der Generalsekretär fertigt eine alphabetische Liste aller auf diese Weise vorgeschlagenen Personen unter Angabe der Vertragsstaaten an, die sie vorgeschlagen haben, und übermittelt sie den Vertragsstaaten.

(5) Die Ausschussmitglieder werden für vier Jahre gewählt. Auf erneuten Vorschlag können sie wieder-gewählt werden. Die Amtszeit von fünf der bei der ersten Wahl gewählten Mitglieder läuft jedoch nach zwei Jahren ab; unmittelbar nach der ersten Wahl werden die Namen dieser fünf Mitglieder vom Vorsitzenden der in Absatz 3 genannten Versammlung durch das Los bestimmt.

(6) Stirbt ein Ausschussmitglied, tritt es zurück oder kann es aus irgendeinem anderen Grund seine Aufgaben im Ausschuss nicht mehr wahrnehmen, so ernennt der Vertragsstaat, der es vorgeschlagen hat, vorbehaltlich der Zustimmung der Mehrheit der Vertragsstaaten einen anderen Sachverständigen seiner Staatsangehörigkeit, der dem Ausschuss während der restlichen Amtszeit angehört. Die Zustimmung gilt als erteilt, sofern sich nicht mindestens die Hälfte der Vertragsstaaten binnen sechs Wochen, nachdem sie vom Generalsekretär der Vereinten Nationen von der vorgeschlagenen Ernennung unterrichtet wurde, dagegen ausspricht.

(7) Die Vertragsstaaten kommen für die Ausgaben auf, die den Ausschussmitgliedern bei der Wahrnehmung von Aufgaben des Ausschusses entstehen.

Artikel 18

(1) Der Ausschuss wählt seinen Vorstand für zwei Jahre. Eine Wiederwahl der Mitglieder des Vorstands ist zulässig.

(2) Der Ausschuss gibt sich eine Geschäftsordnung, die unter anderem folgende Bestimmungen enthalten muss:
a) Der Ausschuss ist bei Anwesenheit von sechs Mitgliedern beschlussfähig;
b) der Ausschuss fasst seine Beschlüsse mit der Mehrheit der anwesenden Mitglieder.

(3) Der Generalsekretär der Vereinten Nationen stellt dem Ausschuss das Personal und die Einrichtungen zur Verfügung, die dieser zur wirksamen Durchführung der ihm nach diesem Übereinkommen obliegenden Aufgaben benötigt.

(4) Der Generalsekretär der Vereinten Nationen beruft die erste Sitzung des Ausschusses ein. Nach seiner ersten Sitzung tritt der Ausschuss zu den in seiner Geschäftsordnung vorgesehenen Zeiten zusammen.

(5) Die Vertragsstaaten kommen für die Ausgaben auf, die im Zusammenhang mit der Abhaltung von Versammlungen der Vertragsstaaten und Sitzungen des Ausschusses entstehen; dazu gehört auch die Erstattung aller Ausgaben, wie beispielsweise der Kosten für Personal und Einrichtungen, die den Vereinten Nationen nach Absatz 3 entstanden sind.

Dokumente

Artikel 19

(1) Die Vertragsstaaten legen dem Ausschuss über den Generalsekretär der Vereinten Nationen innerhalb eines Jahres nach Inkrafttreten dieses Übereinkommens für den betreffenden Vertragsstaat Berichte über die Maßnahmen vor, die sie zur Erfüllung ihrer Verpflichtungen aus dem Übereinkommen getroffen haben. Danach legen die Vertragsstaaten alle vier Jahre ergänzende Berichte über alle weiteren Maßnahmen sowie alle sonstigen Berichte vor, die der Ausschuss anfordert.

(2) Der Generalsekretär der Vereinten Nationen leitet die Berichte allen Vertragsstaaten zu.

(3) Der Ausschuss prüft jeden Bericht; er kann ihn mit den ihm geeignet erscheinenden allgemeinen Bemerkungen versehen und leitet diese dem betreffenden Vertragsstaat zu. Dieser kann dem Ausschuss hierzu jede Stellungnahme übermitteln, die er abzugeben wünscht.

(4) Der Ausschuss kann nach eigenem Ermessen beschließen, seine Bemerkungen nach Absatz 3 zusammen mit den hierauf eingegangenen Stellungnahmen des betreffenden Vertragsstaats in seinen gemäß Artikel 24 erstellten Jahresbericht aufzunehmen. Auf Ersuchen des betreffenden Vertragsstaats kann der Ausschuss auch eine Abschrift des nach Absatz 1 vorgelegten Berichts beifügen.

Artikel 20

(1) Erhält der Ausschuss zuverlässige Informationen, die nach seiner Meinung wohlbegründete Hinweise darauf enthalten, dass im Hoheitsgebiet eines Vertragsstaats systematisch Folterungen stattfinden, so fordert der Ausschuss diesen Vertragsstaat auf, bei der Prüfung der Informationen mitzuwirken und zu diesem Zweck Stellungnahmen zu den Informationen abzugeben.

(2) Wenn es der Ausschuss unter Berücksichtigung der von dem betreffenden Vertragsstaat abgegebenen Stellungnahmen sowie aller sonstigen ihm zur Verfügung stehenden einschlägigen Informationen für gerechtfertigt hält, kann er eines oder mehrere seiner Mitglieder beauftragen, eine vertrauliche Untersuchung durchzuführen und ihm sofort zu berichten.

(3) Wird eine Untersuchung nach Absatz 2 durchgeführt, so bemüht sich der Ausschuss um die Mitwirkung des betreffenden Vertragsstaats. Im Einvernehmen mit diesem Vertragsstaat kann eine solche Untersuchung einen Besuch in dessen Hoheitsgebiet einschließen.

(4) Nachdem der Ausschuss die von seinem Mitglied oder seinen Mitgliedern nach Absatz 2 vorgelegten Untersuchungsergebnisse geprüft hat, übermittelt er sie zusammen mit allen angesichts der Situation geeignet erscheinenden Bemerkungen oder Vorschlägen dem betreffenden Vertragsstaat.

(5) Das gesamte in den Absätzen 1 bis 4 bezeichnete Verfahren des Ausschusses ist vertraulich; in jedem Stadium des Verfahrens wird die Mitwirkung des betreffenden Vertragsstaats angestrebt. Nachdem das mit einer Untersuchung gemäß Absatz 2 zusammenhängende Verfahren abgeschlossen ist, kann der Ausschuss nach Konsultation

des betreffenden Vertragsstaats beschließen, eine Zusammenfassung der Ergebnisse des Verfahrens in seinen nach Artikel 24 erstellten Jahresbericht aufzunehmen.

Artikel 21

(1) Ein Vertragsstaat kann auf Grund dieses Artikels jederzeit erklären, dass er die Zuständigkeit des Ausschusses zur Entgegennahme und Prüfung von Mitteilungen anerkennt, in denen ein Vertragsstaat geltend macht, ein anderer Vertragsstaat komme seinen Verpflichtungen aus diesem Übereinkommen nicht nach. Diese Mitteilungen können nur dann nach den in diesem Artikel festgelegten Verfahren entgegengenommen und geprüft werden, wenn sie von einem Vertragsstaat eingereicht werden, der für sich selbst die Zuständigkeit des Ausschusses durch eine Erklärung anerkannt hat. Der Ausschuss darf keine Mitteilung auf Grund dieses Artikels behandeln, die einen Vertragsstaat betrifft, der keine derartige Erklärung abgegeben hat. Auf Mitteilungen, die auf Grund dieses Artikels eingehen, ist folgendes Verfahren anzuwenden:

a) Ist ein Vertragsstaat der Auffassung, dass ein anderer Vertragsstaat die Bestimmungen dieses Übereinkommens nicht durchführt, so kann er den anderen Staat durch eine schriftliche Mitteilung darauf hinweisen. Innerhalb von drei Monaten nach Zugang der Mitteilung hat der Empfangsstaat dem Staat, der die Mitteilung übersandt hat, in bezug auf die Sache eine schriftliche Erklärung oder sonstige Stellungnahme zukommen zu lassen, die, soweit es möglich und angebracht ist, einen Hinweis auf die in der Sache durchgeführten, anhängigen oder zur Verfügung stehenden innerstaatlichen Verfahren und Rechtsbehelfe enthalten soll;

b) wird die Sache nicht innerhalb von sechs Monaten nach Eingang der einleitenden Mitteilung bei dem Empfangsstaat zur Zufriedenheit der beiden beteiligten Vertragsstaaten geregelt, so hat jeder der beiden Staaten das Recht, die Sache dem Ausschuss zu unterbreiten, indem er diesem und dem anderen Staat eine entsprechende Mitteilung macht;

c) der Ausschuss befasst sich mit einer ihm auf Grund dieses Artikels unterbreiteten Sache erst dann, wenn er sich Gewissheit verschafft hat, dass in der Sache alle innerstaatlichen Rechtsbehelfe in Übereinstimmung mit den allgemein anerkannten Grundsätzen des Völkerrechts eingelegt und erschöpft worden sind. Dies gilt nicht, wenn das Verfahren bei der Anwendung der Rechtsbehelfe unangemessen lange gedauert hat oder für die Person, die das Opfer einer Verletzung dieses Übereinkommens geworden ist, keine wirksame Abhilfe erwarten lässt;

d) der Ausschuss berät über Mitteilungen auf Grund dieses Artikels in nichtöffentlicher Sitzung;

e) sofern die Voraussetzungen des Buchstabens c erfüllt sind, stellt der Ausschuss den beteiligten Vertragsstaaten seine guten Dienste zur Verfügung, um eine gütliche Regelung der Sache auf der Grundlage der Einhaltung der in diesem Übereinkommen vorgesehenen Verpflichtungen herbeizuführen. Zu diesem Zweck kann der Ausschuss gegebenenfalls eine Ad-hoc-Vergleichskommission einsetzen;

f) der Ausschuss kann in jeder ihm auf Grund dieses Artikels unterbreiteten Sache die unter Buchstabe b genannten beteiligten Vertragsstaaten auffordern, alle erheblichen Angaben beizubringen;

g) die unter Buchstabe b genannten beteiligten Vertragsstaaten haben das Recht, sich vertreten zu lassen sowie mündlich und/oder schriftlich Stellung zu nehmen, wenn die Sache vom Ausschuss verhandelt wird;

h) der Ausschuss legt innerhalb von zwölf Monaten nach Eingang der unter Buchstabe b vorgesehenen Mitteilung einen Bericht vor:

i) Wenn eine Regelung im Sinne des Buchstabens e zustande gekommen ist, beschränkt der Ausschuss seinen Bericht auf eine kurze Darstellung des Sachverhalts und der erzielten Regelung;

ii) wenn eine Regelung im Sinne des Buchstabens e nicht zustande gekommen ist, beschränkt der Ausschuss seinen Bericht auf eine kurze Darstellung des Sachverhalts; die schriftlichen Stellungnahmen und das Protokoll über die mündlichen Stellungnahmen der beteiligten Vertragsstaaten sind dem Bericht beizufügen. In jedem Fall wird der Bericht den beteiligten Vertragsstaaten übermittelt.

(2) Die Bestimmungen dieses Artikels treten in Kraft, wenn fünf Vertragsstaaten Erklärungen nach Absatz 1 abgegeben haben. Diese Erklärungen werden von den Vertragsstaaten beim Generalsekretär der Vereinten Nationen hinterlegt, der den anderen Vertragsstaaten Abschriften davon übermittelt. Eine Erklärung kann jederzeit durch eine an den Generalsekretär gerichtete Notifikation zurückgenommen werden. Eine solche Zurücknahme berührt nicht die Prüfung einer Sache, die Gegenstand einer auf Grund dieses Artikels bereits vorgenommenen Mitteilung ist; nach Eingang der Notifikation über die Zurücknahme der Erklärung beim Generalsekretär wird keine weitere Mitteilung eines Vertragsstaats auf Grund dieses Artikels entgegengenommen, es sei denn, dass der betroffene Vertragsstaat eine neue Erklärung abgegeben hat.

Artikel 22

(1) Ein Vertragsstaat kann auf Grund dieses Artikels jederzeit erklären, dass er die Zuständigkeit des Ausschusses zur Entgegennahme und Prüfung von Mitteilungen einzelner Personen oder im Namen einzelner Personen anerkennt, die der Hoheitsgewalt des betreffenden Staates unterstehen und die geltend machen, Opfer einer Verletzung dieses Übereinkommens durch einen Vertragsstaat zu sein. Der Ausschuss darf keine Mitteilung entgegennehmen, die einen Vertragsstaat betrifft, der keine derartige Erklärung abgegeben hat.

(2) Der Ausschuss erklärt jede nach diesem Artikel eingereichte Mitteilung für unzulässig, die anonym ist oder die er für einen Missbrauch des Rechts auf Einreichung solcher Mitteilungen oder für unvereinbar mit den Bestimmungen dieses Übereinkommens hält.

(3) Vorbehaltlich des Absatzes 2 bringt der Ausschuss jede ihm nach diesem Artikel eingereichte Mitteilung dem Vertragsstaat zur Kenntnis, der eine Erklärung nach Absatz 1

abgegeben hat und dem vorgeworfen wird, eine Bestimmung dieses Übereinkommens verletzt zu haben. Der Empfangsstaat hat dem Ausschuss innerhalb von sechs Monaten schriftliche Erläuterungen oder Stellungnahmen zur Klärung der Sache zu übermitteln und die gegebenenfalls von ihm getroffenen Abhilfemaßnahmen mitzuteilen.

(4) Der Ausschuss prüft die ihm nach diesem Artikel zugegangenen Mitteilungen unter Berücksichtigung aller ihm von der Einzelperson oder in deren Namen und von dem betroffenen Vertragsstaat unterbreiteten Informationen.

(5) Der Ausschuss prüft Mitteilungen einer Einzelperson auf Grund dieses Artikels erst dann, wenn er sich Gewissheit verschafft hat,
a) dass dieselbe Sache nicht bereits in einem anderen internationalen Untersuchungs- oder Streitregelungsverfahren geprüft wurde oder wird;
b) dass die Einzelperson alle zur Verfügung stehenden innerstaatlichen Rechtsbehelfe erschöpft hat; dies gilt nicht, wenn das Verfahren bei der Anwendung der Rechtsbehelfe unangemessen lange gedauert hat oder für die Person, die das Opfer einer Verletzung dieses Übereinkommens geworden ist, keine wirksame Abhilfe erwarten lässt.

(6) Der Ausschuss berät über Mitteilungen auf Grund dieses Artikels in nichtöffentlicher Sitzung.

(7) Der Ausschuss teilt seine Auffassungen dem betroffenen Vertragsstaat und der Einzelperson mit.

(8) Die Bestimmungen dieses Artikels treten in Kraft, wenn fünf Vertragsstaaten Erklärungen nach Absatz 1 abgegeben haben. Diese Erklärungen werden von den Vertragsstaaten beim Generalsekretär der Vereinten Nationen hinterlegt, der den anderen Vertragsstaaten Abschriften davon übermittelt. Eine Erklärung kann jederzeit durch eine an den Generalsekretär gerichtete Notifikation zurückgenommen werden. Eine solche Zurücknahme berührt nicht die Prüfung einer Sache, die Gegenstand einer auf Grund dieses Artikels bereits vorgenommenen Mitteilung ist; nach Eingang der Notifikation über die Zurücknahme der Erklärung beim Generalsekretär wird keine weitere von einer Einzelperson oder in deren Namen gemachte Mitteilung auf Grund dieses Artikels entgegengenommen, es sei denn, dass der betroffene Vertragsstaat eine neue Erklärung abgegeben hat.

Artikel 23

Die Mitglieder des Ausschusses und der Ad-hoc-Vergleichskommissionen, die nach Artikel 21 Absatz 1 Buchstabe e bestimmt werden können, haben Anspruch auf die Erleichterungen, Vorrechte und Immunitäten, die in den einschlägigen Abschnitten des Übereinkommens über die Vorrechte und Immunitäten der Vereinten Nationen für die im Auftrag der Vereinten Nationen tätigen Sachverständigen vorgesehen sind.

Artikel 24

Der Ausschuss legt den Vertragsstaaten und der Generalversammlung der Vereinten Nationen einen Jahresbericht über seine Tätigkeit auf Grund dieses Übereinkommens vor.

Teil III

Artikel 25

(1) Dieses Übereinkommen liegt für alle Staaten zur Unterzeichnung auf.
(2) Dieses Übereinkommen bedarf der Ratifikation. Die Ratifikationsurkunden werden beim Generalsekretär der Vereinten Nationen hinterlegt.

Artikel 26

Dieses Übereinkommen steht allen Staaten zum Beitritt offen. Der Beitritt erfolgt durch Hinterlegung einer Beitrittsurkunde beim Generalsekretär der Vereinten Nationen.

Artikel 27

(1) Dieses Übereinkommen tritt am dreißigsten Tag nach Hinterlegung der zwanzigsten Ratifikations- oder Beitrittsurkunde beim Generalsekretär der Vereinten Nationen in Kraft.
(2) Für jeden Staat, der nach Hinterlegung der zwanzigsten Ratifikations- oder Beitrittsurkunde dieses Übereinkommen ratifiziert oder ihm beitritt, tritt es am dreißigsten Tag nach Hinterlegung seiner eigenen Ratifikations- oder Beitrittsurkunde in Kraft.

Artikel 28

(1) Jeder Staat kann bei der Unterzeichnung oder der Ratifikation dieses Übereinkommens oder dem Beitritt zu diesem erklären, dass er die in Artikel 20 vorgesehene Zuständigkeit des Ausschusses nicht anerkennt.
(2) Jeder Vertragsstaat, der einen Vorbehalt nach Absatz 1 gemacht hat, kann diesen Vorbehalt jederzeit durch eine an den Generalsekretär der Vereinten Nationen gerichtete Notifikation zurücknehmen.

Artikel 29

(1) Jeder Vertragsstaat kann eine Änderung dieses Übereinkommens vorschlagen und seinen Vorschlag beim Generalsekretär der Vereinten Nationen einreichen. Der Generalsekretär übermittelt sodann den Änderungsvorschlag den Vertragsstaaten mit der Aufforderung, ihm mitzuteilen, ob sie eine Konferenz der Vertragsstaaten zur Beratung und Abstimmung über den Vorschlag befürworten. Befürwortet innerhalb von vier Monaten nach dem Datum der Übermittlung wenigstens ein Drittel der Ver-

tragsstaaten eine solche Konferenz, so beruft der Generalsekretär die Konferenz unter der Schirmherrschaft der Vereinten Nationen ein. Jede Änderung, die von der Mehrheit der auf der Konferenz anwesenden und abstimmenden Vertragsstaaten beschlossen wird, wird vom Generalsekretär allen Vertragsstaaten zur Annahme vorgelegt.

(2) Eine nach Absatz 1 beschlossene Änderung tritt in Kraft, wenn zwei Drittel der Vertragsstaaten dem Generalsekretär der Vereinten Nationen notifiziert haben, dass sie der Änderung nach Maßgabe der in ihrer Verfassung vorgesehenen Verfahren angenommen haben.

(3) Treten die Änderungen in Kraft, so sind sie für die Vertragsstaaten, die sie angenommen haben, verbindlich, während für die anderen Vertragsstaaten weiterhin die Bestimmungen dieses Übereinkommens und alle früher von ihnen angenommenen Änderungen gelten.

Artikel 30

(1) Jede Streitigkeit zwischen zwei oder mehr Vertragsstaaten über die Auslegung oder Anwendung dieses Übereinkommens, die nicht durch Verhandlungen beigelegt werden kann, ist auf Verlangen eines dieser Staaten einem Schiedsverfahren zu unterwerfen. Können sich die Parteien binnen sechs Monaten nach dem Zeitpunkt, zu dem das Schiedsverfahren verlangt worden ist, über seine Ausgestaltung nicht einigen, so kann jede dieser Parteien die Streitigkeit dem Internationalen Gerichtshof unterbreiten, indem sie einen seinem Statut entsprechenden Antrag stellt.

(2) Jeder Staat kann bei der Unterzeichnung oder der Ratifikation dieses Übereinkommens oder dem Beitritt zu diesem erklären, dass er sich durch Absatz 1 nicht als gebunden betrachtet. Die anderen Vertragsstaaten sind gegenüber einem Vertragsstaat, der einen solchen Vorbehalt gemacht hat, durch Absatz 1 nicht gebunden.

(3) Ein Vertragsstaat, der einen Vorbehalt nach Absatz 2 gemacht hat, kann diesen Vorbehalt jederzeit durch eine an den Generalsekretär der Vereinten Nationen gerichtete Notifikation zurücknehmen.

Artikel 31

(1) Ein Vertragsstaat kann dieses Übereinkommen durch eine an den Generalsekretär der Vereinten Nationen gerichtete schriftliche Notifikation kündigen. Die Kündigung wird ein Jahr nach Eingang der Notifikation beim Generalsekretär wirksam.

(2) Eine solche Kündigung enthebt den Vertragsstaat nicht der Verpflichtungen, die er auf Grund dieses Übereinkommens in bezug auf vor dem Wirksamwerden der Kündigung begangene Handlungen oder Unterlassungen hat; die Kündigung berührt auch nicht die weitere Prüfung einer Sache, mit welcher der Ausschuss bereits vor dem Wirksamwerden der Kündigung befasst war.

(3) Nach dem Tag, an dem die Kündigung eines Vertragsstaats wirksam wird, darf der Ausschuss nicht mit der Prüfung einer neuen diesen Staat betreffenden Sache beginnen.

Artikel 32

Der Generalsekretär der Vereinten Nationen unterrichtet alle Mitgliedstaaten der Vereinten Nationen und alle Staaten, die dieses Übereinkommen unterzeichnet haben oder ihm beigetreten sind,

a) von den Unterzeichnungen, Ratifikationen und Beitritten nach den Artikeln 25 und 26;

b) vom Zeitpunkt des Inkrafttretens dieses Übereinkommens nach Artikel 27 und vom Zeitpunkt des Inkrafttretens von Änderungen nach Artikel 29;

c) von den Kündigungen nach Artikel 31.

Artikel 33

(1) Dieses Übereinkommen, dessen arabischer, chinesischer, englischer, französischer, russischer und spanischer Wortlaut gleichermaßen verbindlich ist, wird beim Generalsekretär der Vereinten Nationen hinterlegt.

(2) Der Generalsekretär der Vereinten Nationen übermittelt allen Staaten beglaubigte Abschriften dieses Übereinkommens.

11. Übereinkommen zur Beseitigung jeder Form der Diskriminierung der Frau

1979

(BGBl. 1985 II 648)

Die Vertragsstaaten dieses Übereinkommens –
im Hinblick darauf, dass die Charta der Vereinten Nationen den Glauben an die Grundrechte des Menschen, an Würde und Wert der menschlichen Persönlichkeit und an die Gleichberechtigung von Mann und Frau erneut bekräftigt;

im Hinblick darauf, dass die Allgemeine Erklärung der Menschenrechte den Grundsatz der Unzulässigkeit der Diskriminierung bekräftigt und feierlich feststellt, dass alle Menschen frei und an Würde und Rechten gleich geboren sind und dass jeder ohne irgendeinen Unterschied, einschliesslich eines Unterschieds aufgrund des Geschlechts, Anspruch hat auf alle in der genannten Erklärung aufgeführten Rechte und Freiheiten;

im Hinblick darauf, dass die Vertragsstaaten der Internationalen Menschenrechtspakte 3 verpflichtet sind, die Gleichberechtigung von Mann und Frau bei der Ausübung aller wirtschaftlichen, sozialen, kulturellen, bürgerlichen und politischen Rechte sicherzustellen;

in Anbetracht der unter der Schirmherrschaft der Vereinten Nationen und der Sonderorganisationen geschlossenen internationalen Übereinkommen zur Förderung der Gleichberechtigung von Mann und Frau; im Hinblick ferner auf die Entschliessungen, Erklärungen und Empfehlungen der Vereinten Nationen und der Sonderorganisationen zur Förderung der Gleichberechtigung von Mann und Frau; jedoch besorgt darüber, dass die Frau trotz dieser verschiedenen Urkunden noch immer weitgehend diskriminiert wird;

unter Hinweis darauf, dass die Diskriminierung der Frau die Grundsätze der Gleichberechtigung und der Achtung der Menschenwürde verletzt, die Frauen daran hindert, unter den gleichen Voraussetzungen wie Männer am politischen, sozialen, wirtschaftlichen und kulturellen Leben ihres Landes teilzunehmen, das Wachstum des Wohlstands von Gesellschaft und Familie hemmt und der Frau die volle Entfaltung ihrer Fähigkeiten im Dienste ihres Landes und der Menschheit erschwert;

in der Überzeugung, dass die Errichtung der neuen Weltwirtschaftsordnung auf der Grundlage von Gleichheit und Gerechtigkeit wesentlich zur Förderung der Gleichberechtigung von Mann und Frau beitragen wird; nachdrücklich darauf hinweisend, dass die Beseitigung der Apartheid, jeder Form von Rassismus, Rassendiskriminierung, Kolonialismus, Neokolonialismus, Aggression, ausländischer Besetzung und Fremdherrschaft sowie von Einmischung in die inneren Angelegenheiten der Staaten für die volle Ausübung der Rechte von Mann und Frau unerlässlich ist;

in Bekräftigung dessen, dass die Festigung des Weltfriedens und der internationalen Sicherheit, die internationale Entspannung, die Zusammenarbeit zwischen allen Staaten ungeachtet ihrer Gesellschafts- und Wirtschaftsordnung, die allgemeine und vollständige Abrüstung – insbesondere die nukleare Abrüstung unter strenger und wirksamer internationaler Kontrolle –, die Durchsetzung der Grundsätze der Gerechtigkeit, der Gleichberechtigung und des beiderseitigen Nutzens in den zwischenstaatlichen Beziehungen und die Verwirklichung des Rechts der unter Fremd- und Kolonialherrschaft sowie ausländischer Besetzung lebenden Völker auf Selbstbestimmung und Unabhängigkeit sowie die Achtung der nationalen Souveränität und der territorialen Unversehrtheit den sozialen Fortschritt und die soziale Entwicklung fördern und somit zur Verwirklichung der vollen Gleichberechtigung von Mann und Frau beitragen werden;

überzeugt, dass die grösstmögliche und gleichberechtigte Mitwirkung der Frau in allen Bereichen Voraussetzung für die vollständige Entwicklung eines Landes, für das Wohlergehen der Welt und für die Sache des Friedens ist;

eingedenk des bisher noch nicht voll anerkannten bedeutenden Beitrags der Frau zum Wohlergehen der Familie und zur Entwicklung der Gesellschaft, der sozialen Bedeutung der Mutterschaft und der Rolle beider Elternteile in der Familie und bei der Kindererziehung sowie in dem Bewusstsein, dass die Rolle der Frau bei der Fortpflanzung kein Grund zur Diskriminierung sein darf und dass die Kindererziehung eine Aufgabe ist, in die sich Mann und Frau sowie die Gesellschaft insgesamt teilen müssen;

in dem Bewusstsein, dass sich die traditionelle Rolle des Mannes und die Rolle der Frau in der Gesellschaft und in der Familie wandeln müssen, wenn die volle Gleichberechtigung von Mann und Frau erreicht werden soll;

entschlossen, die in der Erklärung über die Beseitigung der Diskriminierung der Frau niedergelegten Grundsätze zu verwirklichen und zu diesem Zweck die zur Beseitigung jeder Form und Erscheinungsweise einer solchen Diskriminierung erforderlichen Massnahmen zu ergreifen – sind wie folgt übereingekommen:

Teil I

Art. 1

In diesem Übereinkommen bezeichnet der Ausdruck „Diskriminierung der Frau" jede mit dem Geschlecht begründete Unterscheidung, Ausschliessung oder Beschränkung, die zur Folge oder zum Ziel hat, dass die auf die Gleichberechtigung von Mann und Frau gegründete Anerkennung, Inanspruchnahme oder Ausübung der Menschenrechte und Grundfreiheiten durch die Frau – ungeachtet ihres Zivilstands – im politischen, wirtschaftlichen, sozialen, kulturellen, staatsbürgerlichen oder jedem sonstigen Bereich beeinträchtigt oder vereitelt wird.

Art. 2

Die Vertragsstaaten verurteilen jede Form von Diskriminierung der Frau; sie kommen überein, mit allen geeigneten Mitteln unverzüglich eine Politik zur Beseitigung der Diskriminierung der Frau zu verfolgen, und verpflichten sich zu diesem Zweck,

a) den Grundsatz der Gleichberechtigung von Mann und Frau in ihre Staatsverfassung oder in andere geeignete Rechtsvorschriften aufzunehmen, sofern sie dies noch nicht getan haben, und durch gesetzgeberische und sonstige Massnahmen für die tatsächliche Verwirklichung dieses Grundsatzes zu sorgen;

b) durch geeignete gesetzgeberische und sonstige Massnahmen, gegebenenfalls auch Sanktionen, jede Diskriminierung der Frau zu verbieten;

c) den gesetzlichen Schutz der Rechte der Frau auf der Grundlage der Gleichberechtigung mit dem Mann zu gewährleisten und die Frau durch die zuständigen nationalen Gerichte und sonstigen öffentlichen Einrichtungen wirksam vor jeder diskriminierenden Handlung zu schützen;

d) Handlungen oder Praktiken zu unterlassen, welche die Frau diskriminieren, und dafür zu sorgen, dass alle staatlichen Behörden und öffentlichen Einrichtungen im Einklang mit dieser Verpflichtung handeln;

e) alle geeigneten Massnahmen zur Beseitigung der Diskriminierung der Frau durch Personen, Organisationen oder Unternehmen zu ergreifen;

f) alle geeigneten Massnahmen einschliesslich gesetzgeberischer Massnahmen zur Änderung oder Aufhebung aller bestehenden Gesetze, Verordnungen, Gepflogenheiten und Praktiken zu treffen, die eine Diskriminierung der Frau darstellen;

g) alle innerstaatlichen strafrechtlichen Vorschriften aufzuheben, die eine Diskriminierung der Frau darstellen.

Art. 3

Die Vertragsstaaten treffen auf allen Gebieten, insbesondere auf politischem, sozialem, wirtschaftlichem und kulturellem Gebiet, alle geeigneten Massnahmen einschliesslich gesetzgeberischer Massnahmen zur Sicherung der vollen Entfaltung und Menschenrechte und Grundfreiheiten Förderung der Frau, damit gewährleistet wird, dass sie die Menschenrechte und Grundfreiheiten gleichberechtigt mit dem Mann ausüben und geniessen kann.

Art. 4

(1) Zeitweilige Sondermassnahmen der Vertragsstaaten zur beschleunigten Herbeiführung der De-facto-Gleichberechtigung von Mann und Frau gelten nicht als Diskriminierung im Sinne dieses Übereinkommens, dürfen aber keinesfalls die Beibehaltung ungleicher oder gesonderter Massstäbe zur Folge haben; diese Massnahmen sind aufzuheben, sobald die Ziele der Chancengleichheit und Gleichbehandlung erreicht sind.

(2) Sondermassnahmen der Vertragsstaaten – einschliesslich der in diesem Übereinkommen genannten Massnahmen – zum Schutz der Mutterschaft gelten nicht als Diskriminierung.

Art. 5

Die Vertragsstaaten treffen alle geeigneten Massnahmen,

a) um einen Wandel in den sozialen und kulturellen Verhaltensmustern von Mann und
   Frau zu bewirken, um so zur Beseitigung von Vorurteilen sowie von herkömmlichen
   und allen sonstigen auf der Vorstellung von der Unterlegenheit oder Überlegenheit
   des einen oder anderen Geschlechts oder der stereotypen Rollenverteilung von Mann
   und Frau beruhenden Praktiken zu gelangen;
b) um sicherzustellen, dass die Erziehung in der Familie zu einem richtigen Verständnis der Mutterschaft als einer sozialen Aufgabe und zur Anerkennung der gemeinsamen Verantwortung von Mann und Frau für die Erziehung und Entwicklung ihrer
   Kinder beiträgt, wobei davon ausgegangen wird, dass das Interesse der Kinder in allen Fällen vorrangig zu berücksichtigen ist.

Art. 6

Die Vertragsstaaten treffen alle geeigneten Massnahmen einschliesslich gesetzgeberischer Massnahmen zur Abschaffung jeder Form des Frauenhandels und der Ausbeutung der Prostitution von Frauen.

Teil II

Art. 7

Die Vertragsstaaten treffen alle geeigneten Massnahmen zur Beseitigung der Diskriminierung der Frau im politischen und öffentlichen Leben ihres Landes und gewährleisten insbesondere allen Frauen in gleicher Weise wie den Männern
a) das Stimmrecht bei allen Wahlen und Volksabstimmungen sowie das passive Wahlrecht für alle öffentlich gewählten Gremien; Beseitigung jeder Form von Diskriminierung der Frau.
b) das Recht auf Mitwirkung an der Ausarbeitung der Regierungspolitik und deren
   Durchführung sowie auf Bekleidung öffentlicher Ämter und auf Wahrnehmung aller
   öffentlichen Aufgaben auf allen Ebenen staatlicher Tätigkeit;
c) das Recht auf Mitarbeit in nichtstaatlichen Organisationen und Vereinigungen, die
   sich mit dem öffentlichen und politischen Leben ihres Landes befassen.

Art. 8

Die Vertragsstaaten treffen alle geeigneten Massnahmen, um sicherzustellen, dass Frau-
en unter den gleichen Bedingungen wie Männer und ohne Diskriminierung die Möglichkeit haben, ihre Regierung auf internationaler Ebene zu vertreten und an der Arbeit
internationaler Organisationen mitzuwirken.

Art. 9

(1) Die Vertragsstaaten gewähren Frauen die gleichen Rechte wie Männern hinsichtlich
   des Erwerbs, des Wechsels oder der Beibehaltung der Staatsangehörigkeit. Insbe-

sondere stellen die Vertragsstaaten sicher, dass weder durch Eheschliessung mit einem Ausländer noch durch Wechsel der Staatsangehörigkeit des Ehemanns im Laufe der Ehe ohne weiteres sich die Staatsangehörigkeit der Frau ändert, diese staatenlos wird oder ihr die Staatsangehörigkeit ihres Mannes aufgezwungen wird.

(2) Die Vertragsstaaten gewähren Frauen die gleichen Rechte wie Männern im Hinblick auf die Staatsangehörigkeit ihrer Kinder.

Teil III

Art. 10

Die Vertragsstaaten treffen alle geeigneten Massnahmen zur Beseitigung der Diskriminierung der Frau, um ihr im Bildungsbereich die gleichen Rechte wie dem Mann zu gewährleisten und auf der Grundlage der Gleichberechtigung von Mann und Frau insbesondere folgendes sicherzustellen:

a) gleiche Bedingungen bei der Berufsberatung, bei der Zulassung zum Unterricht und beim Erwerb von Zeugnissen an Bildungseinrichtungen jeder Art sowohl in ländlichen als auch in städtischen Gebieten; diese Gleichberechtigung gilt im Hinblick auf Vorschulen, allgemeinbildende Schulen, Fachschulen, allgemeine und technische Bildungseinrichtungen im tertiären Bereich sowie für jede Art der Berufsausbildung;

b) Zulassung zu denselben Bildungsprogrammen und Prüfungen sowie Lehrkräften mit gleichwertigen Qualifikationen und zu Schulanlagen und Schulausstattungen derselben Qualität;

c) Beseitigung jeder stereotypen Auffassung in bezug auf die Rolle von Mann und Frau auf allen Bildungsebenen und in allen Unterrichtsformen durch Menschenrechte und Grundfreiheiten, Förderung der Koedukation und sonstiger Erziehungsformen, die zur Erreichung dieses Zieles beitragen, insbesondere auch durch Überarbeitung von Lehrbüchern und Lehrplänen und durch Anpassung der Lehrmethoden;

d) Chancengleichheit bei der Erlangung von Stipendien und sonstigen Ausbildungsbeihilfen;

e) gleiche Möglichkeiten des Zugangs zu Weiterbildungsprogrammen, darunter Programme für erwachsene Analphabeten und zur funktionellen Alphabetisierung, insbesondere zur möglichst baldigen Verringerung jeden Bildungsgefälles zwischen Mann und Frau;

f) Verringerung des Prozentsatzes von Frauen, die ihre Ausbildung abbrechen, sowie Veranstaltung von Programmen für Mädchen und Frauen, die vorzeitig von der Schule abgegangen sind;

g) gleiche Möglichkeiten zur aktiven Teilnahme an Sport und Leibesübungen;

h) Zugang zu spezifischen Bildungsinformationen, die zur Gesunderhaltung und zum Wohlergehen der Familie beitragen, einschliesslich Aufklärung und Beratung in bezug auf die Familienplanung.

Art. 11

(1) Die Vertragsstaaten treffen alle geeigneten Massnahmen zur Beseitigung der Diskriminierung der Frau im Berufsleben, um ihr auf der Grundlage der Gleichberechtigung von Mann und Frau gleiche Rechte zu gewährleisten, insbesondere
a) das Recht auf Arbeit als unveräusserliches Recht jedes Menschen;
b) das Recht auf dieselben Arbeitsmöglichkeiten einschliesslich der Anwendung derselben Auswahlkriterien bei der Einstellung;
c) das Recht auf freie Berufswahl und freie Wahl des Arbeitsplatzes, das Recht auf beruflichen Aufstieg, Arbeitsplatzsicherheit und alle Leistungen und Arbeitsbedingungen sowie das Recht auf Berufsausbildung und Umschulung, einschliesslich einer Lehre, der Berufsfortbildung und der ständigen Weiterbildung;
d) das Recht auf gleiches Entgelt, einschliesslich sonstiger Leistungen, und auf Gleichbehandlung bei gleichwertiger Arbeit sowie Gleichbehandlung bei der Bewertung der Arbeitsqualität;
e) das Recht auf soziale Sicherheit, insbesondere auf Leistungen bei Eintritt in den Ruhestand, bei Arbeitslosigkeit, Krankheit, Invalidität und im Alter oder bei sonstiger Arbeitsunfähigkeit sowie das Recht auf bezahlten Urlaub;
f) das Recht auf Schutz der Gesundheit und auf Sicherheit am Arbeitsplatz, einschliesslich des Schutzes der Fortpflanzungsfähigkeit.
(2) Um eine Diskriminierung der Frau wegen Eheschliessung oder Mutterschaft zu verhindern und ihr ein wirksames Recht auf Arbeit zu gewährleisten, treffen die Vertragsstaaten geeignete Massnahmen Beseitigung jeder Form von Diskriminierung der Frau.
a) zum – mit der Androhung von Sanktionen verbundenen – Verbot der Entlassung wegen Schwangerschaft oder Mutterschaftsurlaubs sowie der Diskriminierung aufgrund des Zivilstands bei Entlassungen;
b) zur Einführung des bezahlten oder mit vergleichbaren sozialen Vorteilen verbundenen Mutterschaftsurlaubs ohne Verlust des bisherigen Arbeitsplatzes, des Dienstalters oder sozialer Zulagen;
c) zur Förderung der Bereitstellung der erforderlichen unterstützenden Sozialdienste, die es Eltern ermöglichen, ihre Familienpflichten mit ihren beruflichen Aufgaben und mit der Teilnahme am öffentlichen Leben zu vereinbaren, insbesondere durch Förderung der Errichtung und des Ausbaus eines Netzes von Einrichtungen zur Kinderbetreuung;
d) zur Gewährung besonderen Schutzes für Frauen während der Schwangerschaft bei Beschäftigungsarten, die sich als schädlich für Schwangere erwiesen haben.
(3) Die Gesetze zum Schutz der Frau in den in diesem Artikel genannten Bereichen werden in regelmässigen Abständen anhand der wissenschaftlichen und technischen Erkenntnisse überprüft und erforderlichenfalls geändert, aufgehoben oder erweitert.

Art. 12

(1) Die Vertragsstaaten treffen alle geeigneten Massnahmen zur Beseitigung der Diskriminierung der Frau im Bereich des Gesundheitswesens, um der Frau gleichberech-

tigt mit dem Mann Zugang zu den Gesundheitsdiensten, einschliesslich derjenigen im Zusammenhang mit der Familienplanung, zu gewährleisten.

(2) Unbeschadet des Absatzes 1 sorgen die Vertragsstaaten für angemessene und erforderlichenfalls unentgeltliche Betreuung der Frau während der Schwangerschaft sowie während und nach der Entbindung und für eine ausreichende Ernährung während der Schwangerschaft und der Stillzeit.

Art. 13

Die Vertragsstaaten treffen alle geeigneten Massnahmen zur Beseitigung der Diskriminierung der Frau in anderen Bereichen des wirtschaftlichen und sozialen Lebens, um der Frau nach dem Gleichheitsgrundsatz die gleichen Rechte wie dem Mann zu gewährleisten, insbesondere

a) das Recht auf Familienbeihilfen;

b) das Recht, Bankdarlehen, Hypotheken und andere Finanzkredite aufzunehmen;

c) das Recht auf Teilnahme an Freizeitbeschäftigungen, Sport und allen Aspekten des kulturellen Lebens.

Art. 14

(1) Die Vertragsstaaten berücksichtigen die besonderen Probleme der Frauen auf dem Lande und die wichtige Rolle dieser Frauen für das wirtschaftliche Überleben Menschenrechte und Grundfreiheiten ihrer Familien, einschliesslich ihrer Arbeit in nichtmonetären Wirtschaftsbereichen, und treffen alle geeigneten Massnahmen, um dafür zu sorgen, dass die Bestimmungen dieses Übereinkommens auch auf Frauen in ländlichen Gebieten Anwendung finden.

(2) Die Vertragsstaaten treffen alle geeigneten Massnahmen zur Beseitigung der Diskriminierung der Frau in ländlichen Gebieten, um dafür zu sorgen, dass sie gleichberechtigt mit dem Mann an der ländlichen Entwicklung und an den sich daraus ergebenden Vorteilen teilhaben kann, und gewährleisten ihr insbesondere das Recht auf

a) Mitwirkung – auf allen Ebenen – an der Aufstellung und Durchführung von Entwicklungsplänen;

b) Zugang zu angemessenen Gesundheitsdiensten, einschliesslich Aufklärungs- und Beratungsdiensten und sonstigen Einrichtungen auf dem Gebiet der Familienplanung;

c) unmittelbare Leistungen aus Programmen der sozialen Sicherheit;

d) schulische und außerschulische Ausbildung und Bildung jeder Art, einschliesslich funktioneller Alphabetisierung, sowie die Nutzung aller Gemeinschafts- und Volksbildungseinrichtungen, insbesondere zur Erweiterung ihres Fachwissens;

e) Organisierung von Selbsthilfegruppen und Genossenschaften zur Erlangung wirtschaftlicher Chancengleichheit durch selbständige oder unselbständige Arbeit;

f) Teilnahme an allen Gemeinschaftsbetätigungen;

g) Zugang zu landwirtschaftlichen Krediten und Darlehen, Vermarktungseinrichtungen und geeigneten Technologien sowie Gleichbehandlung im Rahmen von Boden- und Agrarreformen und ländlichen Umsiedlungsaktionen;

h) angemessene Lebensbedingungen, insbesondere im Hinblick auf Wohnung, sanitäre Einrichtungen, Elektrizitäts- und Wasserversorgung sowie Verkehrs- und Nachrichtenverbindungen.

Teil IV

Art. 15

(1) Die Vertragsstaaten stellen die Frau dem Mann vor dem Gesetz gleich.

(2) Die Vertragsstaaten gewähren der Frau in zivilrechtlichen Fragen dieselbe Rechtsfähigkeit wie dem Mann und dieselben Möglichkeiten zur Ausübung dieser Rechtsfähigkeit. Insbesondere räumen sie der Frau gleiche Rechte in bezug auf den Abschluss von Verträgen und die Verwaltung von Vermögen ein und gewähren ihr Gleichbehandlung in allen Stadien gerichtlicher Verfahren.

(3) Die Vertragsstaaten kommen überein, dass alle Verträge und alle sonstigen Privaturkunden, deren Rechtswirkung auf die Einschränkung der Rechtsfähigkeit der Frau gerichtet ist, nichtig sind.

(4) Die Vertragsstaaten gewähren Männern und Frauen die gleichen Rechte hinsichtlich der Rechtsvorschriften über die Freizügigkeit und die freie Wahl ihres Aufenthaltsorts und ihres Wohnsitzes.

Art. 16

(1) Die Vertragsstaaten treffen alle geeigneten Massnahmen zur Beseitigung der Diskriminierung der Frau in Ehe- und Familienfragen und gewährleisten auf der Grundlage der Gleichberechtigung von Mann und Frau insbesondere folgende Rechte:

a) gleiches Recht auf Eheschliessung;

b) gleiches Recht auf freie Wahl des Ehegatten sowie auf Eheschliessung nur mit freier und voller Zustimmung;

c) gleiche Rechte und Pflichten in der Ehe und bei deren Auflösung;

d) gleiche Rechte und Pflichten als Eltern, ungeachtet ihres Familienstands, in allen ihre Kinder betreffenden Fragen; in jedem Fall sind die Interessen der Kinder vorrangig zu berücksichtigen;

e) gleiches Recht auf freie und verantwortungsbewusste Entscheidung über Anzahl und Altersunterschied ihrer Kinder sowie auf Zugang zu den zur Ausübung dieser Rechte erforderlichen Informationen, Bildungseinrichtungen und Mitteln;

f) gleiche Rechte und Pflichten in Fragen der Vormundschaft, Pflegschaft, Personen- und Vermögenssorge, Adoption von Kindern oder ähnlichen Rechtseinrichtungen, soweit das innerstaatliche Recht derartige Rechtsinstitute kennt; in jedem Fall sind die Interessen der Kinder vorrangig zu berücksichtigen;

g) die gleichen persönlichen Rechte als Ehegatten, einschliesslich des Rechts auf Wahl des Familiennamens, eines Berufs und einer Beschäftigung;

h) gleiche Rechte beider Ehegatten hinsichtlich des Eigentums an Vermögen und dessen Erwerb, Bewirtschaftung, Verwaltung und Nutzung sowie der Verfügung darüber, gleichviel ob unentgeltlich oder gegen Entgelt.

(2) Die Verlobung und Eheschliessung eines Kindes haben keine Rechtswirksamkeit; es werden alle erforderlichen Massnahmen einschliesslich gesetzgeberischer Massnahmen ergriffen, um ein Mindestalter für die Eheschliessung festzulegen und die Eintragung der Eheschliessung in ein amtliches Register zur Pflicht zu machen.

Teil V

Art. 17

(1) Zur Prüfung der Fortschritte bei der Durchführung dieses Übereinkommens wird ein (im folgenden als „Ausschuss" bezeichneter) Ausschuss für die Beseitigung der Diskriminierung der Frau eingesetzt; er besteht zum Zeitpunkt des Inkrafttretens des Übereinkommens aus achtzehn, nach Ratifikation oder Beitritt des fünfunddreissigsten Vertragsstaats aus dreiundzwanzig Sachverständigen von hohem sittlichem Rang und grosser Sachkenntnis auf dem von dem Übereinkommen erfassten Gebiet. Die Sachverständigen werden von den Vertragsstaaten unter ihren Staatsangehörigen ausgewählt und sind in persönlicher Eigenschaft tätig; dabei ist auf eine gerechte geographische Verteilung und auf Vertretung der verschiedenen Zivilisationsformen sowie der wichtigsten Rechtssysteme zu achten.

(2) Die Mitglieder des Ausschusses werden in geheimer Wahl aus einer Liste von Personen gewählt, die von den Vertragsstaaten benannt worden sind. Jeder Vertragsstaat kann einen seiner eigenen Staatsangehörigen benennen.

(3) Die erste Wahl findet sechs Monate nach Inkrafttreten dieses Übereinkommens statt. Spätestens drei Monate vor jeder Wahl fordert der Generalsekretär der Vereinten Nationen die Vertragsstaaten schriftlich auf, binnen zwei Monaten ihre Benennungen einzureichen. Er stellt sodann eine alphabetische Liste aller demgemäss benannten Personen unter Angabe der sie benennenden Vertragsstaaten auf und legt sie den Vertragsstaaten vor.

(4) Die Wahl der Ausschussmitglieder findet auf einer vom Generalsekretär am Sitz der Vereinten Nationen anberaumten Sitzung der Vertragsstaaten statt. Auf dieser Sitzung, die beschlussfähig ist, wenn zwei Drittel der Vertragsstaaten vertreten sind, gelten diejenigen Bewerber als in den Ausschuss gewählt, welche die höchste Stimmenzahl und die absolute Stimmenmehrheit der anwesenden und abstimmenden Vertreter der Vertragsstaaten auf sich vereinigen.

(5) Die Ausschussmitglieder werden für vier Jahre gewählt. Jedoch läuft die Amtszeit von neun der bei der ersten Wahl gewählten Mitglieder nach zwei Jahren ab; unmittelbar nach der ersten Wahl werden die Namen dieser neun Mitglieder vom Vorsitzenden des Ausschusses durch das Los bestimmt.

(6) Die Wahl der fünf zusätzlichen Ausschussmitglieder findet gemäss den Absätzen 2, 3 und 4 nach Ratifikation oder Beitritt des fünfunddreissigsten Vertragsstaats statt.

Die Amtszeit zweier der bei dieser Gelegenheit gewählten zusätzlichen Mitglieder läuft nach zwei Jahren ab; die Namen dieser beiden Mitglieder werden vom Ausschussvorsitzenden durch das Los bestimmt.

(7) Zur Besetzung eines unerwartet verwaisten Sitzes ernennt der Vertragsstaat, dessen Sachverständiger aufgehört hat, Mitglied des Ausschusses zu sein, mit Zustimmung des Ausschusses einen anderen Sachverständigen unter seinen Staatsangehörigen.

(8) Die Ausschussmitglieder erhalten mit Zustimmung der Generalversammlung Bezüge aus Mitteln der Vereinten Nationen; die näheren Einzelheiten werden von der Generalversammlung unter Berücksichtigung der Bedeutung der Aufgaben des Ausschusses festgesetzt.

(9) Der Generalsekretär der Vereinten Nationen stellt dem Ausschuss das Personal und die Einrichtungen zur Verfügung, deren dieser zur wirksamen Wahrnehmung seiner Aufgaben nach diesem Übereinkommen bedarf.

Art. 18

(1) Die Vertragsstaaten verpflichten sich, dem Generalsekretär der Vereinten Nationen zur Beratung durch den Ausschuss einen Bericht über die zur Durchführung dieses Übereinkommens getroffenen Gesetzgebungs-, Gerichts-, Verwaltungs- und sonstigen Massnahmen und die diesbezüglichen Fortschritte vorzulegen, und zwar
a) innerhalb eines Jahres nach Inkrafttreten des Übereinkommens für den betreffenden Staat und
b) danach mindestens alle vier Jahre und so oft es der Ausschuss verlangt.

(2) In den Berichten kann auf Faktoren und Schwierigkeiten hingewiesen werden, die das Ausmass der Erfüllung der in diesem Übereinkommen vorgesehenen Verpflichtungen beeinflussen.

Art. 19

(1) Der Ausschuss gibt sich eine Geschäftsordnung.
(2) Der Ausschuss wählt seinen Vorstand für zwei Jahre.

Art. 20

(1) Der Ausschuss tritt in der Regel jährlich für höchstens zwei Wochen zur Prüfung der nach Artikel 18 vorgelegten Berichte zusammen.
(2) Die Sitzungen des Ausschusses finden in der Regel am Sitz der Vereinten Nationen oder an einem anderen vom Ausschuss bestimmten geeigneten Ort statt.

Art. 21

(1) Der Ausschuss berichtet der Generalversammlung der Vereinten Nationen jährlich durch den Wirtschafts- und Sozialrat über seine Tätigkeit und kann aufgrund der Prüfung der von den Vertragsstaaten eingegangenen Berichte und Auskünfte Vorschläge machen und allgemeine Empfehlungen abgeben. Diese werden zusammen

mit etwaigen Stellungnahmen der Vertragsstaaten in den Ausschussbericht aufgenommen.

(2) Der Generalsekretär übermittelt die Ausschussberichte der Kommission für die Rechtsstellung der Frau zur Kenntnisnahme.

Art. 22

Die Sonderorganisationen haben das Recht, bei Beratung der Durchführung derjenigen Bestimmungen dieses Übereinkommens vertreten zu sein, die in ihren Tätigkeitsbereich fallen. Der Ausschuss kann die Sonderorganisationen bitten, Berichte über die Durchführung des Übereinkommens auf Gebieten vorzulegen, die in ihren Tätigkeitsbereich fallen.

Teil VI

Art. 23

Dieses Übereinkommen lässt zur Herbeiführung der Gleichberechtigung von Mann und Frau besser geeignete Bestimmungen unberührt, die enthalten sind
a) in den Rechtsvorschriften eines Vertragsstaats oder
b) in sonstigen für diesen Staat geltenden internationalen Übereinkommen, Verträgen oder Abkommen.

Art. 24

Die Vertragsstaaten verpflichten sich, alle Massnahmen zu treffen, die auf nationaler Ebene zur vollen Verwirklichung der in diesem Übereinkommen anerkannten Rechte erforderlich sind.

Art. 25

(1) Dieses Übereinkommen liegt für alle Staaten zur Unterzeichnung auf.
(2) Der Generalsekretär der Vereinten Nationen wird zum Verwahrer dieses Übereinkommens bestimmt.
(3) Dieses Übereinkommen bedarf der Ratifikation. Die Ratifikationsurkunden werden beim Generalsekretär der Vereinten Nationen hinterlegt.
(4) Dieses Übereinkommen liegt für alle Staaten zum Beitritt auf. Der Beitritt erfolgt durch Hinterlegung einer Beitrittsurkunde beim Generalsekretär der Vereinten Nationen.

Art. 26

(1) Ein Vertragsstaat kann jederzeit durch eine an den Generalsekretär der Vereinten Nationen gerichtete schriftliche Notifikation eine Revision dieses Übereinkommens beantragen.

(2) Die Generalversammlung der Vereinten Nationen beschliesst über etwaige hinsichtlich eines derartigen Antrags zu unternehmende Schritte.

Art. 27

(1) Dieses Übereinkommen tritt am dreissigsten Tag nach Hinterlegung der zwanzigsten Ratifikations- oder Beitrittsurkunde beim Generalsekretär der Vereinten Nationen in Kraft.

(2) Für jeden Staat, der nach Hinterlegung der zwanzigsten Ratifikations- oder Beitrittsurkunde dieses Übereinkommen ratifiziert oder ihm beitritt, tritt es am dreissigsten Tag nach Hinterlegung seiner Ratifikations- oder Beitrittsurkunde in Kraft.

Art. 28

(1) Der Generalsekretär der Vereinten Nationen nimmt den Wortlaut von Vorbehalten, die ein Staat bei der Ratifikation oder beim Beitritt anbringt, entgegen und leitet ihn allen Staaten zu.

(2) Mit Ziel und Zweck dieses Übereinkommens unvereinbare Vorbehalte sind nicht zulässig.

(3) Vorbehalte können jederzeit durch eine diesbezügliche Notifikation an den Generalsekretär der Vereinten Nationen zurückgenommen werden, der sodann alle Staaten davon in Kenntnis setzt. Die Notifikation wird mit dem Tag ihres Eingangs wirksam.

Art. 29

(1) Entsteht zwischen zwei oder mehr Vertragsstaaten über die Auslegung oder Anwendung dieses Übereinkommens eine Streitigkeit, die nicht auf dem Verhandlungsweg beigelegt werden kann, so wird sie auf Verlangen einer Partei zum Gegenstand eines Schiedsverfahrens gemacht. Können sich die Parteien innerhalb von sechs Monaten vom Zeitpunkt des Antrags auf ein Schiedsverfahren über dessen Ausgestaltung nicht einigen, so kann eine Partei die Streitigkeit dem Internationalen Gerichtshof vorlegen, indem sie einen Antrag im Einklang mit dessen Statut stellt.

(2) Jeder Vertragsstaat kann zum Zeitpunkt der Unterzeichnung oder Ratifikation des Übereinkommens oder seines Beitritts dazu erklären, dass er sich durch Absatz 1 nicht als gebunden ansieht. Die anderen Vertragsstaaten sind gegenüber einem Vertragsstaat, der einen derartigen Vorbehalt angebracht hat, durch Absatz 1 nicht gebunden.

(3) Ein Vertragsstaat, der einen Vorbehalt nach Absatz 2 angebracht hat, kann diesen jederzeit durch eine an den Generalsekretär der Vereinten Nationen gerichtete Notifikation zurücknehmen.

Art. 30

Dieses Übereinkommen, dessen arabischer, chinesischer, englischer, französischer, russischer und spanischer Wortlaut gleichermassen verbindlich ist, wird beim Generalsekretär der Vereinten Nationen hinterlegt.

Somalia + USA haben sie nicht unterzeichnet!

S. 113 – 125!

KONVENTION

12. Übereinkommen über die Rechte des Kindes *(KINDERRECHTS-KONVENTION)*

1989

(BGBl. II 121)

Präambel

Die Vertragsstaaten dieses Übereinkommens – in der Erwägung, daß nach den in der Charta der Vereinten Nationen verkündeten Grundsätzen die Anerkennung der allen Mitgliedern der menschlichen Gesellschaft innewohnenden Würde und der Gleichheit und Unveräußerlichkeit ihrer Rechte die Grundlage von Freiheit, Gerechtigkeit und Frieden in der Welt bildet,

eingedenk dessen, daß die Völker der Vereinten Nationen in der Charta ihren Glauben an die Grundrechte und an Würde und Wert des Menschen bekräftigt und beschlossen haben, den sozialen Fortschritt und bessere Lebensbedingungen in größerer Freiheit zu fördern,

in der Erkenntnis, daß die Vereinten Nationen in der Allgemeinen Erklärung der Menschenrechte und in den Internationalen Menschenrechtspakten verkündet haben und übereingekommen sind, daß jeder Mensch Anspruch hat auf alle darin verkündeten Rechte und Freiheiten ohne Unterscheidung, etwa nach der Rasse, der Hautfarbe, dem Geschlecht, der Sprache, der Religion, der politischen oder sonstigen Anschauung, der nationalen oder sozialen Herkunft, dem Vermögen, der Geburt oder dem sonstigen Status,

unter Hinweis darauf, daß die Vereinten Nationen in der Allgemeinen Erklärung der Menschenrechte verkündet haben, daß Kinder Anspruch auf besondere Fürsorge und Unterstützung haben,

überzeugt, daß der Familie als Grundeinheit der Gesellschaft und natürlicher Umgebung für das Wachsen und Gedeihen aller ihrer Mitglieder, insbesondere der Kinder, der erforderliche Schutz und Beistand gewährt werden sollte, damit sie ihre Aufgaben innerhalb der Gemeinschaft voll erfüllen kann,

in der Erkenntnis, daß das Kind zur vollen und harmonischen Entfaltung seiner Persönlichkeit in einer Familie und umgeben von Glück, Liebe und Verständnis aufwachsen sollte,

in der Erwägung, daß das Kind umfassend auf ein individuelles Leben in der Gesellschaft vorbereitet und im Geist der in der Charta der Vereinten Nationen verkündeten Ideale und insbesondere im Geist des Friedens, der Würde, der Toleranz, der Freiheit, der Gleichheit und der Solidarität erzogen werden sollte,

eingedenk dessen, daß die Notwendigkeit, dem Kind besonderen Schutz zu gewähren, in der Genfer Erklärung von 1924 über die Rechte des Kindes und in der von der Generalversammlung am 20. November 1969 angenommenen Erklärung der Rechte des Kindes ausgesprochen und in der Allgemeinen Erklärung der Menschenrechte, im Internationalen Pakt über bürgerliche und politische Rechte (insbesondere in den Artikeln 23 und 24), im Internationalen Pakt über wirtschaftliche, soziale und kulturelle Rechte (insbesondere in Artikel 10) sowie in den Satzungen und den in Betracht kommenden Dokumenten der Sonderorganisationen und anderen internationalen Organisationen, die sich mit dem Wohl des Kindes befassen, anerkannt worden ist,

eingedenk dessen, daß, wie in der Erklärung der. Rechte des Kindes ausgeführt ist, „das Kind wegen seiner mangelnden körperlichen und geistigen Reife besonderen Schutzes und besonderer Fürsorge, insbesondere eines angemessenen rechtlichen Schutzes vor und nach der Geburt, bedarf',

unter Hinweis auf die Bestimmungen der Erklärung über die sozialen und rechtlichen Grundsätze für den Schutz und das Wohl von Kindern unter besonderer Berücksichtigung der Aufnahme in eine Pflegefamilie und der Adoption auf nationaler und internationaler Ebene, der Regeln der Vereinten Nationen über die Mindestnormen für die Jugendgerichtsbarkeit (Beijing-Regeln) und der Erklärung über den Schutz von Frauen und Kindern im Ausnahmezustand und bei bewaffneten Konflikten,

in der Erkenntnis, daß es in allen Ländern der Welt Kinder gibt, die in außerordentlich schwierigen Verhältnissen leben, und daß diese Kinder der besonderen Berücksichtigung bedürfen,

unter gebührender Beachtung der Bedeutung der Traditionen und kulturellen Werte jedes Volkes für den Schutz und die harmonische Entwicklung des Kindes,

in Anerkennung der Bedeutung der internationalen Zusammenarbeit für die Verbesserung der Lebensbedingungen der Kinder in allen Ländern, insbesondere den Entwicklungsländern haben folgendes vereinbart:

Teil 1

Artikel 1 [Geltung für das Kind; Begriffsbestimmung]

Kinder = 0 – 18 Jahre

Im Sinne dieses Übereinkommens ist ein Kind jeder Mensch, der das achtzehnte Lebensjahr noch nicht vollendet hat, soweit die Volljährigkeit nach dem auf das Kind anzuwendenden Recht nicht früher eintritt.

Artikel 2 [Achtung der Kindesrechte; Diskriminierungsverbot]

(1) Die Vertragsstaaten achten die in diesem Übereinkommen festgelegten Rechte und gewährleisten sie jedem ihrer Hoheitsgewalt unterstehenden Kind ohne jede Diskriminierung unabhängig von der Rasse, der Hautfarbe, dem Geschlecht, der Sprache, der Religion, der politischen oder sonstigen Anschauung, der nationalen, ethnischen oder sozialen Herkunft, des Vermögens, einer Behinderung, der Geburt oder des sonstigen Status des Kindes, seiner Eltern oder seines Vormunds.

(2) Die Vertragsstaaten treffen alle geeigneten Maßnahmen, um sicherzustellen, daß das Kind vor allen Formen der Diskriminierung oder Bestrafung wegen des Status, der

Tätigkeiten, der Meinungsäußerungen oder der Weltanschauung seiner Eltern, seines Vormunds oder seiner Familienangehörigen geschützt wird.

Artikel 3 [Wohl des Kindes] → nehmen die Kinder nicht selbst wahr

(1) Bei allen Maßnahmen, die Kinder betreffen, gleichviel ob sie von öffentlichen oder privaten Einrichtungen der sozialen Fürsorge, Gerichten, Verwaltungsbehörden oder Gesetzgebungsorganen getroffen werden, ist das Wohl des Kindes ein Gesichtspunkt, der vorrangig zu berücksichtigen ist.

(2) Die Vertragsstaaten verpflichten sich, dem Kind unter Berücksichtigung der Rechte und Pflichten seiner Eltern, seines Vormunds oder anderer für das Kind gesetzlich verantwortlicher Personen den Schutz und die Fürsorge zu gewährleisten, die. zu seinem Wohlergehen notwendig sind; zu diesem Zweck treffen sie alle geeigneten Gesetzgebungs- und Verwaltungsmaßnahmen.

(3) Die Vertragsstaaten stellen sicher,. daß die für die Fürsorge für das Kind oder dessen Schutz verantwortlichen Institutionen, Dienste und Einrichtungen den von den zuständigen Behörden festgelegten Normen entsprechen, insbesondere im Bereich der Sicherheit und der Gesundheit sowie hinsichtlich der Zahl und der fachlichen Eignung des Personals und des Bestehens einer ausreichenden Aufsicht

Artikel 4 [Verwirklichung der Kindesrechte]

Die Vertragsstaaten treffen alle geeigneten Gesetzgebungs-, Verwaltungs- und sonstigen Maßnahmen zur Verwirklichung der in diesem Übereinkommen anerkannten Rechte. Hinsichtlich der wirtschaftlichen, sozialen und kulturellen Rechte treffen die Vertragsstaaten derartige Maßnahmen unter Ausschöpfung ihrer verfügbaren Mittel und erforderlichenfalls im Rahmen der internationalen Zusammenarbeit.

Artikel 5 [Respektierung des Elternrechts]

Die Vertragsstaaten achten die Aufgaben, Rechte und Pflichten der Eltern oder gegebenenfalls, soweit nach Ortsbrauch vorgesehen, der Mitglieder der weiteren Familie oder der Gemeinschaft; des Vormunds oder anderer für das Kind gesetzlich verantwortlicher Personen, das Kind bei der Ausübung der in. diesem Übereinkommen anerkannten Rechte in einer seiner Entwicklung entsprechenden Weise angemessen zu leiten und zu führen.

Artikel 6 [Recht auf Leben]

(1) Die Vertragsstaaten erkennen an, daß jedes Kind ein angeborenes Recht. auf Leben hat.

(2) Die Vertragsstaaten gewährleisten in größtmöglichem Umfang das Überleben und die Entwicklung des Kindes.

Artikel 7 [Geburtsregister, Name, Staatsangehörigkeit]

(1) Das Kind ist unverzüglich nach seiner Geburt in ein Register einzutragen und hat das Recht auf einen Namen von Geburt an, das Recht, eine Staatsangehörigkeit zu erwerben, und soweit möglich das Recht, seine Eltern zu kennen und von ihnen betreut zu werden.

(2) Die Vertragsstaaten stellen die Verwirklichung dieser Rechte im Einklang mit ihrem innerstaatlichen Recht und mit ihren Verpflichtungen aufgrund der einschlägigen internationalen Übereinkünfte in diesem Bereich sicher, insbesondere für den Fall, daß das Kind sonst staatenlos wäre.

Artikel 8 [Identität]

(1) Die Vertragsstaaten verpflichten sich, das Recht des Kindes zu achten, seine Identität, einschließlich seiner Staatsangehörigkeit, seines Namens und seiner gesetzlich anerkannten Familienbeziehungen, ohne rechtswidrige Eingriffe. zu behalten.

(2) Werden einem Kind widerrechtlich einige oder alle Bestandteile seiner Identität genommen, so gewähren die Vertragsstaaten ihm angemessenen Beistand und Schutz mit dem Ziel, seine Identität so schnell wie möglich wiederherzustellen.

Artikel 9 [Trennung von den Eltern; persönlicher Umgang]

(1) Die Vertragsstaaten stellen sicher, daß ein Kind nicht gegen den Willen seiner Eltern von diesen getrennt wird, es sei denn, daß die zuständigen Behörden in einer gerichtlich nachprüfbaren Entscheidung nach den anzuwendenden Rechtsvorschriften und Verfahren bestimmen daß diese Trennung zum Wohl des Kindes notwendig ist. Eine solche Entscheidung kann im Einzelfall notwendig werden, wie etwa wenn das Kind durch die Eltern. mißhandelt oder vernachlässigt wird oder wenn bei getrennt lebenden Eltern eine Entscheidung über den Aufenthaltsort des Kindes zu treffen ist.

(2) In Verfahren nach Absatz 1 ist allen Beteiligten Gelegenheit zu geben, am Verfahren teilzunehmen und ihre Meinung zu äußern.

(3) Die Vertragsstaaten achten das Recht des Kindes, das von einem oder beiden Elternteilen getrennt ist, regelmäßige persönliche Beziehungen und unmittelbare Kontakte zu beiden Elternteilen zu pflegen, soweit dies nicht dem Wohl des Kindes widerspricht.

(4) Ist die Trennung Folge einer von einem Vertragsstaat eingeleiteten Maßnahme, wie etwa einer Freiheitsentziehung, Freiheitsstrafe, Landesverweisung oder Abschiebung oder des Todes eines oder beider Elternteile oder des Kindes (auch eines Todes, der aus irgendeinem Grund eintritt, während der Betreffende sich in staatlichem Gewahrsam befindet), so erteilt der Vertragsstaat auf Antrag den Eltern, dem Kind oder gegebenenfalls einem anderen Familienangehörigen die wesentlichen Auskünfte über den Verbleib des oder der abwesenden Familienangehörigen, sofern dies nicht dem Wohl des Kindes abträglich wäre. Die Vertragsstaaten stellen ferner sicher, daß allein die Stellung eines solchen Antrags keine nachteiligen Folgen für den oder die Betroffenen hat.

Artikel 10 [Familienzusammenführung; grenzüberschreitende Kontakte]

(1) Entsprechend der Verpflichtung der Vertragsstaaten nach Artikel 9 Absatz 1 werden von einem Kind oder seinen Eltern zwecks Familienzusammenführung gestellte Anträge auf Einreise in einen Vertragsstaat oder Ausreise aus einem Vertragsstaat von den Vertragsstaaten wohlwollend, human und beschleunigt bearbeitet. Die Vertragsstaaten stellen ferner sicher, daß die Stellung eines solchen Antrags keine nachteiligen Folgen für die Antragsteller und deren Familienangehörige hat.

(2) Ein Kind, dessen Eltern ihren Aufenthalt in verschiedenen Staaten haben, hat das Recht, regelmäßige persönliche Beziehungen und unmittelbare Kontakte zu beiden Elternteilen zu pflegen, soweit nicht außergewöhnliche Umstände vorliegen. Zu diesem Zweck achten die Vertragsstaaten entsprechend ihrer Verpflichtung nach Artikel 9 Absatz 1 das Recht des Kindes und seiner Eltern, aus jedem Land einschließlich ihres eigenen auszureisen und in ihr eigenes Land einzureisen. Das Recht auf Ausreise aus einem Land unterliegt nur den gesetzlich vorgesehenen Beschränkungen, die zum Schutz der nationalen Sicherheit, der öffentlichen Ordnung (ordre public), der Volksgesundheit, der öffentlichen Sittlichkeit oder der Rechte und Freiheiten anderer notwendig und mit den anderen in diesem Übereinkommen anerkannten Rechten vereinbar sind.

Artikel 11 [Rechtswidrige Verbringung von Kindern ins Ausland]

(1) Die Vertragsstaaten treffen Maßnahmen, um das rechtswidrige Verbringen von Kindern ins Ausland und ihre rechtswidrige Nichtrückgabe zu bekämpfen.

(2) Zu diesem Zweck fördern die Vertragsstaaten den Abschluß zwei- oder mehrseitiger Übereinkünfte oder den Beitritt zu bestehenden Übereinkünften. –

Artikel 12 [Berücksichtigung des Kindeswillens]

(1) Die Vertragsstaaten sichern dem Kind, das fähig ist, sich eine eigene Meinung zu bilden, das Recht zu, diese Meinung in allen das Kind berührenden Angelegenheiten frei zu äußern, und berücksichtigen die Meinung des Kindes angemessen und entsprechend seinem Alter und seiner Reife.

(2) Zu diesem Zweck wird dem Kind insbesondere Gelegenheit gegeben, in allen das Kind berührenden Gerichts- oder Verwaltungsverfahren entweder unmittelbar oder durch einen Vertreter oder eine geeignete Stelle im Einklang mit den innerstaatlichen Verfahrensvorschriften gehört zu werden.

Artikel 13 [Meinungs- und Informationsfreiheit]

(1) Das Kind hat das Recht auf freie Meinungsäußerung; dieses Recht schließt die Freiheit ein, ungeachtet der Staatsgrenzen Informationen und Gedankengut jeder Art in

Wort, Schrift oder Druck, durch Kunstwerke oder andere vom Kind gewählte Mittel sich zu beschaffen, zu empfangen und weiterzugeben.

(2) Die Ausübung dieses Rechts kann bestimmten, gesetzlich vorgesehenen Einschränkungen unterworfen werden, die erforderlich sind

a) für die Achtung der Rechte oder des Rufes anderer oder

b) für den Schutz der nationalen Sicherheit, der öffentlichen Ordnung (ordre public), der Volksgesundheit oder der öffentlichen Sittlichkeit.

Artikel 14 [Gedanken-, Gewissens- und Religionsfreiheit]

(1) Die Vertragsstaaten achten das Recht des Kindes auf Gedanken-, Gewissens- und Religionsfreiheit.

(2) Die Vertragsstaaten achten die Rechte und Pflichten der Eltern und gegebenenfalls des Vormunds, das Kind bei der Ausübung dieses Rechts in einer seiner Entwicklung entsprechenden Weise zu leiten.

(3) Die Freiheit, seine Religion oder Weltanschauung zu bekunden, darf nur den gesetzlich vorgesehenen Einschränkungen unterworfen werden, die zum Schutz der öffentlichen Sicherheit, Ordnung, Gesundheit oder Sittlichkeit oder der Grundrechte und -freiheiten anderer erforderlich sind.

Artikel 15 [Vereinigungs- und Versammlungsfreiheit]

(1) Die Vertragsstaaten erkennen das Recht des Kindes an, sich frei mit anderen zusammenzuschließen und sich friedlich zu versammeln.

(2) Die Ausübung dieses Rechts darf keinen anderen als den gesetzlich vorgesehenen Einschränkungen unterworfen werden, die in einer demokratischen Gesellschaft im

Artikel 16 [Schutz der Privatsphäre und Ehre]

(1) Kein Kind darf willkürlichen oder rechtswidrigen Eingriffen in sein Privatleben, seine Familie, seine Wohnung oder seinen Schrittverkehr oder rechtswidrigen Beeinträchtigungen seiner Ehre und seines Rufes ausgesetzt werden.

(2) Das Kind hat Anspruch auf rechtlichen Schutz gegen solche Eingriffe oder Beeinträchtigungen.

Artikel 17 [Zugang zu den Medien; Kinder- und Jugendschutz]

Die Vertragsstaaten erkennen die wichtige Rolle der Massenmedien an und stellen sicher, daß das Kind Zugang hat zu Informationen und Material aus einer Vielfalt nationaler und internationaler Quellen, insbesondere derjenigen, welche die Förderung seines sozialen, seelischen und sittlichen Wohlergehens sowie seiner körperlichen und geistigen Gesundheit zum Ziel haben. Zu diesem Zweck werden die Vertragsstaaten

a) die Massenmedien ermutigen, Informationen und Material zu verbreiten, die für das Kind von sozialem und kulturellem Nutzen sind und dem Geist des Artikels 29 entsprechen;

b) die internationale Zusammenarbeit bei der Herstellung, beim Austausch Und bei der Verbreitung dieser Informationen und dieses Materials aus einer Vielfalt nationaler und internationaler kultureller Quellen fördern;

c) die Herstellung und Verbreitung von Kinderbüchern fördern;

d) die Massenmedien ermutigen, den sprachlichen Bedürfnissen eines Kindes, das einer Minderheit angehört oder Ureinwohner ist, besonders Rechnung zu tragen;

e) die Erarbeitung geeigneter Richtlinien zum Schutz des Kindes vor Informationen und Material, die sein Wohlergehen beeinträchtigen, fördern, wobei die Artikel 13 und 18 zu berücksichtigen sind.

Artikel 18 [Verantwortung für das Kindeswohl]

(1) Die Vertragsstaaten bemühen sich nach besten Kräften, die Anerkennung des Grundsatzes sicherzustellen, daß beide Elternteile gemeinsam für die Erziehung und Entwicklung des Kindes verantwortlich sind. Für die Erziehung und Entwicklung des Kindes sind in erster Linie die Eltern oder gegebenenfalls der Vormund verantwortlich. Dabei ist das Wohl des Kindes ihr Grundanliegen.

(2) Zur Gewährleistung und Förderung der in diesem Übereinkommen festgelegten Rechte unterstützen die Vertragsstaaten die Eltern und den Vormund in angemessener Weise bei der Erfüllung ihrer Aufgabe, das Kind zu erziehen, und sorgen für den Ausbau von Institutionen, Einrichtungen und Diensten für die Betreuung von Kindern.

(3) Die Vertragsstaaten treffen alle geeigneten Maßnahmen, um sicherzustellen, daß Kinder berufstätiger Eltern das Recht haben, die für sie in Betracht kommenden Kinderbetreuungsdienste und -einrichtungen zu nutzen.

Artikel 19
[Schutz vor Gewaltanwendung, Mißhandlung, Verwahrlosung]

(1) Die Vertragsstaaten treffen alle geeigneten Gesetzgebungs-, Verwaltungs-, Sozial- und Bildungsmaßnahmen, um das Kind vor jeder Form körperlicher oder geistiger Gewaltanwendung, Schadenszufügung oder Mißhandlung, vor Verwahrlosung Oder Vernachlässigung, vor schlechter Behandlung oder Ausbeutung einschließlich des sexuellen Mißbrauchs zu schützen, solange es sich in der Obhut der Eltern oder eines Elternteils, eines Vormunds oder anderen gesetzlichen Vertreters oder einer anderen Person befindet, die das Kind betreut.

(2) Diverse Schutzmaßnahmen sollen je nach den Gegebenheiten wirksame Verfahren zur Aufstellung von Sozialprogrammen enthalten, die dem Kind und denen, die es betreuen, die erforderliche Unterstützung gewähren und andere Formen der Vorbeugung vorsehen sowie Maßnahme zur Aufdeckung, Meldung, Weiterverweisung, Untersuchung, Behandlung und Nachbetreuung in den in Absatz 1 beschriebenen Fällen schlechter Behandlung von Kindern und gegebenenfalls für das Einschreiten der Gerichte.

Artikel 20 [Von der Familie getrennt lebende Kinder; Pflegefamilie; Adoption]

(1) Ein Kind, das vorübergehend oder dauernd aus seiner familiären Umgebung herausgelöst wird oder dem der Verbleib in dieser Umgebung im eigenen Interesse nicht gestattet werden kann, hat Anspruch auf den besonderen Schutz und Beistand des Staates.

(2) Die Vertragsstaaten stellen nach Maßgabe ihres innerstaatlichen Rechts andere Formen der Betreuung eines solchen Kindes sicher.

(3) Als andere Form der Betreuung kommt unter anderem die Aufnahme in eine Pflegefamilie, die Kafala nach islamischem Recht, die Adoption oder, falls erforderlich, die Unterbringung in einer geeigneten Kinderbetreuungseinrichtung in Betracht. Bei der Wahl zwischen diesen Lösungen sind die erwünschte Kontinuität in der Erziehung des Kindes sowie die ethnische, religiöse, kulturelle und sprachliche Herkunft des Kindes gebührend zu berücksichtigen.

Artikel 21 [Adoption]

Die Vertragsstaaten, die das System der Adoption anerkennen oder zulassen, gewährleisten, daß dem Wohl des Kindes bei der Adoption die höchste Bedeutung zugemessen wird; die Vertragsstaaten

a) stellen sicher, daß die Adoption eines Kindes nur durch die zuständigen Behörden bewilligt wird, die nach den anzuwendenden Rechtsvorschriften und Verfahren und auf der Grundlage aller verläßlichen einschlägigen Informationen entscheiden, daß die Adoption angesichts des Status des Kindes in bezug auf Eltern, Verwandte und einen Vormund zulässig ist und daß, soweit dies erforderlich ist, die betroffenen Personen in Kenntnis der Sachlage und auf der Grundlage einer gegebenenfalls erforderlichen Beratung der Adoption zugestimmt haben;

b) erkennen an, daß die internationale Adoption als andere Form der Betreuung angesehen werden kann, wenn das Kind nicht in seinem Heimatland in einer Pflege- oder Adoptionsfamilie untergebracht oder wenn es dort nicht in geeigneter Weise betreut werden kann;

c) stellen sicher, daß das Kind im Fall einer internationalen Adoption in den Genuß der für nationale Adoptionen geltenden Schutzvorschriften und Normen kommt;

d) treffen alle geeigneten Maßnahmen, um sicherzustellen, daß bei internationaler Adoption für die Beteiligten keine unstatthaften Vermögensvorteile entstehen;

e) fördern die Ziele dieses Artikels gegebenenfalls durch den Abschluß zwei- oder mehrseitiger Übereinkünfte und bemühen sich in diesem Rahmen sicherzustellen, daß die Unterbringung des Kindes in einem anderen Land durch die zuständigen Behörden oder Stellen durchgeführt wird.

Artikel 22 [Flüchtlingskinder]

(1) Die Vertragsstaaten treffen geeignete Maßnahmen, um sicherzustellen, daß ein Kind, das die Rechtsstellung eines Flüchtlings begehrt oder nach Maßgabe der anzuwen-

denden Regeln und Verfahren des Völkerrechts oder des innerstaatlichen Rechts als Flüchtling angesehen wird; angemessenen Schutz und humanitäre Hilfe bei der Wahrnehmung der Rechte erhält, die in diesem Übereinkommen oder in anderen internationalen Übereinkünften über Menschenrechte oder über humanitäre Fragen, denen die genannten Staaten als Vertragsparteien angehören, festgelegt sind, und zwar unabhängig davon, ob es sich in Begleitung seiner Eltern oder einer anderen Person befindet oder nicht.

(2) Zu diesem Zweck wirken die Vertragsstaaten in der ihnen angemessen erscheinenden Weise bei allen Bemühungen mit, welche die Vereinten Nationen und andere zuständige zwischenstaatliche oder nichtstaatliche Organisationen, die mit den Vereinten Nationen zusammenarbeiten, unternehmen, um ein solches Kind zu schützen, um ihm zu helfen und um die Eltern oder andere Familienangehörige eines Flüchtlingskinds ausfindig zu machen mit dem Ziel, die für eine Familienzusammenführung notwendigen Informationen zu erlangen. Können die Eltern oder andere Familienangehörige nicht ausfindig gemacht werden, so ist dem Kind im Einklang mit den in diesem Übereinkommen enthaltenen Grundsätzen derselbe Schutz zu gewähren wie jedem anderen Kind, das aus irgendeinem Grund dauernd oder vorübergehend aus seiner familiären Umgebung herausgelöst ist.

Artikel 23 [Förderung behinderter Kinder]

(1) Die Vertragsstaaten erkennen an, daß ein geistig oder körperlich behindertes Kind ein erfülltes und menschenwürdiges Leben unter Bedingungen führen soll, welche die Würde des Kindes wahren, seine Selbständigkeit fördern und seine aktive Teilnahme am Leben der Gemeinschaft erleichtern.

(2) Die Vertragsstaaten. erkennen das Recht des behinderten Kindes auf besondere Betreuung an und treten dafür ein und stellen sicher, daß dem behinderten Kind und den für seine Betreuung Verantwortlichen im Rahmen der verfügbaren Mittel auf Antrag die Unterstützung zuteil wird, die dem Zustand des Kindes sowie den Lebensumständen der Eltern oder anderer Personen, die das Kind betreuen, angemessen ist.

(3) In Anerkennung der besonderen Bedürfnisse eines behinderten Kindes ist die nach Absatz 2 gewährte Unterstützung soweit irgend möglich und unter Berücksichtigung der finanziellen Mittel der Eltern oder anderer Personen, die das Kind betreuen, unentgeltlich zu leisten und so zu gestalten, daß sichergestellt ist, daß Erziehung, Ausbildung, Gesundheitsdienste, Rehabilitationsdienste, Vorbereitung auf

(4) das Berufsleben und Erholungsmöglichkeiten dem behinderten Kind tatsächlich in einer Weise zugänglich sind, die der möglichst vollständigen sozialen Integration und individuellen Entfaltung des Kindes einschließlich seiner kulturellen und geistigen Entwicklung förderlich ist.

(5) Die Vertragsstaaten fördern im Geist der internationalen Zusammenarbeit den Austausch sachdienlicher Informationen im Bereich der Gesundheitsvorsorge und der medizinischen, psychologischen und funktionellen Behandlung behinderter Kinder

einschließlich der Verbreitung von Informationen über Methoden der Rehabilitation, der Erziehung und der Berufsausbildung und des Zugangs zu solchen Informationen, um es den Vertragsstaaten zu ermöglichen, in diesen Bereichen ihre Fähigkeiten und ihr Fachwissen zu verbessern und weitere Erfahrungen zu sammeln. Dabei sind die Bedürfnisse der Entwicklungsländer besonders zu berücksichtigen.

Artikel 24 [Gesundheitsvorsorge]

(1) Die Vertragsstaaten erkennen das Recht des Kindes auf das erreichbare Höchstmaß an Gesundheit an sowie auf Inanspruchnahme von Einrichtungen zur Behandlung von Krankheiten und zur Wiederherstellung der Gesundheit. Die Vertragsstaaten bemühen sich sicherzustellen, daß keinem Kind das Recht auf Zugang zu derartigen Gesundheitsdiensten vorenthalten wird.

(2) Die Vertragsstaaten bemühen sich, die volle Verwirklichung dieses Rechts sicherzustellen, und treffen insbesondere geeignete Maßnahmen, um

a) die Säuglings- und Kindersterblichkeit zu verringern;

b) sicherzustellen, daß alle Kinder die notwendige ärztliche Hilfe und Gesundheitsfürsorge erhalten, wobei besonderer Nachdruck auf den Ausbau der gesundheitlichen Grundversorgung gelegt wird;

c) Krankheiten sowie Unter- und Fehlernährung auch im Rahmen der gesundheitlichen Grundversorgung zu bekämpfen, unter anderem durch den Einsatz leicht zugänglicher Technik und durch die Bereitstellung ausreichender vollwertiger Nahrungsmittel und sauberen Trinkwassers, wobei die Gefahren und Risiken der Umweltverschmutzung zu berücksichtigen sind;

d) eine angemessene Gesundheitsfürsorge für Mütter vor und nach der Entbindung sicherzustellen;

e) sicherzustellen, daß allen Teilen der Gesellschaft, insbesondere Eltern und Kindern, Grundkenntnisse über die Gesundheit und Ernährung des Kindes, die Vorteile des Stillens, die Hygiene und die Sauberhaltung der Umwelt sowie die Unfallverhütung vermittelt werden, daß sie Zugang zu der entsprechenden Schulung haben und daß sie bei der Anwendung dieser Grundkenntnisse Unterstützung erhalten;

f) die Gesundheitsvorsorge, die Elternberatung sowie die Aufklärung und die Dienste auf dem Gebiet der Familienplanung auszubauen.

(3) Die Vertragsstaaten treffen alle wirksamen und geeigneten Maßnahmen, um überlieferte Bräuche, die für die Gesundheit der Kinder schädlich. sind, abzuschaffen.

(4) Die Vertragsstaaten verpflichten sich, die internationale Zusammenarbeit zu unterstützen und zu fördern, um fortschreitend die volle Verwirklichung des in diesem Artikel anerkannten Rechts zu erreichen. Dabei sind die Bedürfnisse der Entwicklungsländer besonders zu berücksichtigen.

Artikel 25 [Unterbringung]

Die Vertragsstaaten erkennen an, daß ein Kind, das von den zuständigen Behörden wegen einer körperlichen oder geistigen Erkrankung zur Betreuung, zum Schutz der Gesundheit oder zur Behandlung untergebracht worden ist, das Recht hat auf eine regelmäßige Überprüfung der dem Kind gewährten Behandlung sowie aller anderen Umstände, die für seine Unterbringung von Belang sind.

Artikel 26 [Soziale Sicherheit]

(1) Die Vertragsstaaten erkennen das Recht jedes Kindes auf Leistungen der sozialen Sicherheit einschließlich der Sozialversicherung an und treffen die erforderlichen Maßnahmen, um die volle Verwirklichung dieses Rechts in Übereinstimmung mit dem innerstaatlichen Recht sicherzustellen.

(2) Die Leistungen sollen gegebenenfalls unter Berücksichtigung der wirtschaftlichen Verhältnisse und der sonstigen Umstände des Kindes und der Unterhaltspflichtigen sowie anderer für die Beantragung von Leistungen durch das Kind oder im Namen des Kindes maßgeblicher Gesichtspunkte gewährt werden.

Artikel 27 [Angemessene Lebensbedingungen; Unterhalt]

(1) Die Vertragsstaaten erkennen das Recht jedes Kindes auf einen seiner körperlichen, geistigen, seelischen, sittlichen und sozialen Entwicklung angemessenen Lebensstandard an.

(2) Es ist in erster Linie Aufgabe der Eltern oder anderer für das Kind verantwortlicher Personen, im. Rahmen ihrer Fähigkeiten und finanziellen Möglichkeiten die für die Entwicklung des Kindes notwendigen Lebensbedingungen sicherzustellen. 3

(3) Die Vertragsstaaten treffen gemäß ihren innerstaatlichen Verhältnissen und im Rahmen ihrer Mittel geeignete Maßnahmen, um den Eltern und anderen für das Kind verantwortlichen Personen bei der Verwirklichung dieses Rechts zu helfen, und sehen bei Bedürftigkeit materielle Hilfs- und Unterstützungsprogramrne insbesondere im Hinblick auf Ernährung, Bekleidung und Wohnung vor.

(4) Die Vertragsstaaten treffen alle geeigneten Maßnahmen, um die Geltendmachung von Unterhaltsansprüchen des Kindes gegenüber den Eltern oder anderen finanziell für das Kind verantwortlichen Personen sowohl innerhalb des Vertragsstaats als auch im Ausland sicherzustellen. Insbesondere fördern die Vertragsstaaten, wenn die für das Kind finanziell verantwortliche Person in einem anderen Staat lebt als das Kind, den Beitritt zu internationalen Übereinkünften oder den Abschluß solcher Übereinkünfte sowie andere geeignete Regelungen.

Artikel 28 [Recht auf Bildung; Schule; Berufsausbildung]

(1) Die Vertragsstaaten erkennen das Recht des Kindes auf Bildung an; um die Verwirklichung dieses Rechts auf der Grundlage der Chancengleichheit fortschreitend zu erreichen, werden sie insbesonders
a) den Besuch der Grundschule für alle zur Pflicht und unentgeltlich machen;
b) die Entwicklung verschiedener Formen der weiterführenden Schulen allgemeinbildender und berufsbildender Art fördern, sie allen Kindern verfügbar und zu-

gänglich machen und geeignete Maßnahmen wie die Einführung der Unentgeltlichkeit und die Bereitstellung. finanzieller Unterstützung bei Bedürftigkeit treffen;

c) allen entsprechend ihren Fähigkeiten den Zugang zu den Hochschulen mit allen
geeigneten Mitteln ermöglichen;

d) Bildungs- und Berufsberatung allen Kindern verfügbar und zugänglich machen;

e) Maßnahmen treffen, die den regelmäßigen Schulbesuch fördern und den Anteil
derjenigen, welche die Schule vorzeitig verlassen, verringern.

(2) Die Vertragsstaaten treffen alle geeigneten Maßnahmen, um sicherzustellen, daß die
Disziplin in der Schule in einer Weise gewahrt wird, die der Menschenwürde des
Kindes entspricht und im Einklang mit diesem Übereinkommen steht.

(3) Die Vertragsstaaten fördern die internationale Zusammenarbeit im Bildungswesen,
insbesondere um zur Beseitigung von Unwissenheit und Analphabetentum in der
Welt beizutragen und den Zugang zu wissenschaftlichen und technischen Kenntnissen und modernen Unterrichtsmethoden zu erleichtern. Dabei sind die Bedürfnisse der Entwicklungsländer besonders zu berücksichtigen.

Artikel 29 [Bildungsziele; Bildungseinrichtungen]

(1) Die Vertragsstaaten stimmen darin überein, daß die Bildung des Kindes. darauf gerichtet sein muß,

a) die Persönlichkeit, die Begabung und die geistigen und körperlichen Fähigkeiten des Kindes voll zur Entfaltung zu bringen;

b) dem Kind Achtung vor den Menschenrechten und Grundfreiheiten und den in
der Charta der Vereinten Nationen verankerten Grundsätzen zu vermitteln;

c) dem Kind Achtung vor seinen Eltern, seiner kulturellen Identität, seiner Sprache
und seinen kulturellen Werten, den nationalen Werten des Landes, in dem es
lebt,- und gegebenenfalls des Landes, aus dem es stammt, sowie vor anderen
Kulturen als der eigenen zu vermitteln;

d) das Kind auf ein verantwortungsbewußtes Leben in einer freien Gesellschaft im
Geist der Verständigung, des Friedens, der Toleranz; der Gleichberechtigung der
Geschlechter und der Freundschaft zwischen allen Völkern und ethnischen, na-
tionalen und religiösen Gruppen sowie zu Ureinwohnern vorzubereiten;

e) dem Kind Achtung vor der natürlichen Umwelt zu vermitteln.

(2) Dieser Artikel und Artikel 28 dürfen nicht so ausgelegt werden, daß sie die Freiheit
natürlicher oder juristischer Personen – beeinträchtigen, Bildungseinrichtungen zu
gründen und zu führen, sofern die in Absatz 1 festgelegten Grundsätze beachtet
werden und die in solchen Einrichtungen vermittelte Bildung den von dem Staat gegebenenfalls festgelegten Mindestnormen entspricht.

Artikel 30 [Minderheitenschutz]

In Staaten, in denen es ethnische, religiöse oder sprachliche Minderheiten oder Ureinwohner gibt, darf einem Kind, das einer solchen Minderheit angehört oder Ureinwoh-

ner ist, nicht das Recht vorenthalten werden, in Gemeinschaft mit anderen Angehörigen seiner Gruppe seine eigene Kultur zu pflegen, sich zu seiner eigenen Religion zu bekennen und sie auszuüben oder seine eigene Sprache zu verwenden.

Artikel 31 [Beteiligung an Freizeit, kulturellem und künstlerischem Leben, staatliche Förderung]

(1) Die Vertragsstaaten erkennen das Recht des Kindes auf Ruhe und Freizeit an, auf Spiel und altersgemäße aktive Erholung sowie auf freie Teilnahme am kulturellen und künstlerischen Leben.

(2) Die Vertragsstaaten achten und fördern das Recht des Kindes auf volle Beteiligung am kulturellen und künstlerischen Leben und fördern die Bereitstellung geeigneter und gleicher Möglichkeiten für die kulturelle und künstlerische Betätigung sowie für aktive Erholung und Freizeitbeschäftigung.

Artikel 32 [Schutz vor wirtschaftlicher Ausbeutung]

(1) Die Vertragsstaaten erkennen das Recht des Kindes an, vor wirtschaftlicher Ausbeutung geschützt und nicht zu einer Arbeit herangezogen zu werden, die Gefahren mit sich bringen, die Erziehung des Kindes behindern oder die Gesundheit des Kindes oder seine körperliche, geistige, seelische, sittliche oder soziale Entwicklung schädigen könnte.

(2) Die Vertragsstaaten treffen Gesetzgebungs-, Verwaltungs-, Sozial- und Bildungsmaßnahmen, um die Durchführung dieses Artikels sicherzustellen. Zu diesem Zweck und unter Berücksichtigung der einschlägigen Bestimmungen anderer internationaler Übereinkünfte werden die Vertragsstaaten insbesondere

a) ein oder mehrere Mindestalter für die Zulassung zur Arbeit festlegen;

b) eine angemessene Regelung der Arbeitszeit und der Arbeitsbedingungen vorsehen;

c) angemessene Strafen oder andere Sanktionen zur wirksamen Durchsetzung dieses Artikels vorsehen.

Artikel 33 [Schutz vor Suchtstoffen]

Die Vertragsstaaten treffen alle geeigneten Maßnahmen einschließlich Gesetzgebungs-, Verwaltungs-, Sozial- und Bildungsmaßnahmen, um Kinder vor dem unerlaubten Gebrauch von Suchtstoffen und psychotropen Stoffen im Sinne der diesbezüglichen internationalen Übereinkünfte zu schützen und den Einsatz von Kindern bei der unerlaubten Herstellung dieser Stoffe und beim unerlaubten Verkehr mit diesen Stoffen zu verhindern.

Artikel 34 [Schutz vor sexuellem Mißbrauch]

Die Vertragsstaaten verpflichten sich, das Kind vor allen Formen sexueller Ausbeutung und sexuellen Mißbrauchs zu schützen. Zu diesem Zweck treffen die Vertragsstaaten insbesondere alle geeigneten innerstaatlichen, zweiseitigen und mehrseitigen Maßnahmen, um zu verhindern, daß Kinder

a) zur Beteiligung an rechtswidrigen sexuellen Handlungen verleitet oder gezwungen werden;

b) für die Prostitution oder andere rechtswidrige sexuelle Praktiken ausgebeutet werden;

c) für pornographische Darbietungen und Darstellungen ausgebeutet werden.

Artikel 35 [Maßnahmen gegen Entführung und Kinderhandel]

Die Vertragsstaaten treffen alle geeigneten innerstaatlichen, zweiseitigen und mehrseitigen Maßnahmen, um die Entführung und den Verkauf von Kindern sowie den Handel mit Kindern zu irgendeinem Zweck und in irgendeiner Form zu verhindern.

Artikel 36 [Schutz vor sonstiger Ausbeutung]

Die Vertragsstaaten schützen das Kind vor allen sonstigen Formen der Ausbeutung, die das Wohl des Kindes in irgendeiner Weise beeinträchtigen.

Artikel 37 [Verbot der Folter, der Todesstrafe, lebenslanger Freiheitsstrafe, Rechtsbeistandschaft]

Die Vertragsstaaten stellen sicher,

a) daß kein Kind der Folter oder einer anderen grausamen, unmenschlichen oder erniedrigenden Behandlung oder Strafe unterworfen wird. Für Straftaten, die von Personen vor Vollendung des achtzehnten Lebensjahrs begangen worden sind, darf weder die Todesstrafe noch lebenslange Freiheitsstrafe ohne die Möglichkeit vorzeitiger Entlassung verhängt werden:

b) daß keinem Kind die Freiheit rechtswidrig oder willkürlich entzogen wird. Festnahme, Freiheitsentziehung oder Freiheitsstrafe darf bei einem Kind im Einklang mit dem Gesetz nur als letztes Mittel und für die kürzeste angemessene Zeit angewendet werden;

c) daß jedes Kind, dem die Freiheit entzogen ist, menschlich und mit Achtung vor der dem Menschen innewohnenden Würde und unter Berücksichtigung der Bedürfnisse von Personen seines Alters behandelt wird. Insbesondere ist jedes Kind, dem die Freiheit entzogen ist, von Erwachsenen zu trennen, sofern nicht ein anderes Vorgehen als dem Wohl des Kindes dienlich erachtet wird; jedes Kind hat das Recht, mit seiner Familie durch Briefwechsel und Besuche in Verbindung zu bleiben, sofern nicht außergewöhnliche Umstände vorliegen;

d) daß jedes Kind, dem die Freiheit entzogen ist,, das Recht auf umgehenden Zugang zu einem rechtskundigen oder anderen geeigneten Beistand und das Recht hat, die Rechtmäßigkeit der Freiheitsentziehung bei einem Gericht oder einer ‚anderen zuständigen, unabhängigen und unparteiischen Behörde anzufechten, sowie das Recht auf alsbaldige Entscheidung in einem solchen Verfahren.

Artikel 38 [Schutz bei bewaffneten Konflikten; Einziehung zu den Streitkräften]

(1) Die Vertragsstaaten verpflichten sich, die für sie verbindlichen Regeln des in bewaffneten Konflikten anwendbaren humanitären Völkerrechts, die für das Kind Bedeutung haben, zu beachten und für deren Beachtung zu sorgen.

(2) Die Vertragsstaaten treffen alle durchführbaren Maßnahmen, um sicherzustellen, daß Personen, die das fünfzehnte Lebensjahr noch nicht vollendet haben, nicht unmittelbar an Feindseligkeiten teilnehmen.

(3) Die Vertragsstaaten nehmen davon Abstand, Personen, die das fünfzehnte Lebensjahr noch nicht vollendet haben1 zu ihren Streitkräften einzuziehen. Werden Personen zu den Streitkräften eingezogen, die zwar das fünfzehnte, nicht aber das achtzehnte Lebensjahr vollendet haben, so bemühen sich die Vertragsstaaten, vorrangig die jeweils ältesten einzuziehen.

(4) Im Einklang mit ihren Verpflichtungen nach dem humanitären Völkerrecht, die Zivilbevölkerung in bewaffneten Konflikten zu schützen, treffen die Vertragsstaaten alle durchführbaren Maßnahmen, um sicherzustellen, daß von einem bewaffneten Konflikt betroffene Kinder geschützt und betreut werden.

Artikel 39 [Genesung und Wiedereingliederung geschädigter Kinder]

Die Vertragsstaaten treffen alle geeigneten Maßnahmen, um die physische und psychische Genesung und die soziale Wiedereingliederung eines Kindes zu fördern, das Opfer irgendeiner Form von Vernachlässigung, Ausbeutung oder Mißhandlung, der Folter oder einer anderen Form grausamer, unmenschlicher oder erniedrigender Behandlung oder Strafe oder aber bewaffneter Konflikte geworden ist. Die Genesung und Wiedereingliederung müssen in einer Umgebung stattfinden, die der Gesundheit, der Selbstachtung und der Würde des Kindes förderlich ist.

Artikel 40 [Behandlung des Kindes in Strafrecht und Strafverfahren]

(1) Die Vertragsstaaten erkennen das Recht jedes Kindes an, das der Verletzung der Strafgesetze verdächtigt, beschuldigt oder überführt wird, in einer Weise behandelt zu werden, die das Gefühl des Kindes für die eigene Würde und den eigenen Wert fördert, seine Achtung vor den Menschenrechten und Grundfreiheiten anderer stärkt

und das Alter des Kindes sowie die Notwendigkeit berücksichtigt, seine soziale Wiedereingliederung sowie die Übernahme einer konstruktiven Rolle in der Gesellschaft durch das Kind zu fördern.

(2) Zu diesem Zweck stellen die Vertragsstaaten unter Berücksichtigung der einschlägigen Bestimmungen internationaler Übereinkünfte insbesondere sicher,

a) daß kein Kind wegen Handlungen oder Unterlassungen, die zur Zeit ihrer Begehung nach innerstaatlichem Recht oder Völkerrecht nicht verboten waren, der Verletzung der Strafgesetze verdächtigt, beschuldigt oder überführt wird;

b) daß jedes Kind, das einer Verletzung der Strafgesetze verdächtigt oder beschuldigt wird, Anspruch auf folgende Mindestgarantien hat:

i) bis zum gesetzlichen Nachweis der Schuld als unschuldig zu gelten,

ii) unverzüglich und unmittelbar über die gegen das Kind erhobenen Beschuldigungen unterrichtet zu werden, gegebenenfalls durch seine Eltern oder seinen Vormund, und einen rechtskundigen oder anderen geeigneten Beistand zur Vorbereitung und Wahrnehmung seiner Verteidigung zu erhalten,

iii) seine Sache unverzüglich durch eine zuständige Behörde oder ein zuständiges Gericht, die Unabhängig und unparteiisch sind, in einem fairen Verfahren entsprechend dem Gesetz entscheiden zu lassen, und zwar in Anwesenheit eines rechtskundigen Oder anderen geeigneten Beistands sowie – sofern dies nicht insbesondere in Anbetracht des Alters oder der Lage des Kindes als seinem Wohl widersprechend angesehen wird – in Anwesenheit seiner Eltern oder seines Vormunds,

iv) nicht gezwungen zu werden, als Zeuge auszusagen Oder sich schuldig zu bekennen, sowie die. Belastungszeugen zu befragen Oder befragen zu lassen und das Erscheinen und die Vernehmung der Entlastungszeugen unter gleichen Bedingungen zu erwirken,

v) wenn es einer Verletzung der Strafgesetze überführt ist, diese Entscheidung und alle als Folge davon verhängten Maßnahmen. durch eine zuständige übergeordnete Behörde Oder ein zuständiges höheres Gericht, die unabhängig und unparteiisch sind, entsprechend dem Gesetz nachprüfen zu lassen,

vi) die unentgeltliche Hinzuziehung eines Dolmetschers zu verlangen, wenn das Kind die Verhandlungssprache nicht versteht oder spricht, vii) sein Privatleben in allen Verfahrensabschnitten voll geachtet zu sehen.

(3) Die Vertragsstaaten bemühen sich, den Erlaß von Gesetzen sowie die Schaffung von Verfahren, Behörden. und Einrichtungen zu fördern, die besonders für Kinder, die einer Verletzung der Strafgesetze verdächtigt, beschuldigt oder überführt werden, gelten oder zuständig sind; insbesondere

a) legen sie ein Mindestalter fest, das ein Kind erreicht haben muß, um als strafmündig angesehen zu werden,

b) treffen sie, soweit dies angemessen und wünschenswert ist, Maßnahmen, um den Fall ohne ein gerichtliches Verfahren zu regeln,. wobei jedoch die Menschenrechte und die Rechtsgarantien uneingeschränkt beachtet werden müssen.

(4) Um sicherzustellen, daß Kinder in einer Weise behandelt. werden, die ihrem Wohl dienlich ist und ihren Umständen sowie der Straftat entspricht, muß eine Vielzahl

von Vorkehrungen zur Verfügung stehen, wie Anordnungen über Betreuung, Anleitung und Aufsicht, wie Beratung, Entlassung auf Bewährung, Aufnahme in eine Pflegefamilie, Bildungs- und Berufsbildungsprogramme und andere Alternativen zur Heimerziehung.

Artikel 41 [Weitergehende inländische Bestimmungen]

Dieses Übereinkommen läßt zur Verwirklichung der Rechte des Kindes besser geeignete Bestimmungen unberührt, die enthalten sind
a) im Recht eines Vertragsstaats oder
b) in dem für diesen Staat geltenden Völkerrecht.

Teil II

Artikel 42 [Verpflichtung zur Bekanntmachung]

Die Vertragsstaaten verpflichten sich, die Grundsätze und Bestimmungen dieses Übereinkommens durch geeignete und wirksame Maßnahmen bei Erwachsenen und auch bei Kindern allgemein bekannt zu machen.

Artikel 43
[Einsetzung eines Ausschusses für die Rechte des Kindes]

(1) Zur Prüfung der Fortschritte, welche die Vertragsstaaten bei der Erfüllung der in diesem Übereinkommen eingegangenen Verpflichtungen gemacht haben, wird ein Ausschuß für die Rechte des Kindes eingesetzt, der die nachstehend festgelegten Aufgaben wahrnimmt.

(2) Der Ausschuß besteht aus zehn Sachverständigen von hohem sittlichen Ansehen und anerkannter Sachkenntnis auf dem von diesem Übereinkommen erfaßten Gebiet. Die Mitglieder des Ausschusses werden von den Vertagsstaaten unter ihren Staatsangehörigen ausgewählt und sind in persönlicher Eigenschaft tätig, wobei auf eine gerechte geographische Verteilung zu achten ist sowie die hauptsächlichen Rechtssysteme zu berücksichtigen sind.

(3) Die Mitglieder des Ausschusses werden in geheimer Wahl aus einer Liste von Personen gewählt, die von den Vertragsstaaten vorgeschlagen worden sind. Jeder Vertragsstaat kann einen seiner eigenen Staatsangehörigen vorschlagen.

(4) Die Wahl des Ausschusses findet zum erstenmal spätestens sechs Monate nach Inkrafttreten dieses Übereinkommens und danach alle zwei Jahre statt. Spätestens vier Monate vor jeder Wahl fordert der Generalsekretär der Vereinten Nationen die Vertragsstaaten schriftlich auf, ihre Vorschläge innerhalb von zwei Monaten einzureichen. Der Generalsekretär fertigt sodann eine alphabetische Liste aller auf diese Weise vorgeschlagenen Personen an unter Angabe der Vertragsstaaten, die sie vorgeschlagen haben, und übermittelt sie den Vertragsstaaten.

(5) Die Wahlen finden auf vom Generalsekretär am Sitz der Vereinten Nationen einberufenen Tagungen der Vertragsstaaten statt. Auf diesen Tagungen, die beschlußfä-
hig sind, wenn zwei Drittel der Vertragsstaaten vertreten sind, gelten die Kandidaten als in den Ausschuß gewählt, welche die höchste Stimmenzahl und die absolute
Stimmenmehrheit der anwesenden und abstimmenden Vertreter der Vertragsstaaten auf sich, vereinigen.

(6) Die Ausschußmitglieder werden für vier Jahre gewählt. Auf erneuten Vorschlag können sie wiedergewählt werden. Die Amtszeit von fünf der bei der ersten Wahl gewählten Mitglieder läuft nach zwei Jahren ab; unmittelbar nach der ersten Wahl
werden die Namen dieser fünf Mitglieder vom Vorsitzenden der Tagung durch das
Los bestimmt.

(7) Wenn ein Ausschußmitglied stirbt oder zurücktritt oder erklärt, daß es aus anderen Gründen die Aufgaben des Ausschusses nicht mehr wahrnehmen kann, ernennt der Vertragsstaat, der das Mitglied vorgeschlagen hat, für die verbleibende
Amtszeit mit Zustimmung des Ausschusses einen anderen unter seihen Staatsangehörigen ausgewählten Sachverständigen.

(8) Der Ausschuß gibt sich eine Geschäftsordnung.

(9) Der Ausschuß wählt seinen Vorstand für zwei Jahre.

(10) Die Tagungen des Ausschusses finden in der Regel am Sitz der Vereinten Nationen
oder an einem anderen vom Ausschuß bestimmten geeigneten Ort statt. Der Ausschuß tritt in der Regel einmal jährlich zusammen. Die Dauer der Ausschußtagun-
gen wird auf einer Tagung der Vertragsstaaten mit Zustimmung der Generalversammlung festgelegt und wenn nötig geändert.

(11) Der Generalsekretär der Vereinten Nationen stellt dem Ausschuß das Personal und
die Einrichtungen zur Verfügung, die dieser zur wirksamen Wahrnehmung seiner
Aufgaben nach diesem Übereinkommen benötigt.

(12) Die Mitglieder des nach diesem Übereinkommen eingesetzten Ausschusses erhalten mit Zustimmung der Generalversammlung Bezüge aus Mitteln der Vereinten
Nationen zu den von der Generalversammlung' zu beschließenden Bedingungen.

Artikel 44 [Berichtspflicht]

(1) Die Vertragsstaaten verpflichten sich, dem Ausschuß über den Generalsekretär der
Vereinten Nationen Berichte über die Maßnahmen, die sie zur Verwirklichung der
in diesem Übereinkommen anerkannten Rechte getroffen haben, und über die dabei erzielten Fortschritte vorzulegen, und zwar
a) innerhalb von zwei Jahren nach Inkrafttreten des Übereinkommens für den betreffenden Vertragsstaat,
b) danach alle fünf Jahre.

(2) In den nach diesem Artikel erstatteten Berichten ist auf etwa bestehende Umstände und Schwierigkeiten hinzuweisen, welche die Vertragsstaaten daran hindern ,die
in diesem Übereinkommen vorgesehenen Verpflichtungen voll zu erfüllen. Die Berichte müssen auch ausreichende Angaben enthalten, die dem Ausschuß ein umfas-

sendes Bild von der Durchführung des Übereinkommens in dem betreffenden Land vermitteln.

(3) Ein Vertragsstaat, der dem Ausschuß einen ersten umfassenden Bericht vorgelegt hat, braucht in seinen nach Absatz 1 Buchstabe b vorgelegten späteren Berichten die früher mitgeteilten grundlegenden Angaben nicht zu wiederholen.

(4) Der Ausschuß kann die Vertragsstaaten um weitere Angaben über die Durchführung des Übereinkommens ersuchen.

(5) Der Ausschuß legt der Generalversammlung über den Wirtschafts- und Sozialrat alle zwei Jahre einen Tätigkeitsbericht vor.

(6) Die Vertragsstaaten sorgen für eine weite Verbreitung ihrer Berichte im eigenen Land.

Artikel 45 [Mitwirkung anderer Organe der Vereinten Nationen]

Um die wirksame Durchführung dieses Übereinkommens und die internationale Zusammenarbeit auf dem von dem Übereinkommen erfaßten Gebiet zu fördern;

a) haben die Sonderorganisationen, das Kinderhilfswerk. der Vereinten Nationen und andere Organe der Vereinten Nationen das Recht, bei der Erörterung der Durchführung derjenigen Bestimmungen des Übereinkommens vertreten zu sein, die in ihren Aufgabenbereich fallen. Der Ausschuß kann, wenn er dies. für angebracht hält, die Sonder-Organisationen, das Kinderhilfswerk der Vereinten Nationen und andere zuständige Stellen einladen, sachkundige Stellungnahmen zur Durchführung des Übereinkommens auf Gebieten abzugeben, die in ihren jeweiligen Aufgabenbereich fallen. Der Ausschuß kann die Sonderorganisationen, das Kinderhilfswerk der Vereinten Nationen und andere Organe der Vereinten Nationen einladen, ihm Berichte über die Durchführung des Übereinkommens auf Gebieten vorzulegen, die in ihren Tätigkeitsbereich fallen;

b) übermittelt der Ausschuß, wenn er dies für angebracht hält, den Sonderorganisationen, dem Kinderhilfswerk der Vereinten Nationen und anderen zuständigen Stellen. Berichte der Vertragsstaaten, die ein Ersuchen um fachliche Beratung oder Unterstützung oder einen Hinweis enthalten, daß ein diesbezügliches Bedürfnis besteht; etwaige Bemerkungen und Vorschläge des Ausschusses zu diesen Ersuchen oder Hinweisen werden beigefügt;

c) kann der Ausschuß der Generalversammlung empfehlen, den Generalsekretär zu ersuchen, für den Ausschuß Untersuchungen über Fragen im Zusammenhang mit den Rechten des Kindes durchzuführen;

d) kann der Ausschuß aufgrund der Angaben, die er nach den Artikeln 44 und 45 erhalten hat, Vorschläge und allgemeine Empfehlungen unterbreiten. Diese Vorschläge und allgemeinen Empfehlungen werden den betroffenen Vertragsstaaten übermittelt und der Generalversammlung zusammen mit etwaigen Bemerkungen der Vertragsstaaten vorgelegt.

TEIL III

Artikel 46 [Unterzeichnung]

Dieses Übereinkommen liegt für alle Staaten zur Unterzeichnung auf.

Artikel 47 [Ratifikation]

Dieses Übereinkommen bedarf der Ratifikation. Die Ratifikationsurkunden werden beim Generalsekretär der Vereinten Nationen hinterlegt.

Artikel 48 [Beitritt]

Dieses Übereinkommen steht allen Staaten zum Beitritt offen. Die Beitrittsurkunden werden beim Generalsekretär der Vereinten Nationen hinterlegt.

Artikel 49 [Inkrafttreten]

(1) Dieses Übereinkommen tritt am dreißigsten Tag nach Hinterlegung der zwanzigsten Ratifikations- Oder Beitrittsurkunde beim Generalsekretär der Vereinten Nationen in Kraft.

(2) Für jeden Staat, der nach Hinterlegung der zwanzigsten Ratifikations- oder Beitrittsurkunde dieses Übereinkommen ratifiziert oder ihm beitritt, tritt es am dreißigsten Tag nach Hinterlegung seiner eigenen Ratifikations- oder Beitrittsurkunde in Kraft.

Artikel 50 [Änderungen]

(1) Jeder Vertragsstaat kann eine Änderung vorschlagen und sie beim Generalsekretär der Vereinten Nationen einreichen. Der Generalsekretär übermittelt sodann den Änderungsvorschlag den Vertragsstaaten mit der Aufforderung, ihm mitzuteilen, ob sie eine Konferenz der Vertragsstaaten zur Beratung und Abstimmung über den Vorschlag befürworten. Befürwortet, innerhalb von vier Monaten nach dem Datum der Übermittlung wenigstens ein Drittel der Vertragsstaaten eine solche Konferenz, so beruft der Generalsekretär die Konferenz unter der Schirmherrschaft der Vereinten Nationen ein. Jede Änderung, die von der Mehrheit der auf der Konferenz anwesenden und abstimmenden Vertragsstaaten angenommen wird, wird der Generalversammlung zur Billigung vorgelegt.

(2) Eine nach Absatz 1 angenommene Änderung tritt in Kraft, wenn sie von der Generalversammlung der Vereinten Nationen gebilligt und von einer Zweidrittelmehrheit der Vertragsstaaten angenommen worden ist

(3) Tritt eine Änderung in Kraft so ist sie für die Vertragsstaaten die sie angenommen haben, verbindlich, während für die anderen Vertragsstaaten weiterhin die Bestimmungen dieses Übereinkommens und alle früher von ihnen angenommenen Änderungen gelten.

Artikel 51 [Vorbehalte]

(1) Der Generalsekretär der Vereinten Nationen nimmt den Wortlaut von Vorbehalten, die ein Staat bei der Ratifikation oder beim Beitritt anbringt, entgegen und leitet ihn allen Staaten zu

(2) Vorbehalte, die mit Ziel und Zweck dieses Übereinkommens unvereinbar sind, sind nicht zulässig.

(3) Vorbehalte können jederzeit durch eine an den Generalsekretär der Vereinten Nationen gerichtete diesbezügliche Notifikation zurückgenommen werden; dieser setzt alle Staaten davon in Kenntnis. Die Notifikation wird mit dem Tag ihres Eingangs beim Generalsekretär wirksam.

Artikel 52 [Kündigung]

Ein Vertragsstaat kann dieses Übereinkommen durch eine an den Generalsekretär der Vereinten Nationen gerichtete schriftliche Notifikation kündigen. Die Kündigung wird ein Jahr nach Eingang der Notifikation beim Generalsekretär wirksam.

Artikel 53 [Verwahrung]

Der Generalsekretär der Vereinten Nationen wird zum Verwahrer dieses Übereinkommens bestimmt.

Artikel 54 [Urschrift, verbindlicher Wortlaut]

Die Urschrift dieses Übereinkommens, dessen arabischer, chinesischer, englischer, französischer, russischer und spanischer Wortlaut gleichermaßen verbindlich ist, wird beim Generalsekretär der Vereinten Nationen hinterlegt.

Zu Urkund dessen haben die unterzeichneten, von ihren Regierungen hierzu gehörig befugten Bevollmächtigten dieses Übereinkommen unterschrieben.

→ Ausschüße beurteilen beide Berichte
    → spricht Empfehlungen aus
    → Berichte werden veröffentlicht

→ Insetzung öffentl. Diskussionstage 1x jährlich
bei dringlichen Themen

→ es gibt keine Sanktionen, nur die Veröffentlichungen
der Empfehlungen soll moralischen Druck ausüben

→ keine Individualbeschwerde möglich
    - von NGO's aber gefordert

→ Kinder sind jetzt Rechtssubjekte
    → Träger von Rechten

Prinzipien:
⇒ Gleichberechtigung aller Kinder auf der Welt
    → alle haben gleiche Rechte

⇒ alle pol. Entscheidung, die Kinder betreffen
müssen im Sinne der Kinder sein

5.121
→ Überlebensrechte, Schutzrechte, Entwicklungsrechte,
Teilnahmerechte

13. Europäische Konvention zum Schutze der Menschenrechte und Grundfreiheiten

1950, geändert durch Protokoll Nr. 11 vom 11.5.1994

(BGBl. 1952 Teil II 685);
(BGBl. 1995 Teil II 578)

Präambel

ln Erwägung der Allgemeinen Erklärung der Menschenrechte, die von der Generalversammlung der Vereinten Nationen am 10. Dezember 1948 verkündet wurde;

in der Erwägung, daß diese Erklärung bezweckt , die allgemeine und wirksame Anerkennung und Einhaltung der darin erklärten Rechte zu gewährleisten;

in der Erwägung , daß das Ziel des Europarates die Herbeiführung einer größeren Einigkeit unter seinen Mitgliedern ist und daß eines der Mittel zur Erreichung dieses Zieles in der Wahrung und in der Entwicklung der Menschenrechte und Grundfreiheiten besteht;

unter erneuter Bekräftigung ihres tiefen Glaubens an diese Grundfreiheiten, welche die Grundlage der Gerechtigkeit und des Friedens in der Welt bilden, und deren Aufrechterhaltung wesentlich auf einem wahrhaft demokratischen politischen Regime einerseits und auf einer gemeinsamen Auffassung und Achtung der Menschenrechte andererseits beruht, von denen sie sich herleiten;

entschlossen, als Regierungen europäischer Staaten, die vom gleichen Geiste beseelt sind und ein gemeinsames Erbe an geistigen Gütern, politischen Überlieferungen, Achtung der Freiheit und Vorherrschaft des Gesetzes besitzen, die ersten Schritte auf dem Wege zu einer kollektiven Garantie gewisser in der Allgemeinen Erklärung verkündeter Rechte zu unternehmen;

vereinbaren die unterzeichnenden Regierungen und Mitglieder des Europarates folgendes:

Abschnitt I: Rechte und Freiheiten

Artikel 1 [Verpflichtung zur Achtung der Menschenrechte]

Die Hohen Vertragschließenden Teile sichern allen ihrer Herrschaftsgewalt unterstehenden Personen die in Abschnitt I dieser Konvention niedergelegten Rechte und Freiheiten zu.

Artikel 2 [Recht aller auf Leben]

(1) Das Recht jedes Menschen auf das Leben wird gesetzlich geschützt. Abgesehen von der Vollstreckung eines Todesurteils, das von einem Gericht im Falle eines durch Gesetz mit der Todesstrafe bedrohten Verbrechens ausgesprochen worden ist, darf eine absichtliche Tötung nicht vorgenommen werden.

(2) Die Tötung wird nicht als Verletzung dieses Artikels betrachtet, wenn sie sich aus einer unbedingt erforderlichen Gewaltanwendung ergibt:
   a) um die Verteidigung eines Menschen gegenüber rechtswidriger Gewaltanwendung sicherzustellen;
   b) um eine ordnungsgemäße Festnahme durchzuführen oder das Entkommen einer ordnungsgemäß festgehaltenen Person zu verhindern;
   e) um im Rahmen der Gesetze einen Aufruhr oder einen Aufstand zu unterdrücken.

Artikel 3 [Verbot der Folter]

Niemand darf der Folter oder unmenschlicher oder erniedrigender Strafe oder Behandlung unterworfen werden.

Artikel 4 [Verbot der Sklaverei und der Zwangsarbeit]

(1) Niemand darf in Sklaverei oder Leibeigenschaft gehalten werden.

(2) Niemand darf gezwungen werden, Zwangs- oder Pflichtarbeit zu verrichten.

(3) Als „Zwangs- oder Pflichtarbeit" im Sinne dieses Artikels gilt nicht:
   a) jede Arbeit, die normalerweise von einer Person verlangt wird, die unter den von Artikel 5 der vorliegenden Konvention vorgesehenen Bedingungen in Haft gehalten oder bedingt freigelassen worden ist;
   b) jede Dienstleistung militärischen Charakters, oder im Falle der Verweigerung aus Gewissensgründen in Ländern, wo diese als berechtigt anerkannt ist, eine sonstige anstelle der militärischen Dienstpflicht tretende Dienstleistung;
   c) jede Dienstleistung im Falle von Notständen und Katastrophen, die das Leben oder das Wohl der Gemeinschaft bedrohen,
   d) jede Arbeit oder Dienstleistung, die zu den normalen Bürgerpflichten gehört.

Artikel 5 [Recht auf Freiheit und Sicherheit]

(1) Jeder Mensch hat ein Recht auf Freiheit und Sicherheit. Die Freiheit darf einem Men-

schen nur in den folgenden Fällen und nur auf dem gesetzlich vorgeschriebenen Wege entzogen werden:

a) wenn er rechtmäßig nach Verurteilung durch ein zuständiges Gericht in Haft gehalten wird;

b) wenn er rechtmäßig festgenommen worden ist oder in Haft gehalten wird wegen Nichtbefolgung eines rechtmäßigen Gerichtsbeschlusses oder zur Erzwingung der Erfüllung einer durch das Gesetz vorgeschriebenen Verpflichtung;

c) wenn er rechtmäßig festgenommen worden ist oder in Haft gehalten wird zum Zwecke seiner Vorführung vor die zuständige Gerichtsbehörde, sofern hinreichender Verdacht dafür besteht, daß der Betreffende eine strafbare Handlung begangen hat, oder begründeter Anlaß zu der Annahme besteht, daß es notwendig ist, den Betreffenden an der Begehung einer strafbaren Handlung oder an der Flucht nach Begehung einer solchen zu hindern;

d) wenn es sich um die rechtmäßige Haft eines Minderjährigen handelt, die zum Zwecke überwachter Erziehung angeordnet ist, oder um die rechtmäßige Haft einer solchen, die zwecks Vorführung vor die zuständige Behörde verhängt ist;

e) wenn er sich in rechtmäßiger Haft befindet, weil er eine Gefahrenquelle für die Ausbreitung ansteckender Krankheiten bildet, oder weil er geisteskrank, Alkoholiker, rauschgiftsüchtig oder Landstreicher ist;

f) wenn er rechtmäßig festgenommen worden ist oder in Haft gehalten wird, um ihn daran zu hindern, unberechtigt in das Staatsgebiet einzudringen oder weil er von einem gegen ihn schwebenden Ausweisungs- oder Auslieferungsverfahren betroffen ist.

(2) Jeder Festgenommene muß unverzüglich und in einer ihm verständlichen Sprache über die Gründe seiner Festnahme und über die gegen ihn erhobenen Beschuldigungen unterrichtet werden.

(3) Jede nach der Vorschrift des Absatzes 1 c dieses Artikels festgenommene oder in Haft gehaltene Person muß unverzüglich einem Richter oder einem anderen, gesetzlich zur Ausübung richterlicher Funktionen ermächtigten Beamten vorgeführt werden. Er hat Anspruch auf Aburteilung innerhalb einer angemessenen Frist oder auf Haftentlassung während des Verfahrens. Die Freilassung kann von der Leistung einer Sicherheit für das Erscheinen vor Gericht abhängig gemacht werden.

(4) Jeder, der seiner Freiheit durch Festnahme oder Haft beraubt ist, hat das Recht, ein Verfahren zu beantragen, in dem von einem Gericht unverzüglich über die Rechtmäßigkeit der Haft entschieden wird und im Falle der Widerrechtlichkeit seine Entlassung angeordnet wird.

(5) Jeder, der entgegen den Bestimmungen dieses Artikels von Festnahme oder Haft betroffen worden ist, hat Anspruch auf Schadenersatz.

Artikel 6 [Recht auf ein faires Verfahren]

(1) Jedermann hat Anspruch darauf, daß seine Sache in billiger Weise öffentlich und innerhalb einer angemessenen Frist gehört wird, und zwar von einem unabhängigen

und unparteiischen, auf Gesetz beruhenden Gericht, das über zivilrechtliche Ansprüche und Verpflichtungen oder über die Stichhaltigkeit der gegen ihn erhobenen strafrechtlichen Anklage zu entscheiden hat. Das Urteil muß öffentlich verkündet werden, jedoch kann die Presse und die Öffentlichkeit während der gesamten Verhandlung oder eines Teiles derselben im Interesse der Sittlichkeit, der öffentlichen Ordnung oder der nationalen Sicherheit in einem demokratischen Staat ausgeschlossen werden, oder wenn die Interessen von Jugendlichen oder der Schutz des Privatlebens der Prozeßparteien es verlangen oder, und zwar unter besonderen Umständen, wenn die öffentliche Verhandlung die Interessen der Rechtspflege beeinträchtigen würde, in diesem Fall jedoch nur in dem nach Auffassung des Gerichts erforderlichen Umfang.

(2) Bis zum gesetzlichen Nachweis seiner Schuld wird vermutet, daß der wegen einer strafbaren Handlung Angeklagte unschuldig ist.

(3) Jeder Angeklagte hat mindestens (englischer Text) insbesondere (französischer Text) die folgenden Rechte:

a) unverzüglich in einer für ihn verständlichen Sprache in allen Einzelheiten über die Art und den Grund der gegen ihn erhobenen Beschuldigung in Kenntnis gesetzt zu werden;

b) über ausreichende Zeit und Gelegenheit zur Vorbereitung seiner Verteidigung zu verfügen;

c) sich selbst zu verteidigen oder den Beistand eines Verteidigers seiner Wahl zu erhalten und, falls er nicht über die Mittel zur Bezahlung eines Verteidigers verfügt, unentgeltlich den Beistand eines Pflichtverteidigers zu erhalten, wenn dies im Interesse der Rechtspflege erforderlich ist;

d) Fragen an die Belastungszeugen zu stellen oder stellen zu lassen und die Ladung und Vernehmung der Entlastungszeugen unter denselben Bedingungen wie die der Belastungszeugen zu erwirken;

e) die unentgeltliche Beiziehung eines Dolmetschers zu verlangen, wenn er die Verhandlungssprache des Gerichts nicht versteht oder sich nicht darin ausdrücken kann.

Artikel 7 [Keine Strafe ohne Gesetz]

(1) Niemand kann wegen einer Handlung oder Unterlassung verurteilt werden, die zur Zeit ihrer Begehung nach inländischem oder internationalem Recht nicht strafbar war. Ebenso darf keine höhere Strafe als die im Zeitpunkt der Begehung der strafbaren Handlung angedrohte Strafe verhängt werden.

(2) Durch diesen Artikel darf die Verurteilung oder Bestrafung einer Person nicht ausgeschlossen werden, die sich einer Handlung oder Unterlassung schuldig gemacht hat, welche im Zeitpunkt ihrer Begehung nach den von den zivilisierten Völkern allgemein anerkannten Rechtsgrundsätzen strafbar war.

Artikel 8 [Recht auf Achtung des Privat- und Familienlebens]

(1) Jedermann hat Anspruch auf Achtung seines Privat- und Familienlebens, seiner Wohnung und seines Briefverkehrs.

(2) Der Eingriff einer öffentlichen Behörde in die Ausübung dieses Rechts ist nur statthaft, insoweit dieser Eingriff gesetzlich vorgesehen ist und eine Maßnahme darstellt, die in einer demokratischen Gesellschaft für die nationale Sicherheit, die öffentliche Ruhe und Ordnung, das wirtschaftliche Wohl des Landes, die Verteidigung der Ordnung und zur Verhinderung von strafbaren Handlungen, zum Schutz der Gesundheit und der Moral oder zum Schutz der Rechte und Freiheiten anderer notwendig ist.

Artikel 9 [Gedanken-, Gewissens- und Religionsfreiheit]

(1) Jedermann hat Anspruch auf Gedanken-, Gewissens- und Religionsfreiheit; dieses Recht umfaßt die Freiheit des einzelnen zum Wechsel der Religion oder der Weltanschauung, sowie die Freiheit, seine Religion oder Weltanschauung einzeln oder in Gemeinschaft mit anderen öffentlich oder privat, durch Gottesdienst, Unterricht, durch die Ausführung und Beachtung religiöser Gebräuche auszuüben.

(2) Die Religions- und Bekenntnisfreiheit darf nicht Gegenstand anderer als vom Gesetz vorgesehener Beschränkungen sein, die in einer demokratischen Gesellschaft notwendige Maßnahmen im Interesse der öffentlichen Sicherheit, der öffentlichen Ordnung, Gesundheit und Moral oder für den Schutz der Rechte und Freiheiten anderer sind.

Artikel 10 [Freiheit der Meinungsäußerung]

(1) Jeder hat Anspruch auf freie Meinungsäußerung. Dieses Recht schließt die Freiheit der Meinung und die Freiheit zum Empfang und zur Mitteilung von Nachrichten oder Ideen ohne Eingriffe öffentlicher Behörden und ohne auf Landesgrenzen ein. Dieser Artikel schließt nicht aus, daß die Staaten Rundfunk-, Lichtspiel- oder Fernsehunternehmen einem Genehmigungsverfahren unterwerfen.

(2) Da die Ausübung dieser Freiheiten Pflichten und Verantwortung mit sich bringt, kann sie bestimmten, vom Gesetz vorgesehenen Formvorschriften, Bedingungen, Einschränkungen oder Strafandrohungen unterworfen werden, wie sie vom Gesetz vorgeschrieben und in einer demokratischen Gesellschaft im Interesse der nationalen Sicherheit, der territorialen Unversehrtheit oder der öffentlichen Sicherheit, der Aufrechterhaltung der Ordnung und der Verbrechensverhütung, des Schutzes der Gesundheit und der Moral, des Schutzes des guten Rufes oder der Rechte anderer, um die Verbreitung von vertraulichen Nachrichten zu verhindern oder das Ansehen und die Unparteilichkeit der Rechtsprechung zu gewährleisten, unentbehrlich sind.

Artikel 11 [Versammlungs- und Vereinigungsfreiheit]

(1) Alle Menschen haben das Recht, sich friedlich zu versammeln und sich frei mit anderen zusammenzuschließen, einschließlich des Rechts, zum Schutze ihrer Interessen Gewerkschaften zu bilden und diesen beizutreten.

(2) Die Ausübung dieser Rechte darf keiner anderen Einschränkungen unterworfen werden als den vom Gesetz vorgesehenen, die in einer demokratischen Gesellschaft im

Interesse der äußeren und inneren Sicherheit, zur Aufrechterhaltung der Ordnung und der Verbrechensverhütung, zum Schutze der Gesundheit und der Moral oder zum Schutze der Rechte und Freiheiten anderer notwendig sind. Dieser Artikel verbietet nicht, daß die Ausübung dieser Rechte für Mitglieder der Streitkräfte, der Polizei oder der Staatsverwaltung gesetzlichen Einschränkungen unterworfen wird.

Artikel 12 [Recht auf Eheschließung]

Mit Erreichung des Heiratsalters haben Männer und Frauen das Recht, eine Ehe einzugehen und eine Familie nach den nationalen Gesetzen, die die Ausübung dieses Rechts regeln, zu gründen.

Artikel 13 [Recht auf wirksame Beschwerde]

Sind die in der vorliegenden Konvention festgelegten Rechte und Freiheiten verletzt worden, so hat der Verletzte das Recht, eine wirksame Beschwerde bei einer nationalen Instanz einzulegen, selbst wenn die Verletzung von Personen begangen worden ist, die in amtlicher Eigenschaft gehandelt haben.

Artikel 14 [Verbot der Benachteiligung]

Der Genuß der in der vorliegenden Konvention festgelegten Rechte und Freiheiten muß ohne Unterschied des Geschlechts, der Rasse, Hautfarbe, Sprache, Religion, politischen oder sonstigen Anschauungen, nationalen oder sozialen Herkunft, Zugehörigkeit zu einer nationalen Minderheit, des Vermögens, der Geburt oder des sonstigen Status gewährleistet werden.

Artikel 15 [Außerkraftsetzen im Notstandsfall]

(1) Im Falle eines Krieges oder eines anderen öffentlichen Notstandes, der das Leben der Nation bedroht, kann jeder der Hohen Vertragschließenden Teile Maßnahmen ergreifen, welche die in dieser Konvention vorgesehenen Verpflichtungen in dem Umfang, den die Lage unbedingt erfordert, und unter der Bedingung außer Kraft setzen, daß diese Maßnahmen nicht im Widerspruch zu den sonstigen völkerrechtlichen Verpflichtungen stehen.

(2) Die vorstehende Bestimmung gestattet kein Außerkraftsetzen des Artikels 2 außer bei Todesfällen, die auf rechtmäßige Kriegshandlungen zurückzuführen sind, oder der Artikel 3, 4 (Absatz 1) und 7.

(3) Jeder Hohe Vertragschließende Teil, der dieses Recht der Außerkraftsetzung ausübt, hat den Generalsekretär des Europarats eingehend über die getroffenen Maßnahmen und deren Gründe zu unterrichten. Er muß den Generalsekretär des Europarats auch über den Zeitpunkt in Kenntnis setzen, in dem diese Maßnahmen außer Kraft getreten sind und die Vorschriften der Konvention wieder volle Anwendung finden.

Artikel 16 [Beschränkung der politischen Tätigkeit von Ausländern]

Keine der Bestimmungen der Artikel 10, 11 und 14 darf so ausgelegt werden, daß sie den Hohen Vertragschließenden Parteien verbietet, die politische Tätigkeit von Ausländern Beschränkungen zu unterwerfen.

Artikel 17 [Begrenzung der Rechtseinschränkungen]

Keine Bestimmung dieser Konvention darf dahin ausgelegt werden, daß sie für einen Staat, eine Gruppe oder eine Person das Recht begründet, eine Tätigkeit auszuüben oder eine Handlung zu begehen, die auf die Abschaffung der in der vorliegenden Konvention festgelegten Rechte und Freiheiten oder auf weitergehende Beschränkungen dieser Rechte und Freiheiten, als in der Konvention vorgesehen, hinzielt.

Artikel 18 [Verbot des Mißbrauchs der Rechte]

Die nach der vorliegenden Konvention gestatteten Einschränkungen dieser Rechte und Freiheiten dürfen nicht für andere Zwecke als die vorgesehenen angewandt werden.

Abschnitt II:
Europäischer Gerichtshof für Menschenrechte

Artikel 19 [Errichtung des Gerichtshofs]

Um die Einhaltung der Verpflichtungen sicherzustellen, welche die Hohen Vertragschließenden Teile in dieser Konvention und den Protokollen dazu übernommen haben, wird ein Europäischer Gerichtshof für Menschenrechte, im folgenden als „Gerichtshof" bezeichnet, errichtet. Er nimmt seine Aufgaben als ständiger Gerichtshof wahr.

Artikel 20 [Zahl der Richter]

Die Zahl der Richter des Gerichtshofs entspricht derjenigen der Hohen Vertragsschließenden Teile.

Artikel 21 [Voraussetzungen für das Amt]

(1) Die Richter müssen hohes sittliches Ansehen genießen und entweder die für die Ausübung hoher richterlicher Ämter erforderlichen Voraussetzungen erfüllen oder Rechtsgelehrte von anerkanntem Ruf sein.

(2) Die Richter gehören dem Gerichtshof in ihrer persönlichen Eigenschaft an.

(3) Während der Amtszeit dürfen die Richter keine Tätigkeit ausüben, die mit ihrer Unabhängigkeit, ihrer Unparteilichkeit oder mit den Erfordernissen der Vollzeitbeschäf-

tigung in diesem Amt unvereinbar ist; alle Fragen, die sich aus der Anwendung dieses Absatzes ergeben, werden vom Gerichtshof entschieden.

Artikel 22 [Wahl der Richter]

(1) Die Richter werden von der Parlamentarischen Versammlung für jeden Hohen Vertragsschließenden Teil mit Stimmenmehrheit aus einer Liste von drei Kandidaten gewählt, die von dem Hohen Vertragsschließenden Teil vorgeschlagen werden.

(2) Dasselbe Verfahren wird angewendet, um den Gerichtshof im Falle des Beitritts neuer Hoher Vertragsschließender Teile zu ergänzen und um freigewordene Sitze zu besetzen.

Artikel 23 [Amtszeit]

(1) Die Richter werden für sechs Jahre gewählt. Ihre Wiederwahl ist zulässig. Jedoch endet die Amtszeit der Hälfte der bei der ersten Wahl gewählten Richter nach drei Jahren.

(2) Die Richter, deren Amtszeit nach drei Jahren endet, werden vom Generalsekretär des Europarats durch das Los bestimmt.

(3) Um soweit wie möglich sicherzustellen, daß die Hälfte der Richter alle 3 Jahre neu gewählt wird, kann die Parlamentarische Versammlung vor jeder späteren Wahl beschließen, daß die Amtsdauer eines oder mehrerer der zu wählenden Richter nicht sechs Jahre betragen soll, wobei diese Amtszeit weder länger als neun noch kürzer als drei Jahre sein darf.

(4) Sind mehrere Ämter zu besetzen und wendet die Parlamentarische Versammlung Absatz 3 an, so wird die Zuteilung der Amtszeiten vom Generalsekretär des Europarats unmittelbar nach der Wahl durch das Los bestimmt.

(5) Ein Richter, der anstelle eines Richters gewählt wird, dessen Amtszeit noch nicht abgelaufen ist, übt sein Amt für die restliche Amtszeit seines Vorgängers aus.

(6) Die Richter bleiben bis zum Amtsantritt ihrer Nachfolger im Amt. Sie bleiben jedoch in den Rechtssachen tätig, mit denen sie bereits befaßt sind.

Artikel 24 [Entlassung]

Ein Richter kann nur entlassen werden, wenn die anderen Richter mit Zweidrittelmehrheit entscheiden, daß er die erforderlichen Voraussetzungen nicht mehr erfüllt.

Artikel 25 [Kanzlei und wissenschaftliche Mitarbeiter]

Der Gerichtshof hat eine Kanzlei, deren Aufgaben und Organisation in der Verfahrensordnung des Gerichtshofs festgelegt werden. Der Gerichtshof wird durch wissenschaftliche Mitarbeiter unterstützt.

Artikel 26 [Plenum des Gerichtshofs]

Das Plenum des Gerichtshofs

a) wählt seinen Präsidenten und einen oder zwei Vizepräsidenten für drei Jahre; ihre Wiederwahl ist zulässig,

b) bildet Kammern für einen bestimmten Zeitraum,

c) wählt die Präsidenten der Kammern des Gerichtshofs; ihre Wiederwahl ist zulässig,

d) beschließt die Verfahrensordnung des Gerichtshofs und e.) wählt den Kanzler und einen oder mehrere stellvertretende Kanzler.

Artikel 27 [Ausschüsse, Kammern und Große Kammer]

(1) Zur Prüfung der Rechtssachen, die bei ihm anhängig gemacht werden, tagt der Gerichtshof in Ausschüssen mit drei Richtern, in Kammern mit sieben Richtern und in einer Großen Kammer mit siebzehn Richtern. Die Kammern des Gerichtshofs bilden die Ausschüsse für einen bestimmten Zeitraum.

(2) Der Kammer und der Großen Kammer gehört von Amts wegen der für den als Partei beteiligten Staat gewahrte Richter oder, wenn ein solcher nicht vorhanden ist oder er an den Sitzungen nicht teilnehmen kann, eine von diesem Staat benannte Person an, die in der Eigenschaft eines Richters an den Sitzungen teilnimmt.

(3) Der Großen Kammer gehören ferner der Präsident des Gerichtshofs, die Vizepräsidenten, die Präsidenten der Kammern und andere nach der Verfahrensordnung des Gerichtshofs ausgewählte Richter an. Wird eine nach Artikel 43 an die Große Kammer verwiesen, so dürfen Richter der Kammer, die das Urteil gefällt hat, der Großen Kammer nicht angehören; das gilt nicht für den Präsidenten der Kammer und den Richter, welcher in der Kammer für den als Partei beteiligten Staat mitgewirkt hat.

Artikel 28 [Unzulässigkeitserklärungen der Ausschüsse]

Ein Ausschuß kann durch einstimmigen Beschluß eine nach Artikel 34 erhobene Individualbeschwerde für unzulässig erklären oder im Register streichen, wenn eine solche Entscheidung ohne weitere Prüfung getroffen werden kann. Die Entscheidung ist endgültig.

Artikel 29 [Entscheidungen der Kammern über die Zulässigkeit und Begründetheit]

(1) Ergeht keine Entscheidung nach Artikel 28, so entscheidet eine Kammer über die Zulässigkeit und Begründetheit der nach Artikel 34 erhobenen Individualbeschwerden.

(2) Eine Kammer entscheidet über die Zulässigkeit und Begründetheit der nach Artikel 33 erhobenen Staatenbeschwerden.

(3) Die Entscheidung über die Zulässigkeit ergeht gesondert, sofern nicht der Gerichtshof in Ausnahmefällen anders entscheidet.

Artikel 30 [Abgabe der Rechtssache an die Große Kammer]

Wirft eine bei einer Kammer anhängige Rechtssache eine schwerwiegende Frage der Auslegung dieser Konvention oder der Protokolle dazu auf oder kann die Entscheidung einer ihr vorliegenden Frage zu einer Abweichung von einem früheren Urteil des Gerichtshofs führen, so kann die Kammer diese Sache jederzeit, bevor sie ihr Urteil gefällt hat, an die Große Kammer abgeben, sofern nicht eine Partei widerspricht.

Artikel 31 [Befugnisse der Großen Kammer]

Die Große Kammer
a) entscheidet über nach Artikel 33 oder Artikel 34 erhobene Beschwerden, wenn eine Kammer die Rechtssache nach Artikel 30 an sie abgegeben hat oder wenn die Sache nach Artikel 43 an sie verwiesen worden ist, und
b) behandelt Anträge nach Artikel 47 auf Erstattung von Gutachten.

Artikel 32 [Zuständigkeit des Gerichtshofs]

(1) Die Zuständigkeit des Gerichtshofs umfaßt alle die Auslegung und Anwendung dieser Konvention und der Protokolle dazu betreffenden Angelegenheiten, mit denen er nach den Artikeln 33, 34 und 47 befaßt wird.
(2) Besteht Streit über die Zuständigkeit des Gerichtshofs so entscheidet der Gerichtshof.

Artikel 33 [Staatenbeschwerden]

Jeder Hohe Vertragschließende Teil kann den Gerichtshof wegen jeder behaupteten Verletzung dieser Konvention und der Protokolle dazu durch einen anderen Hohen Vertragschließenden Teil anrufen.

Artikel 34 [Individualbeschwerden]

Der Gerichtshof kann von jeder natürlichen Person, nichtstaatlichen Organisation oder Personengruppe, die behauptet, durch einen der Hohen Vertragschließenden Teile in einem der in dieser Konvention oder den Protokollen dazu anerkannten Rechte verletzt zu sein, mit einer Beschwerde befaßt werden. Die Hohen Vertragschließenden Teile verpflichten sich, die wirksame Ausübung dieses Rechts nicht zu behindern.

Artikel 35 [Zulässigkeitsvoraussetzungen]

(1) Der Gerichtshof kann sich mit einer Angelegenheit erst nach Erschöpfung aller innerstaatlichen Rechtsbehelfe in Übereinstimmung mit den allgemein anerkannten Grundsätzen des Völkerrechts und nur innerhalb einer Frist vonsechs Monaten nach der endgültigen innerstaatlichen Entscheidung befassen.
(2) Der Gerichtshof befaßt sich nicht mit einer nach Artikel 34 erhobenen Individualbeschwerde, die
    a) anonym ist oder
    b) im wesentlichen mit einer schon vorher vom Gerichtshof geprüften Beschwerde übereinstimmt oder schon einer anderen internationalen Untersuchungs oder Vergleichsinstanz unterbreitet worden ist und keine neuen Tatsachen enthält.

(3) Der Gerichtshof erklärt eine nach Artikel 34 erhobene Individualbeschwerde für unzulässig, wenn er sie für unvereinbar mit dieser Konvention oder den Protokollen dazu, für offensichtlich unbegründet oder für einen Mißbrauch des Beschwerderechts hat

(4) Der Gerichtshof weist eine Beschwerde Zurück, die er nach diesem Artikel für unzulässig hab Er kann dies in jedem Stadium des Verfahrens tun.

Artikel 36 [Beteiligung Dritter]

(1) in aßen bei einer Kammer oder der Großen Kammer anhängigen Rechtssachen ist der Hohe Vertragschließende Teil, dessen Staatsangehörigkeit der Beschwerdeführer besitzt, berechtigt, schriftliche Stellungnahmen abzugeben und an den mündlichen Verhandlungen teilzunehmen.

(2) im Interesse der Rechtspflege kann der Präsident des Gerichtshofs jedem Hohen Vertragschließenden Teil, der in dem Verfahren nicht Partei ist, oder jeder betroffenen Person, die nicht Beschwerdeführer ist, Gelegenheit geben, schriftlich Stellung zu nehmen oder an den mündlichen Verhandlungen teilzunehmen.

Artikel 37 [Streichung von Beschwerden]

(1) Der Gerichtshof kann jederzeit während des Verfahrens entscheiden, eine Beschwerde in seinem Register zu streichen, wenn die Umstände Grund zur Annahme geben, daß

a) der Beschwerdeführer seine Beschwer de nicht weiterzuverfolgen beabsichtigt,

b) die Streitigkeit einer Losung zugeführt worden ist oder

c) eine weitere Prüfung der Beschwerde aus anderen vom Gerichtshof festgestellten Gründen nicht gerechtfertigt ist. Der Gerichtshof setzt jedoch die Prüfung der Beschwerde fort, wenn die Achtung der Menschenrechte, wie sie in dieser Konvention und den Protokollen dazu anerkannt sind, dies erfordert.

(2) Der Gerichtshof kann die Wiedereintragung einer Beschwerde in sein Register anordnen, wenn er dies den Umständen nach für gerechtfertigt hat.

Artikel 38 [Prüfung der Rechtssache und gütliche Einigung]

(1) Erklärt der Gerichtshof die Beschwerde für zulässig, so

a) setzt er mit den Vertretern der Parteien die Prüfung der Rechtssache fort und nimmt, falls erforderlich, Ermittlungen vor; die betreffenden Staaten haben alle zur wirksamen Durchführung der Ermittlungen erforderlichen Erleichterungen zu gewahren;

b) halt er sich zur Verfügung der Parteien mit dem Ziel, eine gütliche Einigung auf der Grundlage der Achtung der Menschenrechte, wie sie in dieser Konvention und den Protokollen dazu anerkannt sind, zu erreichen.

(2) Das Verfahren nach Absatz 1 Buchstabe b ist vertraulich.

Artikel 39 [Gütliche Einigung]

Im Fall einer gütlichen Einigung streicht der Gerichtshof durch eine Entscheidung, die sich auf eine kurze Angabe des Sachverhalts und der erzielten Lösung beschrankt, die Rechtssache in seinem Register.

Artikel 40 [Öffentliche Verhandlung und Akteneinsicht]

(1) Die Verhandlung ist öffentlich, soweit nicht der Gerichtshof auf Grund besonderer Umstände anders entscheidet.

(2) Die beim Kanzler verwahrten Schriftstücke sind der Öffentlichkeit zugänglich, soweit nicht der Präsident des Gerichtshofs anders entscheidet.

Artikel 41 [Gerechte Entschädigung]

Stellt der Gerichtshof fest, daß diese Konvention oder die Protokolle dazu verletzt worden sind, und gestattet das innerstaatliche Recht des beteiligten Hohen Vertragschließenden Teiles nur eine unvollkommene Wiedergutmachung für die Folgen dieser Verletzung, so spricht der Gerichtshof der verletzten Partei eine gerechte Entschädigung zu, wenn dies notwendig ist.

Artikel 42 [Urteile der Kammern]

Urteile der Kammern werden nach Maßgabe des Artikels 44 Absatz 2 endgültig.

Artikel 43 [Verweisung an die Große Kammer]

(1) Innerhalb von drei Monaten nach dem Datum des Urteils der Kammer kann jede Partei in Ausnahmefallen die Verweisung der Rechtssache an die Große Kammer beantragen.

(2) Ein Ausschuß von fünf Richtern der Großen Kammer nimmt den Antrag an, wenn die Rechtssache eine schwerwiegende Frage der Auslegung oder Anwendung dieser Konvention oder der Protokolle dazu oder eine schwerwiegende Frage von allgemeiner Bedeutung aufwirft.

(3) Nimmt der Ausschuß den Antrag an, so entscheidet die Große Kammer die Sache durch Urteil.

Artikel 44 [Endgültige Urteile]

(1) Das Urteil der Großen Kammer ist endgültig.

(2) Das Urteil einer Kammer wird endgültig,

    a) wenn die Parteien erklären, daß sie die Verweisung der Rechtssache an die Große Kammer nicht beantragen werden,

    b) drei Monate nach dem Datum des Urteils, wenn nicht die Verweisung der Rechtssache an die Große Kammer beantragt worden ist, oder

   c) wenn der Ausschuß der Großen Kammer den Antrag auf Verweisung nach Artikel 43 abgelehnt hat.

(3) Das endgültige Urteil wird veröffentlicht.

Artikel 45 [Begründung der Urteile und Entscheidungen]

(1) Urteile sowie Entscheidungen, mit denen Beschwerden für zulässig oder für unzulässig erklärt werden, werden begründet.

(2) Bringt ein Urteil ganz oder teilweise nicht die übereinstimmende Meinung der Richter zum Ausdruck, so ist jeder Richter berechtigt, seine abweichende Meinung darzulegen.

Artikel 46 [Verbindlichkeit und Durchführung der Urteile]

(1) Die Hohen Vertragschließenden Teile verpflichten sich, in allen Rechtssachen, in denen sie Partei sind, das endgültige Urteil des Gerichtshofs zu befolgen.

(2) Das endgültige Urteil des Gerichtshofs ist dem Ministerkomitee zuzuleiten; dieses überwacht seine Durchführung.

Artikel 47 [Gutachten]

(1) Der Gerichtshof kann auf Antrag des Ministerkomitees Gutachten über Rechtsfragen erstatten, welche die Auslegung dieser Konvention und der Protokolle dazu betreffen

(2) Diese Gutachten dürfen keine Fragen zum Gegenstand haben, die sich auf den Inhalt oder das Ausmaß der in Abschnitt I dieser Konvention und in den Protokollen dazu anerkannten Rechte und Freiheiten beziehen, noch andere Fragen, über die der Gerichtshof oder das Ministerkomitee auf Grund einesnach dieser Konvention eingeleiteten Verfahrens zu entscheiden haben konnte.

(3) Der Beschluß des Ministerkomitees, ein Gutachten beim Gerichtshof zu beantragen, bedarf der Stimmenmehrheit der zur Teilnahme an den Sitzungen des Komitees berechtigten Mitglieder.

Artikel 48 [Gutachterliche Zuständigkeit des Gerichtshofs]

Der Gerichtshof entscheidet, ob ein vom Ministerkomitee gestellter Antrag auf Erstattung eines Gutachtens in seine Zuständigkeit nach Artikel 47 fällt.

Artikel 49 [Begründung der Gutachten]

(1) Die Gutachten des Gerichtshofs werden begründet

(2) Bringt das Gutachten ganz oder teilweise nicht die übereinstimmende Meinung der Richter zum Ausdruck, so ist jeder Richter berechtigt, seine abweichende Meinung darzulegen.

(3) Die Gutachten des Gerichtshofs werden dem Ministerkomitee übermittelt.

Artikel 50 [Kosten des Gerichtshofs]

Die Kosten des Gerichtshofs werden vom Europarat getragen.

Artikel 51 [Vorrechte und Immunitäten der Richter]

Die Richter genießen bei der Ausübung ihres Amtes die Vorrechte und Immunitäten, die in Artikel 40 der Satzung des Europarats und den auf Grund jenes Artikels geschlossenen Übereinkünften vorgesehen sind.

Abschnitt III: Verschiedene Bestimmungen

Artikel 52 [Anfragen des Generalsekretärs]

Der Empfang einer entsprechenden Aufforderung durch den Generalsekretär des Europarats hat jeder Hohe Vertragsschließende Teil die erforderlichen Erklärungen abzugeben, in welcher Weise sein internes Recht die wirksame Anwendung aller Bestimmungen dieser Konvention gewährleistet.

Artikel 53 [Wahrung anerkannter Menschenrechte]

Keine Bestimmung dieser Konvention darf als Beschränkung oder Minderung eines der Menschenrechte und Grundfreiheiten ausgelegt werden, die in den Gesetzen eines Hohen Vertragschließenden Teils oder einer anderen Vereinbarung, an der er beteiligt ist, festgelegt sind. Geschehen zu Rom am. November 1950 in englischer und französischer Sprache, wobei die beiden Texte in gleicher Weise maßgebend sind, in einer einzigen Ausfertigung, die in den Archiven des Europarats verwahrt wird. Der Generalsekretär wird allen Unterzeichnern beglaubigte Abdrucke übermitteln.

Artikel 54 [Befugnisse des Ministerkomitees]

Keine Bestimmung dieser Konvention beschränkt die durch Satzung des Europarates dem Ministerausschuß übertragenen Vollmachten.

Artikel 55 [Ausschluß anderer Verfahren zur Streitbeilegung]

Die Hohen Vertragsschließenden Teile kommen überein, daß sie, es sei denn auf Grund besonderer Vereinbarungen, keinen Gebrauch von zwischen Ihnen geltenden Verträgen, Übereinkommen oder Erklärungen machen werden, um von sich aus einen Streit um die Auslegung oder Anwendung dieser Konvention einem anderen Verfahren zu unterwerfen, als in der Konvention vorgesehen ist.

Artikel 56 [Räumlicher Geltungsbereich]

(1) Jeder Staat kann im Zeitpunkt der Ratifizierung oder in der Folge zu jedem anderen Zeitpunkt durch eine an den Generalsekretär des Europarats gerichtete Mitteilung

erklären, daß diese Konvention vorbehaltlich des Absatzes 4 auf alle oder einzelne Gebiete Anwendung findet, für deren internationale Beziehungen er verantwortlich ist.

(2) Auf das oder die in der Erklärung bezeichneten Gebiete findet die Konvention vom dreißigsten Tage an, vom Eingang der Erklärung beim Generalsekretär des Europarats an gerechnet, Anwendung.

(3) In den genannten Gebieten werden die Bestimmungen dieser Konvention unter Berücksichtigung der örtlichen Notwendigkeiten angewendet.

(4) Jeder Staat, der eine Erklärung gemäß Absatz 1 dieses Artikels abgegeben hat, kann zu jedem späteren Zeitpunkt für ein oder mehrere der in einer solchen Erklärung bezeichneten Gebiete erklären, daß er die Zuständigkeit des Gerichtshofs für die Entgegennahme von Beschwerden von natürlichen Personen, nichtstaatlichen Organisationen oder Personengruppen gemäß Artikel 34 annimmt.

Artikel 57 [Vorbehalte]

(1) Jeder Staat kann bei Unterzeichnung dieser Konvention oder bei Hinterlegung seiner Ratifikationsurkunde bezüglich bestimmter Vorschriften dieser Konvention einen Vorbehalt machen, soweit ein zu dieser Zeit in seinem Gebiet geltendes Gesetz nicht mit der betreffenden Vorschrift übereinstimmt. Vorbehalte allgemeiner Art sind nach diesem Artikel nicht zulässig.

(2) Jeder nach diesem Artikel gemachte Vorbehalt muß mit einer kurzen Inhaltsangabe des betreffenden Gesetzes verbunden sein.

Artikel 58 [Kündigung]

(1) Jeder Hohe Vertragsschließende Teil kann diese Konvention nicht vor Ablauf von fünf Jahren nach dem Tage, an dem die Konvention für ihn wirksam wird, und nur nach einer sechs Monate vorher an den Generalsekretär des Europarats gerichteten Mitteilung kündigen; der Generalsekretär hat den anderen Hohen Vertragsschließenden Teilen von der Kündigung Kenntnis zu geben.

(2) Eine derartige Kündigung bewirkt nicht, daß der betreffende Hohe Vertragsschließende Teil in Bezug auf irgendeine Handlung, welche eine Verletzung dieser Verpflichtungen darstellen könnte, und von dem Hohen Vertragsschließenden Teil vor dem Datum seines rechtskräftigen Ausscheidens vorgenommen wurde, von seinen Verpflichtungen nach dieser Konvention befreit wird.

(3) Unter dem gleichen Vorbehalt scheidet ein Vertragsteil aus dieser Konvention aus, der aus dem Europarat ausscheidet.

(4) Entsprechend den Bestimmungen der vorstehenden Absätze kann die Konvention auch für ein Gebiet gekündigt werden, auf das sie nach Artikel 56 ausgedehnt worden ist.

Artikel 59 [Unterzeichnung und Ratifikation]

(1) Diese Konvention steht den Mitgliedern des Europarates zur Unterzeichnung offen;

sie bedarf der Ratifikation. Die Ratifikationsurkunden sind beim Generalsekretär des Europarats zu hinterlegen.

(2) Diese Konvention tritt nach der Hinterlegung von zehn Ratifikationsurkunden in Kraft.

(3) Für einen Unterzeichnerstaat, dessen Ratifikation später erfolgt, tritt die Konvention am Tage der Hinterlegung seiner Ratifikationsurkunde in Kraft.

(4) Der Generalsekretär des Europarats hat allen Mitgliedern des Europarats das Inkrafttreten der Konvention, die Namen der Hohen Vertragsschließenden Teile, die sie ratifiziert haben, sowie die Hinterlegung jeder später eingehenden Ratifikationsurkunde mitzuteilen.

Geschehen zu Rom, am 4. November 1950 in englischer und französischer Sprache, wobei die beiden Texte in gleicher Weise maßgebend sind, in einer einzigen Ausfertigung, die in den Archiven des Europarats verwahrt wird. Der Generalsekretär wird allen Unterzeichnern beglaubigte Abdrucke übermitteln.

14. Europäische Sozialcharta

1961

(BGBl. 1964 II 1262)

Präambel

Die Unterzeichnerregierungen, Mitglieder des Europarats,
in der Erwägung, daß es das Ziel des Europarats ist, eine engere Verbindung zwischen seinen Mitgliedern herzustellen, um die Ideale und Grundsätze, die ihr gemeinsames Erbe sind, zu wahren und zu verwirklichen und ihren wirtschaftlichen und sozialen Fortschritt zu fördern, insbesondere durch die Erhaltung und Weiterentwicklung der Menschenrechte und Grundfreiheiten,
in der Erwägung, daß die Mitgliedsstaaten des Europarats in der am 4. November 1950 zu Rom unterzeichneten Europäischen Konvention zum Schutz der Menschenrechte und Grundfreiheiten und in dem am 20. März 1952 zu Paris unterzeichneten Zusatzprotokoll übereingekommen sind, ihren Völkern die darin angeführten bürgerlichen und politischen Rechte und Freiheiten zu sichern,
in der Erwägung, daß die Ausübung sozialer Rechte sichergestellt sein muß, und zwar ohne Diskriminierung aus Gründen der Rasse, der Hautfarbe, des Geschlechts, der Religion, der politischen Meinung, der nationalen Abstammung oder der sozialen Herkunft,
in dem Entschluß, gemeinsam alle Anstrengungen zu unternehmen, um durch geeignete Einrichtungen und Maßnahmen den Lebensstandard ihrer Bevölkerung in Stadt und Land zu verbessern und ihr soziales Wohl zu fördern.
Sind wie folgt übereingekommen:

Europäische Sozialcharta, Teil I

Die Vertragsparteien sind gewillt, mit allen zweckdienlichen Mitteln staatlicher und zwischenstaatlicher Art eine Politik zu verfolgen, die darauf abzielt, geeignete Voraussetzungen zu schaffen, damit die tatsächliche Ausübung der folgenden Rechte und Grundsätze gewährleistet ist.

1. Jedermann muß die Möglichkeit haben, seinen Lebensunterhalt durch eine frei übernommene Tätigkeit zu verdienen.
2. Alle Arbeitnehmer haben das Recht auf gerechte Arbeitsbedingungen.
3. Alle Arbeitnehmer haben das Recht auf sichere und gesunde Arbeitsbedingungen.
4. Alle Arbeitnehmer haben das Recht auf ein gerechtes Arbeitsentgelt, das ihnen und ihren Familien einen angemessenen Lebensstandard sichert.

5. Alle Arbeitnehmer und Arbeitgeber haben das Recht auf Freiheit zur Vereinigung in nationalen und internationalen Organisationen zum Schutz ihrer wirtschaftlichen und sozialen Interessen.

6. Alle Arbeitnehmer und Arbeitgeber haben das Recht auf Kollektivverhandlungen.

7. Kinder und Jugendliche haben das Recht auf besonderen Schutz gegen körperliche und sittliche Gefahren, denen sie ausgesetzt sind.

8. Arbeitnehmerinnen haben im Falle der Mutterschaft und in anderen geeigneten Fällen das Recht auf besonderen Schutz bei der Arbeit.

9. Jedermann hat das Recht auf geeignete Möglichkeiten der Berufsberatung, die ihm helfen soll, einen Beruf zu wählen, der seiner persönlichen Eignung und seinen Interessen entspricht.

10. Jedermann hat das Recht auf geeignete Möglichkeiten der Berufsausbildung.

11. Jedermann hat das Recht, alle Maßnahmen in Anspruch zu nehmen, die es ihm ermöglichen, sich des besten Gesundheitszustandes zu erfreuen, den er erreichen kann.

12. Alle Arbeitnehmer und ihre Angehörigen haben das Recht auf soziale Sicherheit.

13. Jedermann hat das Recht auf Fürsorge, wenn er keine ausreichenden Mittel hat.

14. Jedermann hat das Recht, soziale Dienste in Anspruch zu nehmen.

15. Jeder Behinderte hat das Recht auf berufliche Ausbildung sowie auf berufliche und soziale Eingliederung oder Wiedereingliederung ohne Rücksicht auf Ursprung und Art seiner Behinderung.

16. Die Familie als Grundeinheit der Gesellschaft hat das Recht auf angemessenen sozialen, gesetzlichen und wirtschaftlichen Schutz, der ihre volle Entfaltung zu sichern vermag.

17. Mütter und Kinder haben, unabhängig vom Bestehen einer Ehe und von familienrechtlichen Beziehungen, das Recht auf angemessenen sozialen und wirtschaftlichen Schutz.

18. Die Staatsangehörigen einer Vertragspartei haben das Recht, im Hoheitsgebiet jeder anderen Vertragspartei gleichberechtigt mit deren Staatsangehörigen jede Erwerbstätigkeit aufzunehmen, vorbehaltlich von Einschränkungen, die auf triftigen wirtschaftlichen oder sozialen Gründen beruhen.

19. Wanderarbeitnehmer, die Staatsangehörige einer Vertragspartei sind, und ihre Familien haben das Recht auf Schutz und Beistand im Hoheitsgebiet jeder anderen Vertragspartei.

Europäische Sozialcharta, Teil II

Die Vertragsparteien erachten sich durch die in den folgenden Artikeln und Absätzen festgelegten Verpflichtungen nach Maßgabe des Teils III gebunden.
Unterkapitel:

Artikel 1: Das Recht auf Arbeit

Um die wirksame Ausübung des Rechtes auf Arbeit zu gewährleisten, verpflichten sich die Vertragsparteien,

1. zwecks Verwirklichung der Vollbeschäftigung die Erreichung und Aufrechterhaltung eines möglichst hohen und stabilen Beschäftigungsstandes zu einer ihrer wichtigsten Zielsetzungen und Aufgaben zu machen;
2. das Recht des Arbeitnehmers wirksam zu schützen, seinen Lebensunterhalt durch eine frei übernommene Tätigkeit zu verdienen;
3. unentgeltliche Arbeitsvermittlungsdienste für alle Arbeitnehmer einzurichten oder auf-rechtzuerhalten;
4. eine geeignete Berufsberatung, Berufsausbildung und berufliche Wiedereingliederung sicherzustellen oder zu fördern.

Artikel 2: Das Recht auf gerechte Arbeitsbedingungen

Um die wirksame Ausübung des Rechtes auf gerechte Arbeitsbedingungen zu gewähr-leisten, verpflichten sich die Vertragsparteien,
1. für eine angemessene tägliche und wöchentliche Arbeitszeit zu sorgen und die Ar-beitswoche fortschreitend zu verkürzen, soweit die Produktivitätssteigerung und an-dere mitwirkende Faktoren dies gestatten;
2. bezahlte öffentliche Feiertage vorzusehen:
3. die Gewährung eines bezahlten Jahresurlaubs von mindestens zwei Wochen sicher-zustellen;
4. für die Gewährung zusätzlicher bezahlter Urlaubstage oder einer verkürzten Arbeits-zeit für Arbeitnehmer zu sorgen, die mit bestimmten gefährlichen oder gesundheits-schädlichen Arbeiten beschäftigt sind;
5. eine wöchentliche Ruhezeit sicherzustellen, die, soweit möglich, mit dem Tag zusam-menfällt, der in dem betreffenden Land oder Bezirk durch Herkommen oder Brauch als Ruhetag anerkannt ist.

Artikel 3: Das Recht auf sichere und gesunde Arbeitsbedingungen

Um die wirksame Ausübung des Rechtes auf sichere und gesunde Arbeitsbedingungen zu gewährleisten, verpflichten sich die Vertragsparteien,
1. Sicherheits- und Gesundheitsvorschriften zu erlassen;
2. für Kontrollmaßnahmen zur Einhaltung dieser Vorschriften zu sorgen;
3. die Arbeitgeber- und Arbeitnehmerorganisationen in geeigneten Fällen bei Maßnah-men zu Rate zu ziehen, die auf eine Verbesserung der Sicherheit und der Gesund-heit bei der Arbeit gerichtet sind.

Artikel 4: Das Recht auf ein gerechtes Arbeitsentgelt

Um die wirksame Ausübung des Rechtes auf ein gerechtes Arbeitsentgelt zu gewähr-leisten, verpflichten sich die Vertragsparteien,
1. das Recht der Arbeitnehmer auf ein Arbeitsentgelt anzuerkennen, welches ausreicht, um ihnen und ihren Familien einen angemessenen Lebensstandard zu sichern;
2. das Recht der Arbeitnehmer auf Zahlung erhöhter Lohnsätze für Überstundenarbeit anzuerkennen, vorbehaltlich von Ausnahmen in bestimmten Fällen;

3. das Recht männlicher und weiblicher Arbeitnehmer auf gleiches Entgelt für gleichwertige Arbeit anzuerkennen;
4. das Recht aller Arbeitnehmer auf eine angemessene Kündigungsfrist im Falle der Beendigung des Arbeitsverhältnisses anzuerkennen;
5. Lohnabzüge nur unter den Bedingungen und in den Grenzen zuzulassen, die in innerstaatlichen Rechtsvorschriften vorgesehen oder durch Gesamtarbeitsvertrag oder Schiedsspruch bestimmt sind. Die Ausübung dieser Rechte ist durch frei geschlossene Gesamtarbeitsverträge, durch gesetzliche Verfahren der Lohnfestsetzung oder auf jede andere, den Landesverhältnissen entsprechende Weise zu gewährleisten.

Artikel 5: Das Vereinigungsrecht

Um die Freiheit der Arbeitnehmer und Arbeitgeber zu gewährleisten oder zu fördern, örtliche, nationale oder internationale Organisationen zum Schutze ihrer wirtschaftlichen und sozialen Interessen zu bilden und diesen Organisationen beizutreten, verpflichten sich die Vertragsparteien, diese Freiheit weder durch das innerstaatliche Recht noch durch dessen Anwendung zu beeinträchtigen. Inwieweit die in diesem Artikel vorgesehenen Garantien auf die Polizei Anwendung finden, bestimmt sich nach innerstaatlichem Recht. Das Prinzip und gegebenenfalls der Umfang der Anwendung dieser Garantien auf die Mitglieder der Streitkräfte bestimmen sich gleichfalls nach innerstaatlichem Recht.

Artikel 6: Das Recht auf Kollektivverhandlungen

Um die wirksame Ausübung des Rechtes auf Kollektivverhandlungen zu gewährleisten, verpflichten sich die Vertragsparteien,
1. gemeinsame Beratungen zwischen Arbeitnehmern und Arbeitgebern zu fördern;
2. Verfahren für freiwillige Verhandlungen zwischen Arbeitgebern oder Arbeitgeberorganisationen einerseits und Arbeitnehmerorganisationen andererseits zu fördern, soweit dies notwendig und zweckmäßig ist, mit dem Ziele, die Beschäftigungsbedingungen durch Gesamtarbeitsverträge zu regeln;
3. die Einrichtung und die Benutzung geeigneter Vermittlungs- und freiwilliger Schlichtungsverfahren zur Beilegung von Arbeitsstreitigkeiten zu fördern; und anerkennen
4. das Recht der Arbeitnehmer und der Arbeitgeber auf kollektive Maßnahmen einschließlich des Streikrechts im Falle von Interessenkonflikten, vorbehaltlich etwaiger Verpflichtungen aus geltenden Gesamtarbeitsverträgen.

Artikel 7: Das Recht der Kinder und Jugendlichen auf Schutz

Um die wirksame Ausübung des Rechtes der Kinder und Jugendlichen auf Schutz zu gewährleisten, verpflichten sich die Vertragsparteien,
1. das Mindestalter für die Zulassung zu einer Beschäftigung auf 15 Jahre festzusetzen, vorbehaltlich von Ausnahmen für Kinder, die mit bestimmten leichten Arbeiten be-

schäftigt werden, welche weder ihre Gesundheit noch ihre Moral noch ihre Erziehung gefährden;

2. ein höheres Mindestalter für die Zulassung zur Beschäftigung in bestimmten Berufen festzusetzen, die als gefährlich oder gesundheitsschädlich gelten;

3. die Beschäftigung Schulpflichtiger mit Arbeiten zu verbieten, die verhindern würden, daß sie aus ihrer Schulausbildung den vollen Nutzen ziehen;

4. die Arbeitszeit von jugendlichen unter 16 Jahren, entsprechend den Erfordernissen ihrer Entwicklung und insbesondere ihrer Berufsausbildung zu begrenzen;

5. das Recht der jugendlichen Arbeitnehmer und Lehrlinge auf ein gerechtes Arbeitsentgelt oder eine angemessene Beihilfe anzuerkennen;

6. vorzusehen, daß die Zeit, die Jugendliche während der normalen Arbeitszeit mit Zustimmung des Arbeitgebers für die Berufsausbildung verwenden, als Teil der täglichen Arbeitszeit gilt;

7. für Arbeitnehmer unter 18 Jahren die Dauer des bezahlten Jahresurlaubs auf mindestens drei Wochen festzusetzen;

8. für Personen unter 18 Jahren Nachtarbeit zu verbieten, mit Ausnahme bestimmter, im innerstaatlichen Recht festgelegter Arbeiten;

9. vorzusehen, daß Arbeitnehmer unter 18 Jahren, die in bestimmten, in dem innerstaatlichen Recht festgelegten Beschäftigungen tätig sind, einer regelmäßigen ärztlichen Überwachung unterliegen;

10. einen besonderen Schutz gegen die körperlichen und sittlichen Gefahren sicherzustellen, denen Kinder und Jugendliche ausgesetzt sind, insbesondere gegen Gefahren, die sich unmittelbar oder mittelbar aus ihrer Arbeit ergeben.

Artikel 8: Das Recht der Arbeitnehmerinnen auf Schutz

Um die wirksame Ausübung des Rechtes der Arbeitnehmerinnen auf Schutz zu gewährleisten, verpflichten sich die Vertragsparteien,

1. sicherzustellen, daß Frauen vor und nach der Niederkunft eine Arbeitsbefreiung von insgesamt mindestens 12 Wochen erhalten, und zwar entweder in Form eines bezahlten Urlaubs oder durch angemessene Leistungen der Sozialen Sicherheit oder aus sonstigen öffentlichen Mitteln;

2. es als ungesetzlich zu betrachten, daß ein Arbeitgeber einer Frau während ihrer Abwesenheit infolge Mutterschaftsurlaubs oder so kündigt, daß die Kündigungsfrist während einer solchen Abwesenheit abläuft;

3. sicherzustellen, daß Mütter, die ihre Kinder stillen, für diesen Zweck Anspruch auf ausreichende Arbeitsunterbrechungen haben;

4.
   a) die Nachtarbeit von Arbeitnehmerinnen in gewerblichen Betrieben zu regeln;

   b) jede Beschäftigung von Arbeitnehmerinnen mit Untertagarbeiten in Bergwerken und gegebenenfalls mit allen sonstigen Arbeiten zu untersagen, die infolge ihrer gefährlichen, gesundheitsschädlichen oder beschwerlichen Art für sie ungeeignet sind.

Artikel 9: Das Recht auf Berufsberatung

Um die wirksame Ausübung des Rechtes auf Berufsberatung zu gewährleisten, verpflichten sich die Vertragsparteien, einen Dienst einzurichten oder zu fördern soweit dies notwendig ist, der allen Personen einschließlich der Behinderten hilft, die Probleme der Berufswahl oder des beruflichen Aufstiegs zu lösen, und zwar unter Berücksichtigung ihrer persönlichen Eigenschaften und deren Beziehung zu den Beschäftigungsmöglichkeiten; diese Hilfe soll sowohl jugendlichen einschließlich Kindern schulpflichtigen Alters als auch Erwachsenen unentgeltlich zur Verfügung stehen.

Artikel 10: Das Recht auf berufliche Ausbildung

Um die wirksame Ausübung des Rechtes auf berufliche Ausbildung zu gewährleisten, verpflichten sich die Vertragsparteien,
1. die fachliche und berufliche Ausbildung aller Personen, einschließlich der Behinderten, soweit es notwendig ist, zu gewährleisten oder zu fördern, und zwar in Beratung mit Arbeitgeber- und Arbeitnehmerorganisationen, sowie Möglichkeiten für den Zugang zu Technischen Hochschulen und Universitäten nach alleiniger Maßgabe der persönlichen Eignung zu schaffen;
2. ein System der Lehrlingsausbildung und andere Systeme der Ausbildung für junge Menschen beiderlei Geschlechts in ihren verschiedenen Berufstätigkeiten sicherzustellen oder zu fördern;
3. soweit notwendig, folgendes sicherzustellen oder zu fördern;
   a) geeignete und leicht zugängliche Ausbildungsmöglichkeiten für erwachsene Arbeitnehmer,
   b) besondere Möglichkeiten für die berufliche Umschulung erwachsener Arbeitnehmer, die durch den technischen Fortschritt oder neue Entwicklungen auf dem Arbeitsmarkt erforderlich wird;
4. zur vollen Ausnutzung der geschaffenen Möglichkeiten durch geeignete Maßnahmen anzuregen, zum Beispiel dadurch, daß
   a) alle Gebühren und Kosten herabgesetzt oder abgeschafft werden,
   b) in geeigneten Fällen finanzielle Hilfe gewährt wird,
   c) die Zeiten, die der Arbeitnehmer während der Beschäftigung auf Verlangen seines Arbeitgebers für den Besuch von Fortbildungslehrgängen verwendet, auf die normale Arbeitszeit angerechnet werden;
   d) durch geeignete Überwachung die Wirksamkeit des Systems der Lehrlingsausbildung und jedes anderen Ausbildungssystems für jugendliche Arbeitnehmer sowie ganz allgemein deren ausreichender Schutz gewährleistet wird, und zwar in Beratung mit Arbeitgeber- und Arbeitnehmerorganisationen

Artikel 11: Das Recht auf Schutz der Gesundheit

Um die wirksame Ausübung des Rechtes auf Schutz der Gesundheit zu gewährleisten, verpflichten sich die Vertragsparteien, entweder unmittelbar oder in Zusammenarbeit mit öffentlichen oder privaten Organisationen geeignete Maßnahmen zu ergreifen, die u.a. darauf abzielen,

1. soweit wie möglich die Ursachen von Gesundheitsschäden zu beseitigen;
2. Beratungs- und Schulungsmöglichkeiten zu schaffen zur Verbesserung der Gesundheit und zur Entwicklung des persönlichen Verantwortungsbewusstseins in Fragen der Gesundheit;
3. soweit wie möglich epidemischen, endemischen und anderen Krankheiten vorzubeugen

Artikel 12: Das Recht auf Soziale Sicherheit

Um die wirksame Ausübung des Rechtes auf Soziale Sicherheit zu gewährleisten, verpflichten sich die Vertragsparteien,

1. ein System der Sozialen Sicherheit einzuführen oder beizubehalten;
2. das System der Sozialen Sicherheit auf einem befriedigenden Stand zu halten, der zumindest dem entspricht, der für die Ratifikation des Übereinkommens (Nr. 102. der Internationalen Arbeitsorganisation über die Mindestnormen der Sozialen Sicherheit erforderlich ist;
3. sich zu bemühen, das System der Sozialen Sicherheit fortschreitend auf einen höheren Stand zu bringen;
4. durch den Abschluß geeigneter zwei- und mehrseitiger Übereinkünfte oder durch andere Mittel und nach Maßgabe der in diesen Übereinkünften niedergelegten Bedingungen Maßnahmen zu ergreifen, die folgendes gewährleisten:
   a) die Gleichbehandlung der Staatsangehörigen anderer Vertragsparteien mit ihren eigenen Staatsangehörigen hinsichtlich der Ansprüche aus der Sozialen Sicherheit einschließlich der Wahrung der nach den Rechtsvorschriften der Sozialen Sicherheit erwachsenen Leistungsansprüche, gleichviel wo die geschützten Personen innerhalb der Hoheitsgebiete der Vertragsparteien ihren Aufenthalt nehmen;
   b) die Gewährung, die Erhaltung und das Wiederaufleben von Ansprüchen aus der Sozialen Sicherheit, beispielsweise durch die Zusammenrechnung von Versicherungs- und Beschäftigungszeiten, die nach den Rechtsvorschriften jeder der Vertragsparteien zurückgelegt wurden.

Artikel 13: Das Recht auf Fürsorge

Um die wirksame Ausübung des Rechtes auf Fürsorge zu gewährleisten, verpflichten sich die Vertragsparteien,

1. sicherzustellen, daß jedem, der nicht über ausreichende Mittel verfügt und sich diese auch nicht selbst oder von anderen, insbesondere durch Leistungen aus einem System der Sozialen Sicherheit verschaffen, kann, ausreichende Unterstützung gewährt wird und im Falle der Erkrankung die Betreuung, die seine Lage erfordert;
2. sicherzustellen, daß Personen, die diese Fürsorge in Anspruch nehmen, nicht aus diesem Grunde in ihren politischen oder sozialen Rechten beeinträchtigt werden;

3. dafür zu sorgen, daß jedermann durch zweckentsprechende öffentliche oder private Einrichtungen die zur Verhütung, Behebung oder Milderung einer persönlichen oder familiären Notlage erforderliche Beratung und persönliche Hilfe erhalten kann;
4. die in den Absätzen 1, 2 und 3 genannten Bestimmungen auf die rechtmäßig in ihrem Hoheitsgebiet befindlichen Staatsangehörigen der anderen Vertragsparteien anzuwenden, und zwar auf der Grundlage der Gleichbehandlung und in Übereinstimmung mit den Verpflichtungen, die sie in dem am 11. Dezember 1953 zu Paris unterzeichneten Europäischen Fürsorgeabkommen übernommen haben.

Artikel 14: Das Recht auf Inanspruchnahme sozialer Dienste

Um die wirksame Ausübung des Rechtes auf Inanspruchnahme sozialer Dienste zu gewährleisten, verpflichten sich die Vertragsparteien,
1. Dienste zu fördern oder zu schaffen, die unter Anwendung der Methoden der Sozialarbeit zum Wohlbefinden und zur Entfaltung des einzelnen und der Gruppen innerhalb der Gemeinschaft beitragen, sowie zu ihrer Anpassung an die soziale Umgebung;
2. bei der Bildung und Durchführung dieser Dienste Einzelpersonen und freie oder andere Organisationen zur Beteiligung anzuregen.

Artikel 15: Das Recht der körperlich, geistig oder seelisch Behinderten auf berufliche Ausbildung sowie auf berufliche und soziale Eingliederung oder Wiedereingliederung

Um die wirksame Ausübung des Rechtes der körperlich, geistig oder seelisch Behinderten auf berufliche Ausbildung sowie auf berufliche und soziale Eingliederung oder Wiedereingliederung zu gewährleisten, verpflichten sich die Vertragsparteien,
1. geeignete Maßnahmen zu treffen für die Bereitstellung von Ausbildungsmöglichkeiten, erforderlichenfalls unter Einschluß von öffentlichen oder privaten Sondereinrichtungen;
2. geeignete Maßnahmen zu treffen für die Vermittlung Behinderter auf Arbeitsplätze, namentlich durch besondere Arbeitsvermittlungsdienste, durch Ermöglichung wettbewerbsgeschützter Beschäftigung und durch Maßnahmen, die den Arbeitgebern einen Anreiz zur Einstellung von Behinderten bieten.

Artikel 16: Das Recht der Familie auf sozialen, gesetzlichen und wirtschaftlichen Schutz

Um die erforderlichen Voraussetzungen für die Entfaltung der Familie als einer Grundeinheit der Gesellschaft zu schaffen, verpflichten sich die Vertragsparteien, den wirtschaftlichen, gesetzlichen und sozialen Schutz des Familienlebens zu fördern, insbesondere durch Sozial- und Familienleistungen, steuerliche Maßnahmen, Förderung des Baues familiengerechter Wohnungen, Hilfen für junge Eheleute und andere geeignete Mittel jeglicher Art.

Artikel 17: Das Recht der Mütter und der Kinder auf sozialen und wirtschaftlichen Schutz

Um die wirksame Ausübung des Rechtes der Mütter und der Kinder auf sozialen und wirtschaftlichen Schutz zu gewährleisten, werden die Vertragsparteien alle hierzu geeigneten und notwendigen Maßnahmen treffen, einschließlich der Schaffung und Unterhaltung geeigneter Einrichtungen und Dienste.

Artikel 18: Das Recht auf Ausübung einer Erwerbstätigkeit im Hoheitsgebiet der anderen Vertragsparteien

Um die wirksame Ausübung des Rechtes auf Ausübung einer Erwerbstätigkeit im Hoheitsgebiet jeder anderen Vertragspartei zu gewährleisten, verpflichten sich die Vertragsparteien,

1. bestehende Vorschriften großzügig anzuwenden;
2. bestehende Formvorschriften zu vereinfachen und Verwaltungsgebühren und andere von ausländischen Arbeitnehmern oder ihren Arbeitgebern zu entrichtende Abgaben herabzusetzen oder abzuschaffen;
3. die Vorschriften über die Beschäftigung ausländischer Arbeitnehmer einzeln oder gemeinschaftlich zu liberalisieren; und anerkennen
4. das Recht ihrer Staatsangehörigen, das Land zu verlassen, um im Hoheitsgebiet anderer Vertragsparteien eine Erwerbstätigkeit auszuüben.

Artikel 19: Das Recht der Wanderarbeitnehmer und ihrer Familien auf Schutz und Beistand

Um die wirksame Ausübung des Rechtes der Wanderarbeitnehmer und ihrer Familien auf Schutz und Beistand im Hoheitsgebiet jeder anderen Vertragspartei zu gewährleisten, verpflichten sich die Vertragsparteien,

1. geeignete Stellen zu unterhalten oder sich zu vergewissern, daß solche Stellen bestehen, die diese Arbeitnehmer unentgeltlich betreuen, insbesondere durch Erteilung genauer Auskünfte, sowie im Rahmen des innerstaatlichen Rechts geeignete Maßnahmen gegen irreführende Werbung zur Auswanderung und Einwanderung zu treffen;
2. in den Grenzen ihrer Zuständigkeit geeignete Maßnahmen zur Erleichterung der Abreise, der Reise und der Aufnahme dieser Arbeitnehmer und ihrer Familien zu treffen und ihnen in den Grenzen ihrer Zuständigkeit während der Reise notwendige Gesundheitsdienste, ärztliche Betreuung und gute hygienische Bedingungen zu verschaffen;
3. soweit erforderlich, die Zusammenarbeit zwischen den öffentlichen und privaten sozialen Diensten der Auswanderungs- und Einwanderungsländer zu fördern;
4. sicherzustellen, daß diese Arbeitnehmer, soweit sie sich rechtmäßig in ihrem Hoheitsgebiet befinden, nicht weniger günstig behandelt werden als ihre eigenen Staatsangehörigen in bezug auf die folgenden Gegenstände, soweit diese durch Rechtsvorschriften geregelt, oder der Überwachung durch die Verwaltungsbehörden unterstellt sind:

a) das Arbeitsentgelt und andere Beschäftigungs- und Arbeitsbedingungen;
b) den Beitritt zu gewerkschaftlichen Organisationen und den Genuß der durch Gesamtarbeitsverträge gebotenen Vorteile;
c) die Unterkunft;

5. sicherzustellen, daß diese Arbeitnehmer, soweit sie sich rechtmäßig in ihrem Hoheitsgebiet befinden, nicht weniger günstig behandelt werden als ihre eigenen Staatsangehörigen in bezug auf die Steuern, Abgaben und Beiträge, die für den Arbeitnehmer auf Grund der Beschäftigung zu zahlen sind;

6. soweit möglich, die Zusammenführung eines zur Niederlassung im Hoheitsgebiet berechtigten Wanderarbeitnehmers mit seiner Familie zu erleichtern;

7. sicherzustellen, daß diese Arbeitnehmer, soweit sie sich rechtmäßig in ihrem Hoheitsgebiet befinden, nicht weniger günstig behandelt werden als ihre eigenen Staatsangehörigen in bezug auf die Möglichkeit, hinsichtlich der in diesem Artikel behandelten Angelegenheiten den Rechtsweg zu beschreiten;

8. sicherzustellen, daß diese Arbeitnehmer, soweit sie in ihrem Hoheitsgebiet ihren rechtmäßigen gewöhnlichen Aufenthalt haben, nur ausgewiesen werden können, wenn sie die Sicherheit des Staates gefährden oder gegen die öffentliche Sicherheit und Ordnung oder die Sittlichkeit verstoßen;

9. innerhalb der gesetzlichen Grenzen die Überweisung der Teile des Verdienstes und der Ersparnisse zuzulassen, die diese Arbeitnehmer zu überweisen wünschen;

10. den in diesem Artikel vorgesehenen Schutz und Beistand auf die aus- oder einwandernden selbständig Erwerbstätigen zu erstrecken, soweit solche Maßnahmen auf diesen Personenkreis anwendbar sind.

Europäische Sozialcharta, Teil III

Artikel 20: Verpflichtungen

1. Jede der Vertragsparteien verpflichtet sich,
   a) Teil I dieser Charta als eine Erklärung der Ziele anzusehen, die sie entsprechend dem einleitenden Absatz jenes Teils mit allen geeigneten Mitteln verfolgen wird;
   b) mindestens fünf der folgenden sieben Artikel des Teils II dieser Charta als für sich bindend anzusehen: Artikel 1, 5, 6, 12, 13, 16 und 19;
   c) zusätzlich zu den nach Maßgabe des Buchstabens b ausgewählten Artikeln so viele Artikel oder numerierte Absätze des Teils II der Charta auszuwählen und als für sich bindend anzusehen, daß die Gesamtzahl der Artikel oder numerierten Absätze, durch die sie gebunden ist, mindestens 10 Artikel oder 45 numerierte Absätze beträgt.

2. Die nach Maßgabe des Absatzes 1 Buchstaben b und c ausgewählten Artikel oder Absätze sind dem Generalsekretär des Europarats gleichzeitig mit der Hinterlegung der Ratifikations- oder Genehmigungsurkunde durch die betreffende Vertragspartei zu notifizieren.

3. Jede Vertragspartei kann zu einem späteren Zeitpunkt durch eine an den Generalsekretär zu richtende Notifikation erklären, daß sie in Teil II der Charta einen anderen Artikel oder numerierten Absatz als für sich bindend ansieht. den sie bisher noch nicht nach Absatz 1 dieses Artikels angenommen hat. Diese später übernommenen Verpflichtungen gelten als Bestandteil der Ratifikation oder Genehmigung und haben vom dreißigsten Tag nach dem Zeitpunkt der Notifikation an die gleiche Wirkung.

4. Der Generalsekretär bringt allen Unterzeichnerregierungen und dem Generaldirektor des Internationalen Arbeitsamtes jede Notifikation zur Kenntnis, die er auf Grund dieses Teils der Charta erhält.

5. Jede Vertragspartei hat ein den innerstaatlichen Verhältnissen entsprechendes System der Arbeitsaufsicht zu unterhalten.

Artikel 21: Berichte zu den angenommenen Bestimmungen

Die Vertragsparteien übersenden dem Generalsekretär des Europarats alle zwei Jahre in einer von dem Ministerkomitee festzulegenden Form einen Bericht über die Anwendung der von ihnen angenommenen Bestimmungen des Teils II der Charta)

Artikel 22: Berichte zu den nicht angenommenen Bestimmungen

Die Vertragsparteien übersenden dem Generalsekretär des Europarats in angemessenen, vom Ministerkomitee zu bestimmenden Zeitabständen Berichte zu den Bestimmungen des Teils II der Charta, die sie weder im Zeitpunkt ihrer Ratifikation oder Genehmigung noch durch spätere Notifikation angenommen haben. Das Ministerkomitee beschließt von Zeit zu Zeit, zu welchen Bestimmungen solche Berichte anzufordern und in welcher Form sie vorzulegen sind.

Artikel 23: Zustellung von Abschriften

1. Jede Vertragspartei übermittelt Abschriften ihrer in den Artikeln 21 und 22 bezeichneten Berichte an diejenigen nationalen Organisationen, die Mitglieder der internationalen Arbeitgeber- und Arbeitnehmerorganisationen sind, welche nach Artikel 27 Abs. 2 eingeladen werden sollen, sich auf den Tagungen des Unterausschusses des Regierungssozialausschusses vertreten zu lassen

2. Die Vertragsparteien leiten auf Wunsch der nationalen Organisationen deren Stellungnahmen zu den genannten Berichten dem Generalsekretär zu.

Artikel 24: Prüfung der Berichte

Die dem Generalsekretär nach den Artikeln 21 und 22 übersandten Berichte werden von einem Sachverständigenausschuß geprüft, dem auch alle dem Generalsekretär nach Artikel 23 Abs. 2 zugeleiteten Stellungnahmen vorzulegen sind.

Artikel 25: Der Sachverständigenausschuß

1. Der Sachverständigenausschuß besteht aus höchstens sieben Mitgliedern, die das Ministerkomitee aus einer Liste unabhängiger, von den Vertragsparteien vorgeschlagener Sachverständiger von höchster Integrität und anerkannter Sachkenntnis in internationalen sozialen Fragen ernennt.
2. Die Mitglieder des Ausschusses werden auf sechs Jahre ernannt. Sie können wiederernannt werden. Für zwei der zuerst ernannten Mitglieder endet jedoch die Amtszeit nach Ablauf von vier Jahren.
3. Die Mitglieder, deren Amtszeit nach der Anfangsperiode von vier Jahren abläuft, werden von dem Ministerkomitee sofort nach der ersten Ernennung durch das Los bestimmt.
4. Ein Mitglied des Sachverständigenausschusses, das an Stelle eines Mitgliedes ernannt wird, dessen Amtszeit noch nicht abgelaufen ist, bleibt bis zum Ende der Amtszeit seines Vorgängers im Amt

Artikel 26: Beteiligung der Internationalen Arbeitsorganisation

Die Internationale Arbeitsorganisation ist einzuladen, einen Vertreter namhaft zu machen, der in beratender Eigenschaft an den Verhandlungen des Sachverständigenausschusses teilnimmt.

Artikel 27 Unterausschuß des Regierungssozialausschusses

1. Die Berichte der Vertragsparteien und die Beratungsergebnisse des Sachverständigenausschusses werden einem Unterausschuß des Regierungssozialausschusses des Europarats zur Prüfung vorgelegt.
2. Dieser Unterausschuß besteht aus je einem Vertreter jeder Vertragspartei. Er lädt höchstens zwei internationale Arbeitgeberorganisationen und höchstens zwei internationale Arbeitnehmerorganisationen, die er bestimmt, ein, sich auf seinen Tagungen durch Beobachter in beratender Eigenschaft vertreten zu lassen. Er kann außerdem in Fragen, wie etwa des Wohlfahrtswesens und des wirtschaftlichen und sozialen Schutzes der Familie, den Rat von höchstens zwei Vertretern internationaler nichtstaatlicher Organisationen in Anspruch nehmen, die beratenden Status beim Europarat haben und auf diesen Gebieten besonders sachkundig sind.
3. Der Unterausschuß legt dem Ministerkomitee einen Bericht mit seinen Beratungsergebnissen vor und fügt diesem den Bericht des Sachverständigenausschusses bei.

Artikel 28: Die Beratende Versammlung

Der Generalsekretär des Europarats übermittelt der Beratenden Versammlung die Beratungsergebnisse des Sachverständigenausschusses. Die Beratende Versammlung teilt dem Ministerkomitee ihre Stellungnahme hierzu mit.

Artikel 29: Das Ministerkomitee

Das Ministerkomitee kann mit Zweidrittelmehrheit der zur Teilnahme an seinen Sitzungen berechtigten Mitglieder auf Grund des Berichts des Unterausschusses und nach Anhörung der Beratenden Versammlung an jede Vertragspartei alle notwendigen Empfehlungen richten.

Artikel 30: Notstandsklausel

1. In Kriegszeiten oder bei einem anderen öffentlichen Notstand, der das Leben der Nation bedroht, kann jede Vertragspartei Maßnahmen treffen, die von ihren Verpflichtungen aus dieser Charta abweichen, soweit es auf Grund der Lage unbedingt erforderlich ist, vorausgesetzt, daß diese Maßnahmen nicht zu ihren anderen völkerrechtlichen Verpflichtungen im Widerspruch stehen.
2. jede Vertragspartei, die von diesem Recht der Abweichung Gebrauch gemacht hat, hält den Generalsekretär des Europarats innerhalb einer angemessenen Frist vollständig auf dem laufenden über die getroffenen Maßnahmen und die Gründe hierfür. Sie unterrichtet den Generalsekretär auch von dem Zeitpunkt, zu dem diese Maßnahmen aufgehoben wurden und die von ihr angenommenen Bestimmungen der Charta wieder in vollem Umfang angewandt werden.
3. Der Generalsekretär setzt die anderen Vertragsparteien und den Generaldirektor des Internationalen Arbeitsamtes von allen nach Absatz 2 bei ihm eingegangenen Mitteilungen in Kenntnis.

Artikel 31: Einschränkungen

1. Die in Teil I niedergelegten Rechte und Grundsätze dürfen nach ihrer Verwirklichung ebenso wie ihre in Teil II vorgesehene wirksame Ausübung anderen als den in diesen Teilen vorgesehenen Einschränkungen oder Begrenzungen nur unterliegen, wenn diese gesetzlich vorgeschrieben und in einer demokratischen Gesellschaft zum Schutze der Rechte und Freiheiten anderer oder zum Schutze der öffentlichen Sicherheit und Ordnung, der Sicherheit des Staates, der Volksgesundheit und der Sittlichkeit notwendig sind.
2. Von den nach dieser Charta zulässigen Einschränkungen der darin niedergelegten Rechte und Verpflichtungen darf für keinen anderen als den vorgesehenen Zweck Gebrauch gemacht werden.

Artikel 32: Verhältnis zwischen der Charta und dem innerstaatlichen Recht sowie Internationalen Übereinkünften

Die Bestimmungen dieser Charta lassen geltende oder künftig in Kraft tretende Bestimmungen des innerstaatlichen Rechtes und zwei- oder mehrseitiger Übereinkünfte unberührt, die den geschätzten Personen eine günstigere Behandlung einräumen

Artikel 33: Erfüllung durch Gesamtarbeitsverträge

1. In Mitgliedsstaaten, in denen die Bestimmungen des Teils II Artikel 2 Absätze 1 bis 5, Artikel 7 Absätze 4, 6, und 7 und Artikel 10 Absätze 1 bis 4 Angelegenheiten sind, die üblicherweise durch Gesamtarbeitsverträge zwischen Arbeitgebern oder Arbeitgeberorganisationen und Arbeitnehmerorganisationen geregelt oder üblicherweise auf anderem Wege als dem der Gesetzgebung durchgeführt werden, können die Verpflichtungen aus diesen Absätzen übernommen werden und als erfüllt gelten, wenn diese Bestimmungen auf Grund derartiger Gesamtarbeitsverträge oder auf andere Weise auf die überwiegende Mehrheit der betreffenden Arbeitnehmer Anwendung finden.

2. In Mitgliedsstaaten, in denen diese Bestimmungen üblicherweise Gegenstand der Gesetzgebung sind, können die entsprechenden Verpflichtungen gleichfalls übernommen werden und als erfüllt gelten, wenn diese Bestimmungen auf Grund der Gesetze auf die überwiegende Mehrheit der betreffenden Arbeitnehmer Anwendung finden.

Artikel 34: Räumlicher Geltungsbereich

1. Diese Charta gilt für das Mutterland jeder Vertragspartei. Jede Unterzeichnerregierung kann bei der Unterzeichnung oder der Hinterlegung ihrer Ratifikations- oder Genehmigungsurkunde in einer an den Generalsekretär des Europarats gerichteten Erklärung das Hoheitsgebiet bezeichnen, das in diesem Sinne als Mutterland gilt.

2. Jede Vertragspartei kann bei der Ratifikation oder Genehmigung dieser Charta oder zu einem späteren Zeitpunkt durch eine an den Generalsekretär des Europarats gerichtete Notifikation erklären, daß die Charta ganz oder teilweise auf jedes nicht zum Mutterland gehörende, in der Erklärung bezeichnete Hoheitsgebiet anzuwenden ist, dessen internationale Beziehungen sie wahrnimmt oder für das sie international verantwortlich ist. In dieser Erklärung hat sie die Artikel oder Absätze des Teils II der Charta anzugeben, die sie für die in der Erklärung bezeichneten Hoheitsgebiete als bindend anerkennt.

3. Die Charta findet in jedem in der vorgenannten Erklärung bezeichneten Hoheitsgebiet vom dreißigsten Tage an Anwendung, nachdem die Erklärung dem Generalsekretär notifiziert worden ist.

4. Jede Vertragspartei kann zu einem späteren Zeitpunkt durch eine an den Generalsekretär des Europarats gerichtete Notifikation erklären, daß sie für ein Hoheitsgebiet, auf welches die Charta nach Absatz 2 Anwendung findet, bestimmte Artikel oder nummerierte Absätze als bindend annimmt, die sie für dieses Hoheitsgebiet noch nicht angenommen hatte. Derartige später eingegangene Verpflichtungen gelten als Bestandteil der ursprünglichen Erklärung für das betreffende Hoheitsgebiet und haben vom dreißigsten Tage nach dem Zeitpunkt der Notifizierung an die gleiche Wirkung.

5. Der Generalsekretär unterrichtet die anderen Unterzeichnerregierungen und den Generaldirektor des Internationalen Arbeitsamtes von jeder Notifikation, die ihm auf Grund dieses Artikels übermittelt wird.

Artikel 35: Unterzeichnung, Ratifizierung und Inkrafttreten

1. Diese Charta liegt für die Mitgliedsstaaten des Europarats zur Unterzeichnung auf. Sie bedarf der Ratifikation oder Genehmigung. Die Ratifikations- oder Genehmigungsurkunden sind bei dem Generalsekretär des Europarats zu hinterlegen

2. Diese Charta tritt am dreißigsten Tage nach Hinterlegung der fünften Ratifikations- oder Genehmigungsurkunde in Kraft.

3. Für jeden Unterzeichner, der diese Charta in der Folge ratifiziert, tritt sie am dreißigsten Tag nach Hinterlegung seiner Ratifikations- oder Genehmigungsurkunde in Kraft.

4. Der Generalsekretär notifiziert allen Mitgliedern des Europarats und dem Generaldirektor des Internationalen Arbeitsamtes das Inkrafttreten der Charta, den Namen der Vertragsparteien, die sie ratifiziert oder genehmigt haben, sowie jede folgende Hinterlegung einer Ratifikations- oder Genehmigungsurkunde.

Artikel 36: Änderungen

Jedes Mitglied des Europarats kann in einer an den Generalsekretär des Europarats gerichteten Mitteilung Änderungen dieser Charta vorschlagen. Der Generalsekretär übermittelt den anderen Mitgliedern des Europarats alle Änderungsvorschläge, die dann vom Ministerkomitee geprüft und der Beratenden Versammlung zur Stellungnahme vorgelegt werden. Jede vom Ministerkomitee gebilligte Änderung tritt am dreißigsten Tage nach dem Zeitpunkt in Kraft, in dem alle Vertragsparteien den Generalsekretär von ihrer Annahme der Änderung unterrichtet haben. Der Generalsekretär notifiziert allen Mitgliedern des Europarats und dem Generaldirektor des Internationalen Arbeitsamtes das Inkrafttreten dieser Änderungen.

Artikel 37: Kündigung

1. Eine Vertragspartei kann diese Charta erst nach Ablauf von fünf Jahren, nachdem die Charta Für sie in Kraft getreten ist, oder in der Folge jeweils nach Ablauf von zwei Jahren kündigen; in jedem Falle ist die Kündigung sechs Monate vorher dem Generalsekretär des Europarats zu notifizieren; dieser unterrichtet die anderen Vertragsparteien und den Generaldirektor des Internationalen Arbeitsamtes. Die Kündigung berührt nicht die Gültigkeit der Charta für die anderen Vertragsparteien, solange ihre Zahl nicht unter fünf absinkt.

2. Eine Vertragspartei kann nach Maßgabe des Absatzes 1 jeden von ihr angenommenen Artikel oder Absatz von Teil II der Charta kündigen, vorausgesetzt, daß die Zahl der für sie verbindlichen Artikel oder Absätze niemals unter zehn Artikel oder 45 Absätze absinkt und daß diese Anzahl von Artikeln oder Absätzen weiterhin die Artikel einschließt, welche die Vertragspartei aus den in Artikel 20 Abs. 1 Buchstabe b bezeichneten ausgewählt hat.

3. Eine Vertragspartei kann diese Charta oder jeden Artikel oder Absatz des Teils II der Charta unter den in Absatz 1 dieses Artikels niedergelegten Voraussetzungen für jedes Hoheitsgebiet kündigen, in dem die Charta auf Grund einer Erklärung nach Artikel 34 Abs. 2 Anwendung findet.

Artikel 38: Anhang

Der Anhang dieser Charta ist Bestandteil derselben.

Zu Urkund dessen haben die hierzu gehörig befugten Unterzeichneten diese Charta unterschrieben.

Geschehen zu Turin am 18. Oktober 1961 in englischer und französischer Sprache, wobei jeder Wortlaut gleichermaßen verbindlich ist, in einer Urschrift, die im Archiv des Europarats hinterlegt wird. Der Generalsekretär übermittelt jedem Unterzeichner beglaubigte Abschriften.

Anhang

Persönlicher Geltungsbereich der Sozialcharta

1. Vorbehaltlich des Artikels 12 Abs. 4 und des Artikels 13 Abs. 4 schließt der durch die Artikel 1 bis 17 erfaßte Personenkreis Ausländer nur insoweit ein, als sie Staatsangehörige anderer Vertragsparteien sind und ihren rechtmäßigen gewöhnlichen Aufenthalt im Hoheitsgebiet der betreffenden Vertragspartei haben oder dort ordnungsgemäß beschäftigt sind. mit der Maßgabe, daß die genannten Artikel im Sinne der Artikel 18 und 19 auszulegen sind. Diese Auslegung hindert eine Vertragspartei nicht, auch anderen Personen entsprechende Rechte zu gewähren.
2. Jede Vertragspartei wird Flüchtlingen im Sinne des am 28. Juli 1951 zu Genf unterzeichneten Abkommens über die Rechtsstellung der Flüchtlinge, die sich rechtmäßig in ihrem Hoheitsgebiet gewöhnlich aufhalten, eine Behandlung gewähren, die so günstig wie möglich, in keinem Fall aber weniger günstig ist als in Verpflichtungen der Vertragspartei aus dem oben erwähnten Abkommen oder aus anderen gültigen internationalen Übereinkünften vorgesehen ist, die auf solche Flüchtlinge anwendbar sind.

Teil I und Teil II

Absatz 18 und Artikel 18 Abs. 1 Es besteht Einverständnis darüber, daß diese Bestimmungen weder die Einreise in die Hoheitsgebiete der – Vertragsparteien betreffen noch die Bestimmungen des am 13. Dezember 1955 zu Paris unterzeichneten Europäischen Niederlassungsabkommens berühren

Teil II

Artikel 1 Abs. 2

Diese Bestimmung ist nicht so auszulegen, als würden durch sie Schutzklauseln oder Schutzmaßnahmen einer Gewerkschaft verboten oder erlaubt.

Artikel 4 Abs. 4

Diese Vorschrift ist dahin zu verstehen, daß sie eine fristlose Entlassung im Falle einer schweren Verfehlung nicht verbietet.

Artikel 4 Abs. 5

Es besteht Einverständnis darüber, daß eine Vertragspartei die in diesem Absatz geforderte Verpflichtung eingehen kann, wenn durch Gesetz, Gesamtarbeitsverträge oder Schiedssprüche Lohnabzüge für die überwiegende Mehrheit der Arbeitnehmer verboten sind und Ausnahmen nur für diejenigen Personen gelten, die in diesen Gesetzen, Verträgen und Schiedssprüchen nicht erfaßt sind.

Artikel 6 Abs. 4

Es besteht Einverständnis darüber, daß jede Vertragspartei für sich die Ausübung des Streikrechts durch Gesetz regeln kann, vorausgesetzt, daß jede weitere Einschränkung dieses Rechtes auf Grund des Artikels 31 gerechtfertigt werden kann.

Artikel 7 Abs. 8

Es besteht Einverständnis darüber daß eine Vertragspartei die in diesem Absatz vorgesehene Verpflichtung eingehen kann, wenn sie dem Geist dieser Verpflichtung dadurch nachkommt, daß die überwiegende Mehrheit der Personen unter 18 Jahren kraft Gesetzes nicht zur Nachtarbeit herangezogen werden darf.

Artikel 12 Abs. 4

Die Worte „und nach Maßgabe der in diesen Übereinkünften niedergelegten Bedingungen" in der Einleitung zu diesem Absatz sollen unter anderem bedeuten, daß eine Vertragspartei hinsichtlich von Leistungen, die unabhängig von Versicherungsbeiträgen gewährt werden, die Zurücklegung einer vorgeschriebenen Aufenthaltsdauer vor der Gewährung derartiger Leistungen an Staatsangehörige anderer Vertragsparteien verlangen kann.

Artikel 13 Abs. 4

Regierungen, die nicht Vertragsparteien des Europäischen Fürsorgeabkommens sind, können die Sozialcharta hinsichtlich dieses Absatzes ratifizieren, sofern sie den Staatsangehörigen der anderen Vertragsparteien eine Behandlung gewähren, die mit dem genannten Abkommen im Einklang steht.

Artikel 19 Abs. 6

Für die Anwendung dieser Bestimmung ist der Ausdruck „Wanderarbeitnehmer mit seiner Familie" dahin auszulegen, daß er zumindest seine Ehefrau und seine Kinder unter 21 Jahren, für die er unterhaltspflichtig ist, umfaßt.

Teil III

Es besteht Einverständnis darüber, daß die Charta rechtliche Verpflichtungen internationalen Charakters enthält, deren Durchführung ausschließlich der in ihrem Teil IV vorgesehenen Überwachung unterliegt.

Artikel 20 Abs. 1

Es besteht Einverständnis darüber, daß als „numerierte Absätze" auch Artikel anzusehen sind, die aus einem einzigen Absatz bestehen.

Teil V

Artikel 30

Der Ausdruck „in Kriegszeiten oder bei einem anderen öffentlichen Notstand" ist dahin zu verstehen, daß er auch den Zustand einer drohenden Kriegsgefahr umfaßt.

15. Charta der Grundrechte der Europäischen Union

Nizza 2000

Präambel

Die Völker Europas sind entschlossen, auf der Grundlage gemeinsamer Werte eine friedliche Zukunft zu teilen, indem sie sich zu einer immer engeren Union verbinden.

In dem Bewusstsein ihres geistig-religiösen und sittlichen Erbes gründet sich die Union auf die unteilbaren und universellen Werte der Würde des Menschen, der Freiheit, der Gleichheit und der Solidarität. Sie beruht auf den Grundsätzen der Demokratie und der Rechtsstaatlichkeit. Sie stellt die Person in den Mittelpunkt ihres Handelns, indem sie die Unionsbürgerschaft und einen Raum der Freiheit, der Sicherheit und des Rechts begründet.

Die Union trägt zur Erhaltung und zur Entwicklung dieser gemeinsamen Werte unter Achtung der Vielfalt der Kulturen und Traditionen der Völker Europas sowie der nationalen Identität der Mitgliedstaaten und der Organisation ihrer staatlichen Gewalt auf nationaler, regionaler und lokaler Ebene bei. Sie ist bestrebt, eine ausgewogene und nachhaltige Entwicklung zu fördern und stellt den freien Personen-, Waren-, Dienstleistungs- und Kapitalverkehr sowie die Niederlassungsfreiheit sicher.

Zu diesem Zweck ist es notwendig, angesichts der Weiterentwicklung der Gesellschaft, des sozialen Fortschritts und der wissenschaftlichen und technologischen Entwicklungen den Schutz der Grundrechte zu stärken, indem sie in einer Charta sichtbarer gemacht werden.

Diese Charta bekräftigt unter Achtung der Zuständigkeiten und Aufgaben der Gemeinschaft und der Union und des Subsidiaritätsprinzips die Rechte, die sich vor allem aus den gemeinsamen Verfassungstraditionen und den gemeinsamen internationalen Verpflichtungen der Mitgliedstaaten, aus dem Vertrag über die Europäische Union und den Gemeinschaftsverträgen, aus der Europäischen Konvention zum Schutze der Menschenrechte und Grundfreiheiten, aus den von der Gemeinschaft und dem Europarat beschlossenen Sozialchartas sowie aus der Rechtsprechung des Gerichtshofs der Europäischen Gemeinschaften und des Europäischen Gerichtshofs für Menschenrechte ergeben.

Die Ausübung dieser Rechte ist mit Verantwortlichkeiten und Pflichten sowohl gegenüber den Mitmenschen als auch gegenüber der menschlichen Gemeinschaft und den künftigen Generationen verbunden.

Daher erkennt die Union die nachstehend aufgeführten Rechte, Freiheiten und Grundsätze an.

Kapitel I
Würde des Menschen

Artikel 1 [Würde des Menschen]

Die Würde des Menschen ist unantastbar. Sie ist zu achten und zu schützen.

Artikel 2 [Recht auf Leben]

(1) Jede Person hat das Recht auf Leben.
(2) Niemand darf zur Todesstrafe verurteilt oder hingerichtet werden.

Artikel 3 [Recht auf Unversehrtheit]

(1) Jede Person hat das Recht auf körperliche und geistige Unversehrtheit.
(2) Im Rahmen der Medizin und der Biologie muss insbesondere Folgendes beachtet werden:
  – die freie Einwilligung der betroffenen Person nach vorheriger Aufklärung entsprechend den gesetzlich festgelegten Modalitäten,
  – das Verbot eugenischer Praktiken, insbesondere derjenigen, welche die Selektion von Personen zum Ziel haben,
  – das Verbot, den menschlichen Körper und Teile davon als solche zur Erzielung von Gewinnen zu nutzen,
  – das Verbot des reproduktiven Klonens von Menschen.

Artikel 4 [Verbot der Folter und unmenschlicher oder erniedrigender Strafe oder Behandlung]

Niemand darf der Folter oder unmenschlicher oder erniedrigender Strafe oder Behandlung unterworfen werden.

Artikel 5 [Verbot der Sklaverei und der Zwangsarbeit]

(1) Niemand darf in Sklaverei oder Leibeigenschaft gehalten werden.
(2) Niemand darf gezwungen werden, Zwangs- oder Pflichtarbeit zu verrichten.
(3) Menschenhandel ist verboten.

Kapitel II Freiheiten

Artikel 6 [Recht auf Freiheit und Sicherheit]

Jede Person hat das Recht auf Freiheit und Sicherheit.

Artikel 7 [Achtung des Privat- und Familienlebens]

Jede Person hat das Recht auf Achtung ihres Privat- und Familienlebens, ihrer Wohnung sowie ihrer Kommunikation.

Artikel 8 [Schutz personenbezogener Daten]

(1) Jede Person hat das Recht auf Schutz der sie betreffenden personenbezogenen Daten.

(2) Diese Daten dürfen nur nach Treu und Glauben für festgelegte Zwecke und mit Einwilligung der betroffenen Person oder auf einer sonstigen gesetzlich geregelten legitimen Grundlage verarbeitet werden. Jede Person hat das Recht, Auskunft über die sie betreffenden erhobenen Daten zu erhalten und die Berichtigung der Daten zu erwirken.

(3) Die Einhaltung dieser Vorschriften wird von einer unabhängigen Stelle überwacht.

Artikel 9 [Recht, eine Ehe einzugehen und eine Familie zu gründen]

Das Recht, eine Ehe einzugehen, und das Recht, eine Familie zu gründen, werden nach den einzelstaatlichen Gesetzen gewährleistet, welche die Ausübung dieser Rechte regeln.

Artikel 10 [Gedanken-, Gewissens- und Religionsfreiheit]

(1) Jede Person hat das Recht auf Gedanken-, Gewissens- und Religionsfreiheit. Dieses Recht umfasst die Freiheit, seine Religion oder Weltanschauung zu wechseln, und die Freiheit, seine Religion oder Weltanschauung einzeln oder gemeinsam mit anderen öffentlich oder privat durch Gottesdienst, Unterricht, Bräuche und Riten zu bekennen.

(2) Das Recht auf Wehrdienstverweigerung aus Gewissensgründen wird nach den einzelstaatlichen Gesetzen anerkannt, welche die Ausübung dieses Rechts regeln.

Artikel 11 [Freiheit der Meinungsäußerung und Informationsfreiheit]

(1) Jede Person hat das Recht auf freie Meinungsäußerung. Dieses Recht schließt die Meinungsfreiheit und die Freiheit ein, Informationen und Ideen ohne behördliche Eingriffe und ohne Rücksicht auf Staatsgrenzen zu empfangen und weiterzugeben.

(2) Die Freiheit der Medien und ihre Pluralität werden geachtet.

Artikel 12 [Versammlungs- und Vereinigungsfreiheit]

(1) Jede Person hat das Recht, sich insbesondere im politischen, gewerkschaftlichen und zivilgesellschaftlichen Bereich auf allen Ebenen frei und friedlich mit anderen

zu versammeln und frei mit anderen zusammenzuschließen, was das Recht jeder Person umfasst, zum Schutz ihrer Interessen Gewerkschaften zu gründen und Gewerkschaften beizutreten.

(2) Politische Parteien auf der Ebene der Union tragen dazu bei, den politischen Willen der Unionsbürgerinnen und Unionsbürger zum Ausdruck zu bringen.

Artikel 13 [Freiheit von Kunst und Wissenschaft]

Kunst und Forschung sind frei. Die akademische Freiheit wird geachtet.

Artikel 14 [Recht auf Bildung]

(1) Jede Person hat das Recht auf Bildung sowie auf Zugang zur beruflichen Ausbildung und Weiterbildung.

(2) Dieses Recht umfasst die Möglichkeit, unentgeltlich am Pflichtschulunterricht teilzunehmen.

(3) Die Freiheit zur Gründung von Lehranstalten unter Achtung der demokratischen Grundsätze sowie das Recht der Eltern, die Erziehung und den Unterricht ihrer Kinder entsprechend ihren eigenen religiösen, weltanschaulichen und erzieherischen Überzeugungen sicherzustellen, werden nach den einzelstaatlichen Gesetzen geachtet, welche ihre Ausübung regeln.

Artikel 15 [Berufsfreiheit und Recht zu arbeiten]

(1) Jede Person hat das Recht, zu arbeiten und einen frei gewählten oder angenommenen Beruf auszuüben.

(2) Alle Unionsbürgerinnen und Unionsbürger haben die Freiheit, in jedem Mitgliedstaat Arbeit zu suchen, zu arbeiten, sich niederzulassen oder Dienstleistungen zu erbringen.

(3) Die Staatsangehörigen dritter Länder, die im Hoheitsgebiet der Mitgliedstaaten arbeiten dürfen, haben Anspruch auf Arbeitsbedingungen, die denen der Unionsbürgerinnen und Unionsbürger entsprechen.

Artikel 16 [Unternehmerische Freiheit]

Die unternehmerische Freiheit wird nach dem Gemeinschaftsrecht und den einzelstaatlichen Rechtsvorschriften und Gepflogenheiten anerkannt.

Artikel 17 [Eigentumsrecht]

(1) Jede Person hat das Recht, ihr rechtmäßig erworbenes Eigentum zu besitzen, zu nutzen, darüber zu verfügen und es zu vererben. Niemandem darf sein Eigentum entzogen werden, es sei denn aus Gründen des öffentlichen Interesses in den Fällen und unter den Bedingungen, die in einem Gesetz vorgesehen sind, sowie gegen eine rechtzeitige angemessene Entschädigung für den Verlust des Eigentums. Die

Nutzung des Eigentums kann gesetzlich geregelt werden, soweit dies für das Wohl der Allgemeinheit erforderlich ist.

(2) Geistiges Eigentum wird geschützt.

Artikel 18 [Asylrecht]

Das Recht auf Asyl wird nach Maßgabe des Genfer Abkommens vom 28. Juli 1951 und des Protokolls vom 31. Januar 1967 über die Rechtsstellung der Flüchtlinge sowie gemäß dem Vertrag zur Gründung der Europäischen Gemeinschaft gewährleistet.

Artikel 19 [Schutz bei Abschiebung, Ausweisung und Auslieferung]

(1) Kollektivausweisungen sind nicht zulässig.

(2) Niemand darf in einen Staat abgeschoben oder ausgewiesen oder an einen Staat ausgeliefert werden, in dem für sie oder ihn das ernsthafte Risiko der Todesstrafe, der Folter oder einer anderen unmenschlichen oder erniedrigenden Strafe oder Behandlung besteht.

Kapitel III Gleichheit

Artikel 20 [Gleichheit vor dem Gesetz]

Alle Personen sind vor dem Gesetz gleich.

Artikel 21 [Nichtdiskriminierung]

(1) Diskriminierungen, insbesondere wegen des Geschlechts, der Rasse, der Hautfarbe, der ethnischen oder sozialen Herkunft, der genetischen Merkmale, der Sprache, der Religion oder der Weltanschauung, der politischen oder sonstigen Anschauung, der Zugehörigkeit zu einer nationalen Minderheit, des Vermögens, der Geburt, einer Behinderung, des Alters oder der sexuellen Ausrichtung, sind verboten.

(2) Im Anwendungsbereich des Vertrags zur Gründung der Europäischen Gemeinschaft und des Vertrags über die Europäische Union ist unbeschadet der besonderen Bestimmungen dieser Verträge jede Diskriminierung aus Gründen der Staatsangehörigkeit verboten.

Artikel 22 [Vielfalt der Kulturen, Religionen und Sprachen]

Die Union achtet die Vielfalt der Kulturen, Religionen und Sprachen.

Artikel 23 [Gleichheit von Männern und Frauen]
Die Gleichheit von Männern und Frauen ist in allen Bereichen, einschließlich der Beschäftigung, der Arbeit und des Arbeitsentgelts, sicherzustellen.

Der Grundsatz der Gleichheit steht der Beibehaltung oder der Einführung spezifischer Vergünstigungen für das unterrepräsentierte Geschlecht nicht entgegen.

Artikel 24 [Rechte des Kindes]

(1) Kinder haben Anspruch auf den Schutz und die Fürsorge, die für ihr Wohlergehen notwendig sind. Sie können ihre Meinung frei äußern. Ihre Meinung wird in den Angelegenheiten, die sie betreffen, in einer ihrem Alter und ihrem Reifegrad entsprechenden Weise berücksichtigt.

(2) Bei allen Kinder betreffenden Maßnahmen öffentlicher oder privater Einrichtungen muss das Wohl des Kindes eine vorrangige Erwägung sein.

(3) Jedes Kind hat Anspruch auf regelmäßige persönliche Beziehungen und direkte Kontakte zu beiden Elternteilen, es sei denn, dies steht seinem Wohl entgegen.

Artikel 25 [Rechte älterer Menschen]

Die Union anerkennt und achtet das Recht älterer Menschen auf ein würdiges und unabhängiges Leben und auf Teilnahme am sozialen und kulturellen Leben.

Artikel 26 [Integration von Menschen mit Behinderung]

Die Union anerkennt und achtet den Anspruch von Menschen mit Behinderung auf Maßnahmen zur Gewährleistung ihrer Eigenständigkeit, ihrer sozialen und beruflichen Eingliederung und ihrer Teilnahme am Leben der Gemeinschaft.

Kapitel IV Solidarität

Artikel 27 [Recht auf Unterrichtung und Anhörung der Arbeitnehmerinnen und Arbeitnehmer im Unternehmen]

Für die Arbeitnehmerinnen und Arbeitnehmer oder ihre Vertreter muss auf den geeigneten Ebenen eine rechtzeitige Unterrichtung und Anhörung in den Fällen und unter den Voraussetzungen gewährleistet sein, die nach dem Gemeinschaftsrecht und den einzelstaatlichen Rechtsvorschriften und Gepflogenheiten vorgesehen sind.

Artikel 28 [Recht auf Kollektivverhandlungen und Kollektivmaßnahmen]

Die Arbeitnehmerinnen und Arbeitnehmer sowie die Arbeitgeberinnen und Arbeitgeber oder ihre jeweiligen Organisationen haben nach dem Gemeinschaftsrecht und den einzelstaatlichen Rechtsvorschriften und Gepflogenheiten das Recht, Tarifverträge auf den geeigneten Ebenen auszuhandeln und zu schließen sowie bei Interessenkonflikten kollektive Maßnahmen zur Verteidigung ihrer Interessen, einschließlich Streiks, zu ergreifen.

Artikel 29 [Recht auf Zugang zu einem Arbeitsvermittlungsdienst]

Jede Person hat das Recht auf Zugang zu einem unentgeltlichen Arbeitsvermittlungsdienst.

Artikel 30 [Schutz bei ungerechtfertigter Entlassung]

Jede Arbeitnehmerin und jeder Arbeitnehmer hat nach dem Gemeinschaftsrecht und den einzelstaatlichen Rechtsvorschriften und Gepflogenheiten Anspruch auf Schutz vor ungerechtfertigter Entlassung.

Artikel 31 [Gerechte und angemessene Arbeitsbedingungen]

(1) Jede Arbeitnehmerin und jeder Arbeitnehmer hat das Recht auf gesunde, sichere und würdige Arbeitsbedingungen.

(2) Jede Arbeitnehmerin und jeder Arbeitnehmer hat das Recht auf eine Begrenzung der Höchstarbeitszeit, auf tägliche und wöchentliche Ruhezeiten sowie auf bezahlten Jahresurlaub.

Artikel 32 [Verbot der Kinderarbeit und Schutz der Jugendlichen am Arbeitsplatz]

Kinderarbeit ist verboten. Unbeschadet günstigerer Vorschriften für Jugendliche und abgesehen von begrenzten Ausnahmen darf das Mindestalter für den Eintritt in das Arbeitsleben das Alter, in dem die Schulpflicht endet, nicht unterschreiten.

Zur Arbeit zugelassene Jugendliche müssen ihrem Alter angepasste Arbeitsbedingungen erhalten und vor wirtschaftlicher Ausbeutung und vor jeder Arbeit geschützt werden, die ihre Sicherheit, ihre Gesundheit, ihre körperliche, geistige, sittliche oder soziale Entwicklung beeinträchtigen oder ihre Erziehung gefährden könnte.

Artikel 33 [Familien- und Berufsleben]

(1) Der rechtliche, wirtschaftliche und soziale Schutz der Familie wird gewährleistet.

(2) Um Familien- und Berufsleben miteinander in Einklang bringen zu können, hat jede Person das Recht auf Schutz vor Entlassung aus einem mit der Mutterschaft zusammenhängenden Grund sowie den Anspruch auf einen bezahlten Mutterschaftsurlaub und auf einen Elternurlaub nach der Geburt oder Adoption eines Kindes.

Artikel 34 [Soziale Sicherheit und soziale Unterstützung]

(1) Die Union anerkennt und achtet das Recht auf Zugang zu den Leistungen der sozialen Sicherheit und zu den sozialen Diensten, die in Fällen wie Mutterschaft, Krank-

heit, Arbeitsunfall, Pflegebedürftigkeit oder im Alter sowie bei Verlust des Arbeitsplatzes Schutz gewährleisten, nach Maßgabe des Gemeinschaftsrechts und der einzelstaatlichen Rechtsvorschriften und Gepflogenheiten.

(2) Jede Person, die in der Union ihren rechtmäßigen Wohnsitz hat und ihren Aufenthalt rechtmäßig wechselt, hat Anspruch auf die Leistungen der sozialen Sicherheit und die sozialen Vergünstigungen nach dem Gemeinschaftsrecht und den einzelstaatlichen Rechtsvorschriften und Gepflogenheiten.

(3) Um die soziale Ausgrenzung und die Armut zu bekämpfen, anerkennt und achtet die Union das Recht auf eine soziale Unterstützung und eine Unterstützung für die Wohnung, die allen, die nicht über ausreichende Mittel verfügen, ein menschenwürdiges Dasein sicherstellen sollen, nach Maßgabe des Gemeinschaftsrechts und der einzelstaatlichen Rechtsvorschriften und Gepflogenheiten.

Artikel 35 [Gesundheitsschutz]

Jede Person hat das Recht auf Zugang zur Gesundheitsvorsorge und auf ärztliche Versorgung nach Maßgabe der einzelstaatlichen Rechtsvorschriften und Gepflogenheiten. Bei der Festlegung und Durchführung aller Politiken und Maßnahmen der Union wird ein hohes Gesundheitsschutzniveau sichergestellt.

Artikel 36 [Zugang zu Dienstleistungen von allgemeinem wirtschaftlichen Interesse]

Die Union anerkennt und achtet den Zugang zu Dienstleistungen von allgemeinem wirtschaftlichen Interesse, wie er durch die einzelstaatlichen Rechtsvorschriften und Gepflogenheiten im Einklang mit dem Vertrag zur Gründung der Europäischen Gemeinschaft geregelt ist, um den sozialen und territorialen Zusammenhalt der Union zu fördern.

Artikel 37 [Umweltschutz]

Ein hohes Umweltschutzniveau und die Verbesserung der Umweltqualität müssen in die Politiken der Union einbezogen und nach dem Grundsatz der nachhaltigen Entwicklung sichergestellt werden.

Artikel 38 [Verbraucherschutz]

Die Politiken der Union stellen ein hohes Verbraucherschutzniveau sicher.

Kapitel V Bürgerrechte

Artikel 39 [Aktives und passives Wahlrecht bei den Wahlen zum Europäischen Parlament]

(1) Die Unionsbürgerinnen und Unionsbürger besitzen in dem Mitgliedstaat, in dem sie ihren Wohnsitz haben, das aktive und passive Wahlrecht bei den Wahlen zum Europäischen Parlament, wobei für sie dieselben Bedingungen gelten wie für die Angehörigen des betreffenden Mitgliedstaats.

(2) Die Mitglieder des Europäischen Parlaments werden in allgemeiner, unmittelbarer, freier und geheimer Wahl gewählt.

Artikel 40 [Aktives und passives Wahlrecht bei den Kommunalwahlen]

Die Unionsbürgerinnen und Unionsbürger besitzen in dem Mitgliedstaat, in dem sie ihren Wohnsitz haben, das aktive und passive Wahlrecht bei Kommunalwahlen, wobei für sie dieselben Bedingungen gelten wie für die Angehörigen des betreffenden Mitgliedstaats.

Artikel 41 [Recht auf eine gute Verwaltung]

(1) Jede Person hat ein Recht darauf, dass ihre Angelegenheiten von den Organen und Einrichtungen der Union unparteiisch, gerecht und innerhalb einer angemessenen Frist behandelt werden.

(2) Dieses Recht umfasst insbesondere
  – das Recht einer jeden Person, gehört zu werden, bevor ihr gegenüber eine für sie nachteilige individuelle Maßnahme getroffen wird;
  – das Recht einer jeden Person auf Zugang zu den sie betreffenden Akten unter Wahrung des legitimen Interesses der Vertraulichkeit sowie des Berufs- und Geschäftsgeheimnisses;
  – die Verpflichtung der Verwaltung, ihre Entscheidungen zu begründen.

(3) Jede Person hat Anspruch darauf, dass die Gemeinschaft den durch ihre Organe oder Bediensteten in Ausübung ihrer Amtstätigkeit verursachten Schaden nach den allgemeinen Rechtsgrundsätzen ersetzt, die den Rechtsordnungen der Mitgliedstaaten gemeinsam sind.

(4) Jede Person kann sich in einer der Sprachen der Verträge an die Organe der Union wenden und muss eine Antwort in derselben Sprache erhalten.

Artikel 42 [Recht auf Zugang zu Dokumenten]

Die Unionsbürgerinnen und Unionsbürger sowie jede natürliche oder juristische Person mit Wohnsitz oder satzungsmäßigem Sitz in einem Mitgliedstaat haben das Recht auf Zugang zu den Dokumenten des Europäischen Parlaments, des Rates und der Kommission.

Artikel 43 [Der Bürgerbeauftragte]

Die Unionsbürgerinnen und Unionsbürger sowie jede natürliche oder juristische Person mit Wohnsitz oder satzungsmäßigem Sitz in einem Mitgliedstaat haben das Recht, den Bürgerbeauftragten der Union im Fall von Missständen bei der Tätigkeit der Organe und Einrichtungen der Gemeinschaft, mit Ausnahme des Gerichtshofs und des Gerichts erster Instanz in Ausübung ihrer Rechtsprechungsbefugnisse, zu befassen.

Artikel 44 [Petitionsrecht]

Die Unionsbürgerinnen und Unionsbürger sowie jede natürliche oder juristische Person mit Wohnsitz oder satzungsmäßigem Sitz in einem Mitgliedstaat haben das Recht, eine Petition an das Europäische Parlament zu richten.

Artikel 45 [Freizügigkeit und Aufenthaltsfreiheit]

(1) Die Unionsbürgerinnen und Unionsbürger haben das Recht, sich im Hoheitsgebiet der Mitgliedstaaten frei zu bewegen und aufzuhalten.

(2) Staatsangehörigen dritter Länder, die sich rechtmäßig im Hoheitsgebiet eines Mitgliedstaats aufhalten, kann gemäß dem Vertrag zur Gründung der Europäischen Gemeinschaft Freizügigkeit und Aufenthaltsfreiheit gewährt werden.

Artikel 46 [Diplomatischer und konsularischer Schutz]

Die Unionsbürgerinnen und Unionsbürger genießen im Hoheitsgebiet eines Drittlandes, in dem der Mitgliedstaat, dessen Staatsangehörigkeit sie besitzen, nicht vertreten ist, den Schutz der diplomatischen und konsularischen Stellen eines jeden Mitgliedstaats unter denselben Bedingungen wie Staatsangehörige dieses Staates.

Kapitel VI Justizielle Rechte

Artikel 47 [Recht auf einen wirksamen Rechtsbehelf und ein unparteiisches Gericht]

Jede Person, deren durch das Recht der Union garantierte Rechte oder Freiheiten verletzt worden sind, hat das Recht, nach Maßgabe der in diesem Artikel vorgesehenen Bedingungen bei einem Gericht einen wirksamen Rechtsbehelf einzulegen.

Jede Person hat ein Recht darauf, dass ihre Sache von einem unabhängigen, unparteiischen und zuvor durch Gesetz errichteten Gericht in einem fairen Verfahren, öffentlich und innerhalb angemessener Frist verhandelt wird. Jede Person kann sich beraten, verteidigen und vertreten lassen.

Personen, die nicht über ausreichende Mittel verfügen, wird Prozesskostenhilfe bewilligt, soweit diese Hilfe erforderlich ist, um den Zugang zu den Gerichten wirksam zu gewährleisten.

Artikel 48 [Unschuldsvermutung und Verteidigungsrechte]

(1) Jede angeklagte Person gilt bis zum rechtsförmlich erbrachten Beweis ihrer Schuld als unschuldig.

(2) Jeder angeklagten Person wird die Achtung der Verteidigungsrechte gewährleistet.

Artikel 49 [Grundsätze der Gesetzmäßigkeit und der Verhältnismäßigkeit im Zusammenhang mit Straftaten und Strafen]

(1) Niemand darf wegen einer Handlung oder Unterlassung verurteilt werden, die zur Zeit ihrer Begehung nach innerstaatlichem oder internationalem Recht nicht strafbar war. Es darf auch keine schwerere Strafe als die zur Zeit der Begehung angedrohte Strafe verhängt werden. Wird nach Begehung einer Straftat durch Gesetz eine mildere Strafe eingeführt, so ist diese zu verhängen.

(2) Dieser Artikel schließt nicht aus, dass eine Person wegen einer Handlung oder Unterlassung verurteilt oder bestraft wird, die zur Zeit ihrer Begehung nach den allgemeinen, von der Gesamtheit der Nationen anerkannten Grundsätzen strafbar war.

(3) Das Strafmaß darf gegenüber der Straftat nicht unverhältnismäßig sein.

Artikel 50 [Recht, wegen derselben Straftat nicht zweimal strafrechtlich verfolgt oder bestraft zu werden]

Niemand darf wegen einer Straftat, derentwegen er bereits in der Union nach dem Gesetz rechtskräftig verurteilt oder freigesprochen worden ist, in einem Strafverfahren erneut verfolgt oder bestraft werden.

Kapitel VII Allgemeine Bestimmungen

Artikel 51 [Anwendungsbereich]

(1) Diese Charta gilt für die Organe und Einrichtungen der Union unter Einhaltung des Subsidiaritätsprinzips und für die Mitgliedstaaten ausschließlich bei der Durchführung des Rechts der Union. Dementsprechend achten sie die Rechte, halten sie sich an die Grundsätze und fördern sie deren Anwendung gemäß ihren jeweiligen Zuständigkeiten.

(2) Diese Charta begründet weder neue Zuständigkeiten noch neue Aufgaben für die Gemeinschaft und für die Union, noch ändert sie die in den Verträgen festgelegten Zuständigkeiten und Aufgaben.

Artikel 52 [Tragweite der garantierten Rechte]

(1) Jede Einschränkung der Ausübung der in dieser Charta anerkannten Rechte und Freiheiten muss gesetzlich vorgesehen sein und den Wesensgehalt dieser Rechte und Freiheiten achten. Unter Wahrung des Grundsatzes der Verhältnismäßigkeit dürfen Einschränkungen nur vorgenommen werden, wenn sie notwendig sind und den von der Union anerkannten dem Gemeinwohl dienenden Zielsetzungen oder den Erfordernissen des Schutzes der Rechte und Freiheiten anderer tatsächlich entsprechen.

(2) Die Ausübung der durch diese Charta anerkannten Rechte, die in den Gemeinschaftsverträgen oder im Vertrag über die Europäische Union begründet sind, erfolgt im Rahmen der darin festgelegten Bedingungen und Grenzen.

(3) So weit diese Charta Rechte enthält, die den durch die Europäische Konvention zum Schutze der Menschenrechte und Grundfreiheiten garantierten Rechten entsprechen, haben sie die gleiche Bedeutung und Tragweite, wie sie ihnen in der genannten Konvention verliehen wird. Diese Bestimmung steht dem nicht entgegen, dass das Recht der Union einen weiter gehenden Schutz gewährt.

Artikel 53 [Schutzniveau]

Keine Bestimmung dieser Charta ist als eine Einschränkung oder Verletzung der Menschenrechte und Grundfreiheiten auszulegen, die in dem jeweiligen Anwendungsbereich durch das Recht der Union und das Völkerrecht sowie durch die internationalen Übereinkommen, bei denen die Union, die Gemeinschaft oder alle Mitgliedstaaten Vertragsparteien sind, darunter insbesondere die Europäische Konvention zum Schutze der Menschenrechte und Grundfreiheiten, sowie durch die Verfassungen der Mitgliedstaaten anerkannt werden.

Artikel 54 [Verbot des Missbrauchs der Rechte]

Keine Bestimmung dieser Charta ist so auszulegen, als begründe sie das Recht, eine Tätigkeit auszuüben oder eine Handlung vorzunehmen, die darauf abzielt, die in der Charta anerkannten Rechte und Freiheiten abzuschaffen oder sie stärker einzuschränken, als dies in der Charta vorgesehen ist.

16. Die Kairoer Erklärung über Menschenrechte im Islam

1990

Die Mitgliedstaaten der Organisation Islamische Konferenz, die zivilisatorische und historische Rolle der islamischen Umma bekräftigend, die Gott zur besten (Form der) Nation machte, die der Menschheit eine universelle und ausgewogene Zivilisation gegeben hat, in der Harmonie zwischen diesem Leben und dem Leben danach herrscht und Wissen mit Glauben einhergeht; und die Rolle bekräftigend, die diese Umma spielen sollte, um eine von konkurrierenden Strömungen und Ideologien verwirrte Menschheit zu leiten und Lösungen für die chronischen Probleme dieser materialistischen Zivilisation zu bieten; in dem Wunsch, zu den Bemühungen der Menschheit um die Festlegung von Menschenrechten beizutragen, die den Menschen vor Ausbeutung und Verfolgung zu schützen und seine Freiheit und sein Recht auf ein würdiges Leben im Einklang mit der islamischen Scharia bestätigen; in der Überzeugung, daß die Menschheit, die in der Wissenschaft von den materiellen Dingen ein fortgeschrittenes Stadium erreicht hat, noch immer dringend den Glauben als Träger der Zivilisation benötigt und auch in Zukunft benötigen wird, und eine aus sich selbst generierte Kraft zur Bewahrung ihrer Rechte benötigt; in dem Glauben, daß grundlegende Rechte und universelle Freiheiten im Islam ein integraler Bestandteil der islamischen Religion sind und daß grundsätzlich niemand das Recht hat, diese ganz oder in Teilen auszusetzen oder zu verletzen oder zu mißachten, in soweit als sie bindende göttliche Befehle sind, enthalten in den enthüllten Büchern Gottes und durch den letzten seiner Propheten gesandt, um die vorangegangenen göttlichen Botschaften zu vervollständigen, und so deren Beachtung zu einem Akt der Anbetung und deren Vernachlässigung oder Verletzung zu einer verwerflichen Sünde machen, entsprechend ist jede Person einzeln verantwortlich – und die Umma kollektiv verantwortlich – für deren Bewahrung. Ausgehend von den oben genannten Prinzipien erklären die Mitgliedstaaten das Folgende:

Artikel 1

a) Alle Menschen bilden eine Familie, deren Mitglieder durch die Unterwerfung unter Gott und die Abstammung von Adam verbunden sind. Alle Menschen sind gleich im Sinne der grundlegenden Menschenwürde sowie der Grundrechte und Grundpflichten, ohne jede Diskriminierung aufgrund von Rasse, Hautfarbe, Sprache, Geschlecht, religiösem Glauben, politischer Zugehörigkeit, sozialem Status oder anderer Erwägungen. Wahrer Glaube ist die Garantie für den Genuß solcher Würde auf dem Weg zur Vervollkommnung des Menschen.

b) Alle Menschen sind Gottes Untertanen und er liebt diejenigen am meisten, die seinen übrigen Untertanen am meisten nützen; niemand hat Vorrang vor einem anderen, es sei denn aufgrund der Gläubigkeit und guter Taten.

Artikel 2

a) Das Leben ist ein Geschenk Gottes, und das Recht auf Leben ist jedem Menschen garantiert. Es ist die Pflicht des Einzelnen, der Gesellschaft und des Staates, dieses Recht zu schützen und es ist verboten, Leben zu nehmen, es sei denn aus einem von der Scharia vorgeschriebenen Grund.
b) Es ist verboten, zu Mitteln zu greifen, die zur Vernichtung der Menschheit führen könnten.
c) Der Schutz des menschlichen Lebens für die von Gott gewährte Lebensdauer ist eine von der Scharia vorgeschriebene Pflicht.
d) Der Schutz vor Körperverletzung ist ein garantiertes Recht. Es ist die Pflicht des Staates, dieses Recht sicherzustellen, und es ist verboten, es ohne einen in der Scharia vorgeschriebenen Grund zu brechen.

Artikel 3

a) Im Falle des Einsatzes von Gewalt und im Falle bewaffneter Konflikte ist es nicht erlaubt, nicht am Krieg teilnehmende Personen, wie alte Männer, Frauen und Kinder zu töten. Die Verwundeten und Kranken haben das Recht auf medizinische Behandlung; Kriegsgefangene haben das Recht auf Nahrung, Obdach und Kleidung. Es ist verboten, Leichen zu verstümmeln. Es ist eine Pflicht, Kriegsgefangene auszutauschen und Besuche oder die Wiedervereinigung von Familien herbeizuführen, die durch die Wirren des Krieges getrennt wurden.
b) Es ist verboten, Bäume zu fällen, Ernten oder Vieh zu schädigen und die zivilen Gebäude und Einrichtungen des Gegners durch Bombarierung, Sprengung oder andere Mittel zu zerstören.

Artikel 4

Jeder Mensch hat ein Recht auf die Unverletzlichkeit und den Schutz seines guten Namens und seiner Ehre im Leben und auch nach seinem Tod. Der Staat und die Gesellschaft müssen seine Überreste und seine letzte Ruhestätte schützen.

Artikel 5

a) Die Familie ist das Fundament der Gesellschaft und die Ehe die Basis für ihre Gründung. Männer und Frauen haben das Recht zu heiraten und keinerlei Einschränkungen hinsichtlich Rasse, Hautfarbe oder Nationalität sollen sie daran hindern, dieses Recht auszuüben.

b) Die Gesellschaft und der Staat müssen alle Hindernisse ausräumen, die einer Heirat im Wege stehen und das Eheschließungsverfahren erleichtern. Sie müssen den Schutz und das Wohl der Familie schützen.

Artikel 6

a) Die Frau ist dem Mann in ihrer menschlichen Würde gleichgestellt und hat Rechte und Pflichten; sie genießt ein eigenständiges Bürgerrecht und finanzielle Unabhängigkeit sowie das Recht, ihren Namen und ihre Abstammung beizubehalten.
b) Der Ehemann ist verantwortlich für den Unterhalt und das Wohlergehen der Familie.

Artikel 7

a) Vom Moment seiner Geburt an hat jedes Kind gegenüber den Eltern, der Gesellschaft und dem Staat das Recht auf ordentliche Pflege, Erziehung sowie materielle, hygienische und moralische Fürsorge. Der Fötus wie auch die Mutter müssen geschützt und besonders umsorgt werden.
b) Eltern und jene, die diese Funktion ausüben, haben das Recht, die Art der Erziehung zu wählen, die sie für ihre Kinder als die richtige erachten, vorausgesetzt, sie berücksichtigen dabei das Interesse und die Zukunft der Kinder im Einklang mit den ethischen Werten und Prinzipien der Scharia.
c) Beide Eltern haben Anspruch auf bestimmte Rechte gegenüber ihren Kindern und Verwandte Anspruch auf Rechte gegenüber ihrer Familie in Übereinstimmung mit den Lehrern der Scharia.

Artikel 8

Jeder Mensch hat das Recht, seine Rechte und Pflichten selbst wahrzunehmen. Sollte dieses Recht verlorengegangen oder außer Kraft gesetzt sein, wird er von seinem Vormund vertreten.

Artikel 9

a) Das Streben nach Wissen ist eine Pflicht und Gesellschaft und Staat sind verpflichtet, für Bildungsmöglichkeiten zu sorgen. Der Staat muß die Verfügbarkeit von Mitteln und Wegen, Bildung zu erlangen, sicherstellen und im Interesse der Gesellschaft die Vielfalt der Bildung garantieren, damit der Mensch sich zum Wohle der Menschheit mit der Religion des Islam und den Tatsachen des Universums vertraut machen kann.
b) Jeder Mensch hat das Recht auf eine religiöse wie eine weltliche Erziehung durch die verschiedenen Einrichtungen zur Bildung und Führung, darunter die Familie, die Schule, die Universität, die Medien etc., dies soll so integrativ und ausgewogen geschehen, daß der Mensch seine Persönlichkeit entwickeln, seinen Glauben an Gott stärken und seine Rechte und Pflichten achten und verteidigen kann.

Artikel 10

Der Islam ist die Religion der unverdorbenen Natur. Es ist verboten, auf einen Menschen in irgendeiner Weise Druck auszuüben oder die Armut oder Unwissenheit eines Menschen auszunutzen, um ihn zu einer anderen Religion oder zum Atheismus zu bekehren.

Artikel 11

a) Menschen sind frei geboren, niemand hat das Recht, sie zu versklaven, zu erniedrigen, zu unterdrücken oder auszubeuten, und es kann keine Unterwerfung geben, außer unter den höchsten Gott.
b) Kolonialismus jeder Art ist als eine der teuflischsten Formen der Versklavung gänzlich verboten. Völker, die unter Kolonialismus leiden, haben das volle Recht auf Freiheit und Selbstbestimmung. Es ist die Pflicht aller Staaten und Völker, den Kampf kolonisierter Völker um die Abschaffung aller Formen von Kolonialismus und Besetzung zu unterstützen. Alle Staaten und Völker haben das Recht, ihre unabhängige Identität zu bewahren und Kontrolle über ihren Reichtum und ihre natürlichen Ressourcen auszuüben.

Artikel 12

Jeder Mensch soll im Rahmen der Scharia das Recht haben, sich frei zu bewegen, seinen Wohnort frei zu bestimmen – ob innerhalb oder außerhalb seines Landes, und wenn ein Mensch verfolgt wird, hat er das Recht, in einem anderen Land Asyl zu suchen. Das Land seiner Zuflucht soll seinen Schutz gewährleisten, bis er in Sicherheit ist, es sei denn, die Gewährung von Asyl bezieht sich auf einen Grund, den die Scharia als Straftat betrachtet.

Artikel 13

Arbeit ist ein Recht, das Staat und Gesellschaft jedem arbeitsfähigen Menschen garantieren. Jeder ist frei, die Arbeit zu suchen, die ihm am besten liegt und die seinen wie den Interessen der Gesellschaft dient. Der Arbeitnehmer hat das Recht auf Sicherheit und alle anderen sozialen Garantien. Weder soll einem Menschen Arbeit zugewiesen werden, die seine Leistungsfähigkeit überfordert, noch soll er in irgendeiner Weise unterdrückt, ausgebeutet oder geschädigt werden. Der Mensch hat ein Recht auf faire und promte Bezahlung, ihm zustehende Ferien, Beihilfen und Beförderung, ohne jegliche Diskriminierung nach dem Geschlecht.

Seinerseits soll der Arbeitnehmer seiner Arbeit hingebungsvoll und sorgfältig nachkommen. Falls Arbeitnehmer und Arbeitgeber in einer Sache uneins sind, soll der Staat eingreifen, um den Streit zu schlichten und die Klagen auszuräumen, die Rechte zu bestätigen und unparteiisch Gerechtigkeit durchzusetzen.

Artikel 14

Jeder hat das Recht auf legitime Gewinne, ohne Monopolisierung, Betrug oder Schaden für sich oder andere. Wucher ist unter allen Umständen verboten.

Artikel 15

a) Jeder hat das Recht auf Eigentum, das auf legitime Weise erworben wurde, und soll das Recht auf Besitz haben, ohne Nachteil für sich selbst, andere oder die Gesellschaft im allgemeinen. Enteignung ist nicht erlaubt, es sei denn aufgrund von Erfordernissen des öffentlichen Interesses und gegen Bezahlung einer unmittelbaren und fairen Entschädigung.

b) Die Konfiszierung und Beschlagnahme von Eigentum ist verboten, es sei denn aus durch Gesetz geregelten Gründen.

Artikel 16

Jeder hat das Recht, die Früchte seiner wissenschaftlichen, literarischen, künstlerischen oder technischen Arbeit zu genießen und hat das Recht, die daraus erwachsenden moralischen und materiellen Interessen zu verteidigen, vorausgesetzt, daß diese Arbeit nicht gegen die Prinzipien der Scharia verstößt.

Artikel 17

a) Jeder hat das Recht, in einer sauberen Umwelt zu leben, ohne Laster und moralische Korruption, einer Umwelt, die die eigene Entwicklung des Menschen fördert, und es obliegt dem Staat und der Gesellschaft im allgemeinen, dieses Recht zu gewähren.

b) Jeder hat das Recht auf medizinische und soziale Fürsorge sowie auf Zugang zu allen öffentlichen Einrichtungen, die Gesellschaft und Staat im Rahmen ihrer verfügbaren Ressourcen bereitstellen.

c) Der Staat sichert das Recht des Individuums auf ein menschenwürdiges Leben, das es ihm ermöglicht, all seine Bedürfnisse und die seiner Angehörigen zu befriedigen, einschließlich Nahrung, Kleidung, Obdach, Erziehung, medizinische Versorgung und alle anderen Grundbedürfnisse.

Artikel 18

a) Jeder hat das Recht auf Sicherheit seiner selbst, seiner Religion, seiner Angehörigen, seiner Ehre und seines Eigentums.

b) Jeder hat das Recht auf Privatsphäre für seine privaten Angelegenheiten, in seinem Heim, im Kreise der Familie, im Hinblick auf sein Eigentum und seine Beziehungen. Es ist nicht erlaubt, zu spionieren, einen Menschen zu überwachen, oder seinen guten Namen zu beschmutzen. Der Staat wird Menschen vor willkürlicher Einmischung beschützen.

c) Eine Privatwohnung ist in jedem Falle unverletzlich. Sie darf nicht ohne Erlaubnis der Bewohner oder in ungesetzlicher Weise betreten werden. Noch darf sie zerstört oder konfisziert oder die Bewohner daraus vertrieben werden.

Artikel 19

a) Alle Individuen sind vor dem Gesetz gleich, ohne Unterschied zwischen Regierung und Regierten.
b) Das Recht auf den Rechtsweg ist jedem garantiert.
c) Haftbarkeit ist grundsätzlich auf die Person bezogen.
d) Es gibt nur die in der Scharia erwähnten Verbrechen und Strafen.
e) Ein Beschuldigter gilt als unschuldig, bis seine Schuld in einer fairen Gerichtsverhandlung bewiesen ist, in der ihm alle Möglichkeiten der Verteidigung gewährt werden.

Artikel 20

Es ist nicht erlaubt, ein Individuum ohne rechtmäßigen Grund zu verhaften, in seiner Freiheit einzuschränken, ins Exil zu schicken oder zu bestrafen. Es ist nicht erlaubt, einen Menschen der physischen oder psychischen Folter oder jeglicher Form von Erniedrigung, Grausamkeit oder Entwürdigung auszusetzen. Es ist ebenso wenig erlaubt, ein Individuum ohne seine Zustimmung oder wenn Gesundheit oder Leben in Gefahr sind, medizinischen oder wissenschaftlichen Experimenten zu unterziehen. Es ist außerdem nicht erlaubt, Notstandsgesetze zu erlassen, die Exekutivvollmachten für solche Handlungen vorsehen.

Artikel 21

Es ist ausdrücklich verboten, in irgendeiner Weise oder in irgendeinem Zusammenhang Geiseln zu nehmen.

Artikel 22

a) Jeder hat das Recht auf freie Meinungsäußerung in einer Weise, die nicht gegen die Prinzipien der Scharia verstößt.
b) Jeder hat das Recht, für das Richtige einzutreten, das Gute zu propagieren und vor dem Falschen und der Sünde zu warnen, wie es den Normen der Scharia entspricht.
c) Information ist lebensnotwendig für die Gesellschaft. Sie darf nicht ausgebeutet oder in einer Weise mißbraucht werden, die die Heiligkeit und die Würde der Propheten verletzt, moralische und ethische Werte untergräbt oder die Gesellschaft spaltet, korrumpiert oder ihr schadet oder ihren Glauben schwächt.
d) Es ist nicht erlaubt, nationalistischen oder doktrinären Haß zu schüren oder etwas zu tun, das zu einer Form rassischer Diskriminierung aufhetzt.

Artikel 23

a) Macht ist eine Verantwortung, ihr Mißbrauch und ihre böswillige Ausnutzung sind verboten, damit grundlegende Menschenrechte garantiert werden können.

b) Jeder hat das Recht, sich direkt oder indirekt an der Verwaltung der öffentlichen Aufgaben seines Landes zu beteiligen. Er soll auch das Recht haben, entsprechend den Vorkehrungen der Scharia öffentliche Ämter auszuüben.

Artikel 24

Alle in dieser Erklärung aufgestellten Rechte und Freiheiten unterliegen der islamischen Scharia.

Artikel 25

Die islamische Scharia ist der einzige Bezugspunkt für die Erklärung oder Erläuterung eines jeden Artikels in dieser Erklärung.

17. Erklärung zum Recht auf Entwicklung

4. Dezember 1986
Resolution 41 / 128 der UN-General-versammlung

Die Generalversammlung,

– eingedenk der Ziele und Grundsätze der Charta der Vereinten Nationen bezüglich der Herbeiführung einer internationalen Zusammenarbeit zur Lösung internationaler Probleme wirtschaftlicher, sozialer, kultureller oder humanitärer Art und zur Förderung und Festigung der Achtung der Menschenrechte und Grundfreiheiten für alle ohne Unterschied der Rasse, des Geschlechts, der Sprache oder der Religion,

– davon ausgehend, daß Entwicklung ein umfassender wirtschaftlicher, sozialer, kultureller und politischer Prozeß ist, der die ständige Steigerung des Wohls der gesamten Bevölkerung und aller Einzelpersonen auf der Grundlage ihrer aktiven, freien und sinnvollen Teilnahme am Entwicklungsprozeß und an der gerechten Verteilung der daraus erwachsenden Vorteile zum Ziel hat,

– in Anbetracht dessen, daß nach der Allgemeinen Erklärung der Menschenrechte jeder Mensch Anspruch auf eine soziale und internationale Ordnung hat, in welcher die in der Erklärung niedergelegten Rechte und Freiheiten voll verwirklicht werden können,

– unter Hinweis auf den Internationalen Pakt über wirtschaftliche, soziale und kulturelle Rechte und den Internationalen Pakt über bürgerliche und politische Rechte,

– ferner unter Hinweis auf die entsprechenden Übereinkünfte, Konventionen, Resolutionen, Empfehlungen und sonstigen Instrumente der Vereinten Nationen und ihrer Sonderorganisationen zur ganzheitlichen Entwicklung des Menschen sowie zu Fortschritt und Entwicklung aller Völker im wirtschaftlichen und sozialen Bereich, einschließlich der Instrumente zur Entkolonisierung, zur Verhütung von Diskriminierung, zur Achtung und Wahrung der Menschenrechte und Grundfreiheiten, zur Wahrung des Weltfriedens und der internationalen Sicherheit sowie zur weiteren Förderung der freundschaftlichen Beziehungen und der Zusammenarbeit zwischen Staaten im Sinne der Charta,

– unter Hinweis auf das Recht der Völker auf Selbstbestimmung, kraft dessen sie das Recht haben, frei über ihren politischen Status zu entscheiden und in Freiheit ihre wirtschaftliche, soziale und kulturelle Entwicklung zu gestalten,

– weiterhin unter Hinweis auf das Recht der Völker, vorbehaltlich der einschlägigen Bestimmungen der beiden internationalen Menschenrechtspakte die volle und uneingeschränkte Souveränität über alle ihre natürlichen Reichtümer und Ressourcen auszuüben,

– eingedenk der Verpflichtung der Staaten nach der Charta, sich für die allgemeine Achtung und Wahrung der Menschenrechte und Grundfreiheiten für alle ohne jeden Unterschied wie den der Rasse, der Hautfarbe, des Geschlechts, der Sprache, der Religion, der politischen oder sonstigen Anschauung, der nationalen oder sozialen Herkunft, des Vermögens, der Geburt oder des sonstigen Status einzusetzen,

– in der Auffassung, daß es zur Schaffung von Bedingungen beitragen würde, welche die Entwicklung großer Teile der Menschheit begünstigen, wenn die massiven und flagranten Verletzungen der Menschenrechte von Völkern und Einzelpersonen beseitigt würden, die von Situationen betroffen sind, wie sie durch Kolonialismus, Neokolonialismus, Apartheid, alle Formen des Rassismus und der rassischen Diskriminierung, Fremdherrschaft und ausländische Besetzung, Aggression und die Bedrohung der nationalen Souveränität, nationalen Einheit und territorialen Integrität sowie Kriegsdrohungen verursacht werden,

– besorgt über das Bestehen schwerwiegender Hindernisse für die Entwicklung sowie für die volle Entfaltung von Menschen und Völkern, unter anderem auf Grund der Vorenthaltung von bürgerlichen, politischen, wirtschaftlichen, sozialen und kulturellen Rechten, sowie in der Auffassung, daß alle Menschenrechte und Grundfreiheiten unteilbar und interdependent sind, daß der Realisierung, der Förderung und dem Schutz der bürgerlichen, politischen, wirtschaftlichen, sozialen und kulturellen Rechte im Hinblick auf die Förderung der Entwicklung gleiche Aufmerksamkeit und dringliche Beachtung geschenkt werden sollte und daß somit die Förderung und Achtung beziehungsweise die Wahrnehmung bestimmter Menschenrechte und Grundfreiheiten nicht als Rechtfertigung für die Vorenthaltung anderer Menschenrechte und Grundfreiheiten dienen kann,

– in der Auffassung, daß der Weltfrieden und die internationale Sicherheit wesentliche Elemente einer Verwirklichung des Rechts auf Entwicklung sind,

– erneut erklärend, daß zwischen Abrüstung und Entwicklung ein enger Zusammenhang besteht, daß Fortschritte im Abrüstungsbereich in erheblichem Maße zu Fortschritten im Entwicklungsbereich beitragen würden und daß die durch Abrüstungsmaßnahmen freiwerdenden Ressourcen für die wirtschaftliche und soziale Entwicklung und das Wohl aller Völker, insbesondere der der Entwicklungsländer, eingesetzt werden sollten,

– davon ausgehend, daß der Mensch zentrales Subjekt des Entwicklungsprozesses ist und daß jede Entwicklungspolitik ihn daher zum Hauptträger und –nutznießer der Entwicklung machen sollte,

– im Hinblick darauf, daß es Hauptverantwortung der jeweiligen Staaten ist, Bedingungen zu schaffen, die der Entwicklung von Völkern und Einzelpersonen förderlich sind,

– sich dessen bewußt, daß auf internationaler Ebene unternommene Bemühungen um die Förderung und den Schutz der Menschenrechte mit Bemühungen um die Errichtung einer neuen internationalen Wirtschaftsordnung einhergehen sollten,

– in Bekräftigung dessen, daß das Recht auf Entwicklung ein unveräußerliches Menschenrecht ist und daß Gleichheit der Entwicklungschancen ein Vorrecht der Nationen wie auch der Einzelpersonen ist, aus denen die Nationen sich zusammensetzen, verkündet die folgende Erklärung zum Recht auf Entwicklung:

Artikel 1

(1) Das Recht auf Entwicklung ist ein unveräußerliches Menschenrecht, kraft dessen alle Menschen und Völker Anspruch darauf haben, an einer wirtschaftlichen, sozialen, kulturellen und politischen Entwicklung, in der alle Menschenrechte und Grundfreiheiten voll verwirklicht werden können, teilzuhaben, dazu beizutragen und daraus Nutzen zu ziehen.

(2) Das Menschenrecht auf Entwicklung bedingt auch die volle Verwirklichung des Rechts der Völker auf Selbstbestimmung, wozu vorbehaltlich der entsprechenden Bestimmungen der beiden internationalen Menschenrechtspakte auch die Ausübung ihres unveräußerlichen Rechts auf uneingeschränkte Souveränität über alle ihre natürlichen Reichtümer und Ressourcen gehört.

Artikel 2

(1) Der Mensch ist zentrales Subjekt der Entwicklung und sollte aktiver Träger und Nutznießer des Rechts auf Entwicklung sein.

(2) Alle Menschen tragen einzeln und gemeinschaftlich Verantwortung für die Entwicklung, wobei die Notwendigkeit der uneingeschränkten Achtung ihrer Menschenrechte und Grundfreiheiten sowie ihre Pflichten gegenüber der Gemeinschaft zu berücksichtigen sind, die allein die freie und volle Entfaltung des Menschen gewährleisten können, und sie sollten daher eine der Entwicklung gemäße politische, soziale und wirtschaftliche Ordnung fördern und schützen.

(3) Die Staaten haben das Recht und die Pflicht, geeignete nationale Entwicklungspolitiken aufzustellen, die die stetige Steigerung des Wohls der gesamten Bevölkerung und aller Einzelpersonen auf der Grundlage ihrer aktiven, freien und sinnvollen Teilhabe an der Entwicklung und an einer gerechten Verteilung der daraus erwachsenden Vorteile zum Ziel haben.

Artikel 3

(1) Die Staaten tragen die Hauptverantwortung für die Schaffung nationaler und internationaler Bedingungen, die der Verwirklichung des Rechts auf Entwicklung förderlich sind.

(2) Die Verwirklichung des Rechts auf Entwicklung erfordert die uneingeschränkte Achtung der Grundsätze des Völkerrechts betreffend die freundschaftlichen Beziehungen und die Zusammenarbeit zwischen den Staaten im Sinne der Charta der Vereinten Nationen.

(3) Die Staaten haben die Pflicht, miteinander zusammenzuarbeiten, um Entwicklung herbeizuführen und Entwicklungshindernisse zu beseitigen. Die Staaten sollten ihre Rechte so wahrnehmen und ihren Pflichten nachkommen, daß hierdurch eine neue internationale Wirtschaftsordnung auf der Grundlage der souveränen Gleichheit, der Interdependenz, der gemeinsamen Interessen und der Zusammenarbeit zwischen allen Staaten sowie die Wahrung und Verwirklichung der Menschenrechte gefördert werden.

Artikel 4

(1) Die Staaten haben die Pflicht, einzeln und gemeinschaftlich Maßnahmen zur Aufstellung internationaler Entwicklungspolitiken zu ergreifen, die darauf gerichtet sind, die volle Verwirklichung des Rechts auf Entwicklung zu erleichtern.

(2) Zur Förderung einer rascheren Entwicklung der Entwicklungsländer sind konsequente Maßnahmen erforderlich. Ergänzend zu den Anstrengungen der Entwicklungsländer ist eine wirksame internationale Zusammenarbeit unerläßlich, damit diese Länder die geeigneten Mittel und Einrichtungen erhalten, um ihre umfassende Entwicklung weiter vorantragen zu können.

Artikel 5

Die Staaten ergreifen energische Maßnahmen, um die massiven und flagranten Verletzungen der Menschenrechte von Völkern und Menschen zu beseitigen, die von Situationen betroffen sind, wie sie durch Apartheid, alle Formen des Rassismus und der rassischen Diskriminierung , Kolonialismus, Fremdherrschaft und ausländische Besetzung, Aggression, fremde Einmischung und Bedrohungen der nationalen Souveränität, nationalen Einheit und territorialen Integrität, Kriegsdrohungen sowie die Weigerung, das Grundrecht der Völker auf Selbstbestimmung anzuerkennen, verursacht werden.

Artikel 6

(1) Alle Staaten sollten mit dem Ziel zusammenarbeiten, die universale Achtung und Wahrung aller Menschenrechte und Grundfreiheiten für alle ohne jeden Unterschied der Rasse, des Geschlechts, der Sprache oder der Religion zu fördern, zu unterstützen und zu festigen.

(2) Alle Menschenrechte und Grundfreiheiten sind unteilbar und interdepentant, der Realisierung, der Förderung und dem Schutz der bürgerlichen, politischen, wirtschaftlichen, sozialen und kulturellen Rechte sollten gleiche Aufmerksamkeit und dringliche Beachtung geschenkt werden.

(3) Die Staaten sollten Maßnahmen zur Beseitigung von Entwicklungshindernissen ergreifen, die sich aus der Nichtbeachtung bürgerlicher und politischer sowie wirtschaftlicher, sozialer und kultureller Rechte ergeben.

Artikel 7

Alle Staaten sollten sich für die Schaffung, Wahrung und Festigung des Weltfriedens und der internationalen Sicherheit einsetzen und zu diesem Zweck alles in ihren Kräften Stehende tun, um eine allgemeine und vollständige Abrüstung unter wirksamer internationaler Kontrolle herbeizuführen und um sicherzustellen, daß die durch effektive Abrüstungsmaßnahmen freigesetzten Ressourcen für eine umfassende Entwicklung, insbesondere der Entwicklungsländer, verwendet werden.

Artikel 8

(1) Die Staaten sollten auf nationaler Ebene alles Erforderliche zur Verwirklichung des Rechts auf Entwicklung tun und gewährleisten unter anderem die Chancengleichheit für alle beim Zugang zu Grundressourcen, Erziehung, Gesundheitsdiensten, Nahrung, Unterkunft, Arbeit und einer gerechten Einkommensverteilung. Durch wirksame Maßnahmen sollte sichergestellt werden, daß Frauen im Entwicklungsprozeß eine aktive Rolle spielen. Es sollten geeignete wirtschaftliche und soziale Reformen mit dem Ziel vorgenommen werden, alle sozialen Ungerechtigkeiten auszumerzen.

(2) Die Staaten sollten die Mitwirkung der Bevölkerung an allen Bereichen als eine wichtige Voraussetzung für die Entwicklung und die volle Verwirklichung aller Menschenrechte fördern.

Artikel 9

(1) Alle in dieser Erklärung niedergelegten Aspekte des Rechts auf Entwicklung sind unteilbar und interdependent und sollten jeweils im Gesamtzusammenhang gesehen werden.

(2) Keine Bestimmung dieser Erklärung ist dahingehend auszulegen, daß sie im Widerspruch zu den Zielen und Grundsätzen der Vereinten Nationen stehe, beziehungsweise daß sich daraus das Recht eines Staates, einer Gruppe oder einer Person ableiten lasse, eine Tätigkeit auszuüben oder eine Handlung vorzunehmen, die auf die Verletzung der in der Allgemeinen Erklärung der Menschenrechte und in den internationalen Menschenrechtspakten festgelegten Rechte abzielt.

Artikel 10

Durch geeignete Maßnahmen sollte für die volle Ausübung und den fortschreitenden Ausbau des Rechts auf Entwicklung gesorgt werden, so auch durch die Formulierung, Verabschiedung und Implementierung politischer, gesetzgeberischer und sonstiger Maßnahmen auf nationaler und internationaler Ebene.

18. Erklärung über die Rechte von Angehörigen nationaler oder ethnischer, religiöser und sprachlicher Minderheiten

18. Dezember 1992
Resolution 47 / 135 der Generalversammlung der Vereinten Nationen

Die Generalversammlung,
erneut erklärend, daß eines der Hauptziele der Vereinten Nationen, das in der Charta verkündet wird, darin besteht, eine internationale Zusammenarbeit herbeizuführen, um die Achtung vor den Menschenrechten und Grundfreiheiten für alle, ohne Unterschied nach Rasse, Geschlecht, Sprache oder Religion, zu fördern und zu festigen,
in Anbetracht der Wichtigkeit einer noch wirksameren Umsetzung der internationalen Rechtsakte auf dem Gebiet der Menschenrechte, was die Rechte von Personen betrifft, die nationalen oder ethnischen, religiösen und sprachlichen Minderheiten angehören,
unter Begrüßung der vermehrten Aufmerksamkeit, welche die Vertragsorgane auf dem Gebiet der Menschenrechte der Nichtdiskriminierung und dem Schutz von Minderheiten widmen,
im Bewußtsein der Bestimmungen des Artikels 27 des Internationalen Paktes über bürgerliche und politische Rechte betreffend die Rechte von Personen, die ethnischen, religiösen oder sprachlichen Minderheiten angehören, in der Erwägung, daß den Vereinten Nationen eine immer wichtigere Rolle beim Schutz von Minderheiten zukommt,
eingedenk der bisher innerhalb des Systems der Vereinten Nationen geleisteten Arbeit, insbesondere seitens der einschlägigen Mechanismen der Menschenrechtskommission und der Unterkommission für die Verhütung von Diskriminierung und den Schutz von Minderheiten, was die Förderung und den Schutz der Rechte von Personen die nationalen oder ethnischen, religiösen und sprachlichen Minderheiten angehören, betrifft,
in Anerkennung der in regionalem, subregionalem und bilateralem Rahmen in dieser Hinsicht erzielten wichtigen Errungenschaften, die künftigen Aktivitäten der Vereinten Nationen einen nützlichen Ansporn geben können,
unter Betonung der Notwendigkeit, allen ohne Diskriminierung irgendeiner Art den vollen Genuß und die uneingeschränkte Ausübung der Menschenrechte und Grundfreihei-

ten zu gewährleisten, und unter Hervorhebung der Wichtigkeit, die dem Entwurf der Erklärung über die Rechte von Personen, die nationalen oder ethnischen, religiösen und sprachlichen Minderheiten angehören, in dieser Hinsicht zukommt,
unter Hinweis auf ihre Resolution 1992/16 der Menschenrechtskommission vom 21. Februar 1992, mit der die Kommission den Entwurf der Erklärung über die Rechte von Personen, die nationalen oder ethnischen, religiösen und sprachlichen Minderheiten angehören, gebilligt hat, sowie die Resolution 1992/4 des Wirtschafts- und Sozialrats vom 20. Juli 1992, in der der Rat den Erklärungsentwurf der Generalversammlung zur Verabschiedung und Veranlassung weiterer Maßnahmen empfohlen hat,
nach Behandlung der Mitteilung des Generalsekretärs,

1. verabschiedet die Erklärung über die Rechte von Personen, die nationalen und ethnischen, religiösen und sprachlichen Minderheiten angehören, deren Wortlaut dieser Resolution als Anlage beigefügt ist;
2. ersucht den Generalsekretär, für die möglichst weite Verbreitung der Erklärung zu sorgen und ihren Wortlaut in die nächste Auflage der Veröffentlichung „Human Rights: A Compilation of International Instruments" aufzunehmen;
3. bittet die Organe und Organisationen der Vereinten Nationen sowie die zwischenstaatlichen und nichtstaatlichen Organisationen, verstärkte Anstrengungen zu unternehmen, um Informationen über die Erklärung zu verbreiten und zum besseren Verständnis der Erklärung beizutragen;
4. bittet die einschlägigen Organe und Gremien der Vereinten Nationen, einschließlich der Vertragsorgane, sowie die Vertreter der Menschenrechtskommission und der Unterkommission für die Verhütung von Diskriminierung und den Schutz von Minderheiten, der Erklärung im Rahmen ihres Auftrags gebührende Beachtung zu schenken;
5. ersucht den Generalsekretär, geeignete Wege zur wirksamen Förderung der Erklärung zu prüfen und diesbezügliche Vorschläge abzugeben;
6. ersucht den Generalsekretär außerdem, der Generalversammlung auf ihrer achtundvierzigsten Tagung unter dem Tagesordnungspunkt „Menschenrechtsfragen" über die Durchführung dieser Resolution Bericht zu erstatten.

Abstimmungsergebnis: Ohne förmliche Abstimmung angenommen.

Anlage

Erklärung über die Rechte von Personen, die nationalen oder ethnischen, religiösen und sprachlichen Minderheiten angehören

Die Generalversammlung,
erneut erklärend, daß eines der grundlegenden Ziele der Vereinten Nationen, das in der Charta verkündigt wird, darin besteht, die Achtung vor den Menschenrechten und Grundfreiheiten für alle, ohne Unterschied nach Rasse, Geschlecht, Sprache oder Religion, zu fördern und zu festigen,
in Bekräftigung des Glaubens an die grundlegenden Menschenrechte, an die Würde

und den Wert der menschlichen Person, an die Gleichberechtigung von Mann und Frau sowie von großen und kleinen Nationen,

in dem Wunsche, die Verwirklichung der Grundsätze zu fördern, die in der Charta, der Allgemeinen Erklärung der Menschenrechte, der Konvention über die Verhütung und Bestrafung des Völkermordes, dem Internationalen Übereinkommen über die Beseitigung aller Formen rassischer Diskriminierung, dem Internationalen Pakt über bürgerliche und politische Rechte, dem Internationalen Pakt über wirtschaftliche, soziale und kulturelle Rechte, der Erklärung über die Beseitigung aller Formen von Intoleranz und Diskriminierung auf Grund der Religion oder der Überzeugung und der Konvention über die Rechte des Kindes sowie in anderen einschlägigen internationalen Rechtsakten, die auf weltweiter oder regionaler Ebene verabschiedet wurden, sowie in Abkommen zwischen einzelnen Mitgliedstaaten der Vereinten Nationen enthalten sind,

geleitet von den Bestimmungen des Artikels 27 des Internationalen Paktes über bürgerliche und politische Rechte betreffend die Rechte von Personen, die ethnischen, religiösen oder sprachlichen Minderheiten angehören,

in der Erwägung, daß die Förderung und der Schutz der Rechte von Personen, die nationalen oder ethnischen, religiösen und sprachlichen Minderheiten angehören, zur politischen und sozialen Stabilität der Staaten beitragen, in denen sie leben,

betonend, daß die ständige Förderung und Verwirklichung der Rechte von Personen, die nationalen oder ethnischen, religiösen und sprachlichen Minderheiten angehören, als ein integrierender Bestandteil der Entfaltung der Gesellschaft als Ganzes und innerhalb eines auf Rechtsstaatlichkeit beruhenden demokratischen Rahmens, zur Stärkung der Freundschaft und der Zusammenarbeit zwischen den Völkern und Staaten beitragen würde,

in der Erwägung, daß den Vereinten Nationen eine wichtige Rolle beim Schutz von Minderheiten zukommt,

eingedenk der bisher innerhalb des Systems der Vereinten Nationen geleisteten Arbeit, insbesondere seitens der Menschenrechtskommission, der Unterkommission für die Verhütung von Diskriminierung und den Schutz von Minderheiten sowie der Organe, die gemäß den internationalen Menschenrechtspakten und anderen einschlägigen internationalen Menschenrechtsübereinkünften zur Förderung und zum Schutz der Rechte von Personen, die nationalen oder ethnischen, religiösen und sprachlichen Minderheiten angehören, geschaffen wurden,

unter Berücksichtigung der wichtigen Arbeit, die von den zwischenstaatlichen und nichtstaatlichen Organisationen im Hinblick auf den Schutz von Minderheiten und die Förderung und den Schutz der Rechte von Personen, die nationalen oder ethnischen, religiösen und sprachlichen Minderheiten angehören, geleistet wird,

in Anerkennung der Notwendigkeit, eine noch wirksamere Umsetzung der internationalen Rechtsakte auf dem Gebiet der Menschenrechte sicherzustellen, was die Rechte von Personen betrifft, die nationalen oder ethnischen, religiösen und sprachlichen Minderheiten angehören,

verkündet diese Erklärung über die Rechte von Personen, die nationalen oder ethnischen, religiösen und sprachlichen Minderheiten angehören:

Artikel 1

(1) Die Staaten schützen die Existenz und die nationale oder ethnische, kulturelle, religiöse und sprachliche Identität der Minderheiten in ihrem Hoheitsgebiet und begünstigen die Schaffung von Bedingungen für die Förderung dieser Identität.

(2) Die Staaten treffen geeignete Gesetzgebungs- und sonstige Maßnahmen zur Erreichung dieser Ziele.

Artikel 2

(1) Personen, die nationalen oder ethnischen, religiösen und sprachlichen Minderheiten angehören (im folgenden als „Angehörige von Minderheiten" bezeichnet), haben das Recht, ihr eigenes kulturelles Leben zu pflegen, ihre eigene Religion zu bekennen und auszuüben und sich ihrer eigenen Sprache zu bedienen, privat und in der Öffentlichkeit, frei und ohne Einmischung oder Diskriminierung jeglicher Art.

(2) Angehörige von Minderheiten haben das Recht auf volle Teilnahme am kulturellen, religiösen, sozialen, wirtschaftlichen und öffentlichen Leben.

(3) Angehörige von Minderheiten haben das Recht auf wirksame Beteiligung an den auf nationaler und gegebenenfalls regionaler Ebene getroffenen Entscheidungen, welche die Minderheit betreffen, der sie angehören, oder die Regionen, in denen sie leben, in einer Art und Weise, die mit den Rechtsvorschriften ihres Landes nicht unvereinbar ist.

(4) Angehörige von Minderheiten haben das Recht, eigene Vereinigungen zu gründen und zu unterhalten.

(5) Angehörige von Minderheiten haben das Recht, ohne jegliche Diskriminierung freie und friedliche Kontakte mit anderen Mitgliedern ihrer Gruppe und mit Angehörigen anderer Minderheiten herzustellen und zu pflegen, sowie Kontakte über die Grenzen hinweg mit Bürgern anderer Staaten, mit denen sie nationale oder ethnische, religiöse oder sprachliche Gemeinsamkeiten verbinden.

Artikel 3

(1) Angehörige von Minderheiten können ihre Rechte, einschließlich der in dieser Erklärung niedergelegten Rechte, einzeln sowie in Gemeinschaft mit anderen Mitgliedern ihrer Gruppe ohne jegliche Diskriminierung ausüben.

(2) Angehörigen von Minderheiten darf aus der Ausübung oder Nichtausübung der in der Erklärung niedergelegten Rechte kein Nachteil erwachsen.

Artikel 4

(1) Die Staaten ergreifen erforderlichenfalls Maßnahmen, um zu gewährleisten, daß Angehörige von Minderheiten alle ihre Menschenrechte und Grundfreiheiten ohne jegliche Diskriminierung und in voller Gleichheit vor dem Gesetz voll und wirksam ausüben können.

(2) Die Staaten ergreifen Maßnahmen zur Schaffung günstiger Bedingungen, die es Angehörigen von Minderheiten gestatten, ihre Wesensart zum Ausdruck zu bringen und ihre Kultur, Sprache, Religion, Traditionen und Gebräuche zu entwickeln, es sei denn, daß einzelne Praktiken gegen das innerstaatliche Recht verstoßen und im Widerspruch zu den internationalen Normen stehen.

(3) Die Staaten sollen geeignete Maßnahmen ergreifen, damit Angehörigen von Minderheiten, soweit möglich, angemessene Möglichkeiten geboten werden, ihre Muttersprache zu erlernen oder Unterricht in ihrer Muttersprache zu erhalten.

(4) Die Staaten sollen, soweit angezeigt, Maßnahmen im Bereich des Bildungswesens ergreifen, um die Kenntnis der Geschichte, der Traditionen, der Sprache und der Kultur der in ihrem Hoheitsgebiet lebenden Minderheiten zu fördern. Angehörigen von Minderheiten sollen angemessene Möglichkeiten geboten werden, Kenntnisse über die Gesellschaft als Ganzes zu erwerben.

(5) Die Staaten sollen geeignete Maßnahmen erwägen, damit Angehörige von Minderheiten voll am wirtschaftlichen Fortschritt und an der wirtschaftlichen Entwicklung in ihrem Lande teilhaben können.

Artikel 5

(1) Bei der Planung und Durchführung innerstaatlicher Politiken und Programme sind die legitimen Interessen der Angehörigen von Minderheiten gebührend zu berücksichtigen.

(2) Bei der Planung und Durchführung zwischenstaatlicher Kooperations- und Hilfsprogramme sollen die legitimen Interessen der Angehörigen von Minderheiten gebührend berücksichtigt werden.

Artikel 6

Die Staaten sollen in Fragen, die Angehörige von Minderheiten betreffen, zusammenarbeiten, unter anderem durch den Austausch von Informationen und Erfahrungen, um so das gegenseitige Verständnis und Vertrauen zu fördern.

Artikel 7

Die Staaten sollen zusammenarbeiten, um die Achtung der in dieser Erklärung niedergelegten Rechte zu fördern.

Artikel 8

(1) Diese Erklärung hindert die Staaten nicht an der Erfüllung ihrer internationalen Verpflichtungen in bezug auf Angehörige von Minderheiten. Insbesondere erfüllen die Staaten nach Treu und Glauben die Pflichten und Verpflichtungen, die sie auf Grund der internationalen Verträge und Übereinkommen, deren Vertragspartei sie sind, auf sich genommen haben beziehungsweise eingegangen sind.

(2) Die Ausübung der in dieser Erklärung niedergelegten Rechte beeinträchtigt nicht den Genuß der universell anerkannten Menschenrechte und Grundfreiheiten durch alle Menschen.

(3) Die Maßnahmen, welche die Staaten ergreifen, um den tatsächlichen Genuß der in dieser Erklärung niedergelegten Rechte zu gewährleisten, dürfen nicht von vornherein als im Widerspruch zu dem in der Allgemeinen Erklärung der Menschenrechte enthaltenen Gleichheitsgrundsatz stehend angesehen werden.

(4) Diese Erklärung ist nicht so auszulegen, als gestatte sie eine Tätigkeit, die im Widerspruch zu den Zielen und Grundsätzen der Vereinten Nationen steht, einschließlich der souveränen Gleichheit, der territorialen Unversehrtheit und der politischen Unabhängigkeit der Staaten.

Artikel 9

Die Sonderorganisationen und anderen Organisationen des Systems der Vereinten Nationen tragen in ihrem jeweiligen Zuständigkeitsbereich zur vollen Verwirklichung der in dieser Erklärung niedergelegten Rechte und Grundsätze bei.

19. Allgemeine Erklärung zur kulturellen Vielfalt (UNESCO)

2001

Die UNESCO-Generalkonferenz,

Steht zur Verpflichtung, die Menschenrechte und Grundfreiheiten in vollem Umfang zu verwirklichen, wie sie in der Allgemeinen Erklärung der Menschenrechte und anderen weltweit gültigen Vereinbarungen verankert sind – wie die beiden internationalen Menschenrechts-Pakte von 1966 über bürgerliche und politische sowie wirtschaftliche, soziale und kulturelle Rechte;

Erinnert daran, dass die Präambel der Verfassung der UNESCO bekräftigt, „dass die weite Verbreitung von Kultur und die Erziehung zu Gerechtigkeit, Freiheit und Frieden für die Würde des Menschen unerlässlich und für alle Völker eine heilige Verpflichtung sind, die im Geiste gegenseitiger Hilfsbereitschaft und Anteilnahme erfüllt werden muss";

Erinnert darüber hinaus an Artikel 1 der Verfassung, in dem der UNESCO u.a. die Aufgabe übertragen wird, „internationale Vereinbarungen zu empfehlen, die den freien Austausch von Ideen durch Wort und Bild erleichtern";

Nimmt Bezug auf die Bestimmungen zur kulturellen Vielfalt und zur Ausübung kultureller Rechte, die in den internationalen Vereinbarungen im Rahmen der UNESCO aufgeführt werden;

Bekräftigt, dass Kultur als Gesamtheit der unverwechselbaren geistigen, materiellen, intellektuellen und emotionalen Eigenschaften angesehen werden sollte, die eine Gesellschaft oder eine soziale Gruppe kennzeichnen, und dass sie über Kunst und Literatur hinaus auch

Lebensformen, Formen des Zusammenlebens, Wertesysteme, Traditionen und Überzeugungen umfasst;

Stellt fest, dass Kultur im Mittelpunkt aktueller Debatten über Identität, sozialen Zusammenhalt und die wirtschaftliche Entwicklung einer Wissensgesellschaft steht; Bekräftigt, dass Respekt vor der Vielfalt der Kulturen, Toleranz, Dialog und Zusammenarbeit in einem Klima gegenseitigen Vertrauens und Verstehens zu den besten Garanten für internationalen Frieden und Sicherheit gehören;

Strebt eine umfassendere Solidarität auf der Grundlage der Anerkennung kultureller Vielfalt, in dem Bewusstsein der Einheit der Menschheit, und in der Entwicklung interkulturellen Austausches an;

Vertritt die Auffassung, dass der Prozess der Globalisierung, der durch die rasche Entwicklung neuer Informations- und Kommunikationstechnologien erleichtert wird, zwar eine Herausforderung für die kulturelle Vielfalt darstellt, zugleich aber Voraussetzungen für einen neuen Dialog zwischen Kulturen und Zivilisationen schafft;

In dem Bewusstsein des speziellen Mandats, das der UNESCO im System der Vereinten Nationen erteilt wurde, und um die Erhaltung und Förderung der fruchtbaren Vielfalt der Kulturen sicher zu stellen, verkündet die UNESCO-Generalkonferenz die nachstehenden Grundsätze und nimmt die vorliegende Erklärung an:

Identität, Vielfalt und Pluralismus

Artikel 1 – Kulturelle Vielfalt: das gemeinsame Erbe der Menschheit

Im Laufe von Zeit und Raum nimmt die Kultur verschiedene Formen an. Diese Vielfalt spiegelt sich wieder in der Einzigartigkeit und Vielfalt der Identitäten, die die Gruppen und Gesellschaften kennzeichnen, aus denen die Menschheit besteht. Als Quelle des Austauschs, der Erneuerung und der Kreativität ist kulturelle Vielfalt für die Menschheit ebenso wichtig wie die biologische Vielfalt für die Natur. Aus dieser Sicht stellt sie das gemeinsame Erbe der Menschheit dar und sollte zum Nutzen gegenwärtiger und künftiger Generationen anerkannt und bekräftigt werden.

Artikel 2 – Von kultureller Vielfalt zu kulturellem Pluralismus

In unseren zunehmend vielgestaltigen Gesellschaften ist es wichtig, eine harmonische Interaktion und die Bereitschaft zum Zusammenleben von Menschen und Gruppen mit zugleich mehrfachen, vielfältigen und dynamischen kulturellen Identitäten sicher zu stellen. Nur eine Politik der Einbeziehung und Mitwirkung aller Bürger kann den sozialen Zusammenhalt, die Vitalität der Zivilgesellschaft und den Frieden sichern. Ein so definierter kultureller Pluralismus ist die politische Antwort auf die Realität kultureller Vielfalt. Untrennbar vom demokratischen Rahmen führt kultureller Pluralismus zum kulturellen Austausch und zur Entfaltung kreativer Kapazitäten, die das öffentliche Leben nachhaltig beeinflussen.

Artikel 3 – Kulturelle Vielfalt als Entwicklungsfaktor

Kulturelle Vielfalt erweitert die Freiheitsspielräume jedes Einzelnen; sie ist eine der Wurzeln von Entwicklung, wobei diese nicht allein im Sinne des wirtschaftlichen Wachstums gefasst werden darf, sondern als Weg zu einer erfüllteren intellektuellen, emotionalen, moralischen und geistigen Existenz.

Kulturelle Vielfalt und Menschenrechte

Artikel 4 – Menschenrechte als Garantien für kulturelle Vielfalt

Die Verteidigung kultureller Vielfalt ist ein ethischer Imperativ, der untrennbar mit der Achtung der Menschenwürde verknüpft ist. Sie erfordert die Verpflichtung auf Achtung der Menschenrechte und Grundfreiheiten, insbesondere der Rechte von Personen, die Minderheiten oder indigenen Volksgruppen angehören. Niemand darf unter Berufung auf die kulturelle Vielfalt die Menschenrechte und Grundfreiheiten verletzen, wie sie in allgemein anerkannten internationalen Vereinbarungen festgeschrieben sind, noch ihren Umfang einschränken.

Artikel 5 – Kulturelle Rechte zur Schaffung eines Umfeldes für kulturelle Vielfalt

Kulturelle Rechte sind integraler Bestandteil der Menschenrechte, die universell gültig, unteilbar und aufeinander bezogen sind. Die Entwicklung kreativer Vielfalt erfordert die vollständige Umsetzung der kulturellen Rechte, die in Artikel 27 der Allgemeinen Erklärung der Menschenrechte und in den Artikeln 13 und 15 des Internationalen Paktes über wirtschaftliche, soziale und kulturelle Rechte aufgeführt werden. Deshalb sollte jeder die Möglichkeit haben, sich selbst in der Sprache seiner Wahl auszudrücken und seine Arbeiten zu erstellen und zu verbreiten, insbesondere in seiner Muttersprache; jeder hat Anspruch auf eine qualitativ hochwertige Bildung und Ausbildung unter voller Achtung seiner kulturellen Identität; jeder sollte sich am kulturellen Leben beteiligen und unter Achtung der Menschenrechte und Grundrechte Anderer seine eigenen kulturellen Praktiken ausüben können.

Artikel 6 – Für einen Zugang Aller zur kulturellen Vielfalt

Während der freie Fluss von Ideen in Wort und Bild garantiert werden sollte, sollte gleichzeitig sichergestellt werden, dass alle Kulturen sich ausdrücken und bekannt machen können. Meinungsfreiheit, Medienpluralismus, Mehrsprachigkeit, gleicher Zugang zu Kunst und wissenschaftlichen und technologischen Kenntnissen, auch in digitaler Form, und die Zugangsmöglichkeiten aller Kulturen zu den Ausdrucks- und Verbreitungsmitteln sind Garanten kultureller Vielfalt.

Kulturelle Vielfalt und Kreativität

Artikel 7 – Kulturelles Erbe als Quelle der Kreativität

Kreativität ergibt sich aus den Wurzeln kultureller Tradition, aber sie kann sich nur im Kontakt mit anderen Kulturen entfalten. Aus diesem Grunde muss das Kulturerbe in all seinen Formen erhalten, gefördert und als Zeugnis menschlicher Erfahrung und menschlichen Strebens an künftige Generationen weitergegeben werden, um die Kreativität in ihrer gesamten Vielfalt zu fördern und einen wahrhaften interkulturellen Dialog anzuregen.

Artikel 8 – Kulturgüter und kulturelle Dienstleistungen: einzigartige Güter

Angesichts des aktuellen wirtschaftlichen und technologischen Wandels, der umfassende Möglichkeiten für Kreation und Innovation eröffnet, muss der Vielfalt des Angebots an kreativer Arbeit besondere Aufmerksamkeit gewidmet werden, gleichzeitig müssen auch die Urheberrechte von Autoren und Künstlern sowie die Besonderheit kultureller Güter und Dienstleistungen anerkannt werden, die als Träger von Identitäten, Wertvorstellungen und Sinn nicht als einfache Waren oder Konsumgüter betrachtet werden können.

Artikel 9 – Kulturpolitik als Katalysator der Kreativität

Kulturpolitik muss, ohne den freien Fluss von Ideen und Arbeiten zu behindern, Bedingungen schaffen, die die Produktion und die Verbreitung von unterschiedlichen Kulturgütern und kulturellen Dienstleistungen durch Kulturindustrien fördern, die über die Mittel verfügen, sich auf lokaler und globaler Ebene zu behaupten. Es obliegt jedem Staat selbst, unter Berücksichtigung seiner internationalen Verpflichtungen, seine Kulturpolitik zu definieren und sie durch Maßnahmen umzusetzen, die ihm dafür sinnvoll erscheinen, sei es durch operationelle Unterstützung oder entsprechende geeignete Regelungen.

Kulturelle Vielfalt und internationale Solidarität

Artikel 10 – Weltweiter Ausbau der Kapazitäten für kulturelles Schaffen und Austausch

Angesichts des gegenwärtigen Ungleichgewichts im Transfer und im Austausch von kulturellen Gütern und Dienstleistungen auf globaler Ebene ist es notwendig, die internationale Zusammenarbeit und Solidarität zu verstärken. Dadurch sollen alle Länder, insbesondere die Entwicklungsländer und Schwellenländer, die Möglichkeit erhalten, aus: Kulturindustrien zu entwickeln, die auf nationaler und internationaler Ebene lebens- und wettbewerbsfähig sind.

Artikel 11 – Aufbau von Partnerschaften zwischen dem öffentlichen Sektor, dem privaten Sektor und der Zivilgesellschaft

Die Marktkräfte allein können die Erhaltung und Förderung der kulturellen Vielfalt, die den Schlüssel zu einer nachhaltigen menschlichen Entwicklung darstellt, nicht gewährleisten. Daher muss der Vorrang der öffentlichen Politik, in Partnerschaft mit dem privaten Sektor und der Zivilgesellschaft, bekräftigt werden.

Artikel 12 – Die Rolle der UNESCO

Der UNESCO fällt aufgrund ihres Mandats und ihrer Aufgaben die Verantwortung zu:
a. sich für eine verstärkte Einbeziehung der Grundsätze der vorliegenden Erklärung in die Entwicklungsstrategien, die in den verschiedenen zwischenstaatlichen Organisationen entwickelt werden, einzusetzen;

b. als Referenzstelle und Forum zu dienen, in dem Staaten, internationale, staatliche und nichtstaatliche Organisationen, die Zivilgesellschaft und der private Sektor gemeinsam Konzepte, Zielsetzungen und Politiken zur Förderung der kulturellen Vielfalt ausarbeiten können;

c. ihre Aktivitäten im Bereich der Normenbildung, der Bewusstseinsbildung und der Unterstützung bei der Entwicklung institutioneller Ressourcen in den Bereichen fortzusetzen, die sich im Rahmen ihrer Zuständigkeit auf die vorliegende Erklärung beziehen;

d. bei der Umsetzung des Aktionsplans mitzuwirken, der der vorliegenden Erklärung angehängt ist.

Leitlinien für einen Aktionsplan zur Umsetzung der Erklärung der UNESCO über kulturelle Vielfalt

Die Mitgliedstaaten verpflichten sich, geeignete Maßnahmen einzuleiten, um die „Allgemeine Erklärung der UNESCO zur kulturellen Vielfalt" umfassend zu verbreiten, insbesondere durch Zusammenarbeit zur Erreichung der nachstehend aufgeführten Zielsetzungen:

1. Vertiefung der internationalen Debatte über Fragen zur kulturellen Vielfalt, insbesondere im Hinblick auf ihre Verbindungen zur Entwicklung und ihre Auswirkungen auf die politische Entscheidungsfindung sowohl auf nationaler als auf internationaler Ebene; besonders Befassung mit der Zweckmäßigkeit eines internationalen juristischen Instruments zur kulturellen Vielfalt;

2. Fortführung der Definition von Grundsätzen, Standards und Praktiken auf nationaler und internationaler Ebene, sowie von Möglichkeiten zur Bewusstseinsbildung und Formen der Kooperation, die zur Bewahrung und Förderung kultureller Vielfalt führen.

3. Förderung des Austauschs von Wissen und „best practices" im Hinblick auf kulturellen Pluralismus, um in diversifizierten Gesellschaften die Einbeziehung und Mitwirkung von Personen und Gruppen mit vielfältigem kulturellen Hintergrund zu erleichtern.

4. Erzielung von weiteren Fortschritten im Verständnis und der inhaltlichen Klärung von kulturellen Rechten als integraler Bestandteil der Menschenrechte.

5. Erhaltung des sprachlichen Kulturerbes der Menschheit und Unterstützung der Ausdrucksformen, des Schaffens und der Verbreitung in einer höchstmöglichen Anzahl von Sprachen.

6. Förderung der sprachlichen Vielfalt – bei Respektierung der Muttersprache – auf allen Bildungsebenen, wenn immer dies möglich ist, und Förderung des Erlernens von verschiedenen Sprachen vom frühesten Kindesalter an.

7. Förderung eines Bewusstseins für den positiven Wert kultureller Vielfalt durch Bildung und Verbesserung des Curriculums und der Lehrerbildung zu diesem Ziel.

8. Einbeziehung traditioneller pädagogischer Ansätze in den Bildungsprozess, wenn immer dies möglich ist, um kulturell geeignete Methoden der Kommunikation und der Wissensvermittlung zu bewahren und vollständig auszuschöpfen.

9. Förderung der „digitalen Alphabetisierung" und Sicherstellung einer besseren Beherrschung der neuen Informations- und Kommunikationstechnologien, die sowohl als Fachdisziplin, als auch als pädagogische Hilfsmittel angesehen werden sollten, durch die die Effizienz der Bildungsdienstleistungen verbessert werden kann.

10. Förderung der sprachlichen Vielfalt im Cyberspace und Förderung des freien allgemeinen Zugangs zu allen Informationen im öffentlichen Bereich über das globale Netzwerk.

11. Überbrückung der digitalen Kluft in Zusammenarbeit mit den entsprechenden Organisationen der Vereinten Nationen, durch Förderung des Zugangs der Entwicklungsländer zu neuen Technologien, indem ihnen geholfen wird, die Informationstechnologien zu beherrschen und die digitale Verbreitung von endogenen Kulturprodukten erleichtert wird, sowie Zugang dieser Länder zu den digitalen pädagogischen, kulturellen und wissenschaftlichen Ressourcen, die weltweit zur Verfügung stehen.

12. Förderung der Produktion, Erhaltung, Verbreitung von vielfältigen Inhalten in Medien und in globalen Informationsnetzwerken, d.h. Förderung der Rolle von öffentlichen Funk- und Fernsehdienstleistungen bei der Entwicklung von qualitativ hochwertigen audiovisuellen Produktionen, insbesondere durch Förderung der Entwicklung von Kooperationsmechanismen, die ihre Verbreitung erleichtern sollen.

13. Formulierung von Politiken zur Bewahrung und Förderung des Kultur- und Naturerbes, insbesondere in seinen mündlichen und immateriellen Ausdrucksformen, und zur Bekämpfung des illegalen Handels mit kulturellen Gütern und Dienstleistungen.

14. Achtung und Schutz traditioneller Kenntnisse, insbesondere derjenigen indigener Volksgruppen, Anerkennung des Beitrags traditioneller Kenntnisse, insbesondere im Hinblick auf Umweltschutz und das Management natürlicher Ressourcen sowie die Förderung der Synergien zwischen modernen Wissenschaften und lokalem Wissen.

15. Förderung der Mobilität von Kulturschaffenden, Künstlern, Forschern, Wissenschaftlern und Intellektuellen und Entwicklung von internationalen Forschungsprogrammen und Partnerschaften sowie gleichzeitiges Streben nach Erhaltung der kreativen Kapazität von Entwicklungsländern und Schwellenländern.

16. Sicherstellung des Schutzes des Urheberrechts und benachbarter Rechte im Interesse der Entwicklung der zeitgenössischen Kreativität und gerechte Bezahlung kreativer Arbeit; gleichzeitig sollte das öffentliche Recht auf Zugang zu Kultur in Übereinstimmung mit Art. 27 der Allgemeinen Erklärung der Menschenrechte sichergestellt werden.

17. Unterstützung bei der Schaffung oder der Konsolidierung von Kulturindustrien in den Entwicklungsländern und Schwellenländern, Zusammenarbeit bei der Entwicklung der notwendigen Infrastrukturen und Fähigkeiten, Förderung des Entstehens von tragfähigen lokalen Märkten und Erleichterung des Zugangs von Kulturprodukten dieser Staaten zu globalen Märkten und internationalen Verbreitungsnetzwerken.

18. Entwicklung von Kulturpolitiken unter Einbeziehung operationaler Unterstützungsvereinbarungen und/oder geeigneter regulatorischer Rahmenwerke, durch die die

Grundsätze, die in dieser Erklärung aufgeführt werden, gefördert werden, in Übereinstimmung mit den internationalen Verpflichtungen, die jedem Staat obliegen.

19. Enge Beteiligung der Zivilgesellschaft an der Gestaltung von öffentlichen politischen Maßnahmen zur Bewahrung und Förderung der kulturellen Vielfalt.

20. Anerkennung und Förderung des Beitrags des privaten Sektors zur Förderung der kulturellen Vielfalt und zu diesem Zweck Erleichterung der Einrichtung von Foren für den Dialog zwischen dem öffentlichen und privaten Sektor. Die Mitgliedstaaten empfehlen, dass der Generaldirektor diesen Aktionsplan bei der Umsetzung der UNESCO-Programme berücksichtigt und ihn an Institutionen des Systems der Vereinten Nationen und andere betroffene zwischenstaatliche und nichtstaatliche Organisationen weiterleitet, um die Synergie von Aktionen zugunsten der kulturellen Vielfalt zu fördern.

20. Genfer Flüchtlingskonvention

1954

(BGB. II S. 559)

Präambel

Die hohen vertragschließenden Teile
in der Erwägung, dass die Satzung der Vereinten Nationen und die am 10. Dezember
1948 von der Generalversammlung angenommene Allgemeine Erklärung der Menschenrechte den Grundsatz bestätigt haben, dass die Menschen ohne Unterschied die Menschenrechte und Grundfreiheiten genießen sollen,

in der Erwägung, dass die Organisation der Vereinten Nationen wiederholt die tiefe
Verantwortung zum Ausdruck gebracht hat, die sie für die Flüchtlinge empfindet, und
sich bemüht hat, diesen in möglichst großem Umfange die Ausübung der Menschenrechte und der Grundfreiheiten zu sichern,

in der Erwägung, dass es wünschenswert ist, frühere internationale Vereinbarungen
über die Rechtsstellung der Flüchtlinge zu revidieren und zusammenzufassen und den
Anwendungsbereich dieser Regelungen sowie den dadurch gewährleisteten Schutz
durch eine neue Vereinbarung zu erweitern,

in der Erwägung, dass sich aus der Gewährung des Asylrechts nicht zumutbare schwere Belastungen für einzelne Länder ergeben können und dass eine befriedigende Lösung des Problems, dessen internationalen Umfang und Charakter die Organisation der
Vereinten Nationen anerkannt hat, ohne internationale Zusammenarbeit unter diesen
Umständen nicht erreicht werden kann,

in dem Wunsche, dass alle Staaten in Anerkennung des sozialen und humanitären
Charakters des Flüchtlingsproblems alles in ihrer Macht Stehende tun, um zu vermeiden, dass dieses Problem zwischenstaatliche Spannungen verursacht,

in Anerkenntnis dessen, dass dem Hohen Kommissar der Vereinten Nationen für
Flüchtlinge die Aufgabe obliegt, die Durchführung der internationalen Abkommen zum
Schutz der Flüchtlinge zu überwachen, und dass eine wirksame Koordinierung der zur
Lösung dieses Problems getroffenen Maßnahmen von der Zusammenarbeit der Staaten
mit dem Hohem Kommissar abhängen wird,

haben Folgendes vereinbart:

Kapitel I – Allgemeine Bestimmungen

Artikel 1

Definition des Begriffs „Flüchtling"

A.

Im Sinne dieses Abkommens findet der Ausdruck „Flüchtling" auf jede Person Anwendung:

1. Die in Anwendung der Vereinbarungen vom 12. Mai 1926 und 30. Juni 1928 oder in Anwendung der Abkommen vom 28. Oktober 1933 und 10. Februar 1938 und des Protokolls vom 14. September 1939 oder in Anwendung der Verfassung der Internationalen Flüchtlingsorganisation als Flüchtling gilt.

   Die von der internationalen Flüchtlingsorganisation während der Dauer ihrer Tätigkeit getroffenen Entscheidungen darüber, dass jemand nicht als Flüchtling im Sinne ihres Statuts anzusehen ist, stehen dem Umstand nicht entgegen, dass die Flüchtlingseigenschaft Personen zuerkannt wird, die die Voraussetzungen der Ziffer 2 dieses Artikels erfüllen;

2. die infolge von Ereignissen, die vor dem 1. Januar 1951 eingetreten sind, und aus der begründeten Furcht vor Verfolgung wegen ihrer Rasse, Religion, Nationalität, Zugehörigkeit zu einer bestimmten sozialen Gruppe oder wegen ihrer politischen Überzeugung sich außerhalb des Landes befindet, dessen Staatsangehörigkeit sie besitzt, und den Schutz dieses Landes nicht in Anspruch nehmen kann oder wegen dieser Befürchtungen nicht in Anspruch nehmen will; oder die sich als staatenlose infolge solcher Ereignisse außerhalb des Landes befindet, in welchem sie ihren gewöhnlichen Aufenthalt hatte, und nicht dorthin zurückkehren kann oder wegen der erwähnten Befürchtungen nicht dorthin zurückkehren will.

   Für den Fall, dass eine Person mehr als eine Staatsangehörigkeit hat, bezieht sich der Ausdruck „das Land, dessen Staatsangehörigkeit sie besitzt" auf jedes der Länder, dessen Staatsangehörigkeit diese Person hat. Als des Schutzes des Landes, dessen Staatsangehörigkeit sie hat, beraubt, gilt nicht eine Person, die ohne einen stichhaltigen, auf eine begründete Befürchtung gestützten Grund den Schutz eines der Länder nicht in Anspruch genommen hat, deren Staatsangehörigkeit sie besitzt.

B.

1. Im Sinne dieses Abkommens können die im Artikel 1 Abschnitt A enthaltenen Worte „Ereignisse, die vor dem 1. Januar 1951 eingetreten sind" in dem Sinne verstanden werden, dass es sich entweder um

a) „Ereignisse, die vor dem 1. Januar 1951 in Europa eingetreten sind" – oder

b) „Ereignisse, die vor dem 1. Januar 1951 in Europa oder anderswo eingetreten sind", handelt. Jeder vertragschließende Staat wird zugleich mit der Unterzeichnung, der Ratifikation oder dem Beitritt eine Erklärung abgeben, welche Bedeutung er diesem Ausdruck vom Standpunkt der von ihm auf Grund dieses Abkommens übernommenen Verpflichtung zu geben beabsichtigt.

2. Jeder vertragschließende Staat, der die Formulierung zu a) angenommen hat, kann jederzeit durch eine an den Generalsekretär der Vereinten Nationen gerichtete Notifikation seine Verpflichtungen durch Annahme der Formulierung b) erweitern.

C.

Eine Person, auf die die Bestimmungen des Absatzes A zutrifft, fällt nicht mehr unter dieses Abkommen,

1. wenn sie sich freiwillig erneut dem Schutz des Landes, dessen Staatsangehörigkeit sie besitzt, unterstellt; oder

2. wenn sie nach dem Verlust ihrer Staatsangehörigkeit diese freiwillig wiedererlangt hat; oder

3. wenn sie eine neue Staatsangehörigkeit erworben hat und den Schutz des Landes, dessen Staatsangehörigkeit sie erworben hat, genießt; oder

4. wenn sie freiwillig in das Land, das sie aus Furcht vor Verfolgung verlassen hat oder außerhalb dessen sie sich befindet, zurückgekehrt ist und sich dort niedergelassen hat; oder

5. wenn sie nach Wegfall der Umstände, auf Grund derer sie als Flüchtling anerkannt worden ist, es nicht mehr ablehnen kann, den Schutz des Landes in Anspruch zu nehmen, dessen Staatsangehörigkeit sie besitzt. Hierbei wird jedoch unterstellt, dass die Bestimmung dieser Ziffer auf keinen Flüchtling im Sinne der Ziffer 1 des Abschnittes A dieses Artikels Anwendung findet, der sich auf zwingende, auf früheren Verfolgungen beruhenden Gründe berufen kann, um die Inanspruchnahme des Schutzes des Landes abzulehnen, dessen Staatsangehörigkeit sie besitzt;

6. wenn es sich um eine Person handelt, die keine Staatsangehörigkeit besitzt, falls sie nach Wegfall der Umstände, auf Grund derer sie als Flüchtling anerkannt worden ist, in der Lage ist, in das Land zurückzukehren, in dem sie ihren gewöhnlichen Wohnsitz hat.

Dabei wird jedoch unterstellt, dass die Bestimmung dieser Ziffer auf keinen Flüchtling im Sinne der Ziffer 1 des Abschnittes A dieses Artikels Anwendung findet, der sich auf zwingende, auf früheren Verfolgungen beruhenden Gründe berufen kann, um die Rückkehr in das Land abzulehnen, in dem er seinen gewöhnlichen Aufenthalt hatte.

D.

Diese zurzeit Abkommen findet keine Anwendung auf Personen, die zur Zeit den Schutz oder Beistand einer Organisation oder einer Institution der Vereinten Nationen mit Ausnahme des Hohen Kommissars der Vereinten Nationen für Flüchtlinge genießen. Ist dieser Schutz oder diese Unterstützung aus irgendeinem Grunde weggefallen, ohne dass das Schicksal dieser Person endgültig gemäß den hierauf bezüglichen Entschließungen der Generalversammlung der Vereinten Nationen geregelt worden ist, so fallen diese Personen ipso facto unter die Bestimmungen dieses Abkommens.

E.

Dieses Abkommen findet keine Anwendung auf eine Person, die von den zuständigen Behörden des Landes, in dem sie ihren Aufenthalt genommen hat, als eine Person anerkannt wird, welche die Rechte und Pflichten hat, die mit dem Besitz der Staatsangehörigkeit dieses Landes verknüpft sind.

F.

Die Bestimmungen dieses Abkommens finden keine Anwendung auf Personen, in Bezug auf die aus schwer wiegenden Gründen die Annahme gerechtfertigt ist,

a) dass sie ein Verbrechen gegen den Frieden, ein Kriegsverbrechen oder ein Verbrechen gegen die Menschlichkeit im Sinne der internationalen Vertragswerke begangen haben, die ausgearbeitet worden sind, um Bestimmungen bezüglich dieser Verbrechen zu treffen;

b) dass sie ein schweres nichtpolitisches Verbrechen außerhalb des Aufnahmelandes begangen haben, bevor sie dort als Flüchtling aufgenommen wurden;

c) dass sie sich Handlungen zu Schulden kommen ließen, die den Zielen und Grundsätzen der Vereinten Nationen zuwiderlaufen.

Artikel 2

Allgemeine Verpflichtungen

Jeder Flüchtling hat gegenüber dem Land, in dem er sich befindet, Pflichten, zu denen insbesondere der Verpflichtung gehört, die Gesetze und sonstigen Rechtsvorschriften sowie die zur Aufrechterhaltung der öffentlichen Ordnung getroffenen Maßnahmen zu beachten.

Artikel 3

Verbot unterschiedlicher Behandlung

Die vertragschließenden Staaten werden die Bestimmungen dieses Abkommens auf Flüchtlinge ohne unterschiedliche Behandlung aus Gründen der Rasse, der Religion oder des Herkunftslandes anwenden.

Artikel 4

Religion

Die vertragschließenden Staaten werden den in ihrem Gebiet befindlichen Flüchtlingen in Bezug auf die Freiheit der Religionsausübung und die Freiheit des Religionsunterrichts ihrer Kinder eine mindestens ebenso günstige Behandlung wie ihren eigenen Staatsangehörigen gewähren.

Artikel 5

Unabhängig von diesem Abkommen gewährte Rechte

Rechte und Vergünstigungen, die unabhängig von diesem Abkommen den Flüchtlingen gewährt werden, bleiben von den Bestimmungen dieses Abkommens unberührt.

Artikel 6

Der Ausdruck „unter den gleichen Umständen"

Im Sinne dieses Abkommens ist der Ausdruck „unter den gleichen Umständen" dahingehend zu verstehen, dass die betreffende Person alle Bedingungen erfüllen muss (einschließlich derjenigen, die sich auf die Dauer und die Bedingungen des vorübergehenden oder des dauernden Aufenthalts beziehen), die sie erfüllen müsste, wenn sie nicht

Flüchtling wäre, um das in Betracht kommende Recht in Anspruch zu nehmen, mit Ausnahme der Bedingungen, die ihrer Natur nach ein Flüchtling nicht erfüllen kann.

Artikel 7

Befreiung von der Gegenseitigkeit

1. Vorbehaltlich der in diesem Abkommen vorgesehenen günstigeren Bestimmungen wird jeder vertragschließende Staat den Flüchtlingen die Behandlung gewähren, die er Ausländern im Allgemeinen gewährt.
2. Nach dreijährigem Aufenthalt werden alle Flüchtlinge in dem Gebiet der vertragschließenden Staaten Befreiung von dem Erfordernis der gesetzlichen Gegenseitigkeit genießen.
3. Jeder vertragschließende Staat wird den Flüchtlingen weiterhin die Rechte und Vergünstigungen gewähren, auf die sie auch bei fehlender Gegenseitigkeit beim Inkrafttreten dieses Abkommens für diesen Staat bereits Anspruch hatten.
4. Die vertragschließenden Staaten werden die Möglichkeit wohl wollend in Erwägung ziehen, bei fehlender Gegenseitigkeit den Flüchtlingen Rechte und Vergünstigungen außer denen, auf die sie nach Ziffer 2 und 3 Anspruch haben, sowie Befreiung von dem Erfordernis der Gegenseitigkeit den Flüchtlingen zu gewähren, welche die Bedingungen von Ziffer 2 und 3 nicht erfüllen.
5. Die Bestimmungen der Ziffern 2 und 3 finden nicht nur auf die in den Artikeln 13, 18, 19, 21 und 22 dieses Abkommens genannten Rechte und Vergünstigungen Anwendung, sondern auch auf die in diesem Abkommen nicht vorgesehenen Rechte und Vergünstigungen.

Artikel 8

Befreiung von außergewöhnlichen Maßnahmen

Außergewöhnliche Maßnahmen, die gegen die Person, das Eigentum oder die Interessen der Staatsangehörigen eines bestimmten Staates ergriffen werden können, werden von den vertragschließenden Staaten auf einen Flüchtling, der formell ein Staatsangehöriger dieses Staates ist, allein wegen seiner Staatsangehörigkeit nicht angewendet. Die vertragschließenden Staaten, die nach dem bei ihnen geltenden Recht den in diesem Artikel aufgestellten allgemeinen Grundsatz nicht anwenden können, werden in geeigneten Fällen Befreiung zu Gunsten solcher Flüchtlinge gewähren.

Artikel 9

Vorläufige Maßnahmen

Keine der Bestimmungen dieses Abkommens hindert einen vertragschließenden Staat in Kriegszeiten oder bei Vorliegen sonstiger schwer wiegender und aussergewöhnlicher Umstände daran, gegen eine bestimmte Person vorläufig die Massnahmen zu ergreifen, die dieser Staat für seine Sicherheit für erforderlich hält, bis dieser vertragschließende Staat eine Entscheidung darüber getroffen hat, ob diese Person tatsächlich ein Flüchtling ist und die Aufrechterhaltung dieser Massnahmen im vorliegenden Falle im Interesse der Sicherheit des Staates notwendig ist.

Artikel 10

Fortdauer des Aufenthalts
1. Ist ein Flüchtling während des Zweiten Weltkrieges zwangsverschickt und in das Gebiet eines der Vertragsstaaten verbracht worden und hält er sich dort auf, so wird die Dauer dieses Zwangsaufenthaltes als rechtmäßiger Aufenthalt in diesem Gebiet gelten.
2. Ist ein Flüchtling während des Zweiten Weltkrieges aus dem Gebiet eines Vertragsstaates zwangsverschickt worden und vor Inkrafttreten dieses Abkommens dorthin zurückgekehrt, um dort seinen dauernden Aufenthalt zu nehmen, so wird die Zeit vor und nach dieser Zwangsverschickung für alle Zwecke, für die ein ununterbrochener Aufenthalt erforderlich ist, als ein ununterbrochener Aufenthalt gelten.

Artikel 11

Geflüchtete Seeleute
Bei Flüchtlingen, die ordnungsgemäß als Besatzungsangehörige eines Schiffes angeheuert sind, das die Flagge eines Vertragsstaates führt, wird dieser Staat die Möglichkeit wohl wollend in Erwägung ziehen, diesen Flüchtlingen die Genehmigung zur Niederlassung in seinem Gebiet zu erteilen und ihnen Reiseausweise auszustellen oder ihnen vorläufig den Aufenthalt in seinem Gebiet zu gestatten, insbesondere um ihre Niederlassung in einem anderen Land zu erleichtern.

Kapitel II – Rechtsstellung

Artikel 12

Personalstatut
1. Das Personalstatut jedes Flüchtlings bestimmt sich nach dem Recht des Landes seines Wohnsitzes oder, in Ermangelung eines Wohnsitzes, nach dem Recht seines Aufenthaltslandes.
2. Die von einem Flüchtling vorher erworbenen und sich aus seinem Personalstatut ergebenden Rechte, insbesondere die aus der Eheschließung, werden von jedem vertragschließenden Staat geachtet, gegebenenfalls vorbehaltlich der Formalitäten, die nach dem in diesem Staat geltenden Recht vorgesehen sind. Hierbei wird jedoch unterstellt, dass das betreffende Recht zu demjenigen gehört, das nach den Gesetzen dieses Staates anerkannt worden wäre, wenn die in Betracht kommende Person kein Flüchtling geworden wäre

Artikel 13

Bewegliches und unbewegliches Eigentum
Die vertragschließenden Staaten werden jedem Flüchtling hinsichtlich des Erwerbs von beweglichem und unbeweglichem Eigentum und sonstiger diesbezüglicher Rechte sowie hinsichtlich von Miet-, Pacht- und sonstigen Verträgen über bewegliches und unbewegliches Eigentum eine möglichst günstige und jedenfalls nicht weniger günstige Behandlung gewähren, als sie Ausländern im Allgemeinen unter den gleichen Umständen gewährt wird.

Artikel 14

Urheberrecht und gewerbliche Schutzrechte
Hinsichtlich des Schutzes von gewerblichen Rechten, insbesondere an Erfindungen, Mustern und Modellen, Warenzeichen und Handelsnamen, sowie des Schutzes von Rechten an Werken der Literatur, Kunst und Wissenschaft geniesst jeder Flüchtling in dem Land, in dem er seinen gewöhnlichen Aufenthalt hat, den Schutz, der den Staatsangehörigen des Landes gewährt wird. Im Gebiete jedes anderen vertragschließenden Staates geniesst er den Schutz, der in diesem Gebiet den Staatsangehörigen des Landes gewährt wird, in dem er seinen gewöhnlichen Aufenthalt hat.

Artikel 15

Vereinigungsrecht
Die vertragschließenden Staaten werden den Flüchtlingen, die sich rechtmäßig in ihrem Gebiet aufhalten, hinsichtlich der Vereinigungen, die nicht politischen und nicht Erwerbszwecken dienen, und den Berufsverbänden die günstigste Behandlung wie den Staatsangehörigen eines fremden Landes unter den gleichen Umständen gewähren.

Artikel 16

Zugang zu den Gerichten
1. Jeder Flüchtling hat in dem Gebiet der vertragschließenden Staaten freien und ungehinderten Zugang zu den Gerichten.
2. In dem vertragschließenden Staat, in dem ein Flüchtling seinen gewöhnlichen Aufenthalt hat, geniesst er hinsichtlich des Zugangs zu den Gerichten einschließlich des Armenrechts und der Befreiung von Sicherheitsleistung für Prozesskosten dieselbe Behandlung wie ein eigener Staatsangehöriger.
3. In den vertragschließenden Staaten, in denen ein Flüchtling nicht seinen gewöhnlichen Aufenthalt hat, geniesst er hinsichtlich der in Ziffer 2 erwähnten Angelegenheit dieselbe Behandlung wie ein Staatsangehöriger des Landes, in dem er seinen gewöhnlichen Aufenthalt hat.

Kapitel III – Erwerbstätigkeit

Artikel 17

Nichtselbständige Arbeit

1. Die vertragschließenden Staaten werden hinsichtlich der Ausübung nichtselbständiger Arbeit jedem Flüchtling, der sich rechtmäßig in ihrem Gebiet aufhält, die günstigste Behandlung gewähren, die den Staatsangehörigen eines fremden Landes unter den gleichen Umständen gewährt wird.

2. In keinem Falle werden die einschränkenden Maßnahmen, die für Ausländer oder für die Beschäftigung von Ausländern zum Schutz des eigenen Arbeitsmarktes bestehen, Anwendung auf Flüchtlinge finden, die beim Inkrafttreten dieses Abkommens durch den betreffenden Vertragsstaat bereits davon befreit waren oder eine der folgenden Bedingungen erfüllen:

   a) wenn sie sich drei Jahre im Lande aufgehalten haben;

   b) wenn sie mit einer Person, die die Staatsangehörigkeit des Aufenthaltslandes besitzt, die Ehe geschlossen haben. Ein Flüchtling kann sich nicht auf die Vergünstigung dieser Bestimmung berufen, wenn er seinen Ehegatten verlassen hat;

   c) wenn sie ein oder mehrere Kinder haben, die die Staatsangehörigkeit des Aufenthaltslandes besitzen.

3. Die vertragschließenden Staaten werden hinsichtlich der Ausübung nichtselbständiger Arbeit Maßnahmen wohl wollend in Erwägung ziehen, um alle Flüchtlinge, insbesondere diejenigen, die im Rahmen eines Programms zur Anwerbung von Arbeitskräften oder eines Einwanderungsplanes in ihr Gebiet gekommen sind, den eigenen Staatsangehörigen rechtlich gleichzustellen.

Artikel 18

Selbständige Tätigkeit

Die vertragschließenden Staaten werden den Flüchtlingen, die sich rechtmäßig in ihrem Gebiet befinden, hinsichtlich der Ausübung einer selbständigen Tätigkeit in Landwirtschaft, Industrie, Handwerk und Handel sowie der Errichtung von Handels- und industriellen Unternehmen eine möglichst günstige und jedenfalls nicht weniger günstige Behandlung gewähren, als sie Ausländern im Allgemeinen unter den gleichen Umständen gewährt wird.

Artikel 19

Freie Berufe

1. Jeder vertragschließende Staat wird den Flüchtlingen, die sich rechtmäßig in seinem Gebiet aufhalten, Inhaber von durch die zuständigen Behörden dieses Staates anerkannten Diplomen sind und einen freien Beruf auszuüben wünschen, eine möglichst günstige und jedenfalls nicht weniger günstige Behandlung gewähren, als sie Ausländern im Allgemeinen unter den gleichen Umständen gewährt wird.

2. Die vertragschließenden Staaten werden alles in ihrer Macht Stehende tun, um im Einklang mit ihren Gesetzen und Verfassungen die Niederlassung solcher Flüchtlinge in den ausserhalb des Mutterlandes gelegenen Gebieten sicherzustellen, für deren internationale Beziehungen sie verantwortlich sind.

Kapitel IV – Wohlfahrt

Artikel 20

Rationierung
Falls ein Rationierungssystem besteht, dem die Bevölkerung insgesamt unterworfen ist und das die allgemeine Verteilung von Erzeugnissen regelt, an denen Mangel herrscht, werden Flüchtlinge wie Staatsangehörige behandelt.

Artikel 21

Wohnungswesen
Hinsichtlich des Wohnungswesens werden die vertragschließenden Staaten insoweit, als die Angelegenheit durch Gesetz oder sonstige Rechtsvorschriften geregelt ist oder der Überwachung öffentlicher Behörden unterliegt, den sich rechtmäßig in ihrem Gebiet aufhaltenden Flüchtlingen eine möglichst günstige und jedenfalls nicht weniger günstige Behandlung gewähren, als sie Ausländern im Allgemeinen unter den gleichen Bedingungen gewährt wird.

Artikel 22

Öffentliche Erziehung
1. Die vertragschließenden Staaten werden den Flüchtlingen dieselbe Behandlung wie ihren Staatsangehörigen hinsichtlich des Unterrichts in Volksschulen gewähren.
2. Für über die Volksschule hinausgehenden Unterricht, insbesondere die Zulassung zum Studium, die Anerkennung von ausländischen Studienzeugnissen, Diplomen und akademischen Titeln, den Erlass von Gebühren und Abgaben und die Zuerkennung von Stipendien, werden die vertragschließenden Staaten eine möglichst günstige und in keinem Falle weniger günstige Behandlung gewähren, als sie Ausländern im Allgemeinen unter den gleichen Bedingungen gewährt wird.

Artikel 23

Öffentliche Fürsorge
Die vertragschließenden Staaten werden den Flüchtlingen, die sich rechtmäßig in ihrem Staatsgebiet aufhalten, auf dem Gebiet der öffentlichen Fürsorge und sonstigen Hilfeleistungen die gleiche Behandlung wie ihren eigenen Staatsangehörigen gewähren.

Artikel 24

Arbeitsrecht und soziale Sicherheit

1. Die vertragschließenden Staaten werden den Flüchtlingen, die sich rechtmäßig in ihrem Gebiet aufhalten, dieselbe Behandlung gewähren wie ihren Staatsangehörigen, wenn es sich um folgende Angelegenheiten handelt:

a) Lohn einschließlich Familienbeihilfen, wenn diese einen Teil des Arbeitsentgelts bilden, Arbeitszeit, Überstunden, bezahlter Urlaub, Einschränkungen der Heimarbeit, Mindestalter für die Beschäftigung, Lehrzeit und Berufsausbildung, Arbeit von Frauen und Jugendlichen und der Genuss der durch Tarifverträge gebotenen Vergünstigungen, soweit alle diese Fragen durch das geltende Recht geregelt sind oder in die Zuständigkeit der Verwaltungsbehörden fallen;

b) Soziale Sicherheit (gesetzliche Bestimmungen bezüglich der Arbeitsunfälle, der Berufskrankheiten, der Mutterschaft, der Krankheit, der Arbeitsunfähigkeit, des Alters und des Todes, der Arbeitslosigkeit, des Familienunterhalts sowie jedes anderen Wagnisses, das nach dem im betreffenden Land geltenden Recht durch ein System der sozialen Sicherheit gedeckt wird) vorbehaltlich

i) geeigneter Abmachungen über die Aufrechterhaltung der erworbenen Rechte und Anwartschaften,

ii) besonderer Bestimmungen, die nach dem im Aufenthaltsland geltenden Recht vorgeschrieben sind und die Leistungen oder Teilleistungen betreffen, die ausschließlich aus öffentlichen Mitteln bestritten werden, sowie Zuwendungen an Personen, die nicht die für die Gewährung einer normalen Rente geforderten Bedingungen der Beitragsleistung erfüllen.

2. Das Recht auf Leistung, das durch den Tod eines Flüchtlings infolge eines Arbeitsunfalles oder einer Berufskrankheit entsteht, wird nicht dadurch berührt, dass sich der Berechtigte außerhalb des Gebietes des vertragschließenden Staates aufhält.

3. Die vertragschließenden Staaten werden auf die Flüchtlinge die Vorteile der Abkommen erstrecken, die sie hinsichtlich der Aufrechterhaltung der erworbenen Rechte und Anwartschaften auf dem Gebiet der sozialen Sicherheit untereinander abgeschlossen haben oder abschließen werden, soweit die Flüchtlinge die Bedingungen erfüllen, die für Staatsangehörige der Unterzeichnerstaaten der in Betracht kommenden Abkommen vorgesehen sind.

4. Die vertragschließenden Staaten werden wohl wollend die Möglichkeit prüfen, die Vorteile ähnlicher Abkommen, die zwischen diesen vertragschließenden Staaten und Nichtvertragsstaaten in Kraft sind oder sein werden, so weit wie möglich auf Flüchtlinge auszudehnen.

Kapitel V – Verwaltungsmaßnahmen

Artikel 25

Verwaltungshilfe

1. Würde die Ausübung eines Rechts durch einen Flüchtling normalerweise die Mitwirkung ausländischer Behörden erfordern, die er nicht in Anspruch nehmen kann, so werden die vertragschließenden Staaten, in deren Gebiet er sich aufhält, dafür sorgen, dass ihm diese Mitwirkung entweder durch ihre eigenen Behörden oder durch eine internationale Behörde zuteil wird.
2. Die in Ziffer 1 bezeichneten Behörden werden Flüchtlingen diejenigen Urkunden und Bescheinigungen ausstellen oder unter ihrer Aufsicht ausstellen lassen, die Ausländern normalerweise von den Behörden ihres Landes oder durch deren Vermittlung ausgestellt werden.
3. Die so ausgestellten Urkunden oder Bescheinigungen werden die amtlichen Schriftstücke ersetzen, die Ausländern von den Behörden ihres Landes oder durch deren Vermittlung ausgestellt werden; sie werden bis zum Beweis des Gegenteils als gültig angesehen.
4. Vorbehaltlich der Ausnahmen, die zu Gunsten Bedürftiger zuzulassen wären, können für die in diesem Artikel erwähnten Amtshandlungen Gebühren verlangt werden; diese Gebühren sollen jedoch niedrig sein und müssen denen entsprechen, die von eigenen Staatsangehörigen für ähnliche Amtshandlungen erhoben werden.
5. Die Bestimmungen dieses Artikels berühren nicht die Artikel 27 und 28.

Artikel 26

Freizügigkeit

Jeder vertragschließende Staat wird den Flüchtlingen, die sich rechtmäßig in seinem Gebiet befinden, das Recht gewähren, dort ihren Aufenthalt zu wählen und sich frei zu bewegen, vorbehaltlich der Bestimmungen, die allgemein auf Ausländer unter den gleichen Umständen Anwendung finden.

Artikel 27

Personalausweise

Die vertragschließenden Staaten werden jedem Flüchtling, der sich in ihrem Gebiet befindet und keinen gültigen Reiseausweis besitzt, einen Personalausweis ausstellen.

Artikel 28

Reiseausweise

1. Die vertragschließenden Staaten werden den Flüchtlingen, die sich rechtmäßig in ihrem Gebiet aufhalten, Reiseausweise ausstellen, die ihnen Reisen außerhalb dieses Gebietes gestatten, es sei denn, dass zwingende Gründe der öffentlichen Sicherheit oder

Ordnung entgegenstehen; die Bestimmungen des Anhanges zu diesem Abkommen werden auf diese Ausweise Anwendung finden. Die vertragschließenden Staaten können einen solchen Reiseausweis jedem anderen Flüchtling ausstellen, der sich in ihrem Gebiet befindet; sie werden ihre Aufmerksamkeit besonders jenen Flüchtlingen zuwenden, die sich in ihrem Gebiet befinden und nicht in der Lage sind, einen Reiseausweis von dem Staat zu erhalten, in dem sie ihren rechtmäßigen Aufenthalt haben.

2. Reiseausweise, die auf Grund früherer internationaler Abkommen von den Unterzeichnerstaaten ausgestellt worden sind, werden von den vertragschließenden Staaten anerkannt und so behandelt werden, als ob sie den Flüchtlingen auf Grund dieses Artikels ausgestellt worden wären.

Artikel 29

Steuerliche Lasten

1. Die vertragschließenden Staaten werden von den Flüchtlingen keine anderen oder höheren Gebühren, Abgaben oder Steuern, gleichviel unter welcher Bezeichnung, erheben, als unter ähnlichen Verhältnissen von ihren eigenen Staatsangehörigen jetzt oder künftig erhoben werden.

2. Die Bestimmungen der vorstehenden Ziffer schließen nicht aus, die Gesetze und sonstigen Rechtsvorschriften über Gebühren für die Ausstellung von Verwaltungsurkunden einschließlich Personalausweisen an Ausländer auf Flüchtlinge anzuwenden.

Artikel 30

Überführung von Vermögenswerten

1. Jeder vertragschließende Staat wird in Übereinstimmung mit den Gesetzen und sonstigen Rechtsvorschriften des Landes den Flüchtlingen gestatten, die Vermögenswerte, die sie in sein Gebiet gebracht haben, in das Gebiet eines anderen Landes zu überführen, in dem sie zwecks Wiederansiedlung aufgenommen worden sind.

2. Jeder vertragschließende Staat wird die Anträge von Flüchtlingen wohl wollend in Erwägung ziehen, die auf die Erlaubnis gerichtet sind, alle anderen Vermögenswerte, die zu ihrer Wiederansiedlung erforderlich sind, in ein anderes Land zu überführen, in dem sie zur Wiederansiedlung aufgenommen worden sind.

Artikel 31

Flüchtlinge, die sich nicht rechtmäßig im Aufnahmeland aufhalten

1. Die vertragschließenden Staaten werden wegen unrechtmäßiger Einreise oder Aufenthalts keine Strafen gegen Flüchtlinge verhängen, die unmittelbar aus einem Gebiet kommen, in dem ihr Leben oder ihre Freiheit im Sinne von Artikel 1 bedroht waren und die ohne Erlaubnis in das Gebiet der vertragschließenden Staaten einreisen oder sich dort aufhalten, vorausgesetzt, dass sie sich unverzüglich bei den Behörden melden und Gründe darlegen, die ihre unrechtmäßige Einreise oder ihren unrechtmässigen Aufenthalt rechtfertigen.

2. Die vertragschließenden Staaten werden den Flüchtlingen beim Wechsel des Aufenthaltsortes keine Beschränkungen auferlegen, außer denen, die notwendig sind; diese Beschränkungen werden jedoch nur so lange Anwendung finden, wie die Rechtsstellung dieser Flüchtlinge im Aufnahmeland geregelt oder es ihnen gelungen ist, in einem anderen Land Aufnahme zu erhalten. Die vertragschließenden Staaten werden diesen Flüchtlingen eine angemessene Frist sowie alle notwendigen Erleichterungen zur Aufnahme in einem anderen Land gewähren.

Artikel 32

Ausweisung
1. Die vertragschließenden Staaten werden einen Flüchtling, der sich rechtmässig in ihrem Gebiet befindet, nur aus Gründen der öffentlichen Sicherheit oder Ordnung ausweisen.
2. Die Ausweisung eines Flüchtlings darf nur in Ausführung einer Entscheidung erfolgen, die in einem durch gesetzliche Bestimmungen geregelten Verfahren ergangen ist. Soweit nicht zwingende Gründe für die öffentliche Sicherheit entgegenstehen, soll dem Flüchtling gestattet werden, Beweise zu seiner Entlastung beizubringen, ein Rechtsmittel einzulegen und sich zu diesem Zweck vor einer zuständigen Behörde oder vor einer oder mehreren Personen, die von der zuständigen Behörde besonders bestimmt sind, vertreten zu lassen.
3. Die vertragschließenden Staaten werden einem solchen Flüchtling eine angemessene Frist gewähren, um ihm die Möglichkeit zu geben, in einem anderen Lande um rechtmässige Aufnahme nachzusuchen. Die vertragschließenden Staaten behalten sich vor, während dieser Frist diejenigen Massnahmen anzuwenden, die sie zur Aufrechterhaltung der inneren Ordnung für zweckdienlich erachten.

Artikel 33

Verbot der Ausweisung und Zurückweisung
1. Keiner der vertragschließenden Staaten wird einen Flüchtling auf irgendeine Weise über die Grenzen von Gebieten ausweisen oder zurückweisen, in denen sein Leben oder seine Freiheit wegen seiner Rasse, Religion, Staatsangehörigkeit, seiner Zugehörigkeit zu einer bestimmten sozialen Gruppe oder wegen seiner politischen Überzeugung bedroht sein würde.
2. Auf die Vergünstigung dieser Vorschrift kann sich jedoch ein Flüchtling nicht berufen, der aus schwer wiegenden Gründen als eine Gefahr für die Sicherheit des Landes anzusehen ist, in dem er sich befindet, oder der eine Gefahr für die Allgemeinheit dieses Staates bedeutet, weil er wegen eines Verbrechens oder eines besonders schweren Vergehens rechtskräftig verurteilt wurde.

Artikel 34

Einbürgerung
Die vertragschließenden Staaten werden so weit wie möglich die Eingliederung und

Einbürgerung der Flüchtlinge erleichtern. Sie werden insbesondere bestrebt sein, Einbürgerungsverfahren zu beschleunigen und die Kosten dieses Verfahrens so weit wie möglich herabzusetzen.

Kapitel VI – Durchführungs- und Übergangsbestimmungen

Artikel 35

Zusammenarbeit der staatlichen Behörden mit den Vereinten Nationen

1. Die vertragschließenden Staaten verpflichten sich zur Zusammenarbeit mit dem Amt des Hohen Kommissars der Vereinten Nationen für Flüchtlinge oder jeder ihm etwa nachfolgenden anderen Stelle der Vereinten Nationen bei der Ausübung seiner Befugnisse, insbesondere zur Erleichterung seiner Aufgabe, die Durchführung der Bestimmungen dieses Abkommens zu überwachen.

2. Um es dem Amt des Hohen Kommissars oder jeder ihm etwa nachfolgenden anderen Stelle der Vereinten Nationen zu ermöglichen, den zuständigen Organen der Vereinten Nationen Berichte vorzulegen, verpflichten sich die vertragschließenden Staaten, ihm in geeigneter Form die erbetenen Auskünfte und statistischen Angaben zu liefern über

   a) die Lage der Flüchtlinge,

   b) die Durchführung dieses Abkommens und

   c) die Gesetze, Verordnungen und Verwaltungsvorschriften, die in Bezug auf Flüchtlinge jetzt oder künftig in Kraft sind.

Artikel 36

Auskünfte über innerstaatliche Rechtsvorschriften

Die vertragschließenden Staaten werden dem Generalsekretär der Vereinten Nationen den Wortlaut der Gesetze und sonstiger Rechtsvorschriften mitteilen, die sie etwa erlassen werden, um die Durchführung dieses Abkommens sicherzustellen.

Artikel 37

Beziehung zu früher geschlossenen Abkommen

Unbeschadet der Bestimmungen seines Artikels 28 Ziffer 2 tritt dieses Abkommen im Verhältnis zwischen den vertragschließenden Staaten an die Stelle der Vereinbarungen vom 5. Juli 1922, 31. Mai 1924, 12. Mai 1926, 30. Juni 1928 und 30. Juli 1935 sowie der Abkommen vom 28. Oktober 1933, 10. Februar 1938, des Protokolls vom 14. September 1939 und der Vereinbarung vom 15. Oktober 1946.

Kapitel VII – Schlussbestimmungen

Artikel 38

Regelung von Streitfällen

Jeder Streitfall zwischen den Parteien dieses Abkommens über dessen Auslegung oder Anwendung, der auf andere Weise nicht beigelegt werden kann, wird auf Antrag einer der an dem Streitfall beteiligten Parteien dem Internationalen Gerichtshof vorgelegt.

Artikel 39

Unterzeichnung, Ratifikation und Beitritt

1. Dieses Abkommen liegt in Genf am 28. Juli 1951 zur Unterzeichnung auf und wird nach diesem Zeitpunkt beim Generalsekretär der Vereinten Nationen hinterlegt. Es liegt vom 28. Juli bis 31. August 1951 im Europäischen Büro der Vereinten Nationen zur Unterzeichnung auf, sodann erneut vom 17. September 1951 bis 31. Dezember 1952 am Sitz der Organisation der Vereinten Nationen.
2. Dieses Abkommen liegt zur Unterzeichnung durch alle Mitgliedstaaten der Organisation der Vereinten Nationen, durch jeden Nicht-Mitgliedstaat, der zur Konferenz der Bevollmächtigten über die Rechtsstellung der Flüchtlingen und Staatenlosen eingeladen war, sowie durch jeden anderen Staat auf, den die Vollversammlung zur Unterzeichnung einlädt. Das Abkommen ist zu ratifizieren; die Ratifikations-Urkunden sind beim Generalsekretär der Vereinten Nationen zu hinterlegen.
3. Die in Ziffer 2 dieses Artikels bezeichneten Staaten können diesem Abkommen vom 28. Juli 1951 an beitreten. Der Beitritt erfolgt durch Hinterlegung einer Beitrittsurkunde beim Generalsekretär der Vereinten Nationen.

Artikel 40

Klausel zur Anwendung auf andere Gebiete

1. Jeder Staat kann im Zeitpunkt der Unterzeichnung, der Ratifikation oder des Beitritts erklären, dass sich die Geltung dieses Abkommens auf alle oder mehrere oder eins der Gebiete erstreckt, die er in den internationalen Beziehungen vertritt. Eine solche Erklärung wird zu dem Zeitpunkt wirksam, an dem dieses Abkommen für den betreffenden Staat in Kraft tritt.
2. Eine Ausdehnung des Geltungsbereichs zu einem späteren Zeitpunkt erfolgt durch eine an den Generalsekretär der Vereinten Nationen zu richtende Mitteilung und wird am neunzigsten Tage nach dem Zeitpunkt wirksam, zu dem der Generalsekretär der Vereinten Nationen die Mitteilung erhalten hat, oder zu dem Zeitpunkt, an dem dieses Abkommen für den betreffenden Staat in Kraft tritt, wenn dieser letztgenannte Zeitpunkt später liegt.
3. Bei Gebieten, für die dieses Abkommen im Zeitpunkt der Unterzeichnung, Ratifikation oder des Beitritts nicht gilt, wird jeder beteiligte Staat die Möglichkeit prüfen, so-

bald wie möglich alle erforderlichen Maßnahmen zu ergreifen, um den Geltungsbereich dieses Abkommens auf diese Gebiete auszudehnen, gegebenenfalls unter dem Vorbehalt der Zustimmung der Regierungen dieser Gebiete, wenn eine solche aus verfassungsmäßigen Gründen erforderlich ist.

Artikel 41

Klausel für Bundesstaaten

Im Falle eines Bundes- oder Nichteinheitsstaates werden nachstehende Bestimmungen Anwendung finden:

a) Soweit es sich um die Artikel dieses Abkommens handelt, für die der Bund die Gesetzgebung hat, werden die Verpflichtungen der Bundesregierung dieselben sein wie diejenigen der Unterzeichnerstaaten, die keine Bundesstaaten sind.

b) Soweit es sich um die Artikel dieses Abkommens handelt, für die die einzelnen Länder, Provinzen oder Kantone, die auf Grund der Bundesverfassung zur Ergreifung gesetzgeberischer Maßnahmen nicht verpflichtet sind, die Gesetzgebung haben, wird die Bundesregierung sobald wie möglich diese Artikel den zuständigen Stellen der Länder, Provinzen oder Kantone befürwortend zur Kenntnis bringen.

c) Ein Bundesstaat als Unterzeichner dieses Abkommens wird auf das ihm durch den Generalsekretär der Vereinten Nationen übermittelte Ersuchen eines anderen vertragschließenden Staates hinsichtlich einzelner Bestimmungen des Abkommens eine Darstellung der geltenden Gesetzgebung und ihrer Anwendung innerhalb des Bundes und seiner Glieder übermitteln, aus der hervorgeht, inwieweit diese Bestimmungen durch Gesetzgebung oder sonstige Maßnahmen wirksam geworden sind.

Artikel 42

Vorbehalte

1. Im Zeitpunkt der Unterzeichnung, der Ratifikation oder des Beitritts kann jeder Staat zu den Artikeln des Abkommens, mit Ausnahme der Artikel 1, 3, 4, 16 (1), 33, 36 bis 46 einschließlich, Vorbehalte machen.

2. Jeder vertragschließende Staat, der gemäß Ziffer 1 dieses Artikels einen Vorbehalt gemacht hat, kann ihn jederzeit durch eine diesbezügliche, an den Generalsekretär der Vereinten Nationen zu richtende Mitteilung zurücknehmen.

Artikel 43

Inkrafttreten

1. Dieses Abkommen tritt am neunzigsten Tage nach dem Zeitpunkt der Hinterlegung der sechsten Ratifikations- oder Beitrittsurkunde in Kraft.

2. Für jeden der Staaten, die das Abkommen nach Hinterlegung der sechsten Ratifikations-oder Beitrittsurkunde ratifizieren oder ihm beitreten, tritt es am neunzigsten Tage nach dem Zeitpunkt der Hinterlegung der Ratifikations- oder Beitrittsurkunde dieses Staates in Kraft.

Artikel 44

Kündigung

1. Jeder vertragschließende Staat kann das Abkommen jederzeit durch eine an den Generalsekretär der Vereinten Nationen zu richtende Mitteilung kündigen.
2. Die Kündigung wird für den betreffenden Staat ein Jahr nach dem Zeitpunkt wirksam, an dem sie beim Generalsekretär der Vereinten Nationen eingegangen ist.
3. Jeder Staat, der eine Erklärung oder Mitteilung gemäß Artikel 40 gegeben hat, kann jederzeit später dem Generalsekretär der Vereinten Nationen mitteilen, dass das Abkommen auf ein in der Mitteilung bezeichnetes Gebiet nicht mehr Anwendung findet. Das Abkommen findet sodann ein Jahr nach dem Zeitpunkt, an dem diese Mitteilung beim Generalsekretär eingegangen ist, auf das in Betracht kommende Gebiet keine Anwendung mehr.

Artikel 45

Revision

1. Jeder vertragschließende Staat kann jederzeit mittels einer an den Generalsekretär der Vereinten Nationen zu richtenden Mitteilung die Revision dieses Abkommens beantragen.
2. Die Vollversammlung der Vereinten Nationen empfiehlt die Massnahmen, die gegebenenfalls in Bezug auf diesen Antrag zu ergreifen sind.

Artikel 46

Mitteilungen des Generalsekretärs der Vereinten Nationen

Der Generalsekretär der Vereinten Nationen macht allen Mitgliedstaaten der Vereinten Nationen und den im Artikel 39 bezeichneten Nicht-Mitgliedstaaten Mitteilung über:

a) Erklärungen und Mitteilungen gemäß Artikel 1, Abschnitt B;
b) Unterzeichnungen, Ratifikationen und Beitrittserklärungen gemäß Artikel 39;
c) Erklärungen und Anzeigen gemäß Artikel 40;
d) gemäß Artikel 42 erklärte oder zurückgenommene Vorbehalte;
e) den Zeitpunkt, an dem dieses Abkommen gemäß Artikel 43 in Kraft tritt;
f) Kündigungen und Mitteilungen gemäß Artikel 44;
g) Revisionsanträge gemäß Artikel 45.

Zu Urkund dessen haben die unterzeichneten gehörig beglaubigten Vertreter namens ihrer Regierungen dieses Abkommen unterschrieben.
Geschehen zu Genf, am achtundzwanzigsten Juli neunzehnhunderteinundfünfzig, in einem einzigen Exemplar, dessen englischer und französischer Wortlaut in gleicher Weise massgebend ist, das in den Archiven der Organisation der Vereinten Nationen hinterlegt wird, und von dem beglaubigte Ausfertigungen allen Mitgliedstaaten der Vereinten Nationen und den im Artikel 39 bezeichneten Nicht-Mitgliedstaaten übermittelt werden.

21. Römisches Statut des Internationalen Strafgerichtshofes (Auszug)

1998

Präambel

Die Vertragsstaaten dieses Statuts –
in dem Bewußtsein, daß alle Völker durch gemeinsame Bande verbunden und ihre Kulturen in einem gemeinsamen Erbe zusammengefügt sind, und besorgt darüber, daß dieses zerbrechliche Mosaik jederzeit zerstört werden kann,

eingedenk dessen, daß in diesem Jahrhundert Millionen von Kindern, Frauen und Männern Opfer unvorstellbarer Greueltaten geworden sind, die das Gewissen der Menschheit zutiefst erschüttern,

in der Erkenntnis, daß solche schweren Verbrechen den Frieden, die Sicherheit und das Wohl der Welt bedrohen,

bekräftigend, daß die schwersten Verbrechen, welche die internationale Gemeinschaft als Ganzes berühren, nicht unbestraft bleiben dürfen und daß ihre wirksame Verfolgung durch Maßnahmen auf einzelstaatlicher Ebene und durch größere internationale Zusammenarbeit gewährleistet werden muß,

entschlossen, der Straflosigkeit der Täter ein Ende zu setzen und so zur Verhütung solcher Verbrechen beizutragen,

im Hinblick darauf, daß es die Pflicht eines jeden Staates ist, seine Strafgerichtsbarkeit über die für internationale Verbrechen Verantwortlichen auszuüben,

in Bekräftigung der Ziele und Grundsätze der Charta der Vereinten Nationen und insbesondere des Grundsatzes, daß alle Staaten jede gegen die territoriale Unversehrtheit oder die politische Unabhängigkeit eines Staates gerichtete oder sonst mit den Zielen der Vereinten Nationen unvereinbare Androhung oder Anwendung von Gewalt zu unterlassen haben,

in diesem Zusammenhang nachdrücklich darauf hinweisend, daß dieses Statut nicht so auszulegen ist, als ermächtige es einen Vertragsstaat, in einen bewaffneten Konflikt einzugreifen, der in die inneren Angelegenheiten eines Staates fällt,

in dem festen Willen, zu diesem Zweck und um der heutigen und der künftigen Generationen willen, einen mit dem System der Vereinten Nationen in Zusammenhang stehenden unabhängigen ständigen Internationalen Strafgerichtshof zu errichten, der Gerichtsbarkeit über die schwersten Verbrechen hat, welche die internationale Gemeinschaft als Ganzes berühren, nachdrücklich darauf hinweisend, daß der aufgrund dieses Statuts errichtete Internationale Strafgerichtshof die innerstaatliche Strafgerichtsbarkeit ergänzt,

entschlossen, die dauerhafte Achtung der internationalen Rechtspflege zu gewährleisten –

sind wie folgt übereingekommen:

Teil 1: Errichtung des Gerichtshofs

Artikel 1

Der Gerichtshof
Hiermit wird ein Internationaler Strafgerichtshof („Gerichtshof") errichtet. Der Gerichtshof ist eine ständige Einrichtung und ist befugt, seine Gerichtsbarkeit über Personen wegen der in diesem Statut genannten schwersten Verbrechen von internationalem Belang auszuüben; er ergänzt die innerstaatliche Strafgerichtsbarkeit.
Die Zuständigkeit und die Arbeitsweise des Gerichtshofs werden durch dieses Statut geregelt.

Artikel 2

Beziehung des Gerichtshofs zu den Vereinten Nationen
Der Gerichtshof wird durch ein Abkommen, das von der Versammlung der Vertragsstaaten dieses Statuts zu billigen und danach vom Präsidenten des Gerichtshofs in dessen Namen zu schließen ist, mit den Vereinten Nationen in
Beziehung gebracht.

Artikel 3

Sitz des Gerichtshofs
(1) Sitz des Gerichtshofs ist Den Haag (Niederlande) („Gaststaat").
(2) Der Gerichtshof schließt mit dem Gaststaat ein Sitzabkommen, das von der Versammlung der Vertragsstaaten zu billigen und danach vom Präsidenten des Gerichtshofs in dessen Namen zu schließen ist.
(3) Der Gerichtshof kann, wie in diesem Statut vorgesehen, anderswo tagen, wenn er dies für wünschenswert hält.

Artikel 4

Rechtsstellung und Befugnisse des Gerichtshofs
(1) Der Gerichtshof besitzt Völkerrechtspersönlichkeit. Er besitzt außerdem die Rechts- und Geschäftsfähigkeit, die zur Wahrnehmung seiner Aufgaben und Verwirklichung seiner Ziele erforderlich ist.

(2) Der Gerichtshof kann seine Aufgaben und Befugnisse, wie in diesem Statut vorgesehen, im Hoheitsgebiet eines jeden Vertragsstaats und nach Maßgabe einer Sondervereinbarung im Hoheitsgebiet eines jeden anderen Staates wahrnehmen.

Teil 2: Gerichtsbarkeit, Zulässigkeit und anwendbares Recht

Artikel 5

Der Gerichtsbarkeit des Gerichtshofs unterliegende Verbrechen
(1) Die Gerichtsbarkeit des Gerichtshofs ist auf die schwersten Verbrechen beschränkt, welche die internationale Gemeinschaft als Ganzes berühren. Die Gerichtsbarkeit des Gerichtshofs erstreckt sich nach Maßgabe dieses Statuts auf folgende Verbrechen:
a) das Verbrechen des Völkermords;
b) Verbrechen gegen die Menschlichkeit;
c) Kriegsverbrechen;
d) das Verbrechen der Aggression.
(2) Der Gerichtshof übt die Gerichtsbarkeit über das Verbrechen der Aggression aus, sobald im Einklang mit den Artikeln 121 und 123 eine Bestimmung angenommen worden ist, die dieses Verbrechen definiert und die Bedingungen für die Ausübung dieser Gerichtsbarkeit festlegt. Diese Bestimmung muß mit den einschlägigen Bestimmungen der Charta der Vereinten Nationen vereinbar sein.

Artikel 6

Völkermord
Für die Zwecke dieses Statuts bedeutet „Völkermord" jede der folgenden Handlungen, die in der Absicht begangen wird, eine nationale, ethnische, rassische oder religiöse Gruppe als solche ganz oder teilweise zu zerstören:
a) Tötung von Mitgliedern der Gruppe;
b) Verursachung von schwerem körperlichem oder seelischem Schaden an Mitgliedern der Gruppe;
c) vorsätzliche Auferlegung von Lebensbedingungen für die Gruppe, die geeignet sind, ihre körperliche Zerstörung ganz oder teilweise herbeizuführen;
d) Verhängung von Maßnahmen, die auf die Geburtenverhinderung innerhalb der Gruppe gerichtet sind;
e) gewaltsame Überführung von Kindern der Gruppe in eine andere Gruppe.

Artikel 7

Verbrechen gegen die Menschlichkeit

(1) Für die Zwecke dieses Statuts bedeutet „Verbrechen gegen die Menschlichkeit" jede der folgenden Handlungen, die als Teil eines großangelegten oder systematischen Angriffs gegen die Zivilbevölkerung in Kenntnis des Angriffs begangen wird:

a) Mord;

b) Ausrottung;

c) Versklavung;

d) Vertreibung oder Zwangsumsiedlung der Bevölkerung;

e) Freiheitsentzug oder sonstige schwere Entziehung der körperlichen Freiheit unter Verstoß gegen die Grundregeln des Völkerrechts;

f) Folter;

g) Vergewaltigung, sexuelle Sklaverei, Zwangsprostitution, erzwungene Schwangerschaft, Zwangssterilisation oder jede andere Form sexueller Gewalt vergleichbarer Schwere;

h) Verfolgung einer identifizierbaren Gruppe oder Gemeinschaft aus politischen, rassischen, nationalen, ethnischen, kulturellen oder religiösen Gründen, Gründen des Geschlechts im Sinne des Absatzes 3 oder aus anderen nach dem Völkerrecht universell als unzulässig anerkannten Gründen im Zusammenhang mit einer in diesem Absatz genannten Handlung oder einem der Gerichtsbarkeit des Gerichtshofs unterliegenden Verbrechen;

i) Verschwindenlassen von Personen;

j) das Verbrechen der Apartheid;

k) andere unmenschliche Handlungen ähnlicher Art, mit denen vorsätzlich große Leiden oder eine schwere Beeinträchtigung der körperlichen Unversehrtheit oder der geistigen oder körperlichen Gesundheit verursacht wird.

(2) Für die Zwecke des Absatzes 1

a) bedeutet „Angriff gegen die Zivilbevölkerung" eine Verhaltensweise, die mit der mehrfachen Begehung der in Absatz 1 genannten Handlungen gegen eine Zivilbevölkerung verbunden ist, in Anwendung der auf die Verübung eines solchen Angriffs gerichteten Politik eines Staates oder einer Organisation oder zur Unterstützung dieser Politik;

b) umfaßt „Ausrottung" die vorsätzliche Auferlegung von Lebensbedingungen – unter anderem das Vorenthalten des Zugangs zu Nahrungsmitteln und Medikamenten – , mit denen beabsichtigt ist, die Vernichtung eines Teiles einer Bevölkerung herbeizuführen;

c) bedeutet „Versklavung" die Ausübung aller oder einzelner mit dem Eigentumsrecht an einer Person verbundenen Befugnisse und umfaßt die Ausübung dieser Befugnisse im Zuge des Menschenhandels, insbesondere des Handels mit Frauen und Kindern;

d) bedeutet „Vertreibung oder Zwangsumsiedlung der Bevölkerung" die zwangsweise Verbringung der betroffenen Personen durch Ausweisung oder andere

Zwangsmaßnahmen ohne völkerrechtlich zulässige Gründe aus dem Gebiet, in dem sie sich rechtmäßig aufhalten;

e) bedeutet „Folter" den Umstand, daß einer im Gewahrsam oder unter der Kontrolle des Beschuldigten befindlichen Person vorsätzlich große körperliche oder seelische Schmerzen oder Leiden zugefügt werden; Folter umfaßt jedoch nicht Schmerzen oder Leiden, die sich lediglich aus gesetzlich zulässigen Sanktionen ergeben, dazu gehören oder damit verbunden sind;

f) bedeutet „erzwungene Schwangerschaft" die rechtswidrige Freiheitsentziehung einer zwangsweise geschwängerten Frau in der Absicht, die ethnische Zusammensetzung einer Bevölkerung zu beeinflussen oder andere schwere Verstöße gegen das Völkerrecht zu begehen. Diese Begriffsbestimmung ist nicht so auszulegen, als berühre sie innerstaatliche Gesetze im Zusammenhang mit Schwangerschaft;

g) bedeutet „Verfolgung" den völkerrechtswidrigen, vorsätzlichen schweren Entzug von Grundrechten aufgrund der Identität der Gruppe oder der Gemeinschaft;

h) bedeutet „Verbrechen der Apartheid" unmenschliche Handlungen ähnlicher Art wie die in Absatz 1 genannten, die im Zusammenhang mit einem institutionalisierten Regime der systematischen Unterdrückung und Beherrschung einer oder mehrerer rassischer Gruppen durch eine andere rassische Gruppe sowie in der Absicht begangen werden, dieses Regime aufrechtzuerhalten;

i) bedeutet „Verschwindenlassen von Personen" die Festnahme, den Freiheitsentzug oder die Entführung von Personen durch einen Staat oder eine politische Organisation oder mit Ermächtigung, Unterstützung oder Duldung des Staates oder der Organisation, gefolgt von der Weigerung, diese Freiheitsberaubung anzuerkennen oder Auskunft über das Schicksal oder den Verbleib dieser Personen zu erteilen in der Absicht, sie für lange Zeit dem Schutz des Gesetzes zu entziehen.

(3) Für die Zwecke dieses Statuts wird davon ausgegangen, daß der Ausdruck „Geschlecht" sich auf die beiden Geschlechter, Mann und Frau, im gesellschaftlichen Zusammenhang bezieht. Der Ausdruck „Geschlecht" hat keine andere als die vorgenannte Bedeutung.

Artikel 8

Kriegsverbrechen

(1) Der Gerichtshof hat Gerichtsbarkeit in bezug auf Kriegsverbrechen, insbesondere wenn diese als Teil eines Planes oder einer Politik oder als Teil einer Begehung solcher Verbrechen in großem Umfang verübt werden.

(2) Für die Zwecke dieses Statuts bedeutet „Kriegsverbrechen"

a) schwere Verletzungen der Genfer Abkommen vom 12. August 1949, nämlich die folgenden Handlungen gegen die nach den Bestimmungen des jeweiligen Genfer Abkommens geschützten Personen oder Güter:

i) vorsätzliche Tötung;

ii) Folterung oder unmenschliche Behandlung einschließlich biologischer Versuche;

iii) vorsätzliche Verursachung großer Leiden oder schwere Beeinträchtigung der körperlichen Unversehrtheit oder der Gesundheit;

iv) Zerstörung und Aneignung von Eigentum, die durch militärische Erfordernisse nicht gerechtfertigt sind und in großem Ausmaß rechtswidrig und willkürlich vorgenommen werden;

v) Nötigung eines Kriegsgefangenen oder einer anderen geschützten Person zum Dienst in den Streitkräften einer feindlichen Macht;

vi) vorsätzlicher Entzug des Rechts eines Kriegsgefangenen oder einer anderen geschützten Person auf ein faires und ordentliches Gerichtsverfahren;

vii) rechtswidrige Verschleppung oder Verschickung oder rechtswidrige Gefangenhaltung;

viii) Geiselnahme;

b) andere schwere Verstöße gegen die im internationalen bewaffneten Konflikt innerhalb des feststehenden Rahmens des Völkerrechts anwendbaren Gesetze und Gebräuche, nämlich jede der folgenden Handlungen:

i) vorsätzliche Angriffe auf die Zivilbevölkerung als solche oder auf einzelne Zivilpersonen, die an den Feindseligkeiten nicht unmittelbar teilnehmen;

ii) vorsätzliche Angriffe auf zivile Objekte, das heißt auf Objekte, bei denen es sich nicht um militärische Ziele handelt;

iii) vorsätzliche Angriffe auf Personal, Einrichtungen, Material, Einheiten oder Fahrzeuge, die an einer humanitären Hilfsmission oder friedenserhaltenden Mission im Einklang mit der Charta der Vereinten Nationen beteiligt sind, solange sie Anspruch auf den Schutz haben, der Zivilpersonen oder zivilen Objekten nach dem internationalen Recht des bewaffneten Konflikts gewährt wird;

iv) vorsätzliches Einleiten eines Angriffs in der Kenntnis, daß dieser auch Verluste an Menschenleben, die Verwundung von Zivilpersonen, die Beschädigung ziviler Objekte oder weitreichende, langfristige und schwere Schäden an der natürlichen Umwelt verursachen wird, die eindeutig in keinem Verhältnis zu dem insgesamt erwarteten konkreten und unmittelbaren militärischen Vorteil stehen;

v) der Angriff auf unverteidigte Städte, Dörfer, Wohnstätten oder Gebäude, die keine militärischen Ziele sind, oder deren Beschießung, gleichviel mit welchen Mitteln;

vi) die Tötung oder Verwundung eines die Waffen streckenden oder wehrlosen Kombattanten, der sich auf Gnade oder Ungnade ergeben hat;

vii) der Mißbrauch der Parlamentärflagge, der Flagge oder der militärischen Abzeichen oder der Uniform des Feindes oder der Vereinten Nationen sowie der Schutzzeichen der Genfer Abkommen, wodurch Tod oder schwere Verletzungen verursacht werden;

viii) die unmittelbare oder mittelbare Überführung durch die Besatzungsmacht von Teilen ihrer eigenen Zivilbevölkerung in das von ihr besetzte Gebiet oder die vollständige oder teilweise Verschleppung oder Überführung der Bevölkerung des besetzten Gebiets innerhalb oder außerhalb dieses Gebiets;

ix) vorsätzliche Angriffe auf Gebäude, die dem Gottesdienst, der Erziehung, der Kunst, der Wissenschaft oder der Wohltätigkeit gewidmet sind, auf geschichtliche Denkmäler, Krankenhäuser und Sammelplätze für Kranke und Verwundete, sofern es sich nicht um militärische Ziele handelt;

x) die Verstümmelung von Personen, die sich in der Gewalt einer gegnerischen Partei befinden, oder die Vornahme medizinischer oder wissenschaftlicher Versuche jeder Art an diesen Personen, die nicht durch deren ärztliche, zahnärztliche oder Krankenhausbehandlung gerechtfertigt sind oder in ihrem Interesse durchgeführt werden und zu ihrem Tod führen oder eine ernste Gefahr für ihre Gesundheit darstellen;

xi) die meuchlerische Tötung oder Verwundung von Angehörigen des feindlichen Volkes oder Heeres;

xii) die Erklärung, daß kein Pardon gegeben wird;

xiii) die Zerstörung oder Beschlagnahme feindlichen Eigentums, sofern diese nicht durch die Erfordernisse des Krieges dringend geboten ist;

xiv) die Erklärung, daß Rechte und Forderungen von Angehörigen der Gegenpartei aufgehoben, zeitweilig ausgesetzt oder vor Gericht unzulässig sind;

xv) der Zwang gegen Angehörige der Gegenpartei, an den Kriegsunternehmungen gegen ihr eigenes Land teilzunehmen, selbst wenn sie bereits vor Ausbruch des Krieges im Dienst des Kriegführenden standen;

xvi) Plünderung einer Stadt oder Ansiedlung, selbst wenn sie im Sturm genommen wurde;

xvii) die Verwendung von Gift oder vergifteten Waffen;

xviii) die Verwendung erstickender, giftiger oder gleichartiger Gase sowie aller ähnlichen Flüssigkeiten, Stoffe oder Vorrichtungen;

xix) die Verwendung von Geschossen, die sich im Körper des Menschen leicht ausdehnen oder flachdrücken wie beispielsweise Geschosse mit einem den Kern nicht ganz umschließenden oder mit Einschnitten versehenen harten Mantel;

xx) der Einsatz von Waffen, Geschossen, Stoffen und Methoden der Kriegführung, die ihrer Art nach überflüssige Verletzungen oder unnötige Leiden verursachen oder die unter Verstoß gegen das internationale Recht des bewaffneten Konflikts ihrer Natur nach unterschiedslos wirken; diese Waffen, Geschosse, Stoffe und Methoden der Kriegführung müssen jedoch Gegenstand eines umfassenden Verbots sein und mittels einer Änderung entsprechend den einschlägigen Bestimmungen in den Artikeln 121 und 123 in einer Anlage dieses Statuts enthalten sein;

xxi) die Beeinträchtigung der persönlichen Würde, namentlich eine erniedrigende und entwürdigende Behandlung;

xxii) Vergewaltigung, sexuelle Sklaverei, Zwangsprostitution, erzwungene Schwangerschaft im Sinne des Artikels 7 Absatz 2 Buchstabe f, Zwangssterilisation oder jede andere Form sexueller Gewalt, die ebenfalls eine schwere Verletzung der Genfer Abkommen darstellt;

xxiii) Benutzung der Anwesenheit einer Zivilperson oder einer anderen geschützten Person, um Kampfhandlungen von gewissen Punkten, Gebieten oder Streitkräften fernzuhalten;

xxiv) vorsätzliche Angriffe auf Gebäude, Material, Sanitätseinheiten, Sanitätstransporte und Personal, die im Einklang mit dem Völkerrecht mit den Schutzzeichen der Genfer Abkommen versehen sind;

xxv) die vorsätzliche Aushungerung von Zivilpersonen als Methode der Kriegführung durch die Vorenthaltung von Gegenständen, die für ihr Überleben unverzichtbar sind, namentlich durch die vorsätzliche Behinderung von Hilfslieferungen, wie sie nach den Genfer Abkommen vorgesehen sind;

xxvi) Zwangsverpflichtung oder Einziehung von Kindern unter fünfzehn Jahren in die nationalen Streitkräfte oder ihre Verwendung zur aktiven Teilnahme an Feindseligkeiten;

c) im Fall eines bewaffneten Konflikts, der keinen internationalen Charakter hat, schwere Verstöße gegen den den vier Genfer Abkommen vom 12. August 1949 gemeinsamen Artikel 3, nämlich die Verübung jeder der folgenden Handlungen gegen Personen, die nicht unmittelbar an den Feindseligkeiten teilnehmen, einschließlich der Angehörigen der Streitkräfte, welche die Waffen gestreckt haben, und der Personen, die durch Krankheit, Verwundung, Gefangennahme oder eine andere Ursache kampfunfähig geworden sind:

i) Gewalt gegen das Leben und die Person, namentlich Tötung jeder Art, Verstümmelung, grausame Behandlung und Folter;

ii) Beeinträchtigung der persönlichen Würde, namentlich erniedrigende und entwürdigende Behandlung;

iii) Geiselnahme;

iv) Verurteilungen und Hinrichtungen ohne vorhergehendes Urteil eines ordentlich bestellten Gerichts, das die allgemein als unerläßlich anerkannten Rechtsgarantien bietet;

d) Absatz 2 Buchstabe c findet Anwendung auf bewaffnete Konflikte, die keinen internationalen Charakter haben; er gilt somit nicht für Fälle innerer Unruhen und Spannungen, wie Tumulte, vereinzelt auftretende Gewalttaten oder andere ähnliche Handlungen;

e) andere schwere Verstöße gegen die im bewaffneten Konflikt, der keinen internationalen Charakter hat, innerhalb des feststehenden Rahmens des Völkerrechts anwendbaren Gesetze und Gebräuche, nämlich jede der folgenden Handlungen:

i) vorsätzliche Angriffe auf die Zivilbevölkerung als solche oder auf einzelne Zivilpersonen, die an den Feindseligkeiten nicht unmittelbar teilnehmen;

ii) vorsätzliche Angriffe auf Gebäude, Material, Sanitätseinheiten, Sanitätstransporte und Personal, die im Einklang mit dem Völkerrecht mit den Schutzzeichen der Genfer Abkommen versehen sind;

iii) vorsätzliche Angriffe auf Personal, Einrichtungen, Material, Einheiten oder Fahrzeuge, die an einer humanitären Hilfsmission oder friedenserhaltenden Mission im Einklang mit der Charta der Vereinten Nationen beteiligt sind, solange sie Anspruch auf den Schutz haben, der Zivilpersonen oder zivilen Objekten nach dem internationalen Recht des bewaffneten Konflikts gewährt wird;

iv) vorsätzliche Angriffe auf Gebäude, die dem Gottesdienst, der Erziehung, der Kunst, der Wissenschaft oder der Wohltätigkeit gewidmet sind, auf geschichtliche Denkmäler, Krankenhäuser und Sammelplätze für Kranke und Verwundete, sofern es sich nicht um militärische Ziele handelt;

v) Plünderung einer Stadt oder Ansiedlung, selbst wenn sie im Sturm genommen wurde;

vi) Vergewaltigung, sexuelle Sklaverei, Zwangsprostitution, erzwungene Schwangerschaft im Sinne des Artikels 7 Absatz 2 Buchstabe f, Zwangssterilisation und jede andere Form sexueller Gewalt, die ebenfalls einen schweren Verstoß gegen den den vier Genfer Abkommen gemeinsamen Artikel 3 darstellt;

vii) Zwangsverpflichtung oder Einziehung von Kindern unter fünfzehn Jahren in Streitkräfte oder bewaffnete Gruppen oder ihre Verwendung zur aktiven Teilnahme an Feindseligkeiten;

viii) Anordnung der Verlegung der Zivilbevölkerung aus Gründen im Zusammenhang mit dem Konflikt, sofern dies nicht im Hinblick auf die Sicherheit der betreffenden Zivilpersonen oder aus zwingenden militärischen Gründen geboten ist;

ix) die meuchlerische Tötung oder Verwundung eines gegnerischen Kombattanten;

x) die Erklärung, daß kein Pardon gegeben wird;

xi) die Verstümmelung von Personen, die sich in der Gewalt einer anderen Konfliktpartei befinden, oder die Vornahme medizinischer oder wissenschaftlicher Versuche jeder Art an diesen Personen, die nicht durch deren ärztliche, zahnärztliche oder Krankenhausbehandlung gerechtfertigt sind oder in ihrem Interesse durchgeführt werden und zu ihrem Tod führen oder eine ernste Gefahr für ihre Gesundheit darstellen;

xii) die Zerstörung oder Beschlagnahme gegnerischen Eigentums, sofern diese nicht durch die Erfordernisse des Konflikts dringend geboten ist;

f) Absatz 2 Buchstabe e findet Anwendung auf bewaffnete Konflikte, die keinen internationalen Charakter haben; er gilt somit nicht für Fälle innerer Unruhen und Spannungen, wie Tumulte, vereinzelt auftretende Gewalttaten oder andere ähnliche Handlungen. Er findet Anwendung auf bewaffnete Konflikte, die im Hoheitsgebiet eines Staates stattfinden, wenn zwischen den staatlichen Behörden und organisierten bewaffneten Gruppen oder zwischen solchen Gruppen ein lang anhaltender bewaffneter Konflikt besteht.

(3) Absatz 2 Buchstaben c und e berührt nicht die Verantwortung einer Regierung, die öffentliche Ordnung im Staat aufrechtzuerhalten oder wiederherzustellen oder die Einheit und territoriale Unversehrtheit des Staates mit allen rechtmäßigen Mitteln zu verteidigen.

Artikel 9

Verbrechenselemente
(1) Die Verbrechenselemente helfen dem Gerichtshof bei der Auslegung und Anwendung der Artikel 6, 7 und 8. Sie werden von den Mitgliedern der Versammlung der Vertragsstaaten mit Zweidrittelmehrheit angenommen.

(2) Änderungen der Verbrechenselemente können vorgeschlagen werden von
a) jedem Vertragsstaat;
b) den Richtern mit absoluter Mehrheit;
c) dem Ankläger.

Diese Änderungen werden von den Mitgliedern der Versammlung der Vertragsstaaten mit Zweidrittelmehrheit angenommen.

(3) Die Verbrechenselemente und ihre Änderungen müssen mit dem Statut vereinbar sein.

Artikel 10

Dieser Teil ist nicht so auszulegen, als beschränke oder berühre er bestehende oder sich entwickelnde Regeln des Völkerrechts für andere Zwecke als diejenigen dieses Statuts.

Artikel 11

Gerichtsbarkeit ratione temporis
(1) Die Gerichtsbarkeit des Gerichtshofs erstreckt sich nur auf Verbrechen, die nach dem Inkrafttreten dieses Statuts begangen werden.
(2) Wird ein Staat nach Inkrafttreten dieses Statuts Vertragspartei desselben, so kann der Gerichtshof seine Gerichtsbarkeit nur in bezug auf Verbrechen ausüben, die begangen wurden, nachdem das Statut für diesen Staat in Kraft getreten ist, es sei denn, der Staat hat eine Erklärung nach Artikel 12 Absatz 3 abgegeben.

Artikel 12

Voraussetzungen für die Ausübung der Gerichtsbarkeit
(1) Ein Staat, der Vertragspartei dieses Statuts wird, erkennt damit die Gerichtsbarkeit des Gerichtshofs für die in Artikel 5 bezeichneten Verbrechen an.
(2) Im Fall des Artikels 13 Buchstabe a oder c kann der Gerichtshof seine Gerichtsbarkeit ausüben, wenn einer oder mehrere der folgenden Staaten Vertragspartei dieses Statuts sind oder im Einklang mit Absatz 3 die Gerichtsbarkeit des Gerichtshofs anerkannt haben:
   a) der Staat, in dessen Hoheitsgebiet das fragliche Verhalten vorgekommen ist, oder, sofern das Verbrechen an Bord eines Schiffes oder Luftfahrzeugs begangen wurde, der Staat, in dem dieses registriert ist;
   b) der Staat, dessen Angehöriger die des Verbrechens beschuldigte Person ist.
(3) Ist nach Absatz 2 die Anerkennung der Gerichtsbarkeit durch einen Staat erforderlich, der nicht Vertragspartei dieses Statuts ist, so kann dieser Staat durch Hinterlegung einer Erklärung beim Kanzler die Ausübung der Gerichtsbarkeit durch den Gerichtshof in bezug auf das fragliche Verbrechen anerkennen. Der anerkennende Staat arbeitet mit dem Gerichtshof ohne Verzögerung oder Ausnahme nach Maßgabe des Teiles 9 zusammen.

Artikel 13

Ausübung der Gerichtsbarkeit
Der Gerichtshof kann im Einklang mit diesem Statut seine Gerichtsbarkeit über ein in Artikel 5 bezeichnetes Verbrechen ausüben, wenn

a) eine Situation, in der es den Anschein hat, daß eines oder mehrere dieser Verbrechen begangen wurden, von einem Vertragsstaat nach Artikel 14 an den Ankläger verwiesen wird,
b) eine Situation, in der es den Anschein hat, daß eines oder mehrere dieser Verbrechen begangen wurden, vom Sicherheitsrat, der nach Kapitel VII der Charta der Vereinten Nationen tätig wird, an den Ankläger verwiesen wird, oder
c) der Ankläger nach Artikel 15 Ermittlungen in bezug auf eines dieser Verbrechen eingeleitet hat.

Artikel 14

Verweisung einer Situation durch einen Vertragsstaat
(1) Ein Vertragsstaat kann eine Situation, in der es den Anschein hat, daß ein oder mehrere der Gerichtsbarkeit des Gerichtshofs unterliegende Verbrechen begangen wurden, an den Ankläger verweisen und diesen ersuchen, die Situation zu untersuchen, um festzustellen, ob eine oder mehrere bestimmte Personen angeklagt werden sollen, diese Verbrechen begangen zu haben.
(2) Soweit möglich, sind in der Verweisung die maßgeblichen Umstände anzugeben und ihr diejenigen Schriftstücke zu ihrer Begründung beizufügen, über die der verweisende Staat verfügt.

Artikel 15

Ankläger
(1) Der Ankläger kann auf der Grundlage von Informationen über der Gerichtsbarkeit des Gerichtshofs unterliegende Verbrechen von sich aus Ermittlungen einleiten.
(2) Der Ankläger analysiert die Gewichtigkeit der eingegangenen Informationen. Zu diesem Zweck kann er von Staaten, Organen der Vereinten Nationen, zwischenstaatlichen oder nichtstaatlichen Organisationen oder anderen von ihm als geeignet erachteten zuverlässigen Stellen zusätzliche Auskünfte einholen und am Sitz des Gerichtshofs schriftliche oder mündliche Zeugenaussagen entgegennehmen.
(3) Gelangt der Ankläger zu dem Schluß, daß es eine hinreichende Grundlage für die Aufnahme von Ermittlungen gibt, so reicht er der Vorverfahrenskammer einen Antrag auf Genehmigung von Ermittlungen zusammen mit etwaigen gesammelten Unterlagen zu seiner Begründung ein. Opfer können im Einklang mit der Verfahrens- und Beweisordnung Eingaben an die Vorverfahrenskammer machen.
(4) Ist die Vorverfahrenskammer nach Prüfung des Antrags und der Unterlagen zu seiner Begründung der Auffassung, daß es eine hinreichende Grundlage für die Aufnahme von Ermittlungen gibt und daß die Sache unter die Gerichtsbarkeit des Gerichtshofs zu fallen scheint, so erteilt sie die Genehmigung zur Einleitung der Ermittlungen, unbeschadet späterer Entscheidungen des Gerichtshofs betreffend die Gerichtsbarkeit für eine Sache und ihre Zulässigkeit.
(5) Verweigert die Vorverfahrenskammer die Genehmigung zur Aufnahme von Ermitt-

lungen, so schließt dies einen auf neue Tatsachen oder Beweise gestützten späteren Antrag des Anklägers in bezug auf dieselbe Situation nicht aus.

(6) Gelangt der Ankläger nach der in den Absätzen 1 und 2 genannten Voruntersuchung zu dem Schluß, daß die vorgelegten Informationen keine hinreichende Grundlage für Ermittlungen darstellen, so teilt er dies den Informanten mit. Dies schließt nicht aus, daß der Ankläger Informationen, die ihm im Licht neuer Tatsachen oder Beweise in bezug auf dieselbe Situation vorgelegt werden, weiter prüft.

Artikel 16

Aufschub der Ermittlungen oder der Strafverfolgung
Richtet der Sicherheitsrat in einer nach Kapitel VII der Charta der Vereinten Nationen angenommenen Resolution ein entsprechendes Ersuchen an den Gerichtshof, so dürfen für einen Zeitraum von 12 Monaten keine Ermittlungen und keine Strafverfolgung aufgrund dieses Statuts eingeleitet oder fortgeführt werden; der Rat kann sein Ersuchen zu den gleichen Bedingungen wiederholen.

Artikel 17

Fragen der Zulässigkeit
(1) Im Hinblick auf Absatz 10 der Präambel und Artikel 1 entscheidet der Gerichtshof, daß eine Sache nicht zulässig ist, wenn
  a) in der Sache von einem Staat, der Gerichtsbarkeit darüber hat, Ermittlungen oder eine Strafverfolgung durchgeführt werden, es sei denn, der Staat ist nicht willens oder unfähig, die Ermittlungen oder die Strafverfolgung ernsthaft durchzuführen;
  b) in der Sache von einem Staat, der Gerichtsbarkeit darüber hat, Ermittlungen durchgeführt worden sind, und der Staat entschieden hat, die betreffende Person nicht strafrechtlich zu verfolgen, es sei denn, die Entscheidung war das Ergebnis des mangelnden Willens oder der Unfähigkeit des Staates, eine Strafverfolgung ernsthaft durchzuführen;
  c) die betreffende Person wegen des Verhaltens, das Gegenstand des Tatvorwurfs ist, bereits gerichtlich belangt worden ist, und die Sache nach Artikel 20 Absatz 3 nicht beim Gerichtshof anhängig gemacht werden kann;
  d) die Sache nicht schwerwiegend genug ist, um eine weitere Befassung des Gerichtshofs zu rechtfertigen.
(2) Zur Feststellung des mangelnden Willens in einem bestimmten Fall prüft der Gerichtshof unter Berücksichtigung der völkerrechtlich anerkannten Grundsätze eines ordnungsgemäßen Verfahrens, ob gegebenenfalls eine oder mehrere der folgenden Voraussetzungen vorliegen:
  a) Das Verfahren wurde oder wird geführt oder die staatliche Entscheidung wurde getroffen, um die betreffende Person vor strafrechtlicher Verantwortlichkeit für die in Artikel 5 bezeichneten, der Gerichtsbarkeit des Gerichtshofs unterliegenden Verbrechen zu schützen;

b) in dem Verfahren gab es eine nicht gerechtfertigte Verzögerung, die unter den gegebenen Umständen mit der Absicht unvereinbar ist, die betreffende Person vor Gericht zu stellen;

c) das Verfahren war oder ist nicht unabhängig oder unparteiisch und wurde oder wird in einer Weise geführt, die unter den gegebenen Umständen mit der Absicht unvereinbar ist, die betreffende Person vor Gericht zu stellen.

(3) Zur Feststellung der Unfähigkeit in einem bestimmten Fall prüft der Gerichtshof, ob der Staat wegen des völligen oder weitgehenden Zusammenbruchs oder der Nichtverfügbarkeit seines innerstaatlichen Justizsystems unfähig ist, des Beschuldigten habhaft zu werden oder die erforderlichen Beweismittel und Zeugenaussagen zu erlangen, oder aus anderen Gründen unfähig ist, sein Verfahren durchzuführen.

Artikel 18

Vorläufige Entscheidungen betreffend die Zulässigkeit

(1) Wurde eine Situation nach Artikel 13 Buchstabe a an den Gerichtshof verwiesen und hat der Ankläger festgestellt, daß es eine hinreichende Grundlage für die Einleitung von Ermittlungen geben würde, oder leitet der Ankläger Ermittlungen nach Artikel 13 Buchstabe c und Artikel 15 ein, so benachrichtigt der Ankläger alle Vertragsstaaten und diejenigen Staaten, die unter Berücksichtigung der zur Verfügung stehenden Informationen im Regelfall die Gerichtsbarkeit über die betreffenden Verbrechen ausüben würden. Der Ankläger kann diese Staaten vertraulich benachrichtigen und, sofern er dies zum Schutz von Personen, zur Verhinderung der Vernichtung von Beweismitteln oder zur Verhütung der Flucht als notwendig erachtet, den Umfang der den Staaten bereitgestellten Informationen begrenzen.

(2) Binnen eines Monats nach Eingang dieser Benachrichtigung kann ein Staat den Gerichtshof davon in Kenntnis setzen, daß er gegen seine Staatsangehörigen oder andere Personen unter seiner Hoheitsgewalt in bezug auf Straftaten ermittelt oder ermittelt hat, die möglicherweise den Tatbestand der in Artikel 5 bezeichneten Verbrechen erfüllen und die mit den Informationen in Zusammenhang stehen, welche in der an die Staaten gerichteten Benachrichtigung enthalten sind. Auf Ersuchen des betreffenden Staates stellt der Ankläger die Ermittlungen gegen diese Personen zugunsten der Ermittlungen des Staates zurück, es sei denn, die Vorverfahrenskammer beschließt auf Antrag des Anklägers, die Ermittlungen zu genehmigen.

(3) Die Zurückstellung durch den Ankläger zugunsten der Ermittlungen eines Staates kann von dem Ankläger sechs Monate nach dem Zeitpunkt der Zurückstellung oder jederzeit überprüft werden, wenn aufgrund des mangelnden Willens oder der Unfähigkeit des betreffenden Staates zur ernsthaften Durchführung von Ermittlungen eine wesentliche Veränderung der Sachlage eingetreten ist.

(4) Der betreffende Staat oder der Ankläger kann nach Artikel 82 gegen eine Entscheidung der Vorverfahrenskammer bei der Berufungskammer Beschwerde einlegen. Über die Beschwerde kann beschleunigt verhandelt werden.

(5) Hat der Ankläger nach Absatz 2 Ermittlungen zurückgestellt, so kann er den betref-

fenden Staat ersuchen, ihn regelmäßig über den Fortgang seiner Ermittlungen und jede anschließende Strafverfolgung zu unterrichten. Die Vertragsstaaten kommen einem solchen Ersuchen ohne unangemessene Verzögerung nach.

(6) Bis zu einer Entscheidung der Vorverfahrenskammer oder, so oft der Ankläger nach diesem Artikel Ermittlungen zurückgestellt hat, kann der Ankläger ausnahmsweise von der Vorverfahrenskammer die Genehmigung zu notwendigen Ermittlungsmaßnahmen zum Zweck der Sicherung von Beweismitteln beantragen, wenn eine einmalige Gelegenheit zur Beschaffung wichtiger Beweismittel oder eine erhebliche Gefahr besteht, daß diese Beweismittel später nicht verfügbar sein werden.

(7) Ein Staat, der eine Entscheidung der Vorverfahrenskammer nach diesem Artikel angefochten hat, kann die Zulässigkeit einer Sache nach Artikel 19 aufgrund zusätzlicher wesentlicher Tatsachen oder einer wesentlichen Veränderung der Sachlage anfechten.

Artikel 19

Anfechtung der Gerichtsbarkeit des Gerichtshofs
oder der Zulässigkeit einer Sache

(1) Der Gerichtshof überzeugt sich davon, daß er in jeder bei ihm anhängig gemachten Sache Gerichtsbarkeit hat. Der Gerichtshof kann von sich aus über die Zulässigkeit einer Sache nach Artikel 17 entscheiden.

(2) Die Zulässigkeit einer Sache wegen der in Artikel 17 genannten Gründe beziehungsweise die Gerichtsbarkeit des Gerichtshofs kann angefochten werden von

a) einem Angeklagten oder einer Person, für die ein Haftbefehl oder eine Ladung nach Artikel 58 ergangen ist,

b) einem Staat, der die Gerichtsbarkeit über eine Sache hat, weil er in der Sache Ermittlungen oder eine Strafverfolgung durchführt oder durchgeführt hat, oder

c) einem Staat, der nach Artikel 12 die Gerichtsbarkeit anerkennen muß.

(3) Der Ankläger kann über eine Frage der Gerichtsbarkeit oder Zulässigkeit eine Entscheidung des Gerichtshofs erwirken. In Verfahren über die Gerichtsbarkeit oder Zulässigkeit können beim Gerichtshof auch diejenigen, welche die Situation nach Artikel 13 an ihn verwiesen haben, sowie die Opfer Stellungnahmen abgeben.

(4) Die Zulässigkeit einer Sache oder die Gerichtsbarkeit des Gerichtshofs kann von jeder in Absatz 2 bezeichneten Person oder jedem dort bezeichneten Staat nur einmal angefochten werden. Die Anfechtung ist vor oder bei Eröffnung des Verfahrens zu erklären. Unter außergewöhnlichen Umständen kann der Gerichtshof die Erlaubnis erteilen, eine Anfechtung mehr als einmal oder erst nach der Eröffnung des Verfahrens zu erklären. Anfechtungen der Zulässigkeit einer Sache, die bei oder, mit Erlaubnis des Gerichtshofs, nach der Eröffnung eines Verfahrens erklärt werden, können nur auf Artikel 17 Absatz 1 Buchstabe c gestützt werden.

(5) Ein in Absatz 2 Buchstaben b und c bezeichneter Staat erklärt eine Anfechtung bei frühestmöglicher Gelegenheit.

(6) Vor Bestätigung der Anklage werden Anfechtungen der Zulässigkeit einer Sache oder Anfechtungen der Gerichtsbarkeit des Gerichtshofs an die Vorverfahrenskammer ver-

wiesen. Nach Bestätigung der Anklage werden sie an die Hauptverfahrenskammer verwiesen. Gegen Entscheidungen über die Gerichtsbarkeit oder Zulässigkeit kann nach Artikel 82 bei der Berufungskammer Beschwerde eingelegt werden.

(7) Erklärt ein in Absatz 2 Buchstabe b oder c bezeichneter Staat eine Anfechtung, so setzt der Ankläger die Ermittlungen so lange aus, bis der Gerichtshof eine Entscheidung nach Artikel 17 getroffen hat.

(8) Bis zu einer Entscheidung durch den Gerichtshof kann der Ankläger den Gerichtshof um die Ermächtigung ersuchen,

a) notwendige Ermittlungsmaßnahmen der in Artikel 18 Absatz 6 bezeichneten Art zu ergreifen,

b) schriftliche oder mündliche Zeugenaussagen einzuholen oder die Erhebung und Prüfung von Beweismitteln abzuschließen, mit der vor Erklärung der Anfechtung begonnen worden war, und

c) in Zusammenarbeit mit den in Betracht kommenden Staaten die Flucht von Personen zu verhindern, für die er bereits einen Haftbefehl nach Artikel 58 beantragt hat.

(9) Die Erklärung einer Anfechtung beeinträchtigt nicht die Gültigkeit einer zuvor vom Ankläger vorgenommenen Handlung oder einer durch den Gerichtshof ergangenen Anordnung oder eines durch ihn erlassenen Befehls.

(10) Hat der Gerichtshof entschieden, daß eine Sache nach Artikel 17 unzulässig ist, so kann der Ankläger eine Überprüfung der Entscheidung beantragen, wenn seiner vollen Überzeugung nach neue Tatsachen die Grundlage aufheben, auf der die Sache zuvor nach Artikel 17 für unzulässig befunden worden war.

(11) Stellt der Ankläger unter Berücksichtigung der in Artikel 17 genannten Angelegenheiten Ermittlungen zurück, so kann er den betreffenden Staat ersuchen, ihm Informationen über das Verfahren zur Verfügung zu stellen. Auf Ersuchen des betreffenden Staates sind diese Informationen vertraulich. Beschließt der Ankläger danach die Fortführung der Ermittlungen, so benachrichtigt er den Staat, zugunsten dessen Verfahren die Zurückstellung erfolgt war.

Artikel 20

Ne bis in idem

(1) Sofern in diesem Statut nichts anderes bestimmt ist, darf niemand wegen eines Verhaltens vor den Gerichtshof gestellt werden, das den Tatbestand der Verbrechen erfüllt, derentwegen er bereits vom Gerichtshof verurteilt oder freigesprochen wurde.

(2) Niemand darf wegen eines in Artikel 5 bezeichneten Verbrechens, dessentwegen er vom Gerichtshof bereits verurteilt oder freigesprochen wurde, vor ein anderes Gericht gestellt werden.

(3) Niemand, der wegen eines auch nach Artikel 6, 7 oder 8 verbotenen Verhaltens vor ein anderes Gericht gestellt wurde, darf von dem Gerichtshof für dasselbe Verhalten belangt werden, es sei denn, das Verfahren vor dem anderen Gericht

a) diente dem Zweck, ihn vor strafrechtlicher Verantwortlichkeit für der Gerichtsbarkeit des Gerichtshofs unterliegende Verbrechen zu schützen oder

b) war in sonstiger Hinsicht nicht unabhängig und unparteiisch entsprechend den völkerrechtlich anerkannten Grundsätzen eines ordnungsgemäßen Verfahrens und wurde in einer Weise geführt, die unter den gegebenen Umständen mit der Absicht, die betreffende Person vor Gericht zu stellen, unvereinbar war.

Artikel 21

Anwendbares Recht
(1) Der Gerichtshof wendet folgendes an:
    a) erstens dieses Statut, die Verbrechenselemente sowie seine Verfahrens- und Beweisordnung;
    b) zweitens, soweit angebracht, anwendbare Verträge sowie die Grundsätze und Regeln des Völkerrechts, einschließlich der anerkannten Grundsätze des internationalen Rechts des bewaffneten Konflikts;
    c) andernfalls allgemeine Rechtsgrundsätze, die der Gerichtshof aus einzelstaatlichen Rechtsvorschriften der Rechtssysteme der Welt abgeleitet hat, einschließlich, soweit angebracht, der innerstaatlichen Rechtsvorschriften der Staaten, die im Regelfall die Gerichtsbarkeit über das Verbrechen ausüben, sofern diese Grundsätze nicht mit diesem Statut und dem Völkerrecht und den international anerkannten Regeln und Normen unvereinbar sind.
(2) Der Gerichtshof kann Rechtsgrundsätze und Rechtsnormen entsprechend seiner Auslegung in früheren Entscheidungen anwenden.
(3) Die Anwendung und Auslegung des Rechts nach diesem Artikel muß mit den international anerkannten Menschenrechten vereinbar sein und darf keine benachteiligende Unterscheidung etwa aufgrund des Geschlechts im Sinne des Artikels 7 Absatz 3, des Alters, der Rasse, der Hautfarbe, der Sprache, der Religion oder Weltanschauung, der politischen oder sonstigen Überzeugung, der nationalen, ethnischen oder sozialen Herkunft, des Vermögens, der Geburt oder des sonstigen Standes machen.

Teil 3: Allgemeine Grundsätze des Strafrechts

Artikel 22

Nullum crimen sine lege
(1) Eine Person ist nach diesem Statut nur strafrechtlich verantwortlich, wenn das fragliche Verhalten zur Zeit der Tat den Tatbestand eines der Gerichtsbarkeit des Gerichtshofs unterliegenden Verbrechens erfüllt.
(2) Die Begriffsbestimmung eines Verbrechens ist streng auszulegen und darf nicht durch Analogie erweitert werden. Im Zweifelsfall ist die Begriffsbestimmung zugunsten der Person auszulegen, gegen die sich die Ermittlungen, die Strafverfolgung oder das Urteil richten.

(3) Dieser Artikel bedeutet nicht, daß ein Verhalten nicht unabhängig von diesem Statut als nach dem Völkerrecht strafbar bezeichnet werden kann.

Artikel 23

Nulla poena sine lege
Eine vom Gerichtshof für schuldig befundene Person darf nur nach Maßgabe dieses Statuts bestraft werden.

Artikel 24

Rückwirkungsverbot ratione personae
(1) Niemand ist aufgrund dieses Statuts für ein Verhalten strafrechtlich verantwortlich, das vor Inkrafttreten des Statuts stattgefunden hat.
(2) Ändert sich das auf einen bestimmten Fall anwendbare Recht vor dem Ergehen des rechtskräftigen Urteils, so ist das für die Person, gegen die sich die Ermittlungen, die Strafverfolgung oder das Urteil richten, günstigere Recht anzuwenden.

Artikel 25

Individuelle strafrechtliche Verantwortlichkeit
(1) Der Gerichtshof hat aufgrund dieses Statuts Gerichtsbarkeit über natürliche Personen.
(2) Wer ein der Gerichtsbarkeit des Gerichtshofs unterliegendes Verbrechen begeht, ist dafür nach Maßgabe dieses Statuts individuell verantwortlich und strafbar.
(3) Nach Maßgabe dieses Statuts ist für ein der Gerichtsbarkeit des Gerichtshofs unterliegendes Verbrechen strafrechtlich verantwortlich und strafbar, wer
   a) das Verbrechen selbst, gemeinschaftlich mit einem anderen oder durch einen anderen begeht, gleichviel ob der andere strafrechtlich verantwortlich ist;
   b) das Verbrechen, das tatsächlich vollendet oder versucht wird, anordnet, dazu auffordert oder dazu anstiftet;
   c) zur Erleichterung des Verbrechens Beihilfe oder sonstige Hilfe bei seiner Begehung oder versuchten Begehung leistet, einschließlich der Bereitstellung der Mittel für die Begehung;
   d) auf sonstige Weise zur Begehung oder versuchten Begehung des Verbrechens durch eine in gemeinsamer Absicht handelnde Gruppe von Personen beiträgt. Dieser Beitrag muß vorsätzlich sein und entweder
      i) mit dem Ziel geleistet werden, das strafbare Handeln oder die strafbare Absicht der Gruppe zu fördern, soweit diese mit der Begehung eines der Gerichtsbarkeit des Gerichtshofs unterliegenden Verbrechens verbunden sind, oder
      ii) in Kenntnis der Absicht der Gruppe, das Verbrechen zu begehen, geleistet werden;
   e) in bezug auf das Verbrechen des Völkermords andere unmittelbar und öffentlich zur Begehung von Völkermord aufstachelt;

f) versucht, ein solches Verbrechen zu begehen, indem er mit einem wesentlichen Schritt zu seiner Ausführung ansetzt, es jedoch aufgrund von Umständen, die unabhängig von seiner Tatabsicht sind, nicht vollendet. Wer jedoch die weitere Ausführung des Verbrechens aufgibt oder dessen Vollendung auf andere Weise verhindert, ist aufgrund dieses Statuts für den Versuch des Verbrechens nicht strafbar, wenn er die strafbare Absicht vollständig und freiwillig aufgegeben hat.

(4) Die Bestimmungen dieses Statuts betreffend die individuelle strafrechtliche Verantwortlichkeit berühren nicht die Verantwortung der Staaten nach dem Völkerrecht.

Artikel 26

Ausschließung der Gerichtsbarkeit über Personen unter achtzehn Jahren
Der Gerichtshof hat keine Gerichtsbarkeit über eine Person, die zum Zeitpunkt der mutmaßlichen Begehung eines Verbrechens noch nicht 18 Jahre alt war.

Artikel 27

Unerheblichkeit der amtlichen Eigenschaft
(1) Dieses Statut gilt gleichermaßen für alle Personen, ohne jeden Unterschied nach amtlicher Eigenschaft. Insbesondere enthebt die amtliche Eigenschaft als Staats- oder Regierungschef, Mitglied einer Regierung oder eines Parlaments, gewählter Vertreter oder Amtsträger einer Regierung eine Person nicht der strafrechtlichen Verantwortlichkeit nach diesem Statut und stellt für sich genommen keinen Strafmilderungsgrund dar.

(2) Immunitäten oder besondere Verfahrensregeln, die nach innerstaatlichem Recht oder nach dem Völkerrecht mit der amtlichen Eigenschaft einer Person verbunden sind, hindern den Gerichtshof nicht an der Ausübung seiner Gerichtsbarkeit über eine solche Person.

Artikel 28

Verantwortlichkeit militärischer Führer und anderer Vorgesetzter
Neben anderen Gründen für die strafrechtliche Verantwortlichkeit aufgrund dieses Statuts für der Gerichtsbarkeit des Gerichtshofs unterliegende Verbrechen gilt folgendes:
a) Ein militärischer Befehlshaber oder eine tatsächlich als militärischer Befehlshaber handelnde Person ist strafrechtlich verantwortlich für der Gerichtsbarkeit des Gerichtshofs unterliegende Verbrechen, die von Truppen unter seiner oder ihrer tatsächlichen Befehls- beziehungsweise Führungsgewalt und Kontrolle als Folge seines oder ihres Versäumnisses begangen wurden, eine ordnungsgemäße Kontrolle über diese Truppen auszuüben, wenn
  i) der betreffende militärische Befehlshaber oder die betreffende Person wußte oder aufgrund der zu der Zeit gegebenen Umstände hätte wissen müssen, daß die Truppen diese Verbrechen begingen oder zu begehen im Begriff waren, und
  ii) der betreffende militärische Befehlshaber oder die betreffende Person nicht alle

in seiner oder ihrer Macht stehenden erforderlichen und angemessenen Maßnahmen ergriff, um ihre Begehung zu verhindern oder zu unterbinden oder den zuständigen Behörden die Angelegenheit zur Untersuchung und Strafverfolgung vorzulegen.

b) In bezug auf unter Buchstabe a nicht beschriebene Vorgesetzten- und Untergebenenverhältnisse ist ein Vorgesetzter strafrechtlich verantwortlich für der Gerichtsbarkeit des Gerichtshofs unterliegende Verbrechen, die von Untergebenen unter seiner tatsächlichen Führungsgewalt und Kontrolle als Folge seines Versäumnisses begangen wurden, eine ordnungsgemäße Kontrolle über diese Untergebenen auszuüben, wenn

i) der Vorgesetzte entweder wußte, daß die Untergebenen solche Verbrechen begingen oder zu begehen im Begriff waren, oder eindeutig darauf hinweisende Informationen bewußt außer acht ließ;

ii) die Verbrechen Tätigkeiten betrafen, die unter die tatsächliche Verantwortung und Kontrolle des Vorgesetzten fielen, und

iii) der Vorgesetzte nicht alle in seiner Macht stehenden erforderlichen und angemessenen Maßnahmen ergriff, um ihre Begehung zu verhindern oder zu unterbinden oder den zuständigen Behörden die Angelegenheit zur Untersuchung und Strafverfolgung vorzulegen.

Artikel 29

Nichtanwendbarkeit von Verjährungsvorschriften
Die der Gerichtsbarkeit des Gerichtshofs unterliegenden Verbrechen verjähren nicht.

Artikel 30

Subjektive Unrechtselemente
(1) Sofern nichts anderes bestimmt ist, ist eine Person für ein der Gerichtsbarkeit des Gerichtshofs unterliegendes Verbrechen nur dann strafrechtlich verantwortlich und strafbar, wenn die objektiven Tatbestandsmerkmale vorsätzlich und wissentlich verwirklicht werden.

(2) Vorsatz im Sinne dieses Artikels liegt vor, wenn die betreffende Person
a) im Hinblick auf ein Verhalten sich willentlich so verhält;
b) im Hinblick auf die Folgen die Folgen willentlich herbeiführt oder ihr bewußt ist, daß diese im normalen Verlauf der Ereignisse eintreten werden.

(3) „Wissen" im Sinne dieses Artikels bedeutet das Bewußtsein, daß ein Umstand vorliegt oder daß im normalen Verlauf der Ereignisse eine Folge eintreten wird. „Wissen" und „wissentlich" sind entsprechend auszulegen.

Artikel 31

Gründe für den Ausschluß der strafrechtlichen Verantwortlichkeit
(1) Neben anderen in diesem Statut vorgesehenen Gründen für den Ausschluß der straf-

rechtlichen Verantwortlichkeit ist strafrechtlich nicht verantwortlich, wer zur Zeit des fraglichen Verhaltens

a) wegen einer seelischen Krankheit oder Störung unfähig ist, die Rechtswidrigkeit oder Art seines Verhaltens zu erkennen oder dieses so zu steuern, daß es den gesetzlichen Voraussetzungen entspricht;

b) wegen eines Rauschzustands unfähig ist, die Rechtswidrigkeit oder Art seines Verhaltens zu erkennen oder dieses so zu steuern, daß es den gesetzlichen Voraussetzungen entspricht, sofern er sich nicht freiwillig und unter solchen Umständen berauscht hat, unter denen er wußte oder in Kauf nahm, daß er sich infolge des Rausches wahrscheinlich so verhält, daß der Tatbestand eines der Gerichtsbarkeit des Gerichtshofs unterliegenden Verbrechens erfüllt wird;

c) in angemessener Weise handelt, um sich oder einen anderen oder, im Fall von Kriegsverbrechen, für sich oder einen anderen lebensnotwendiges oder für die Ausführung eines militärischen Einsatzes unverzichtbares Eigentum vor einer gegenwärtigen und rechtswidrigen Anwendung von Gewalt in einer Weise zu verteidigen, die in einem angemessenen Verhältnis zu dem Umfang der ihn, den anderen oder das geschützte Eigentum bedrohenden Gefahr steht. Die Teilnahme an einem von Truppen durchgeführten Verteidigungseinsatz stellt für sich genommen keinen Grund für den Ausschluß der strafrechtlichen Verantwortlichkeit nach diesem Buchstaben dar;

d) wegen einer ihn selbst oder einen anderen bedrohenden gegenwärtigen Gefahr für das Leben oder einer dauernden oder gegenwärtigen Gefahr schweren körperlichen Schadens zu einem Verhalten genötigt ist, das mutmaßlich den Tatbestand eines der Gerichtsbarkeit des Gerichtshofs unterliegenden Verbrechens erfüllt, und in notwendiger und angemessener Weise handelt, um diese Gefahr abzuwenden, sofern er nicht größeren Schaden zuzufügen beabsichtigt als den, den er abzuwenden trachtet. Eine solche Gefahr kann entweder

i) von anderen Personen ausgehen oder

ii) durch andere Umstände bedingt sein, die von ihm nicht zu vertreten sind.

(2) Der Gerichtshof entscheidet über die Anwendbarkeit der in diesem Statut vorgesehenen Gründe für den Ausschluß der strafrechtlichen Verantwortlichkeit auf die anhängige Sache.

(3) Bei der Verhandlung kann der Gerichtshof einen anderen als die in Absatz 1 genannten Gründe für den Ausschluß der strafrechtlichen Verantwortlichkeit erwägen, sofern er aus dem in Artikel 21 aufgeführten anwendbaren Recht abgeleitet ist. Die entsprechenden Verfahren sind in der Verfahrens- und Beweisordnung festzulegen.

Artikel 32

Tatbestands- oder Verbotsirrtum

(1) Ein Tatbestandsirrtum ist nur dann ein Grund für den Ausschluß der strafrechtlichen Verantwortlichkeit, wenn er die für den Verbrechenstatbestand vorgeschriebenen subjektiven Unrechtselemente aufhebt.

(2) Ein Verbotsirrtum im Hinblick auf die Frage, ob ein bestimmtes Verhalten den Tatbestand eines der Gerichtsbarkeit des Gerichtshofs unterliegenden Verbrechens erfüllt, ist kein Grund für den Ausschluß der strafrechtlichen Verantwortlichkeit. Ein Verbotsirrtum kann jedoch ein Grund für den Ausschluß der strafrechtlichen Verantwortlichkeit sein, wenn er die für den Verbrechenstatbestand vorgeschriebenen subjektiven Unrechtselemente aufhebt oder wenn die in Artikel 33 vorgesehenen Umstände vorliegen.

Artikel 33

Höhere Anordnungen und gesetzliche Vorschriften
(1) Die Tatsache, daß ein der Gerichtsbarkeit des Gerichtshofs unterliegendes Verbrechen auf Anordnung einer Regierung oder eines militärischen oder zivilen Vorgesetzten begangen wurde, enthebt den Täter nicht der strafrechtlichen Verantwortlichkeit, es sei denn
  a) der Täter war gesetzlich verpflichtet, den Anordnungen der betreffenden Regierung oder des betreffenden Vorgesetzten Folge zu leisten,
  b) der Täter wußte nicht, daß die Anordnung rechtswidrig ist, und
  c) die Anordnung war nicht offensichtlich rechtswidrig.
(2) Im Sinne dieses Artikels sind Anordnungen zur Begehung von Völkermord oder von Verbrechen gegen die Menschlichkeit offensichtlich rechtswidrig.

Abbildungsnachweis

Abb. 2: http://www.dadalos-d.org/deutsch/Menschenrechte/Grundkurs_MR2/Materialien/schaub_1.htm

Abb. 6: Kai Artinger (Hrsg.): Die Grundrechte im Spiegel des Plakats, 1919 bis 1999, Deutsches Historisches Museum 2000

Abb. 8: http://www.droitshumains.org/uni/Formation/Images/spdh_a.pdf

Abb. 9: http://www.droitshumains.org/uni/Formation/Images/spdh_a.pdf

Abb. 10: http://www.droitshumains.org/uni/Formation/Images/spdh_a.pdf

Abb. 11: Anja Mihr: Die Berichterstattung zu Deutschland in europäischen Menschenrechtsinstitutionen, Studie, hrsg. Deutsches Institut für Menschenrechte, Berlin August 2003, S. 16

Abb. 15: UNICEF

Alle anderen Abbildungen: Verlagsarchiv F. Schöningh.

Amnesty → NGO   S 171
→ Filter d. Aufmerks. → Watcher
→ Verletz. werden definiert → DER
   MR-Experte
→ Global Player
→ moral. Autorität, Skandalisiert
→ Innovationskraft

• finanziert sich nur über Spenden
                    163

Menschenrechtsbildung

→ Wissen → Werte → Verhalten

- die Rechte müssen bekannt sein
  (Voltaires Aufklärungshoffnung)
→ ~~An~~ Gleichwertigkeit, Solidarität
  als Werteannäherung
→ menschenrechtskonformes Verhalten
→ Differenziert entsprechend d. verletzl.
  Gruppen (Frauen, Kinder, Flüchtlinge)
→ Prioritäten in versch. Ländern untersch.
→ Zielgruppen (target groups)
→ Wer macht das? Schule
→ informelle Bereiche.
→ Wie kommt man an die
  Menschen ran.
→ Komplexität
  Kontroversität
  Kritische Impuls